하남의 역사와 문화

— 21세기 하남의 재발견 —

하남시 · 하남역사문화연구회 편

국학자료원

머리말

이 책은 2001년 2월 2일 하남시청 대회의실에서 있었던 하남역사학술대회(21세기 하남의 재발견-역사·문화와 미래-)에서 발표되었던 원고와 토론문을 엮은 것입니다. 다 아는 바와 같이 河南은 역사적인 도시입니다. 그것도 어느 한 시대가 아닌 선사시대로부터 역사시대 전반에 걸쳐 다양한 유적과 유물, 그리고 많은 인물들이 공존하는 유서깊은 지역입니다. 물론 초기 백제의 중심지, 즉 왕궁이 있던 곳이냐 하는 데에는 논란이 있습니다만 백제의 영역이었던 것은 분명한 사실이고, 고려시대 이후 조선중기(1626년)까지 광주의 주치소가 존재했던 행정의 중심지였습니다. 국가에서 지정한 보물이 4개가 있고, 미사동 선사유적지·이성산성 등 국가사적지가 2군데 있으며, 지금 발굴하고 있는 천왕사지·동사지는 서울 근교에서 볼 수 없는 엄청난 사찰지입니다.

조선시대만 해도 광주는 엄청나게 넓었습니다. 지금의 성남·분당 남양주 일부는 물론이고 서울 강남구·송파구·강동구 일대까지도 광주였습니다. 그 넓은 일대를 관장하던 곳이 바로 지금의 하남입니다. 초기 백제의 왕성이라고 추정되는 하남·몽촌·풍납이 모두 광주였습니다. 역사를 지금의 눈으로만 보아서는 안됩니다.

'하남역사문화연구회'는 앞으로 이 학술대회를 계기로 해서 우리 지역 하남의 역사를 차곡차곡 정리하고자 합니다. 아무쪼록 하남을 아끼고 사랑하는 모든 분들의 적극적인 도움과 협조를 부탁드립니다. 끝으로 이 책을 출판해 주신 국학자료원의 정찬용 사장님께 감사를 드립니다.

하남역사문화연구회 회장
문학박사　　金 世 民

차 례

선사 · 고대의 하남

하남지역 선사문화연구

하문식*

Ⅰ. 머리말
Ⅱ. 하남지역 선사문화 연구현황
Ⅲ. 하남지역 구석기문화
Ⅳ. 하남지역 신석기문화
Ⅴ. 하남지역 청동기문화
Ⅵ. 맺음말

---

* 세종대학교.

Ⅰ. 머리말

경기도의 중앙에 자리하고 있는 하남지역은 지리적으로나 역사적으로 중요한 위치를 차지한다. 하남지역의 지형은 광주산맥에 있는 검단산·금암산·남한산이 동남쪽을 에워싸고 있으며, 북서쪽은 평야를 이루고 있어 비옥한 편이다. 검단산(657m)은 배알미와 산곡동의 경계지점을 정점으로 하며 이 지역에서 가장 높다. 그리고 주변의 지세를 살펴보면 곳곳에 얕은 야산과 구릉지대가 펼쳐져 있고 북쪽으로 흐르는 한강에는 망월천·덕풍천·산곡천 등의 작은 샛강이 흘러 들어가며, 강줄기의 바로 옆에는 평야가 형성되어 있다. 기후는 지역적인 위치가 위도적으로 한반도의 중심에 있어 이들 지역의 중간적인 성격과 특성을 가지고 있으며, 강수량은 한강의 언저리에 있기 때문에 생활에 직접적인 영향을 주고 있다.

이러한 환경 조건을 갖춘 하남지역은 선사시대부터 사람들이 살림을 꾸리기에는 더없이 좋았으며, 일찍부터 다른 지역의 선진문화를 받아들여 발전·변화시켜 보다 우수한 새로운 문화를 만들었다. 그래서 이곳에는 선사시대의 사람들이 터전을 잡고 살면서 남긴 많은 선사유적이 곳곳에 남아 있다.

Ⅱ. 하남지역 선사문화 연구현황

하남지역의 선사시대 조사와 연구는 일제 강점기부터가 시작이다. 주로 이 시기의 조사는 橫山將三郎과 藤田亮策에 의하여 주도적으로 이루어졌으며, 빗살무늬토기나 민무늬토기 그리고 간석기가 찾아지는 유물 산포지가 그 조사 대상이었다.[1]

---

1) 이에 관한 조사 내용은 부분적으로 『靑丘學叢』·『朝鮮考古學』·『朝鮮磨製石劍の 研究』에 소개되어 있다.

광복이후 한동안 별다른 조사가 없다가 1960년 초에 이 지역의 선사유적과 유물의 개략적인 분포 관계에 대한 자료가 소개되었다.[2] 이것은 일본 학자들이 조사한 기본 자료를 중심으로, 특히 고려대 인류고고회에서 1950년대 후반부터 한강유역의 미사동유적을 중심으로 활발한 지표 조사를 실시하여 새로 찾은 하남지역의 유적과 유물에 대한 것을 처음으로 체계화하고 종합화한 것이다.[3] 이 시기에 조사된 유적으로는 초이동·초일동·감북동·선동·풍산동·미사동·구산동 등 상당히 넓은 범위이며 유물 산포지가 대부분이다.

한편 1960년과 61년 고려대 인류고고회에서는 미사동과 구산 일대에 대한 정밀 조사를 실시하여 많은 빗살무늬토기와 민무늬토기를 수습하였고, 부분적으로는 시굴조사도 하였다.[4] 1960년에는 김원룡 박사가 미사섬의 북쪽 단애면에서 빗살무늬토기와 간석기를 발견하여 학계에 보고하였으며[5], 이후 미사동유적에 대하여는 간간히 출토 유물을 소개하는 글이 발표되었다. 1965년경 김정학 박사는 덕풍동과 망월동 일대에서 많은 양의 민무늬토기와 간석기를 발견하였다.[6] 덕풍동의 낮은 구릉지대에서는 동북지역의 대표적인 토기인 구멍무늬토기가 많이 찾아져 하남지역의 청동기문화 성격을 이해하는 단서를 제공하였다. 특히 이곳은 수습 유물의 성격이나 유적의 입지 조건으로 볼 때 집터가 있을 가능성이 제기되기도 하였다.

1980년대 들어와서는 미사동유적에 대한 조사가 활발하게 진행되었다. 1980년에는 사적으로 지정된 미사동유적의 보다 정확한 성격 규명을 위하여 연합 발굴 조사가 이루어져 유적의 문화층이 신석기시대부터 초기 철기시대까지 층위를 이루고 있는 것으로 확인되었다.[7] 그 이후 1987년부터는

---

2) 김원룡, 『韓國史前遺蹟遺物地名表』, 1964 참조.

3) 오상화, 「京畿道 先史時代 遺蹟地名表」, 『史叢』6, 1961, pp.78~79.

4) 남창현, 「漢江流域 先史遺蹟 調査」, 『史叢』 7, 1962, pp.182~186.

5) 김원룡, 「廣州 渼沙里 櫛文土器遺蹟」, 『歷史學報』 14, 1961, pp.133~145.

6) 김정학, 「韓國無文土器文化의 研究」, 『白山學報』 3, 1967, pp.30~40.

7) 임효재, 「渼沙里 緊急發掘報告」, 『韓國考古學年報』 8, 1981, pp.10~13 : 윤세영, 「渼沙里 住居址」, 『史叢』 25, 1981, pp.175~188.

한강종합개발사업에 따라 3차에 걸쳐 대규모 발굴 조사가 실시되어 신석기
시대부터 삼국시대 등 역사시대까지의 문화층이 발견되어 미사동을 중심으
로 한 하남지역의 문화 변천 과정을 살펴볼 수 있는 중요한 유적임이 다시
밝혀졌다.[8] 그리고 1988년에는 판교-구리간 고속도로 건설 예정지역에 대
한 조사가 실시되었는데 선사시대의 유구는 조사되지 않았지만, 춘궁동 일
대에서 민무늬토기나 간석기 등의 유물이 수습되었다.[9] 1998년에는 광암동
너분바위 마을에 있는 고인돌을 세종대 박물관에서 발굴 조사하였다. 발굴
결과 탁자식과 개석식 고인돌이 한 유적에 함께 있는 것으로 밝혀졌으며,
특히 탁자식 고인돌은 굄돌을 세워 놓지 않고 지형을 고려하여 뉘어 놓아서
양쪽이 높낮이의 균형을 이룬 특이한 구조임을 알 수 있었다. 그리고 2호에
서는 사람 얼굴이 새겨진 벽석이 발견되기도 하였다.[10]

이와 같이 하남지역의 선사시대 유적에 대한 조사는 미사동을 중심으로
이루어져 왔으며, 선사시대 사람들이 터전을 잡고 살기에 알맞았던 한강 언
저리와 낮은 구릉지대에는 대부분 유적이 분포하는 것 같다.

Ⅲ. 하남지역 구석기문화

하남지역에서는 지금까지 구석기시대의 유적이 발굴 조사된 곳은 없지
만, 최근 미사동유적의 발굴과정에서 한강유역에 발달된 제4기 지층인 제
2단구(약 12만 5천년 전에 형성)가 조사되어 부근에 유적이 존재할 가능성
이 제기되고 있다.[11]

---

8) 미사리 선사유적 발굴조사단 · 경기도 공영개발사업단,『渼沙里』1~5, 1994 참조.
9) 충북대학교 박물관 엮음,『板橋~九里 · 新葛~半月間 高速道路 文化遺蹟 發掘調
   査報告書』, 1988 참조.
10) 최정필 · 윤미숙 · 황보 경,『河南市 廣岩洞 支石墓』, 1998.
11) 최몽룡 · 이동영 · 신숙정,「渼沙里遺蹟의 地質과 出土 토기의 分析」,『渼沙里』
   1, 1994, pp.616~623.

또 교산동의 구릉지대에서 긁개와 주먹도끼 형태의 뗀석기가 찾아져 보고되고[12] 있는 점으로 보아 앞으로 이곳에서 구석기 유적이 발견될 가능성은 상당히 많은 것으로 여겨진다.

Ⅳ. 하남지역 신석기문화

1. 신석기시대의 유적과 유물

하남지역에서 지금까지 조사된 신석기시대의 유적은 한강 언저리의 미사동유적을 비롯하여 선동·춘궁동유적이 있다. 이들 유적에서 조사된 유물이나 유구(遺構)를 통하여 이 지역의 신석기문화를 살펴보고자 한다.

1) 하남 미사동유적

미사동유적은 한강 상류에 강굽이 현상으로 형성된 남북 3km, 동서 1km 크기의 충적대지인 섬에 위치하며, 동북쪽에 한강의 본류가 흐르고 서남쪽으로는 샛강이 흐른다. 미사섬의 옆에는 당정섬이 있으며 주변은 높지 않은 구릉으로 둘러싸여 있고 평야가 넓게 펼쳐져 있다. 그리고 강 건너에는 배후 산지가 형성되어 있다.

이 유적은 1960년 김원룡 박사가 타원형으로 생긴 미사섬의 북쪽 단애면에서 빗살무늬토기와 간석기를 발견하여 학계에 소개하면서 알려지게 되었다.[13] 그 다음 이 지역에 대한 몇 차례의 조사가 이루어지면서[14] 이웃의 암사동유적과 같이 한강유역은 물론 우리 나라 신석기시대의 중요한 유적 가운데 하나로 평가받고 있다.

---

12) 최정필, 『河南市 校山洞一帶 文化遺蹟』, 1996, p.290.
13) 김원룡, 앞의 글, 1961, pp.133~145.
14) 김종철, 「廣州 渼沙里 櫛文土器遺蹟에 對한 小考」, 『韓國考古』 1, 1967, pp.19~
    27.

한편 유적 주변에서 자갈과 모래를 채취하고 홍수가 일어나 차츰 유적의 파괴가 일어나자 보존 대책의 필요성이 제기되었고 1979년에 사적 제269호로 지정되었으며, 그 이듬해 미사동유적의 성격을 규명하기 위하여 서울대·고려대 박물관에서 연합 발굴 조사를 실시하였다. 조사결과, 신석기시대의 유적으로만 알려진 이곳에서 청동기시대와 초기 철기시대의 문화층이 층위를 이루고 있는 것으로 밝혀졌지만 유적의 성격과 그 분포 범위는 정확히 알 수 없었다.[15]

그러다가 경기지역 한강 종합 개발사업의 일환으로 1987년부터 1992년까지 숭실대 박물관 등 8개 기관에서 3차에 걸쳐 정밀 발굴조사를 실시하여 466기의 유구를 조사하였다. 이 조사에서는 신석기시대에서 청동기시대를 거쳐 원삼국시대·삼국시대 등 역사시대까지의 문화층이 층위를 이루고 있는 복합 유적으로 밝혀져 한강유역에서 선사시대부터 역사시대에 이르는 긴 기간 동안의 문화 변천과정을 살펴 볼 수 있는 중요한 유적임이 입증되었다.

■ 층위

이 유적의 층위는 비교적 단순하지만, 강 언저리에 위치하고 있기 때문에 강물의 영향을 많이 받아 퇴적과 침식이 자주 일어나고 유적의 범위가 상당히 넓기 때문에 전체적인 관계를 이해하는 데에는 어려움이 있다.

미사동유적의 북쪽 끝 부분은 강굽이 현상이 일어나는 곳으로 물 흐름이 매우 느려 남쪽보다는 토양이 부드럽고 찰흙이 많이 섞여 있으며, 신석기시대 후기의 유구와 유물이 찾아지기도 하였다.

여기에서는 최근의 발굴 조사 과정에서 밝혀진 지층을 바탕으로 미사동유적의 층위를 살펴보도록 하겠다.[16]

---

15) 임효재, 앞의 글, 1981, pp.10~13 : 윤세영, 앞의 글, 1981, pp.175~188.

16) 연합발굴조사이기 때문에 각 조사 지역에 따라 층위의 구분 기준이 조금씩 차이가 있지만, 여기에서는 조사단 본부에서 정리한 자료를 바탕으로 하였다(미사리 선사유적 발굴 조사단·경기도 공영개발 사업단, 앞의 책, 1994, pp.31~39).

Ⅰ층 : 맨 위층(경작층)

짙은 갈색을 띠며, 20~30cm 두께

Ⅱ층 : 명황색 모래흙층

교란층이며, 5~10cm 두께

Ⅲ층 : 명갈색·명황갈색 모래흙층

고려시대의 기와·토기·자기조각이 출토, 10~15cm 두께

Ⅳ층 : 짙은 갈색 모래찰흙층

강쪽은 모래가 많으나 섬 안쪽은 찰흙이 많이 섞임

삼국시대 밭 유구가 조사된 층, 10~20cm 두께

Ⅴ층 : 갈색 모래질 부식토층

원삼국시대 문화층, 10~15cm 두께

Ⅵ층 : 흑갈색 모래찰흙층

민무늬토기시대 문화층(가끔 원삼국시대 유구도 있음)

두께가 지역에 따라 차이(강쪽 : 10~15cm, 섬 안쪽 25~30cm)

Ⅶ층 : 황갈색 모래흙층

신석기시대 문화층이 확인되지만 지역에 따라 차이가 있음, 20~
25cm 두께

Ⅷ층 : 암갈색, 갈색, 적갈색 모래찰흙층

신석기문화층(불땐자리가 조사됨), 20~25cm 두께

■ 집터와 불땐자리

미사동유적에서 조사된 신석기시대의 유구는 유적의 성격에 비하여 그렇게 많이 조사되지 않았다. 그 이유는 발굴과정에서 청동기시대의 문화층을 보존하기 위하여 신석기시대의 문화층에 대한 조사를 거의 하지 않았기 때문이다. 최근 조사에서 찾아진 집터와 불땐자리 그리고 움[土壙]을 중심으로 살펴보면 다음과 같다.

집터는 고려대학교의 발굴구역에서 3기가 조사되었으며, 이 가운데 2기는 발굴이 이루어지지 않고 그 윤곽만 확인하는데 그쳤다.[17]

---

17) 윤세영·이홍종, 『渼沙里』 5, 1994, pp.59 ; 180~182.

발굴 조사가 이루어진 집터는 평면이 타원형으로 크기는 540×450cm이고, 움의 깊이는 42cm이다. 집터 안에서는 벽면을 따라 약 100cm간격으로 기둥구멍의 흔적이 조사되었지만, 그 자취는 표면에 약간 나타날 뿐 뚜렷하지 않다. 집터 안에서 찾아진 빗살무늬토기는 몸통과 입술부분인데 무늬는 빗살무늬를 비롯하여 점줄무늬·물고기 등뼈무늬 등이 새겨져 있었다.

미사동유적의 신석기시대 문화층에서는 집터가 비교적 적게 발굴 조사되었지만 야외의 불땐자리는 상당히 많이 조사되었다. 최근의 발굴에서는 모두 27기의 불땐자리가 발견되었는데 크기와 만든 방법, 쓰임새가 조금씩 다른 것 같다.

불땐자리는 강가에서 쉽게 구할 수 있는 강돌과 막돌을 가지고 만들었는데 그 방법은 땅을 파지 않고 맨땅 위에 만든 것과 땅을 조금 판 다음 돌을 둘러놓거나 쌓아 놓은 것이 있다. 그리고 생김새도 원형과 타원형이 섞여 있으며, 크기는 비교적 다양한데 작은 것은 지름이 40~50cm이고 큰 것은 지름이 500cm되는 것도 있어 크기에 따라 쓰임새의 차이가 있는 것으로 여겨진다. 특히 한양대학교의 발굴구역에서 찾아진 불땐자리는 여러 개의 돌무지가 모여 하나의 규모가 큰 불땐자리를 이루고 있는데 이것은 공동생활과 관련이 있는 것 같다.

한편 불땐자리에서는 많은 양의 숯과 검게 변한 흙덩어리, 불먹은 돌을 비롯하여 많은 양의 빗살무늬 토기조각과 갈돌 등의 석기가 찾아졌다.

이밖에도 고려대학교의 발굴구역에서는 신석기시대 후기의 것으로 여겨지는 움이 2기(2호·3호) 조사되었다.

2호는 125×135cm 크기의 원형으로 깊이는 30cm쯤 되며, 이곳에서는 빗금무늬와 가는 물고기 등뼈무늬가 새겨진 빗살무늬 토기조각을 비롯하여 화살촉, 그물추 등이 발견되었다. 3호는 145×45cm되는 긴 타원형이며 가는 빗금무늬가 새겨진 토기 조각과 뚜르개 계통의 석기가 찾아졌다. 그런데 이러한 움의 쓰임새에 관하여는 조사된 예가 적고 성격을 규정할 수 있는 유물이 찾아지지 않아 어려움이 많다.

■ 토기와 석기

미사동유적에 대한 지금까지의 조사과정에서 비교적 많은 양의 빗살무늬 토기와 석기가 발견되었다.

빗살무늬토기는 완전한 것도 찾아졌지만 거의 대부분은 조각들이다. 그리고 조사된 토기 가운데에는 무늬가 없지만 바탕흙이 빗살무늬토기 계통도 상당히 많다.

토기의 바탕흙은 크게 모래질과 찰흙질의 두 가지로 나누어 볼 수 있으며, 발굴 조사된 토기를 보면 모래질의 바탕흙으로 만든 토기가 많은 것 같다. 이것은 미사동유적의 입지환경과 관련이 있는 것으로 여겨지며, 유적 주변에서 토기를 만드는데 필요한 원료를 쉽게 구하였던 것 같다. 그리고 바탕흙의 종류에 따라 토기를 잘 만들기 위하여 넣는 일종의 보강제인 비짐 (tempering materials)의 차이가 조사되었다. 조사 결과에 따르면, 모래질의 바탕흙에는 운모가 많이 쓰였으며 장석이나 가는 모래가 비짐으로 이용되었고 찰흙질에는 석면과 굵은 석영, 활석 등이 섞여 있는 것으로 밝혀졌다.

토기의 생김새는 계란을 반으로 잘라 놓은 모습인 뾰족 밑에 곧은 입술 형태인 전형적인 우리 나라 서해안의 신석기시대 토기가 가장 많았으며, 가끔 토기의 밑이 둥근 바닥인 것도 있고 드물게는 대야 바닥과 같은 사발도 있다.

토기를 만든 방법은 바탕흙과 깊은 관련이 있을 것으로 여겨지는데 모래 실이 많으므로 테쌓기[積輪法]나 서리기[券上法]에 의하여 빚었을 것으로 해석된다.

또 미사동유적의 신석기시대 토기에 새겨진 무늬는 상당히 여러 가지가 있으며, 토기의 부위에 따라 차이가 있는 것으로 밝혀졌다. 무늬의 종류는 이웃의 암사동유적에서 조사된 것과 비슷하며, 다른 신석기시대의 유적에서 찾아진 경우처럼 다양하다.[18) 이곳의 빗살무늬토기에 새겨진 무늬는 빗금무

---

18) 안승모, 「한강유역의 신석기문화」, 『한강유역사』, 1993, pp.53~55.

늬[短斜線文]를 비롯하여 손톱무늬[爪文]·점줄무늬[點列文]·붓두껍무늬
[竹管文]·물고기등뼈무늬[魚骨文]·문살무늬[格子文]·무지개무늬[重爪文]
·삼각형 무늬[三角集線文] 등이 있다. 그리고 토기의 부위에 따라 새긴 무
늬의 종류를 보면, 입술부분에는 빗금무늬와 손톱무늬 그리고 점줄무늬가
새겨져 있으며 몸통에는 물고기등뼈무늬와 문살무늬가, 또 바닥부분에는 물
고기등뼈무늬와 빗금무늬가 주로 새겨져 있다. 그리고 입술과 몸통 사이에
는 점선물결무늬[重弧文] 와 붓두껍무늬가 들어 있는 경우도 있다.

또 무늬를 새긴 방법을 보면 눌러 찍은 무늬[押捺文]와 그은 무늬[沈線
文], 귀얄무늬[擦過文]가 있어 여러 수법으로 새긴 것 같다.

한편 발굴구역에 따라 차이가 있지만, 빗살무늬토기가 출토되는 층위는
크게 2개층으로 나누어 볼 수 있으며 이러한 층위의 구분은 빗살무늬토기
의 특징으로 구분이 가능한 것 같다. 다시 말하여 빗살무늬토기가 출토된
층위 가운데 아래층(이른 시기)의 토기는 찰흙질의 바탕흙에 석면이 비짐으
로 쓰인 것이 많고, 위층(늦은 시기)의 토기는 모래질 바탕흙에 운모·굵은
돌가루가 비짐으로 이용되었던 것으로 밝혀졌다.

미사동유적의 신석기시대 층위에서 발견된 석기는 돌도끼를 비롯하여 돌
화살촉·그물추·갈돌과 갈판·둥근 석기·숫돌·공이 그리고 찍개와 격
지등의 뗀석기가 있다. 그런데 이 유적의 석기에서 나타나는 공통된 특징은
유적 주변에서 구하기 쉬운 자갈돌을 이용하여 만들었으며 한두번의 떼기
를 베풀어 날을 만든 것이 대부분이고 간석기는 매우 드물다는 점이다.

석기 가운데 가장 많이 찾아진 것은 돌도끼인데 이것은 유적의 입지조건
과 관련이 있는 것으로 여겨진다. 지금까지 알려진 대로 돌도끼는 도끼의
쓰임새보다 땅을 파는 기능을 가졌던 것 같은데 이곳은 강가이므로 살림을
꾸려 나가는 데에는 이런 연모가 많이 사용되었을 것이다. 그리고 만든 방
법은 유적 주변에서 구하기 쉬운 길쭉하면서 납작한 모습의 강자갈을 사용
하였기에 크게 2가지로 나누어 볼 수 있다. 하나는 길고 납작한 자갈돌의
한쪽이나 양쪽 끝에 간단한 떼기를 베풀어 만든 것이고, 다른 하나는 자갈

돌의 한쪽 끝을 완전히 떼어낸 다음 얇게 만들어 날을 세운 것이다.

갈판과 갈돌도 비교적 많이 찾아졌는데 이것은 신석기시대 미사동에 살던 사람들의 생활상을 보여주는 것으로 여겨진다. 당시 사람들은 이런 갈판과 갈돌을 이용하여 채집(또는 농사)하여온 열매를 가공하였던 것으로 이해되며, 실제로 발굴조사된 빗살무늬토기 안에서 탄화된 도토리가 찾아진 점으로 보아 이런 사실을 뒷받침하여 주고 있다.[19]

또한 미사동 유적에서는 길쭉한 돌의 양쪽 끝을 간단히 손질하여 만든 그물추가 상당히 많이 발견되었다. 이러한 돌그물추는 유적의 주변에서 쉽게 구할 수 있는 자갈돌을 이용하였다는 점에서 아주 실용적인 연모 제작의 한 방법이었던 것으로 여겨진다.

이러한 여러 종류의 석기 이외에도 또 뗀석기가 많이 출토되었다. 이들 뗀석기는 자갈돌을 돌감으로 이용하였으며 일부는 암사동유적에서 발견된 것처럼 구석기 전통을 지닌 것도 있어 서로 비교되면서 주목된다. 석기를 만든 수법은 자갈돌의 옆면에서 떼기를 베풀어 얇은 격지를 만든 다음 이 격지에 잔손질을 한 것이 대부분이고 가끔 몸돌 석기도 찾아지고 있다. 미사동유적의 신석기시대 층위에서 발견된 이런 뗀석기들은 한강을 중심으로 한 신석기시대의 석기제작 수법과 연모의 발달 과정을 이해하는 데 중요한 자료가 될 것으로 해석된다.

2) 하남 선동유적[20]

이 유적은 지표에서 빗살무늬토기가 찾아져 알려지게 되었다. 아직까지 발굴조사는 실시되지 않아 이 유직의 신석기시대 성격에 대하여는 정확히 알 수 없지만 미사동 유적과 비슷할 것으로 추정된다.

---

19) 임효재, 앞의 글, 1981, pp.10~13.
20) 김원룡, 앞의 책, 1965, p.5.

3) 하남 춘궁동유적[21]

일제시대 橫山將三郞에 의하여 처음 조사된 이 유적은 낮은 구릉지대에
서 빗살무늬 토기가 찾아졌다.

앞의 선동유적처럼 발굴조사가 실시되지 않아 그 성격을 파악하기는 어
렵지만 유물 산포지일 가능성이 높다.

2. 하남지역 신석기문화의 성격

여기에서는 미사동유적에서 조사·연구된 신석기시대의 유구와 유물을
중심으로 하남지역의 신석기시대 문화상(文化相)을 설명하도록 하겠다.

1) 집터

미사동유적의 신석기시대 층위에서 조사된 집터는 유적의 범위에 비하여
그렇게 많지 않다. 그 이유는 발굴 조사과정에서 먼저 청동기시대(또는 원
삼국시대)의 유구나 유물이 발견되면 그 아래층, 즉 신석기시대의 문화층에
대한 발굴조사는 실시하지 않았기 때문이다. 그래서 지금까지 조사된 집터
를 통하여 하남지역의 신석기시대 집터를 해석하기에는 어려움이 많다.

그러므로 여기에서는 다른 유적과의 비교를 통하여 이곳의 집터를 살펴
보겠다.

미사동유적의 신석기시대 집터는 이 시기의 다른 유적에서 조사된 것처
럼 움집이었으며, 평면의 생김새는 타원형인 것으로 보고되었다. 움집은 추
위를 방지하고 보온성이 뛰어난 특징을 가지고 있으며 큰 강을 끼고 있는
우리 나라의 신석시시대 유적에서는 거의 대부분 이런 형태의 집터가 찾아
지고 있다.

한편 미사동유적처럼 모래가 쌓인 강가에 위치한 신석기시대의 움집에서

---

21) 김원룡, 앞의 책, p.6.

는 집의 구조에 있어 바닥이 중요하였을 것 같다. 특히 바닥이 늘 건조하여야 하므로 진흙을 깔고 불을 놓아 바닥을 단단하게 하였을 것으로 추정되지만, 미사동유적에서는 아직까지 이러한 흔적이 조사되지 않았다.

그리고 미사동유적의 신석기시대 집터의 크기는 조사된 대부분의 움집터의 가장자리 테두리가 뚜렷하게 남아있지 않아 자세하게 알 수는 없지만, 몇 예에서 보면 지름이 250cm되는 것부터 540cm되는 것까지 여러 가지가 있다.

이들 움집터에서 조사된 내부시설에는 기둥구멍이 있다. 이 기둥구멍은 움집터 안의 벽면을 따라 가면서 일정한 간격으로 조사되었는데 모래바닥이라서 그 흔적만 남아 있다.

신석기시대의 집터는 한 유적에서 여러 기(基)가 조사되고 있으며 그 가운데에는 서로 겹쳐 있는 경우도 있다. 이것은 당시에 이미 취락을 이루면서 살았다는 것을 나타내주며, 한 취락에서 서로 다른 시기에 걸쳐 새로운 집을 지으면서 살았음을 알려준다.

실제로 미사동유적의 바로 이웃인 암사동유적에서는 50여기의 신석기시대 집터가 발굴조사되어 이러한 사실을 뒷받침하여 주고 있으며, 미사동유적도 유적의 입지조건이나 신석기시대의 유물이 찾아지고 있는 범위나 층위로 보아 암사동유적과 상당히 비슷할 것으로 여겨진다.[22]

2) 불땐자리[爐址]

미사동유적의 신석기시대 층위에서는 집터보다 더 많은 수의 불땐자리가 조사되어 그 쓰임새에 대하여 여러 가지 의견이 제시되고 있다.

대부분 생김새가 원형이나 타원형을 이루고 있는 불땐자리의 크기나 만든 방법은 2가지로 나누어진다. 크기는 지름이 100cm쯤 되는 것이 대부분이며, 가끔 500cm가 넘는 큰 것도 있어 그 쓰임새가 서로 다른 것으로 해석된

---

22) 국립중앙박물관, 『岩寺洞』, 1994.

다. 크기가 작은 것은 집터와 직접적인 관련이 있거나 소규모의 사람들이 살림을 꾸려 나갈 때 이용하였던 것 같으며, 대규모의 것은 그 크기가 상당한 것으로 이곳을 중심으로 공동 취사나 석기 제작과 같은 집단의 공동생활을 하였던 것 같다.

그리고 불땐자리를 만든 방법은 크게 땅을 파고 돌을 놓은 것과 땅을 파지 않고 돌을 놓은 점, 유적 주변에 많이 있는 강돌이나 막돌을 쌓거나[積石] 그냥 돌을 돌려 놓은 것[圍石]으로 조금씩 차이가 있다. 돌을 돌려놓아서 만든 불땐자리는 땅을 조금 파고 만든 것이 특징이다.

발굴조사 결과 불땐자리에서 찾아진 거의 모든 돌들은 날카롭게 깨어진 상태인데 처음부터 이런 돌을 가지고 불땐자리를 만들었다기보다는 불을 먹어 자연스럽게 깨어진 것으로 판단되며 그 주변에서 찾아진 돌들도 대부분 불에 구워져 부슬거리는 것이 많다.

불땐자리 안에서 찾아진 신석기시대의 유물은 의외로 적었으며 빗살무늬토기가 대부분이고 간혹 갈판이 나오기도 하였다.

한편 미사동유적의 신석기시대 층위에서 발굴조사된 이런 불땐자리가 이웃의 암사동유적에서도 찾아져 서로 비교되며, 한강 유역의 신석기시대 살림을 이해하는데에도 도움이 된다.

암사동유적에서 조사된 불땐자리도 집터의 바깥에서 찾아졌으며 그 바로 옆에는 돌무지[積石遺構]가 있었다. 만든 방법은 땅을 파지 않고 맨땅 바로 위에 10~30cm 크기의 강돌과 막돌을 돌려놓아 둥근 형태를 하고 있다. 이렇게 돌을 돌려 놓은[圍石式] 불땐자리의 크기는 지름이 100cm 된다. 그런데 암사동유적에서 조사된 이런 불땐자리는 미사동유적과 공통되는 점─움집터의 바깥에 있는 것, 둥근 꼴로 크기는 지름이 100cm쯤 되는 것, 돌을 돌려 놓아서 만든 것─이 있지만, 차이점─돌을 돌려놓은 경우 땅을 파지 않고 맨땅위에 그대로 만든것─도 찾아지고 있어 조금씩은 차이가 있는 것 같다.

또 미사동유적의 신석기시대 층위에서는 앞에서 설명한 것처럼 집터는 거의 찾아지지 않고 불땐 자리는 비교적 많은 조사되었다. 이렇게 불땐 자리가 많이 발견된 이유 가운데 하나는 움집터가 더 이상 쓸모없게 된 다음 유적이 위치한 곳이 큰 강가 옆이고 바닥이 모래흙이므로 자연적인 요인으로 움집터의 가장자리 테두리나 위부분 그리고 벽 시설같은 것이 없어지고 땅속의 불땐자리만 남아있을 가능성도 있는 것으로 해석된다.

3) 빗살무늬토기

하남지역의 신석기시대 사람들이 살림을 꾸리면서 사용한 빗살무늬토기에 대한 것은 미사동유적에서 발굴 조사된 것이 대부분이므로 이것을 중심으로 신석기시대 토기에 대한 것을 살펴보고자 한다.

미사동유적은 지금까지의 발굴조사결과 빗살무늬토기가 출토되는 상황으로 보아 신석기시대 층위는 크게 2개로 나누어지는 것 같다. 층위에 따라 빗살무늬토기의 바탕흙과 비짐이 조금씩 차이가 있는 것으로 여겨진다. 최근 발굴조사된 자료 가운데 빗살무늬토기가 많이 찾아진 서울대학교 발굴구역의 경우, 이른 시기의 층위에서는 바탕흙으로 주로 찰흙을 사용하였으며, 비짐으로 활석과 석면 가루가 많이 이용되었던 것 같다. 그러다가 시간이 지남에 따라 바탕흙은 찰흙보다 모래질과 운모가 많이 이용되었고 비짐에는 굵은 돌가루가 쓰였다. 이렇게 토기의 제작 방법에 있어서 변화가 일어난 것은 토기 제작 기술상의 발전을 나타내주는 것으로 여겨진다.

또 빗살무늬토기의 무늬는 앞에서 설명한 것처럼 여러 가지인데 입술부분에는 빗금무늬가 가장 많고 몸통에는 물고기등뼈무늬가 많이 새겨졌다. 그리고 토기의 부위에 따라 무늬를 새기는 수법 가운데 입술, 몸통, 바닥부분으로 구분하여 새기는 방법이 미사동유적의 빗살무늬토기에서는 널리 이용되었던 것 같다.

그리고 미사동유적에서 발견된 신석기시대의 토기를 다른 지역에서 조사된 이 시기의 토기들과 비교하여 볼 때 서로 비슷한 점이 찾아지고 있다.

미사동유적의 늦은 신석기시대 층위에서 찾아진 토기 가운데에는 바닥부분의 중앙에 혹처럼 튀어나와 납작밑을 이룬 것이 있다. 또 이 토기에는 무 늬가 새겨져 있지 않은 점이 특징이다.[23] 그런데 이렇게 토기의 밑부분이 튀어나온 좁은 납작밑을 하면서 무늬가 없는 신석기시대의 토기가 북한의 신포 강상리유적에서도 발견되어 서로 비교된다.[24] 또 미사동유적의 신석 기시대 토기 가운데에는 몸통에 번개무늬[雷文]가 새겨진 것도 찾아졌는데 이러한 무늬는 두만강 유역이나 함경도 지역의 신석기시대 유적에서 출토 된 토기에서 주로 찾아지고 있으므로 서로의 관련성을 엿보게 하고 있다.[25]

이밖에도 미사동유적의 빗살무늬토기 가운데 무늬를 새겨넣는 방법에서 주목되는 자료가 있다. 미사동유적의 신석기시대 토기에서 입술부분에 빗 금무늬를 새기고 그 바로 아래에 점줄무늬를 한 줄 돌려 전체적으로 토기의 무늬가 입술부분에만 있는 것처럼 보이는 것이 찾아졌는데, 이것은 봉산 지 탑리 1호 집터에서 나온 빗살무늬토기의 무늬와 비슷하다.[26]

최근의 발굴조사 과정에서 찾아진 미사동유적의 빗살무늬토기를 가지고 토기를 만드는 과정을 추적하기 위하여 원료가 되는 바탕흙의 마련과 토기 의 구운 온도를 알아보고자 X선 회절분석(X-Ray Diffraction : XRD)과 시차 열분석(Differential Thermal Analysis : DTA)을, 그리고 토기를 과학적이고 객관 적으로 분류할 수 있는 기준을 마련하기 위하여 바탕흙의 미량성분 분석을 실시한 연구 결과가 있다.[27]

이 연구 결과에 따르면 빗살무늬토기의 바탕흙에는 칼슘이 많은 각섬석 이 제법 들어 있고 유적 근처에서 흔히 구하기 쉬운 모래를 이용하여 운모 를 비짐으로 사용하였을 가능성이 매우 높은 것으로 밝혀졌다. 그리고 토기 를 구운 온도는 녹니석이란 광물이 검출된 것으로 보아 400~700℃ 사이일

---

23) 임효재·박순발·최종택, 「서울大學校 博物館 調査報告(1988년도)」, 『渼沙里』1, 1994, p.414.

24) 변사성·안영준, 「강상리유적의 질그릇 갖춤새에 대하여」, 『조선고고연구』2, 1986, pp.16~23.

25) 한영희, 「地域的 비교」, 『韓國史論』12, 1983, pp.509~515.

26) 고고학 및 민속학연구소, 『지탑리 원시유적 발굴보고』, 1961.

27) 최몽룡·이동영·신숙정, 앞의 글, 1994, pp.627~659.

것으로 추정된다.

4) 신석기시대 연대

하남지역의 신석기시대 유적을 통하여 연대를 가늠해 볼 수 있는 것은 미사동유적이다. 미사동유적의 신석기시대 층위는 출토유물과 퇴적관계로 보아 크게 2개 층으로 나누어 볼 수 있다. 그리고 이 유적의 출토 유물 가운데 빗살무늬토기의 바탕흙·무늬·생김새 등은 바로 이웃의 암사동유적과 비슷한 점이 많아 서로 비교해 볼 수 있다.

미사동유적의 신석기시대 층위 가운데 이른 시기에 해당하는 곳에서 찾아진 숯을 가지고 방사성 탄소연대 측정을 한 결과 5100±140 bp(보정연대는 4,000~3,370 BC)로 밝혀져 신석기시대 전기에 해당되는 것으로 여겨진다. 그리고 늦은 시기는 절대연대 측정이 이루어지지 않았지만 빗살무늬토기의 바탕흙과 무늬 등을 통하여 다른 유적과 비교하여 보면 서포항 유적이나 오이도 신포 조개더미와 비슷한 시기에 형성된 것으로 해석되며, 그 연대는 B.C. 3000년 안팎일 것으로 판단된다.[28]

V. 하남지역 청동기문화

1. 청동기시대의 유적과 유물

하남지역에서 지금까지 조사된 청동기시대의 유적은 집터를 비롯하여 이 시기의 유물이 출토된 포함층과 고인돌이 있다.

집터는 미사동유적에서 찾아졌고 유물이 출토된 곳은 발굴조사가 실시된 미사동 유적과 덕풍동·망월동 그리고 초일동·초이동·감북동·풍산동유

---

28) 임효재, 「放射性炭素年代에 의한 韓國新石器文化의 編年研究」, 『金哲埈博士華甲紀念史學論叢』, 1983, pp.11~37.

적 등 낮은 구릉지대에 위치한 여러 곳이 있다. 그리고 고인돌은 광암동과 교산동·감이동에서 조사되었다.

1) 하남 미사동유적

미사동유적은 앞에서 설명한 것처럼 신석기시대에 해당되는 층위 바로 위쪽에서 청동기시대의 유구와 유물이 조사되어 한강 유역의 청동기시대 문화상을 새롭게 조명하는 계기가 되기도 하였다. 이 발굴조사에서 찾아진 집터는 모두 37기이며, 집터 옆에서 작은 움이 30기 조사되기도 하였다.

집터는 평면의 생김새에 따라 크게 긴 네모꼴[長方形]과 네모꼴[方形]로 나누어 볼 수 있다. 그리고 이러한 구분에 따라 집터 안에서 찾아지는 토기와 집터의 구조가 조금씩 다른 것으로 밝혀졌다.

긴 네모꼴의 집터에서는 주로 구멍무늬토기[孔列土器]가 나오면서 움의 깊이가 네모꼴 모양 집터 보다는 조금 깊은 것 같다. 또 네모꼴의 집터에서는 덧띠새김무늬토기[刻目突帶文土器]가 찾아지며 강돌을 돌려서 만든 화덕 시설이 조사되었다.

이곳의 청동기시대 집터는 긴 방향이 대부분 바로 옆에 흐르는 강물과 나란하였으며, 집터들 사이에는 5m 안팎의 일정한 거리가 유지되고 있어 거의 같은 시기에 집을 지었던 것으로 여겨진다. 또 집터의 가장자리 테두리는 대부분 뚜렷하지 않았는데 이것은 유적이 자리한 곳의 지질 조건과 관련이 있는 것으로 판단된다.

집터의 크기는 비교적 다양한 편인데 길이가 2.5~9.5m이고 넓이는 13.5㎡~65㎡로 그 쓰임새와 가족의 구성원에 따라 차이가 있었던 것 같다. 움의 깊이는 발굴 조사 결과 50~70cm로 밝혀져 반 움집의 주거 형태를 이루고 살림을 꾸린 것으로 밝혀졌으며, 기둥구멍 자리는 뚜렷이 찾아진 것이 없다. 그러나 집터 벽의 가장자리를 자세히 보면 70~80cm의 간격으로 얕은 기둥구멍의 흔적이 있거나, 벽 바로 옆의 집터 위쪽에 2~3cm 깊이의 눌린 자국이 있어 기둥구멍으로 여겨진다.

그리고 집터의 바닥은 이 유적의 입지조건에서 볼 때 상당히 중요하다. 왜냐하면 유적이 강 옆의 모래층 위에 세워졌기 때문에 집터 안에서 생활을 하기 위해서는 땅속에서 올라오는 습기를 차단시켜야 하기 때문이다. 미사동유적의 집터에서 조사된 바닥 처리는 생토인 맨바닥을 그대로 이용하거나 찰흙을 깐 다음 다진 것 등이 있는데 맨바닥인 경우가 더 많다.

이밖에도 집터 안의 시설에는 불땐자리가 있는데, 미사동유적에서는 집 안에서 찾아진 것도 있지만 없는 경우도 있다. 불땐자리의 위치는 대부분 집터의 가운데에서 한쪽으로 약간 치우친 곳에 자리하고 있었다. 또 바깥을 나들이할 때 이용하였던 시설물은 찾아지지 않았는데 이것은 움의 깊이가 얕아 거의 반움집 상태이었으므로 그렇게 필요성을 느끼지 못하였던 것 같다.

한편 집터에서는 여러 가지의 유물이 찾아졌는데 토기는 민무늬토기를 비롯하여 구멍무늬토기·붉은간토기·갈색간토기·흑색토기·덧띠토기·덧띠새김무늬토기 등이 찾아졌다. 또 흙을 빚어 만든 그물추와 가락바퀴도 발견되었다. 석기는 돌검과 화살촉을 비롯하여 돌도끼·돌창·숫돌·갈돌·돌칼·그물추 등 청동기시대의 다른 유적에서 찾아지고 있는 대부분의 연모가 모두 조사되었다.

2) 하남 덕풍동유적

이 유적은 앞으로 들판이 펼쳐지고 뒤로는 낮은 야산이 있는 이성산 부근의 구릉지대에 위치한다.[29] 이곳에서는 지표에서 많은 양의 민무늬토기와 석기가 찾아졌으며, 정식 발굴조사가 실시되지 않아 유적의 성격을 가늠하기는 어렵지만 청동기시대의 집터일 가능성이 매우 높은 것으로 여겨진다.

민무늬토기는 황토색이나 적갈색을 띠고 있으며, 굵은 석영이 곳곳에 박

---

29) 김정학, 앞의 글, 1967, pp.30~40.

혀 있는 이 시기의 전형적인 토기이다. 그리고 구멍무늬토기의 입술부분도 여러 점 찾아져 한강유역의 다른 청동기시대 유적과 비슷한 문화상을 지녔던 것으로 이해된다.

또 흙으로 빚어서 만든 길쭉한 그물추도 찾아졌다. 한편 석기는 돌도끼를 비롯하여 홈자귀·반달돌칼·화살촉·숫돌·갈돌·가락바퀴 등이 발견되었다. 여러 점 찾아진 돌도끼는 뗀석기의 전통을 지니면서 조금씩 간 흔적이 찾아지고 있어 앞 시기의 문화 전통을 이어받았던 것 같다.

3) 하남 망월동유적

미사동유적과는 1.5km 쯤 떨어져 있는 한강 옆의 낮은 구릉지대와 그 주변의 밭에서 많은 양의 민무늬토기 조각이 찾아졌다.[30] 민무늬토기는 주황색을 띠고 있으며 바탕흙은 보통의 민무늬토기와 거의 같다. 수습된 토기에서 찾아지는 생김새의 특징은 납작밑과 바깥으로 조금 벌어진 입술이다. 또 민무늬토기 가운데에는 단면이 둥근꼴인 덧띠가 붙어 있는 덧띠토기[粘土帶土器]도 있다. 이밖에도 흙을 빚어 만든 그물추도 찾아졌다.

> 하남지역에서는 앞에서 설명한 이런 유적 이외에도 초일동·초이동·감북동·풍산동에서 민무늬토기를 비롯한 청동기시대의 유물이 수습되었다.[31]
> 초일동에서는 돌도끼가 발견되었고, 감북동에서는 간화살촉·반달돌칼·홈자귀와 덜된 연모등 비교적 종류가 다양한 여러 가지의 간석기가 찾아졌다.

4) 하남 광암동 고인돌유적

'광암동(廣岩洞)'이라는 땅이름이 알려주듯 이곳에는 남밖마을과 너분바

---

30) 김정학, 위의 글, pp.44~45.
31) 김원룡, 앞의 책, 1965, pp.5~6.

위마을에 고인돌이 있다.32) 남밖마을 유적은 마을 입구에 '5형제바위'라고 부르는 고인돌이 5기 있으며, 너분바위 고인돌 유적과는 약 500m쯤 떨어진 거리다. 집안에 2기, 마을 입구의 밭에 3기가 있었는데 집안의 것은 많이 파괴가 되었다.

유적이 위치한 곳의 지세는 산과 계곡이 발달해 있으며, 계곡 사이에는 비교적 넓은 평지와 나즈막한 구릉이 형성되어 있다. 1998년 세종대학교 박물관에서 3기의 고인돌을 발굴 조사하였다.33)

1호는 집안에 있으며 원래의 자리에서 약간 움직인 것 같다. 덮개돌의 크기는 190×120×80cm이고 재질은 화강암질 편마암이다. 가장자리를 돌아가면서 손질을 많이 하였으며, 긴 방향은 북동 20° 이다. 굄돌이 없으므로 개석식 고인돌인 것 같다.

2호는 현재 파괴되고 없다. 1987년 조사된 내용을 보면 덮개돌은 거의 땅속에 묻혀있는 상태였다. 1호와 마찬가지로 집안에 있었고 개석식이다. 드러난 덮개돌의 크기는 130×80cm이며, 긴 방향은 남북쪽이다.

3호는 덮개돌의 크기가 270×196×60~88cm이며 동서방향으로 놓여 있다. 거정 화강암을 재질로 한 이 덮개돌은 남쪽으로 조금 기울어져 있고, 지름 4.5cm, 8cm 되는 구멍이 있다. 그리고 덮개돌 바로 밑에는 굄돌 구실을 하는 넙적한 돌이 놓여 있다. 이 돌은 덮개돌과 같은 화강암질 편마암이고 매우 얇으며 가장자리에 손질을 많이 하였다. 발굴조사 결과 덮개돌 밑의 넙적한 굄돌은 세워 놓지 않고 뉘어 놓아서 옆쪽과 높이가 같게 균형을 이루었음이 밝혀졌다. 이러한 예는 오산 외삼미동유적의 고인돌에서도 찾아지고 있어 주목된다. 3호 고인돌에는 숫돌과 갈돌이 껴묻기되어 있었다.

4호는 조사당시 흙더미에 쌓여 있었는데 남쪽으로 조금 기울어져 있는 덮개돌의 크기는 160×140×30~60cm이며 놓인 긴 방향은 북동 40° 이다.

---

32) 이융조·하문식, 「板橋~九里·新葛~半月間 高速道路 文化遺蹟 地表調査報告」, 『板橋~九里·新葛~半月間 高速道路 文化遺蹟 地表調査報告書』, 1987, pp.35~36.
33) 최정필·윤미숙·황보 경, 앞의 책, 1998.

덮개돌 밑에는 잘 다듬은 굄돌로 보이는 돌이 놓여 있었다. 발굴조사 결과, 무덤방의 서쪽 벽을 이룬 돌에 사람 얼굴이 새겨진 것이 발견되어 주목된다. 이 바위그림은 매우 상징화된 것으로 눈과 입은 음각을 하였고 코는 돌의 모가 진 부분을 그대로 이용하여 표현을 한 점이 돋보인다.

5호는 거정화강암을 재질로 이용한 덮개돌의 크기가 260×175×25~70cm이며, 북서 70° 방향으로 위치한다. 그런데 이 덮개돌은 남밖마을에 있는 다른 고인돌과 달리 두께가 고르지 않다. 덮개돌은 조사 당시 남동쪽으로 기울어진 모습이었으며, 지름 4~7cm되는 구멍이 7개 파여 있었다. 덮개돌 밑에는 굄돌이 2개 있는데 서쪽 것은 크기가 120×60×25cm이며 탁자식 고인돌일 가능성이 높다.

이 남밖마을 고인돌 유적은 축조된 다음 일부 파괴가 있었지만 고인돌의 서로 다른 형식이 한 곳에 같이 있는 것으로 여겨져 중요한 유적으로 판단된다.

너분바위 고인돌은 맨처음 서울특별시 팔당 수원지 사무소 안에 위치하였지만, 1960년대 후반 수원지 공사를 하면서 길 옆(서울에서 춘궁동으로 넘어가는 길)으로 옮겨 놓았다가 최근에는 부근의 판교-구리 고속도로 서하남 인터체인지 부근으로 옮겨졌다.

덮개돌의 크기는 520×250×150cm로 상당히 큰 편에 속하고 재질은 화강암이며 옆면에 '반공', '방첩' 등의 글씨가 있다. 덮개돌이 옮겨졌기 때문에 무덤방의 형태나 구조 및 껴묻거리 등은 알 수 없지만, 앞에서 설명한 남밖마을 고인돌과 서로 관련이 있을 것으로 여겨진다. 그리고 덮개돌의 크기로 보아 이 고인돌을 축조할 때 많은 노동력이 동원되었던 것 같다. 이 고인돌을 마을 사람들은 '개구리바위'라고도 부른다.

5) 하남 감이동 고인돌유적

마을입구의 밭 가운데에 탁자식 고인돌이 1기 있다.[34) 거정 화강암을 돌감으로 이용한 덮개돌은 크기가 300×220×50cm이며, 서쪽 부분이 약간 떨어져 나갔다. 그리고 덮개돌의 남쪽 밑 부분에 지름 2~3cm되는 구멍이 파여 있는데 이것은 채석과 관련이 있는 것으로 해석된다. 조사 당시 이 고인돌은 북쪽으로 기울어진 상태였으며, 덮개돌 밑에는 동쪽과 서쪽으로 굄돌이 2기 놓여 있어 탁자식 고인돌로 여겨진다.

덮개돌과 같은 재질인 굄돌은 서로 50cm간격을 두고 세워져 있었다. 동쪽 것은 길이가 90cm쯤 되며 두께는 상당히 얇은 편이고, 서쪽 것은 길이가 110cm쯤 되며 두께가 두터워 동쪽 것과 좋은 비교가 된다.

한편 이 고인돌에서 북서쪽으로 약 400m쯤 떨어진 테니스 연습장 부근의 산 기슭에 화강암질 편마암을 손질한 410×120cm 크기의 길쭉한 돌이 동서 방향으로 놓여 있다. 현재 땅속에 박혀 있어 큰 돌 밑의 구조는 알 수 없지만, 고인돌일 가능성이 매우 높다.

6) 하남 교산동 고인돌유적

광주 향교에서 동북쪽으로 900m 거리에 있는 이 고인돌 유적은 객산(客山) 꼭대기에서 서북쪽으로 뻗어 내려온 능선의 안쪽에 위치하며, 유적 주변은 경사가 비교적 완만한 편이다.[35]

세종대학교에서 조사한 이 유적에는 큰 돌이 7개 분포하고 있으며, 마을 사람들은 이곳을 한심재, 그리고 고인돌로 추정되는 큰 돌을 '칠성바위'라고 부른다.

1호는 땅속에 많이 묻혀 있으며 현재 드러난 덮개돌의 크기는 270×200cm이다. 덮개돌이 놓인 긴 방향은 동서쪽이며, 가장자리를 많이 손질하여 타원형이 되게 하였다.

2호도 1호처럼 땅속에 많이 묻혀 있다. 덮개돌의 크기는 200×150cm이며,

---

34) 1998년 3월 10일 필자가 현지 조사를 한 결과인데, 유적의 입지 조건으로 보아 부근에 더 많은 고인돌이 있을 가능성이 높다.
35) 최정필, 앞의 책, 1996, pp.231~236.

긴 방향은 동서쪽이다.

3호는 덮개돌이 네모꼴이며 200×180×65cm 크기이다. 긴 방향은 남북쪽이다.

4호는 덮개돌이 남북 방향으로 놓여 있으며, 230×200×40cm 크기이다. 5, 6호 고인돌과는 남북 방향으로 일직선을 이루고 있다.

5호는 덮개돌의 대부분이 땅속에 묻혀 있으며 현재의 크기는 140×130×50cm이다.

6호는 덮개돌이 길쭉한 모습이며 현재 드러난 크기는 170×150×65cm이다. 덮개돌의 재질은 편마암이고 동서 방향으로 놓여 있다.

7호는 덮개돌 바로 밑이 흙 속에 묻혀 있다. 긴 방향이 동서쪽으로 놓인 덮개돌의 재질은 편마암이며 130×80cm 크기다.

이 교산동 유적의 고인돌은 덮개돌 바로 밑이 흙 속에 묻혀 있어 굄돌같은 것을 확인할 수 없으며 고인돌의 형식과 구조를 이해하는데 어려움이 많다. 그리고 현재 밖으로 드러난 상태로 보아 이 유적의 고인돌은 개석식일 가능성이 아주 높다.

한편 '칠성바위'라고 불려지는 이 고인돌들은 예로부터 마을 사람들이 위(爲)하여 왔다고 전해진다.

2. 하남지역 청동기문화 성격

1) 집터

하남지역의 청동기시대의 집터에 대한 것은 미사동유적에서 발굴 조사된 결과를 통하여 알 수 있다. 미사동유적의 청동기시대 집터는 평면의 생김새와 집터에서 발견되는 토기를 통하여 크게 2가지로 구분하여 볼 수 있다.

먼저 평면이 긴 네모꼴인 집터에서는 주로 구멍무늬토기가 찾아지고 있으며, 네모꼴 집터에서는 덧띠새김무늬토기가 발견되었다. 이러한 출토유물과 집터의 입지조건으로 보아 네모꼴 집터보다는 긴 네모꼴 모양의 집터가 조금 이른 시기에 축조되었던 것으로 여겨진다.

또한 긴 네모꼴 집터 가운데에는 길이와 너비의 비율이 3 : 1에 가까운 아주 길다란 모습의 집터도 있는데 하남 지역과 가까운 중부지방에서 이런 것이 조사된 예는 바로 이웃의 서울 역삼동 집터를 비롯하여 파주 옥석리·교하리 1호 집터가 있다.[36]

발굴조사 결과에 따르면 집터의 움 깊이는 대개 50~60cm 안팎으로 밝혀져 반움집의 주거 형태를 유지하였던 것 같다. 그리고 집터의 주요 시설로는 불땐자리가 있는데 미사동유적에서는 대부분 1개씩 조사되었으며, 하나도 없는 집터도 있었지만 또 다른 집터는 2~3개씩 있는 경우도 있었다. 불땐자리의 위치는 집의 가운데에서 한쪽으로 약간 치우친 곳에 자리하였으며, 평면은 타원형이 제일 많고 원형 또는 모를 죽인 네모꼴도 간혹 조사되었다. 크기는 지름이 100cm 안팎이다. 만든 방법은 집 바닥을 얕게 파고(거의가 10cm쯤) 2~4장의 납작한 돌을 깐 다음 그 주위에 길이 20~30cm되는 길쭉한 돌을 돌려서 만들었다. 또한 시설을 만들지 않은 무시설식 불땐자리도 조사되었는데 이런 경우는 맨땅을 조금 파서 만들었다. 바닥에서는 숯과 불탄 흙덩어리가 일정한 범위 안에서 발견되었다.

한편 미사동유적의 청동기시대 집터 가운데에는 당시 사람들이 주로 머물면서 일상적으로 살림을 꾸린 곳도 있지만, 석기 제작이나 토기를 제작하던 곳으로 여겨지는 것도 있어 주목된다.

숭실대학교 발굴구역에서 조사된 A1호 집터의 경우, 크기는 길이가 13.8m, 너비 4m이며 길쭉한 네모꼴 형태의 집터로 55.2㎡쯤 된다. 이 집터의 서쪽 벽 가운데 부분에서는 석기를 만드는데 이용하였던 것으로 여거지는 많은 양의 돌감과 돌끌이 한 곳에 5점이나 모여 있어 이곳이 석기제작소였던 것으로 여겨진다.

또 경희대학교 발굴구역의 2호 집터는 크기가 410×160cm로 5.15㎡쯤 되

---

36) 김양선·임병태, 「驛三洞 住居址 發掘報告」, 『史學研究』 20, 1968, pp.23~51 : 김
     재원·윤무병, 『韓國支石墓研究』, 1967, pp.56~58 ; 36~49.

며, 다른 집터보다 상당히 면적이 작은 편에 속한다. 집터의 내부 깊이는 20~25cm로 비교적 얕은 편이며 바닥에는 많은 돌들이 깔려 있고 가운데에서 서쪽으로 조금 치우쳐 불탄 흔적이 뚜렷한 자리가 있다. 불탄 곳은 둥근 꼴로 크기는 지름이 57cm쯤 된다. 그리고 가운데에서 동쪽으로는 돌이 깔려 있고 돌이 깔린 돌무지의 가운데 부분에는 불먹은 자리가 남아 있다.

  이곳에서는 집터와 관련있는 기둥구멍 자리나 나들이 시설은 발견되지 않았으며 바닥도 다른 집터와는 다르게 그냥 맨바닥이다. 집터에서는 구멍무늬토기와 붉은간토기 조각들이 찾아졌으며 살림살이와 관련있는 석기는 1점도 조사되지 않았다. 이러한 몇 가지 점에서 이 집터는 일상적으로 살림을 꾸리던 집터라기보다는 토기를 제작하던 곳이나 다른 쓰임새로 이용되었던 것 같다.

  미사동유적의 집터를 통하여 청동기시대 하남지역에 살았던 사람들의 주거 면적을 살펴보면 대개 다음과 같이 추정할 수 있을 것 같다. 미사동유적의 청동기시대 집터는 크기가 13.5㎡부터 65㎡까지 비교적 다양한 편이다. 그런데 이렇게 크기가 여러 가지인 집터는 주로 25~35㎡와 55~65㎡에 집중되어 있는 편이다.

  이처럼 집터의 면적이 다양한 것은 그 쓰임새와 이곳에 살았던 사람들의 가족 구성 관계와 서로 밀접한 관련이 있을 것으로 여겨진다. 미사동유적의 청동기시대 집터 크기를 중부지방에서 조사된 청동기시대의 다른 유적과 비교하여 보면, 여주 흔암리 유적의 경우는 24~29㎡이고 서산 휴암리 유적은 20㎡ 안팎으로 조사되어 미사동유적의 집터가 훨씬 큰 편에 속하는 것 같다.

  청동기시대 집터에서 어른 1사람이 살아가는데 필요한 최소 면적은 5㎡쯤 되는 것으로 조사된 연구 결과가 있는데[37], 이것을 미사동유적의 청동기시대 집터 면적에 적용시켜 보면 한 집터에 5~7명이나 11~13명이 살았던

---

37) 김정기, 「韓國竪穴住居址考(二)」, 『考古學』 3, 1974, pp.35~38 : 윤기준, 「우리 나
    라 청동기시대 집터에 관한 연구」, 『白山學報』 32, 1985, pp.43~45.

것으로 해석된다.

이것은 앞으로 청동기시대의 유적에 대한 보다 구체적인 조사가 실시되어 많은 연구 성과가 얻어지면 당시 사회의 조직관계나 가족구성에 대하여 알 수 있을 것으로 기대된다.

미사동유적의 청동기시대 집터는 어떻게 없어졌을까? 우리는 당시의 상황을 고려하여 몇가지 추론을 해 볼 수 있다.

맨 먼저 이 유적이 강가에 있었기 때문에 홍수와 같은 자연적인 재해로 인하여 없어진 경우가 있을 수 있다. 또 살림을 꾸려나가면서 예기치 않게 집에 불이 나 다른 곳으로 옮겨갔을 가능성도 생각해 볼 수 있다. 그러나 미사동유적의 청동기시대 집터를 발굴조사한 결과 집터가 없어진 이유는 앞의 경우보다는 이주에 의하여 자연적으로 없어졌을 가능성이 더 많은 것으로 여겨진다. 그 까닭은 먼저 집터의 바닥에 놓여진 유물이 거의 없고 대부분 유물이 깨어진 상태에서 찾아진 점 그리고 집터 안의 쌓임층이 벽 쪽에서 바닥까지 정상적이기 때문이다.

2)움[土壙]

하남지역에서 청동기시대의 유적으로 유일하게 발굴조사된 미사동유적에서는 집터 옆에서 작은 움이 많이 찾아졌다.

조사 결과 이 움들은 집터와 거의 같은 시기에 만들어졌던 것으로 여겨지며, 한 곳에 모여있지 않고 집터처럼 비교적 넓은 범위에 분포하고 있는 점이 하나의 특징이다. 움의 평면 생김새는 타원형이 제일 많고 원형·네모꼴 등이 있다. 크기는 지름 250cm 안팎이며 깊이는 10~30cm쯤 된다.

움에서 찾아진 유물은 그렇게 많지 않은데 민무늬토기를 비롯하여 덧띠새김무늬토기·붉은 간토기·숫돌·그물추·갈판 그리고 구슬[玉] 등이 있다. 움의 쓰임새에 관하여는 집터와의 관련 문제를 고려하여 볼 때 저장구덩이였을 가능성이 높은 것으로 여겨지며, 크기가 여러 가지이므로 다양한 기능을 가졌던 것 같다.

특히 숭실대학교에서 발굴한 8호 움의 경우, 그물추가 한꺼번에 여러 점 찾아졌는데 이것이 그물에 그대로 매여있던 것으로 여겨져 살림살이를 꾸리는데 사용한 그물을 이 움에 보관하였던 것 같다.

3) 토기의 특징

하남지역의 청동기시대 유적에서는 미사동유적을 비롯하여 여러 곳에서 청동기시대에 만들어진 다양한 토기가 찾아졌다.

이 시기의 대표적인 토기 가운데 하나인 민무늬 토기[無文土器]를 비롯하여 붉은간토기·검은간토기·구멍무늬토기·덧띠토기·덧띠새김무늬토기 등이 발굴조사에서 발견되었다.

민무늬토기는 돌가루가 많이 섞인 찰흙을 바탕흙으로 하여 만들었으며 색깔은 여러 가지인데 적갈색·황갈색·흑갈색·암갈색 등이다. 만든 수법은 테쌓기가 가장 많고 크기가 작은 것은 손빚기[手捏法]를 하였다. 다듬는 방법으로는 손가락 끝[指頭]으로 누르는 것과 긁는 것·나무판으로 긁는 것·물손질 등이 찾아졌으며 주로 나무판으로 긁는 방법으로 토기의 겉면을 손질하였고 입술부분은 물손질한 것이 많다. 이러한 나무판으로 다듬는 방법은 서울 가락동 5호 집터와 춘천 신매리 1·2호 집터에서 발견된 토기에 이용되었다.[38] 특히 미사동유적의 민무늬토기 가운데에는 입술이 바깥으로 벌어진 토기가 있는데 이 시기의 다른 유적에서 찾아진 것보다 목부분이 긴 것이 특징이다.

붉은간토기는 미사동유적의 경우 대부분의 집터에서 찾아졌으며 생김새는 굽다리접시[高杯]와 단지[短頸壺], 목항아리[長頸壺] 등이 있다. 미사동유적의 집터에서 이 토기가 발견된 것은 일상적인 살림살이에 널리 쓰인 것으로 이해되며 여러 가지의 생김새로 보아 목적에 따라 이용된 것으로 여겨

---

38) 임병태·최은주·김무중·송만영, 『渼沙里』 3, 1994, pp.378~379.

진다. 붉은간토기의 바탕흙은 아주 고운 흙을 골라서 사용하였으며, 붉은
칠을 겉면에만 하였다.

특히 붉은간토기 가운데 굽다리 접시의 굽다리는 모두 곧은 원통형이며,
위쪽과 아래쪽의 지름이 같은 것도 있지만 위쪽보다 아래쪽이 조금 넓은 것
도 있어 생김새는 약간 차이가 있다. 이러한 토기들은 남한강유역의 여주
흔암리유적과 최근 발굴 조사된 충주 조동리·속초 조양동유적에서도 찾아
져 이들 지역과의 문화교류 관계를 짐작하여 볼 수 있다.[39]

검은간토기는 모두 작은 조각들이 찾아져 전체적인 생김새는 알 수 없지
만 붉은간토기의 단지와 비슷한 형태를 지녔을 것으로 추정된다.

미사동유적의 숭실대학교 발굴 구역에서는 갈색 간토기[褐色磨研土器]가
찾아져 주목된다. 이곳에서 발견된 이 토기는 다른 유적보다 적게 찾아져서
그 특징을 살펴보는데에는 어려움이 많다. 바탕흙은 가는 돌가루가 섞인 비
교적 고운 흙을 이용하였으며, 토기의 두께가 아주 얇은 점이 특징이다. 생
김새는 목항아리와 굽다리 접시·바리가 있다.

갈색간토기는 춘천 신매리 2호집터에서 몸통부분이 찾아졌으며 주로 동
북지역에서 출토되고 있어 하남지역 청동기시대의 문화 전파 관계를 이해
하는데 도움이 된다.[40]

구멍무늬토기는 미사동유적과 덕풍동유적에서 찾아졌다. 생김새는 대부
분 바리[鉢]모양이며, 그냥 입술 부분에 구멍이 뚫린 것과 구멍과 함께 입술
의 위쪽에 골아가리[口脣刻目]무늬가 있는 것으로 크게 나누어 볼 수 있다.
서로 시기 관계를 보면 그냥 구멍이 뚫린 것보다는 골아가리가 있는 것이
좀 이른 시기의 것으로 이해된다.

특히 미사동유적의 청동기시대 토기를 보면 동북지역의 구멍무늬와 골아
가리무늬는 많은 토기에서 찾아지지만, 서북지역의 빗금무늬는 그렇게 흔

---

39) 서울대학교 박물관, 『欣岩里住居址』 1, 1974 : 충북대학교 박물관 엮음, 『선사유
　　적 발굴도록』, 1998.
40) 국립중앙박물관, 『中島』 Ⅱ, 1981.

하게 발견되지 않아 하남지역 청동기시대 토기 제작에 있어서 동북지역의 영향을 상당히 강하게 받았던 것 같다.

덧띠토기는 미사동유적과 망월동유적에서 조각들이 찾아졌는데 양주·서울 등 하남지역의 주변지역에 있는 청동기시대 유적에서 많이 발견되고 있어서 이들 지역과 비교된다. 이 토기는 청동기시대 후기에 해당되는 유구에서 찾아진 점으로 보아 미사동유적의 경우, 원삼국시대와의 문화적인 연속관계를 이해할 수 있는 자료인 것 같다.

덧띠새김무늬토기는 바탕흙이 모래섞인 찰흙이며 암갈색을 띠고 있다. 토기의 생김새는 지금까지 완전한 것이 발견되지 않았지만 대체적으로 입술부분은 곧고 바닥은 둥근 것으로 추정된다.

미사동유적에서 찾아진 이 토기의 특징은 입술부분에 있는데 그 모습은 입술부분의 바깥쪽 바로 밑부분에 1줄의 덧띠(돋을 띠)가 돌려지고 거기에 비스듬하게 새김무늬가 있는 것이다. 지금까지 이 토기가 찾아진 유적은 미사동유적을 비롯하여 제천 황석리유적·부여 송국리유적·남강댐 수몰지역의 몇 유적이 있을 뿐 많지 않다.[41]

그런데 이 토기가 일본의 서북 구주지역에서는 초기 논농사와 관련있는 유적에서 널리 찾아지고 있어서 일본 지역과의 관련 문제가 관심을 끌고 있다.[42] 아직까지는 한반도에서 조사된 것이 많지 않아 문화상을 이해하는데 어려움이 많이 있지만, 앞으로 자료가 모아지면 청동기시대의 살림살이까지도 비교 검토를 통하여 규명할 수 있을 것으로 기대된다.

4) 고인돌유적

앞에서 설명하였듯이 하남지역에는 지금까지 광암동을 비롯하여 감이동·교산동에서 14기의 고인돌이 조사되었다. 이 가운데 최근 광암동의 남

---

41) 윤세영·이홍종, 앞의 책, 1994, pp.340~342 : 경상남도·동아대학교 박물관 엮음, 『南江流域文化遺蹟發掘圖錄』, 1999.

42) 이홍종, 「日本初期水田農耕期의 덧띠새김무늬토기」, 『史叢』 33, 1988, pp.45~54.

밖마을 고인돌이 발굴조사 되었을 뿐 나머지는 지표 조사가 실시된 상태이다.

여기에서는 지표 조사된 결과를 중심으로 하남지역의 고인돌에 대한 몇 가지를 살펴보고자 한다.

먼저 하남지역의 고인돌에서 나타나는 특징은 형식의 다양화를 들 수 있다. 남밖마을과 감이동유적에서는 탁자식 고인돌이 조사되어 이 지역에는 탁자식과 개석식 고인돌이 같이 있는 것으로 밝혀졌다.

이것으로 보아 우리 나라 고인돌의 형식적인 분포 관계에서 보면 하남지역은 점이적인 성격을 지녔다고 할 수 있다.[43]

하남지역에서 조사된 결과를 가지고 고인돌의 분포에 대한 빈도 관계를 현재 설명하기는 어렵다. 왜냐하면 지역의 특성상 상당히 많은 부분이 개발되었기 때문에 이미 파괴되어 없어진 고인돌이 있을 가능성이 높기 때문이다. 그러나 서울 부근지역에서 현재 이런 정도의 고인돌유적이 남아 있다는 것은 그 분포에 대하여 시사하는 점이 많다.

고인돌을 통한 당시 사회상에 관한 문제를 보면, 너분바위 고인돌이 주목된다. 이 고인돌의 덮개돌은 상당히 큰 편에 속하여 축조 과정에 많은 노동력이 동원되었을 것이고 또한 상당한 수준의 축조 기술이 필요하였을 것이다. 이런 점에서 고인돌을 축조한 하남지역의 당시 사회 관계는 복잡 다양하였을 것으로 여겨진다.

5) 청동기시대 연대

지금까지는 절대연대 측정 자료가 없기 때문에 하남지역의 청동기시대 연대는 유물의 비교를 통해 상대연대를 살펴볼 수밖에 없다. 그리고 상대연대를 가늠할 수 있는 유물이 찾아진 대표적인 유적으로는 미사동유적을 들

---

43) 하문식, 「한국 청동기시대 묘제에 관한 한 연구」, 『博物館紀要』 6, 1990, pp.33~47.

수 있다.

미사동유적에서는 청동기시대의 유적에서 널리 찾아지고 있는 토기와 석기가 거의 대부분 발견되었다. 이 가운데 구멍무늬토기·붉은간토기에서 나타나는 몇 가지 특징은 여주 흔암리유적에서 발굴된 토기와 서로 비교되는 점이 많다.

흔암리유적의 연대는 출토 유물을 통한 비교 결과, 그 시기를 B.C. 7세기 경으로 여기고 있다. 하지만 방사성 탄소 연대 측정이 이루어진 12호 집터의 경우 B.C. 16세기 경으로 밝혀지고 있어, 이 유적은 한강유역의 민무늬토기 유적 가운데 이른 시기에 속하는 것으로 여겨진다.[44]

따라서 이런 점에서 보면 흔암리유적과 가까이 있는 미사동유적의 청동기시대 연대는 그렇게 큰 차이가 있을 것 같지는 않다.

또 미사동유적은 청동기시대의 어느 한 시점에 형성된 유적이 아니라 집터의 구조·출토 유물로 볼 때 오랜 동안에 걸쳐 이루어진 것으로 생각되며, 하남지역의 청동기시대 연대는 여주 흔암리유적과 깊은 관련이 있을 것으로 해석된다.

Ⅵ. 맺음말

하남지역의 선사문화가 지니는 성격은 앞에서 설명한 것처럼 지리적인 위치 관계를 나타내 주듯이 점이적인 성격이 강하다.

지금까지의 조사 결과, 낮은 구릉지대와 한강 언저리 대부분 지역에는 선사유적이 분포하고 있는 것으로 밝혀졌다.

조사·연구의 대개는 다음과 같다.

구석기유적은 현재 발굴되지 않았지만, 지표에서 뗀석기가 찾아지면서 단구가 조사되고 있어 앞으로 조사될 가능성이 매우 높다.

---

44) 하문식, 「靑銅器時代의 中原文化」, 『先史文化』 2, 1994, pp.114~115.

신석기문화는 미사동유적의 발굴에서 집터·불땐 자리와 빗살무늬토기 등이 찾아져 문화상의 대강을 알 수 있었다. 집터의 분포 상태로 보아 취락이 형성되었던 것 같으며, 불땐 자리의 여러 정황으로 볼 때 집단의 공동생활을 영위하였던 것 같다.

빗살무늬토기는 층위에 따라 바탕흙과 비짐에 있어서 차이가 있는 것 같다. 분석 결과 초기에는 바탕흙으로 찰흙을, 비짐으로는 활석과 석면 가루를 많이 이용하다가 점차 모래질과 운모가 바탕흙으로 사용되고 비짐은 굵은 돌가루가 쓰였다. 토기의 형태와 무늬에 있어서는 동북지역의 함경도나 두만강유역과 비슷한 점이 많아 서로의 관련성을 시사하고 있다.

청동기문화는 미사동유적의 발굴 조사 결과 한강유역의 청동기시대 문화상을 새롭게 조명하는 계기가 되었다.

집터와 함께 석기·토기 제작소 등의 공동생활터도 조사되어 이 시기의 문화를 복원할 수 있는 자료가 밝혀졌다. 집터의 구조나 출토 유물(특히 구멍무늬토기)로 볼 때 동북지역과의 관련성이 상당히 많은 것 같으며, 덧띠새김무늬토기는 한반도의 남부지역과 일본의 서북 구주지역에서 발견되고 있어 청동기시대 하남지역의 지리적인 위치와 그 중요성을 살펴볼 수 있는 자료이기도 하다.

청동기시대의 대표적인 무덤인 고인돌이 분포하고 있다는 것은 축조에 따른 여러 문제를 고려하여 볼 때 이 지역의 문화 발전 단계가 상당한 수준에 이르고 있었음을 시사한다.

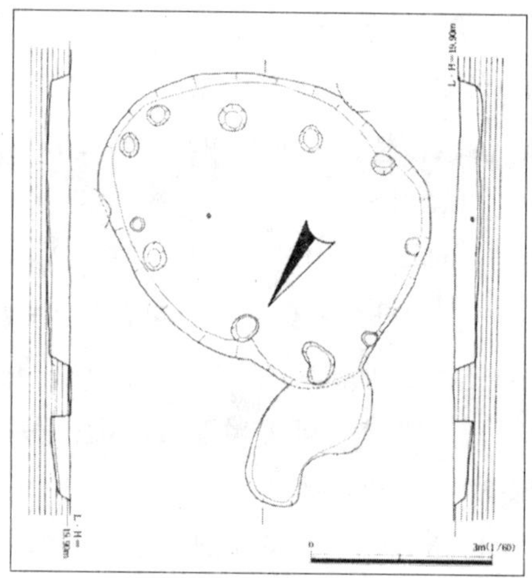

<그림 1> 하남 미사리유적 식석기시대 집터
(고려대 발굴)

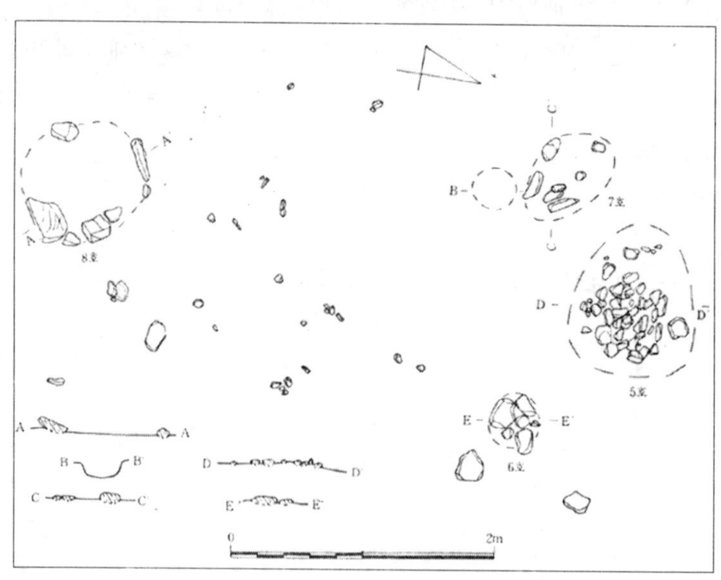

<그림 2> 하남 미사리유적 신석기시대 화덕자리
(한양대 발굴)

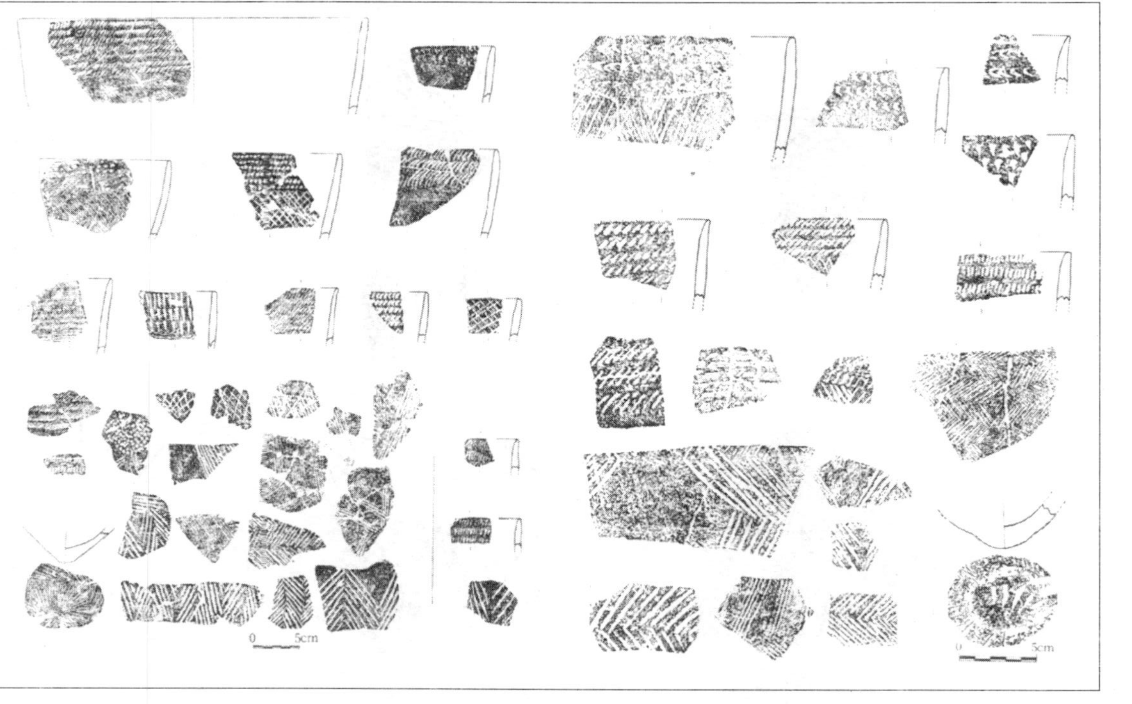

<그림 3> 하남 미사리유적 출토 여러가지 빗살무늬토기

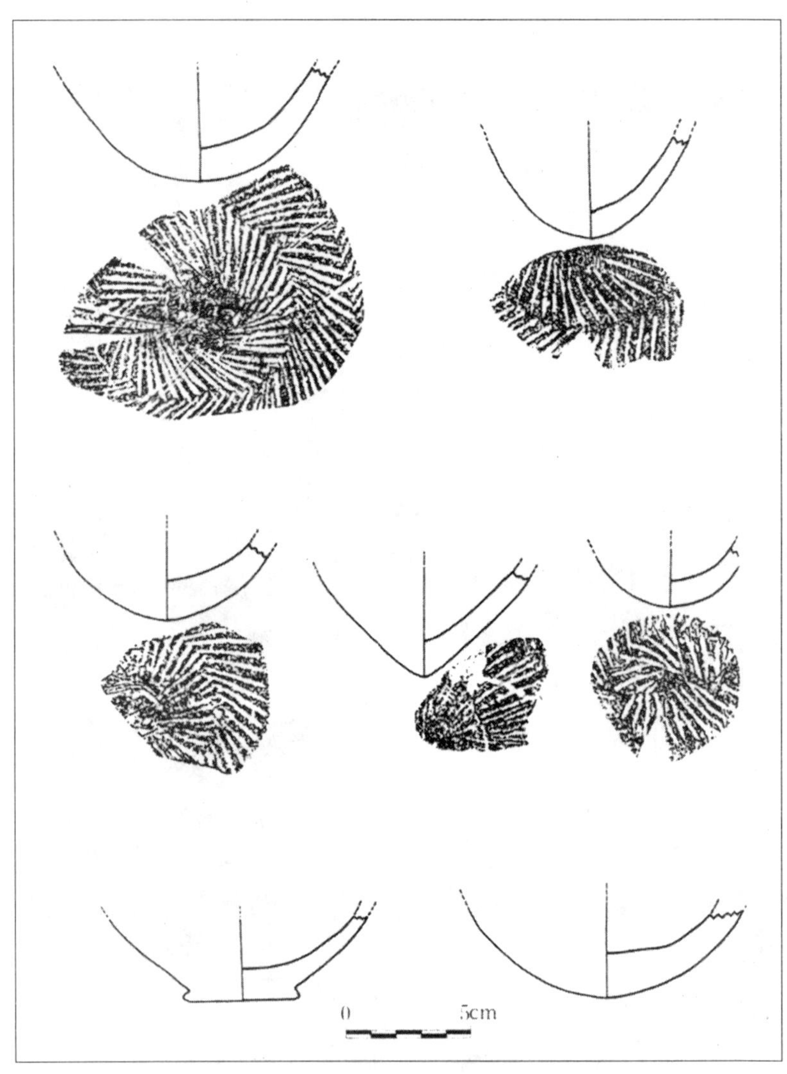

<그림 4> 하남 미사리유적 출토 빗살무늬 토기 밑부분

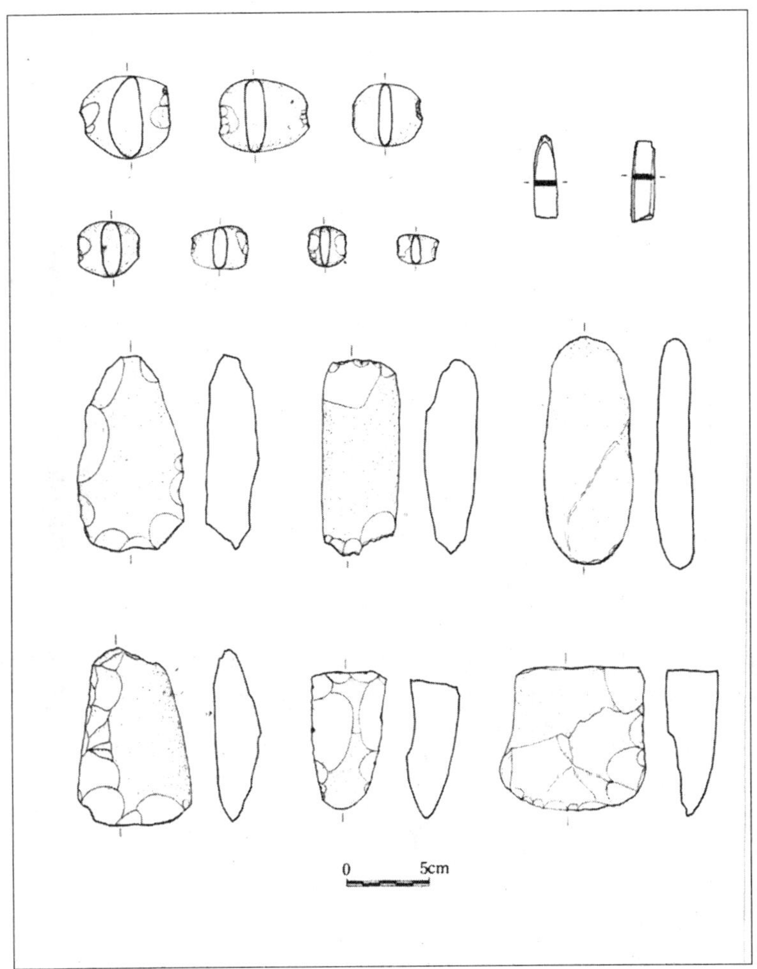

<그림 5> 하남 미사리유적 출토 신석기시대 석기

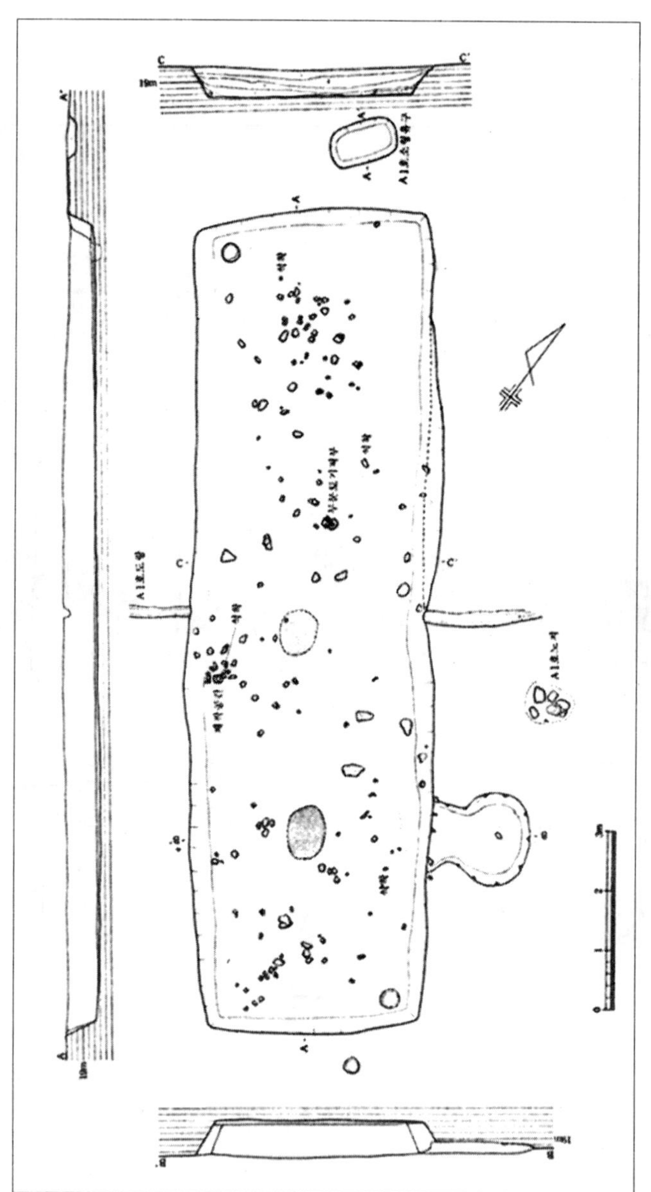

<그림 6> 하남 미사리유적 청동기시대 집터(숭실대 발굴)

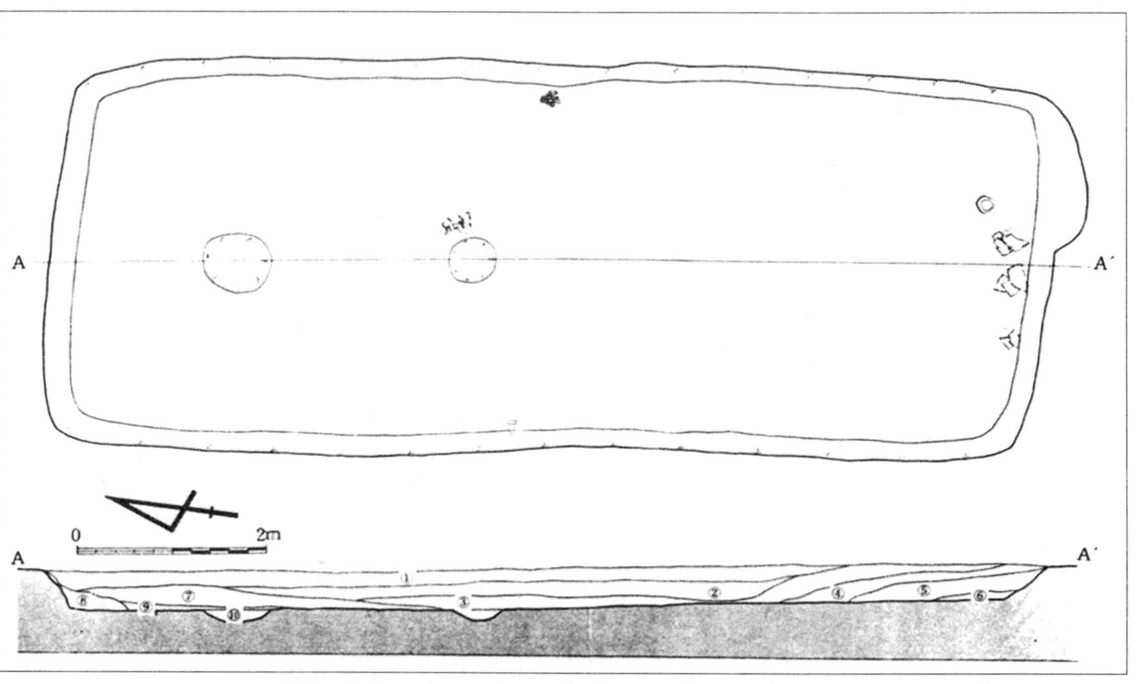

<그림 7> 하남 미사리유적 청동기시대 집터(서울대 발굴)

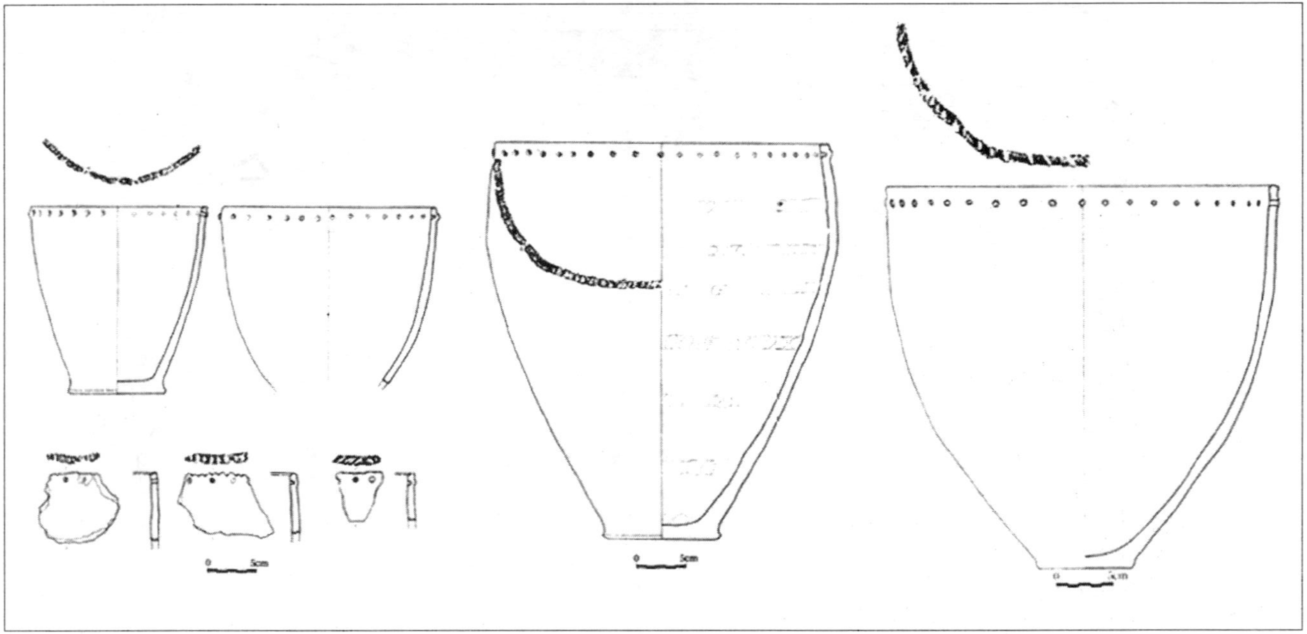

<그림 8> 하남 미사리유적 출토 구멍무늬토기

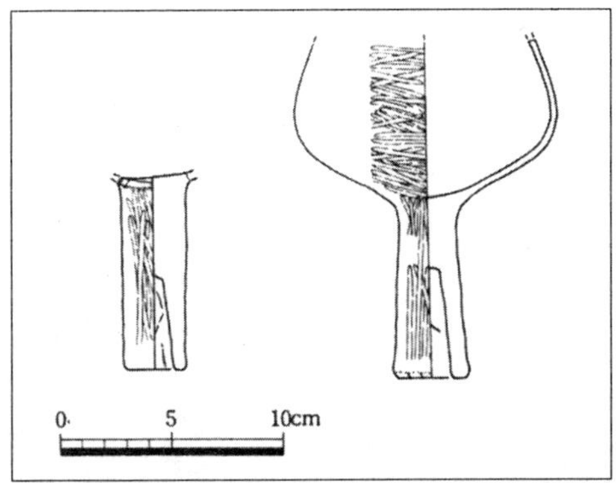

<그림 9> 하남 미사리유적 출토 붉은간토기
(굽다리 접시)

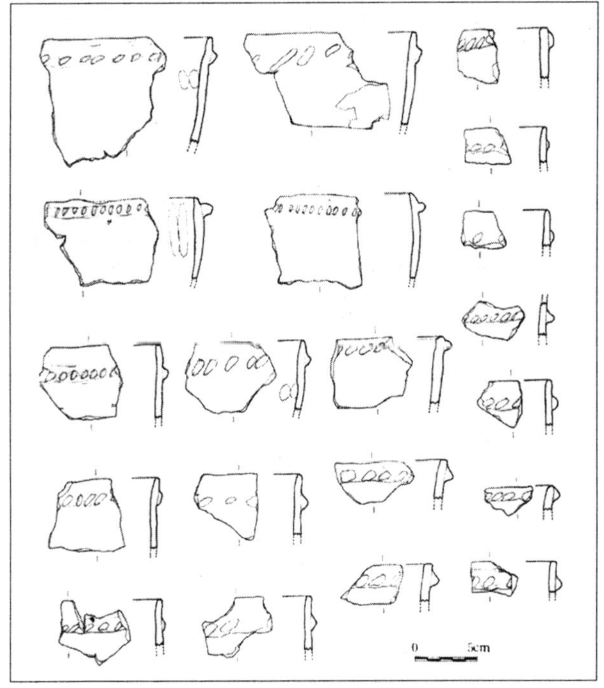

<그림 10> 하남 미사리유적출토 덧띠새김무늬토기

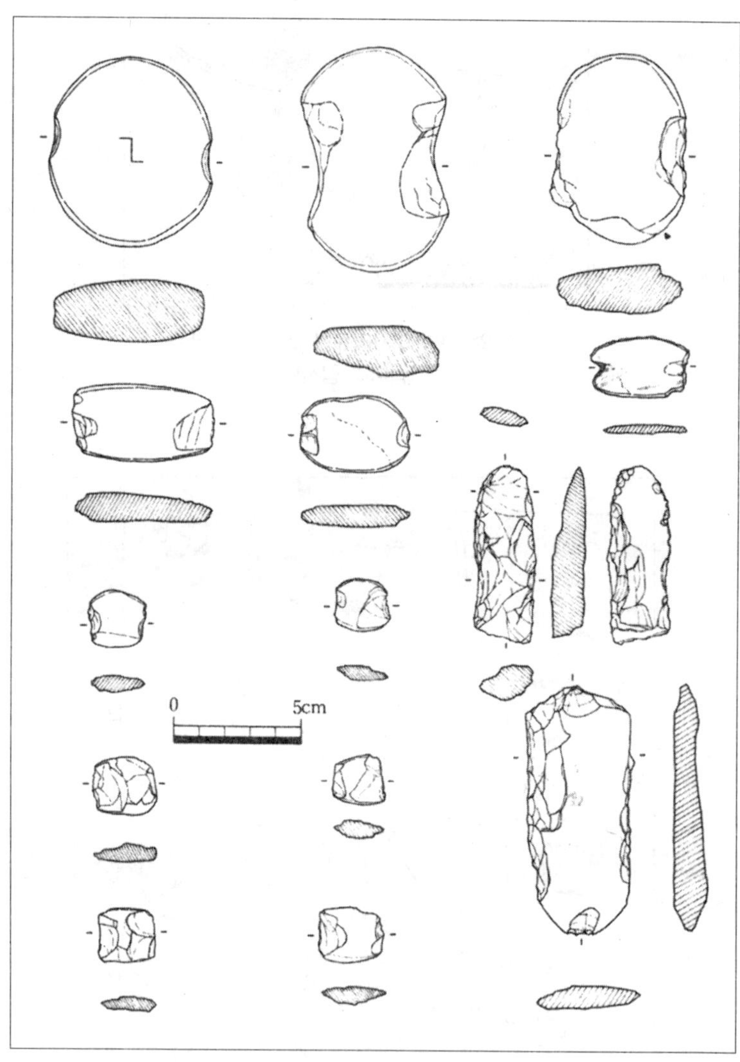

<그림 11> 하남 미사리유적 출토 석기

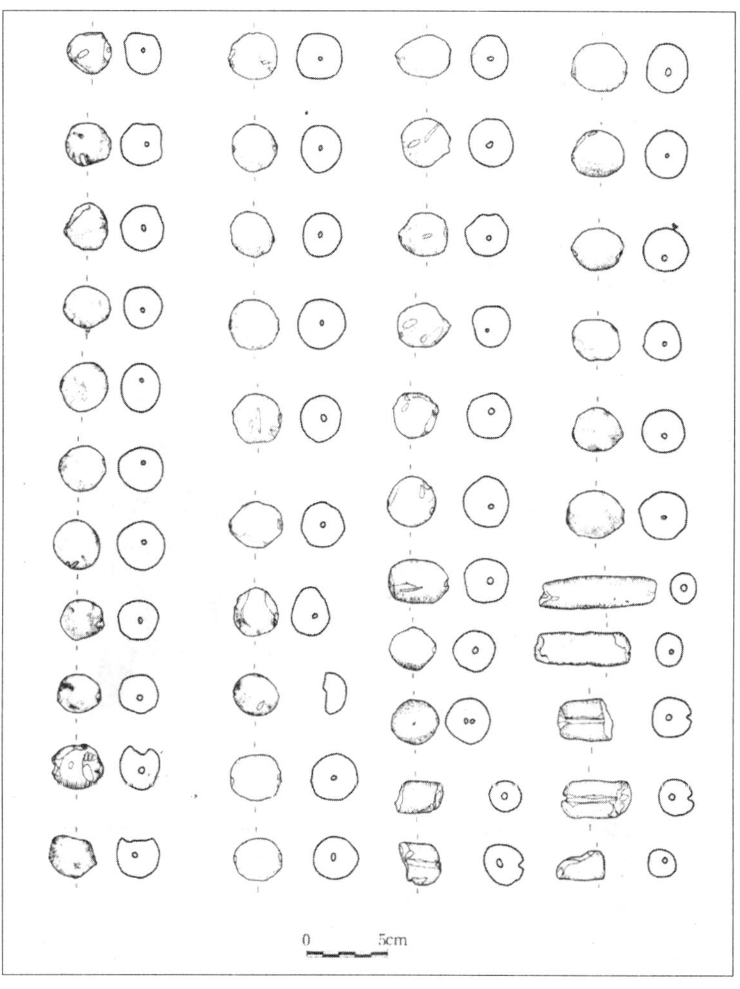

<그림 12> 하남 마시리유적 출토 흙그물추(서울대 발굴)

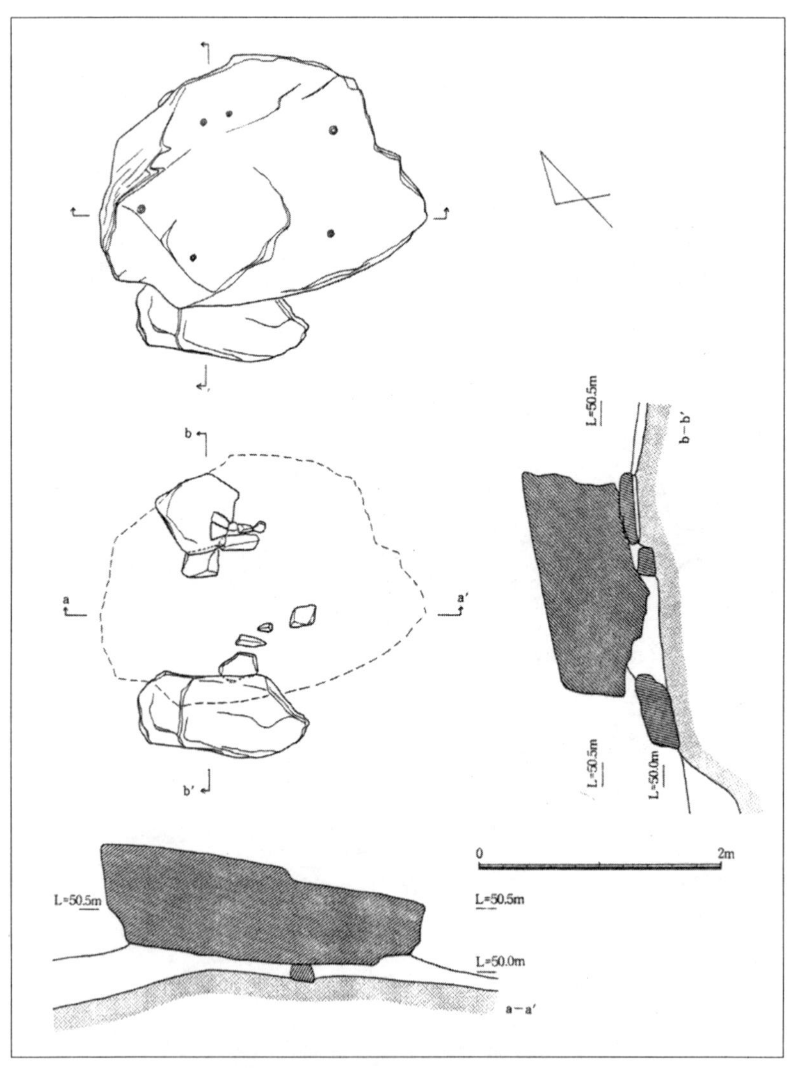

<그림 13> 하남 광암동 3호 고인돌 평·단면도

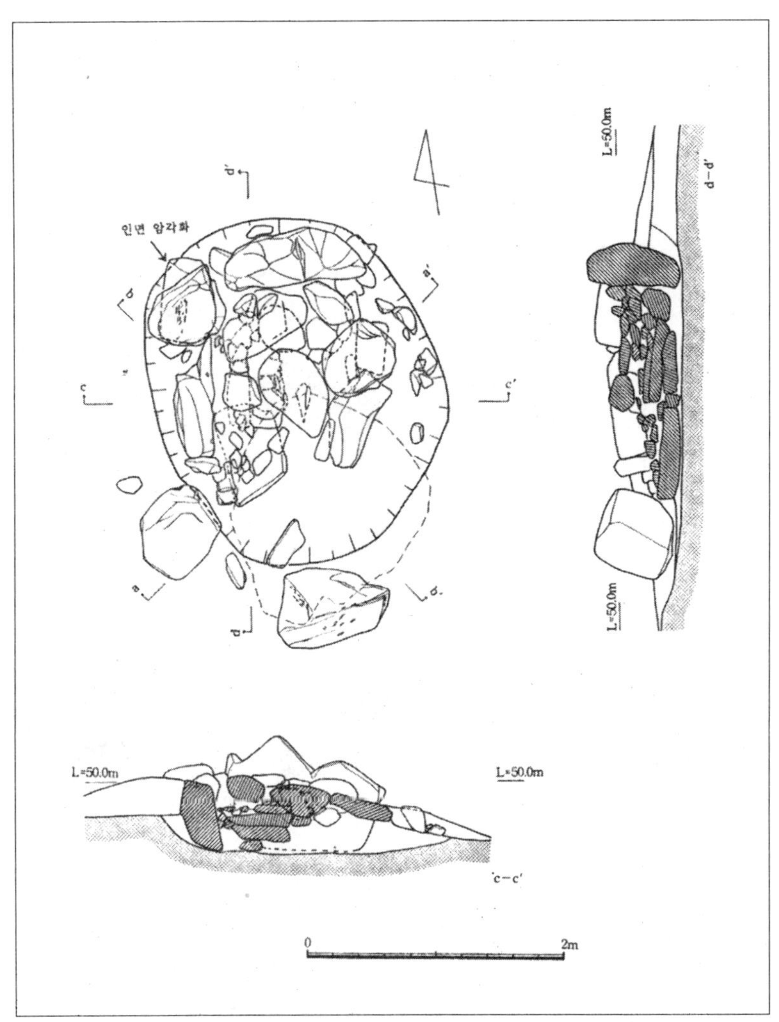

<그림 14> 하남 광암동 4호 고인돌 평·단면도

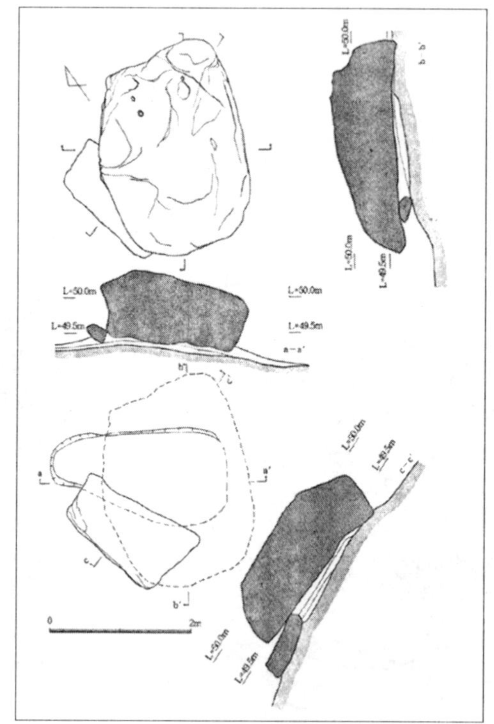

<그림 15> 하남 광암동 5호 고인돌 평·단면도

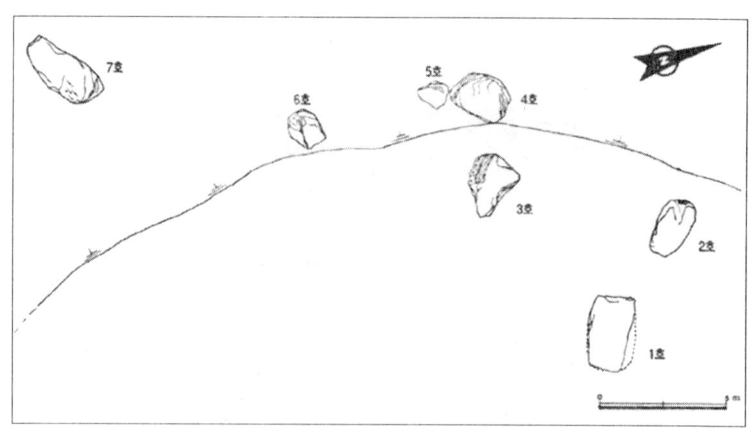

<그림 16> 하남 교산동 고인돌 배치도

河南市의 古代都市 土地區劃에 관한 試論

朴海玉[*]

* 상명대학교 지리학과.

I. 序 論

古代道路는 주위 空間景觀의 기본적인 구조에 영향을 끼쳤다. 특히 古代 道路 중에서도 官道的 性格을 가진 도로는 그 자체가 計劃的 性格이며 주변 공간의 地域計劃[1]과 관련된다. 古代에 甲地에서 乙地까지 몇리라고 정한 이상, 後世에서 이것을 변경하는 것은 용이하지가 않다. 물론 새로운 길이라도 만들어 步道의 길이가 달라지면 하는 수 없지만, 그렇지 않는 이상, 天下의 公道가 된 이상, 모든 설비가 도로에 따라 생기므로 後世의 정치로 갑자기 이것을 변경하려고 해도 척도를 바꾸어야 하므로 간단하지가 않다. 따라서 前代에 街道의 制가 확립 한 곳에서는, 後世에서도 그대로 따라가기 때문에, 그 記數가 前代와 큰 차가 없는 것이 당연하다.[2] 실제로 古代에서 近代까지 이어지는 동아시아 都市에서 그 例를 잘 찾아 볼 수 있다.

현재 河南市 古代都市에 관한 연구상황은 불투명하다. 즉 河南市가 百濟 前期 王都인가 統一新羅의 地方都市인가에 대한 의문조차도 명확하게 해명되어 있지 않다. 그 이유를 河南市 古代都市에 관한 연구 상황에서 살펴보면 다음과 같다.

現 河南市는 文獻 硏究者들에 의해 百濟前期王都로서 추정되어 온 지역이다. 그러나 河南市 北쪽에 입지 해 있는 二聖山城의 發掘調査 결과, 百濟 關聯遺物이 출토되지 않아, 1991년 『二聖山城』 한양대학교 박물관 3차 발굴 조사 보고서에서 河南市는 百濟 前期 王都地域이 아닌 것으로 발표되었다. 이에 필자는 歷史地理學的 視點에서 河南市의 地形·地名· 道路와 한강유역의 百濟遺跡地와의 관련성, 그리고 百濟中期·後期都城制 등에서 공통점을 類推하여 河南市가 百濟前期·漢城이라고 주장하였다. 그래서 河南市

---

1) 千田 稔(1981), 「道路와 地割計劃」, 『環境文化』 제51호, p.39.
2) 藤田元春(1976), 『尺度綜考』, 臨川書店. p.138.

發掘調査의 확대를 요구하였다. 또 在野研究者[3]들도 河南市의 遺跡·遺物을 계속 연구 조사하여, 방어시설과 관련하는 미지형(덜미재, 세미재, 마금태미 등)을 발견하여, 河南市는 百濟前期都城이라고 고찰하였으며, 확대 발굴 조사를 주장하였다.

그래서 河南市는 二聖山城·校山洞 건물지·天王寺址·南漢山城 등 여러 곳에서 확대 발굴 조사를 실시하였다. 그러나 현재까지 하남시에서 百濟 關聯 遺物 文化層이 발견되지 않아, 하남시는 考古學 研究者들에게 百濟前期王都로서 제대로 인정받지 못하고 있다. 다시 말하자면 하남시는『三國史記』新羅本紀 眞興王 14年 "……取百濟東北鄙, 置新州, 以阿湌武力爲軍主"라는 記事와 二聖山城에서의 新羅關聯 遺物의 출토를 근거로, 考古學 研究者들은 6世紀의 新羅 統一新羅의 지방도시인 新州·漢山州라는 견해를 나타내고 있다. 그러나 일부 考古學 연구자들의 견해에 의하면 하남시는 아직까지 발굴조사가 크게 진전하지 않았기 때문에, 백제 前期 漢城일 가능성을 배제 할 수는 없다고 말하고 있다. 예를 들자면『二聖山城』漢陽大學校 博物館 第8次 發掘調査 報告書에 "二聖山城에서 出土된 土器는 數量도 많고 種類도 多樣하다. 그러나 이들 토기들은 대략 4개의 土器複合體(Pottery assemblage) 즉 청동기·초기 철기시대, 삼국시대전기, 고구려계, 신라·통일신라 토기복합체 등으로 분류될 수 있다"라고 보고[4]하고 있다. 여기에서 三國時代前期의 토기가 출토했다는 사실을 확대 해석하면, 백제와도 관련시켜 생각 해 볼 수도 있다는 것이다. 다시 말하자면 백제관련 토기가 적은 量이지만 출토했다는 것이다. 정말, 河南市 곳곳에서 百濟관련 유물이 출토하면 그것보다 더 실증적인 자료는 없겠지만, 유감스럽게도 현재 그럴 만한 상황이 진행되지 못하고 있다.

이에 필자는 河南市가 統一新羅 9州 5小京에 속하는 地方都市·新州(漢山州)라기보다는 百濟 前期都城·漢城으로 보는 시점을 갖고 있기 때문에,

---

3) 여기에서 칭하는 재야연구자들은 백제문화연구회 회원들이다.
4) 한양대학교 박물관 2000『二聖山城』제8차 발굴조사 보고서, p.275.

考古地理學的인 어프러치로 古代都城制의 社會的 構造을 상징하는 土地區劃의 存在 有無·크기·중심축 등에 관해 먼저 究明해 보고자 한다. 研究方法은 먼저 古文獻과 先行研究를 참고하였다. 그리고 航空寫眞·舊 廣州의 5萬分의 1 地形圖·舊 廣州의 2萬 5千分의 1 地形圖· 5千分의 1 地形圖를 이용하여 현지조사를 실시하였으며, 百濟와 관련하는 地域(公州·扶餘·日本의 菊池山城과 飛鳥京 등)과 비교·분석 해 보았다.

Ⅱ. 高麗尺과 6尺 1步의 代制

現 河南市에서 古代都市 土地區劃의 존재를 抽出하고, 區劃의 크기 등을 究明하려면, 먼저 都城市街地플랜에 쓰인 營造尺度에 관해 확실히 정리 해 둘 필요가 있다고 생각한다. 지금까지 대체로 한국의 古代都市(평양·부여·경주)는 高麗尺으로 복원작업[5])이 이루어 져 왔다. 그러나 古代韓國에 高麗尺이 없었다는 견해[6])도 있기 때문에, 먼저 高麗尺에 관한 연구상황과 古代 土地區劃의 기준제도로 사용되었던 <高麗尺 6尺=1步의 代制>에 관해 소개한다. 그리고 古代韓國의 尺度 영향을 받은 古代日本에서는 어떤 尺度가 사용되고 전개되었는가를 先行研究와 일본 역사사전 등에서 알아본다.

1. 高麗尺

古代 韓國都城 營造에 쓰인 高麗尺에 관한 연구는 약 70년 전부터 진행되

---

5) 關野 貞(1928), 「高句麗 平壤城 및 長安城에 관해」, 『史學雜誌』 39−1.
　　藤田元春(1976), 『尺度綜考』, 臨川書店.
　　藤島亥次朗(1976), 『韓의 建築文化』, 芸艸堂.
　　윤무병(1987), 「新羅王京의 坊制」, 『이병도박사기념한국사학논총』, 지식산업사.
　　東潮·田中俊明(1980), 『韓國의 古代遺跡』 1.新羅편(경주), 中央公論社.
　　朴海玉(1987), 「百濟泗沘都城의 토지구획」 日本나라여자대학교 석사학위논문.
6) 新井 ひろし(1992), 『まぼろしの古代尺』 吉川弘文館, 東京.

어, 統一新羅 以前까지는 <高麗尺 一尺=35.6㎝>라는 자가 사용하였다고 考證[7]되고 있다. 연구방법은 古文獻의 기록이 없는 까닭에 建築學・歷史學・考古學 등 관련 분야의 연구자들이 古代 韓國의 遺跡・遺物 등을 根據 資料로 하여, 그 크기에 사용한 척도를 비교・분석하여 抽出해 내는 것이었다. 그래서 지금까지 새로운 연구방법이 없었기 때문에, 그 高麗尺의 존재와 크기는 거의 定說에 가까웠다.

그러나, 최근 新井 宏는 『まぼろしの古代尺』[8]에서 高麗尺의 존재를 부정하고 있다. 즉 그는 고대 한국의 유적・유물에 사용한 척도는 一尺이 26.8㎝라는 古韓尺이라고 주장하고 있다. 반면, 漢陽大學校 博物館 『二聖山城』第8次 發掘調査 報告書에서는 二聖山城 C地區 城池에서 木制의 高句麗尺이 實物로 出土되었다고 보고하고 있으며, 복원 결과 그 크기는 35.6㎝[9]라고 한다.

그래서 유태용은 「高句麗尺에 대한 新研究」[10]에서 "高句麗尺은 그 동안 實物없이 論難이 되어왔었던 문제들을 해소 할 수 있게 하였다. 특히, 高句麗尺은 없었다는 日本學者들의 주장에 反論을 제기할 수 있는 강력한 증거가 되고 있다"고 주장하고 있다.

高麗尺에 관한 연구상황을 간략하게 정리하였다. 다음에는 古代(5~6세기) 일본의 척도로 쓰인 高麗尺에 관해 일본역사사전 등을 통해 알아보기로 한다.

　　高麗尺—古代, 朝鮮에서 전래 한 尺度. 令制의 大尺에 해당되며 주로

---

7) 藤田亥治郎(1930), 『朝鮮建築史論』 2月~8月.
　尹張燮(1985), 「韓國營造尺度」, 『대한건축학논문집』 1권 2호 통권2호.
　孫勝光·林忠伸(1986), 「通度寺殿閣의 營造尺度考察」, 『대한건축학논문집』 1권 2호 통권.
8) 6)前揭.
9) 4)前揭, p.289.
10) 兪泰勇(2000), 「高句麗尺에 대한 新研究」, 『고구려연구회제15차 정기학술발표문집』, p.15.

土地計測에 사용하였다. 一尺의 크기는 35.65cm. (日本史用語事典)[11]

高麗尺−자 종류의 하나. 東魏尺 영향을 받았고 一尺은 약 35.6cm이다. 後期 古墳과 石室에서 사용한 것이 인정된다. 713(和銅6)년 土地計測의 6尺은 1步制로 바뀌면서 폐지되었다. (日本史事典)[12]

高麗尺−大宝律令制度에 의해 唐의 大小尺이 제정되기 이전에 日本에서 사용하였던 大尺으로 小尺의 一尺二寸의 尺.『令集解』田制의 部에 「令一步의 五尺平方은 高麗法으로 그 尺은 길다. 二百五十步의 段은 高麗法으로 高麗尺 5尺은 大尺의 6尺에 해당한다. 令은 大尺 五尺平方을 步, 三百六十步를 段이라고 했다. 따라서 段의 크기는 같다」라는 기사가 있다. 高麗尺 이름이 나온 곳은 이 記事뿐이다. 그러나 이 기사에 의해 高麗尺이 存在했다는說이 강하다. (圖解單位歷史事典)[13]

이상, 高麗尺에 관한 연구상황을 대략 살펴보았다. 또 日本歷史辭典 등을 통해 고려척의 일본사회 내에서 通用되는 認識程度를 알아보았다. 즉 상술한 것에서 高麗尺은 古代 韓國都城營造에 사용되었다는 것을 알 수 있고, 古代 日本에서도 사용되었다는 것을 알 수 있다. 특히 여기에서 注目 할 점은 高麗尺이 長尺으로 土地區劃에 사용되었다는 것이다. 이러한 점을 근거로 하여 필자는 河南市에서 古代都市의 土地區劃을 抽出하기 위해 高麗尺 단위로 계산한다.

2. 田積法 6尺 1步의 代制

古代 韓國都市의 土地區劃에 관한 복원연구는 營造尺 연구에 비해 별로 활발하지 못하였다. 그 이유는 歷史 · 建築 · 歷史地理 · 考古學 분야의 몇몇

---

11) (1990), 日本史用語辭典編輯委員會編, 柏書房.
12) (1991), 高柳光壽 · 竹內理三編, 柏書房.
13) (1990), 柏書房.

연구자들이 究明에 힘써 왔으나, 무엇보다도 立証되는 史料의 결핍과 발굴조사자료가 부족하였다. 그리고 연구대상이 되는 空間面積이 크기 때문에 정확한 測量 地形圖가 없으면, 인간의 한 눈에 잡힐 연구대상이 아니었다. 일본인 건축학연구자[14]·역사지리학연구자[15]가 토지구획연구에 착수하는 것도 朝鮮總督府의 1917년 1만분의 1 지형도·5만분의 지형도가 출판된 뒤부터이다. 그리고 1960년대 이래 한국에서도 발굴조사가 전국적으로 진행되어, 화려한 유물이 나오는 각 시대의 고분 연구는 활발[16]하였으나, 소박한 空間研究와 도로의 발달상황 등은 별 관심이 없었다. 이러한 연구상황 때문에 古代 韓國의 土地區劃에 관한 복원연구는 제대로 이루어지지 못하였다.

그러나 발굴조사의 진전으로 인해, 統一新羅의 王都·慶州는 몇 명의 연구자에 의해 토지구획안의 복원안[17]이 나와 있으나, 古代 韓國·日本의 尺度는 고구려·백제멸망 이후로 高麗尺에서 唐尺으로 기준척이 바뀌기 때문에 경주의 토지구획에 관한 연구상황은 여기에서 생략한다. 또 高句麗 平壤城·百濟의 泗沘都城의 토지구획 復原案[18]도 나와 있으나, 약 5~6c에 오래된 田積法의 代制 高麗尺6척=1步가 町段步制 高麗尺5척=1步로 변경되므로, 河南市 古代都市(4~5c)와의 비교는 무리가 있다고 생각되기 때문에, 구체적인 것은 금후의 과제인 「古代韓國 三國時代의 都城制비교」에서 취급할 예정이다.

이러한 이유로 古代韓國(?~5c)의 토지구획법에 관한 연구는 全無하다. 이런 경우 古代 동아시아의 도시에 대한 연구법은 동아시아의 古代都市플랜 復原案과의 비교분석에 重點을 둔다. 왜냐하면 고대동아시아는 교류가 빈번하였기 때문에 여러 가지 공통된 문화현상을 볼 수 있기 때문이다. 그

---

14) 5)前揭, 關野貞, 上同.
15) 5)前揭, 藤田元春, 上同.
16) 임효재(2000),『한국신석기문화』, 집문당, p170.
17) 5)前揭, 윤무병·東潮, 上同.
18) 5)前揭, 박해옥, 上同.

래서 근래에는 이러한 비교·분석법에 의해 각 분야의 전문가들이 고대문화를 연구해 설명하고 있다. 여기에서도 古代日本의 土地區劃 복원연구성과[19] 즉 古代道路간의 간격에서 척도를 추출하여 그 당시의 토지구획을 복원시킨 연구를 활용 해 보고자 한다. 다시 말하자면, 現 河南市의 古代 土地區劃을 복원하기 위해 고대일본의 토지구획 연구성과를 이용하고 비교·분석 해 보기로 한다.(그림 2참고)

　代-古代 田畓의 面積을 재는데 쓰이던 單位
　『日本書紀』에는 「頃」으로 기록되어 있다. 收穫量을 基準으로 田積을 잰 大化改新이전의 풍습으로, 1代는 稻 1束에 상당하며, 田積으로는 高麗尺의 짧은 변 6尺(약 2.13m)과 긴 변 30尺(약 10.68m)의 長方形의 面積에 상당한다(日本史辭典).

　代-令前(淨御原令 이전)의 田積法의 단위로 1町이 500代에 상당한다.
　大宝令에서는 1步=方5尺(고려척)이지만 이에 대해 令前의 전적법인 代制는 방 6尺=1步의 관계에 대응하는 것이다. 1町=500代의 地積은 方 50步(1步=6尺)의 正方形이다(日本歷史地理辭典).

Ⅲ. 二聖山과 客山의 산정을 기준으로 하는
想定土地區劃의 東西中心軸

　1989년 10월부터 하남시를 답사 조사하기 시작했다. 1987년 필자의 碩士學位論文「百濟 泗沘都城의 土地區劃」에서 "百濟後期都城·泗沘都城에는 扶餘 시가지 正北쪽에 위치하는 扶蘇山 산정을 기준으로 高麗尺 약 250尺(약 89m)의 土地區劃이 실시되었으며 大路間에는 高麗尺 약 1000尺(약 356m)의 간격이 보인다"라는 사실을 입증했다(그림 5·6참조). 석사논문을

---

19) 岸俊男(1975), 「方格地割의 展開」, 『日本書記研究』, 相書房.

마친 시점에서 필자는 백제 전기 도성 시가지 구조는 어떠했을까? 백제 중기 시가지 구조는 어떠했을까라는 의문점에 매료되어 또 다시 百濟 諸都城 지역을 답사했었다.

그러나 百濟中期·熊津都城에서는 計劃된 土地區劃을 추출해 볼 수가 없었다. 왜냐하면 立證史料도 없었고 先行研究도 없었다. 그리고 公州市街地(平地)에서의 건물지·도로에 관한 發掘調査 資料도 大通寺지[20] 밖에 없었기 때문이다. 그래서 公州 5천분의 1 地形圖에 대통사의 위치를 설정하여 周邊地域과의 관련성을 살펴보니, 公州의 서쪽에 위치하는 鳳凰山 山頂을 기준으로 立地되어 있었다. (그림 3·4참조)

예를 든 先行研究에서 축척한 考古地理學的 어프러치에서 다음과 같은 연구 방법에 의하여, 河南市에서 古代都市 土地區劃의 存在를 抽出하고자 한다. 즉 舊 廣州郡의 1966년의 航空寫眞·1917년의 5만분의 1 地形圖·1970년의 5만분의 1 地形圖·1986년의 5만분의 1 地形圖·1970년의 2만 5천분의 1 地形圖·1986년의 5천분의 1 地形圖 및 河南市 文化遺跡 分布地圖 등의 자료를 이용하였다. 그리고 답사를 통하여 韓國· 日本의 古代都市 즉 扶餘·公州·慶州·飛鳥· 大宰府·菊池山城 및 통일신라의 9州 5小京의 지방도시 등과 비교 연구하고자 했다. 그러나 이러한 古代都市들이 각각 時代와 立地地形이 달라 어려운 점이 많아, 이 장에서 취급하기에는 여러 가지로 무리가 따르기 때문에 금후의 과제로서 한발한발 나아 갈 예정이다. 지금 하남시의 古代都市社會에 대한 연구는 극히 구체적이고 실증적인 것을 요구하는 단계이므로, 우선 하남시에서 볼 수 있는 실증적인 면을 취급하고자 한다. 상술한 연구방법에 의한 그 결과는 다음과 같다.

舊 廣州郡의 1970년 2만 5천분의 1 地形圖에서 道路의 發達構造 상황을 살펴보면 아래과 같은 점이 注目된다. 자동차중심의 도로를 視野에서 멀리하고 古代 동아시아 都市市街地플랜의 中心軸이 되는 기점, 예를 들면 古代 都市에서 그 地域의 中心的 役割을 하는 山의 위치, 특히 百濟의 中期·後

---

20) 輕部慈恩(1969), 『백제유적의 연구』, 吉川弘文館, pp.9~70.

期都城制의 시점에서 着眼하면, <그림 1>의 二聖山 山頂을 軸으로 하는 A
도로와 客山 山頂을 軸으로 하는 B도로가 現 河南市뿐만 아니라 舊 廣州郡
에 걸쳐 正東西방향으로 길게 입지하고 있다는 것을 확인할 수 있다.
　다시 말하자면,

① <그림 1>의 A도로가 二聖山 山頂을 軸으로 하는 正東西 방향의 약
　　10㎞ 구간내에서 약 3㎞정도 입지 해 있는 것을 1970년의 舊 廣州郡
　　2만 5천분의 1 地形圖에서 확인할 수 있다.
② <그림 1>의 B도로도 客山 山頂을 軸으로 하는 正東西 방향의 약 15
　　㎞ 구간내에서 약 2.8㎞정도로 입지 해 있는 것을 1970년의 舊 廣州
　　郡 2만 5천분의 1 地形圖에서 확인할 수 있다.
③ <그림 1>의 A, B 두 도로간의 간격은 5천분의 1 地形圖상의 計測으
　　로 약 1,500m이 다. 이것을 高麗尺 1尺=36.5m로 계산하면 약 4,213尺
　　이다. 그런데 이 수치는 지도 상에서의 計測數値이기 때문에 약간의
　　오차를 고려하면 약 4,200尺으로 보아도 무방 할 것 같다. 高麗尺 6尺
　　=1步, 1800尺=300步=1里라는 代制에서 高麗尺 4,200尺 은 무리없이
　　14里로 나뉘어 진다.

　다시 말하자면 전장에서 상술한 것 같이 高麗尺은 土地區劃에 사용된 자
로서, 高麗尺의 길이 단위로 큰 오차없이 계산된다는 것은 <그림 1>의 A,
B도로 간의 간격수치를 일단 古代都市 土地區劃의 大單位로서 추정해도 별
무리가 없다는 것이 된다. 그리고, 하남시에서 추출한 상정토지구획에 대한
論旨의 근거로서 二聖山과 客山에 관해 考古地理學的 시점에서 볼 수 있는
事象을 다음과 같이 설명하고자 한다.

1. 二聖山과 客山에 관한 考古地理學的 視點

　상술한 論旨의 背景이 되는 二聖山과 客山에 관해 고고지리학적 시점에
서 대략 살펴보고자 한다.

1) 二聖山

二聖山 산록에 石築의 성벽이 잔존하고, 동쪽 사면에 위치하는 <春宮里>라는 地名이 있어, 百濟의 山城으로 추정되었다. 그래서 1987년~2000년 동안에 한양대학교 박물관에 의해 8차례 발굴 조사되어『二聖山城』8차 발굴 조사 보고서까지 나왔다. 그러나 百濟관련 유물은 출토되지 않았고, 신라·통일신라 시대의 관련 유물이 대량 출토되어, 통일신라의 산성으로 보는 견해가 있었다. 이 때문에 現 河南市는 단번에 百濟 前期都城 推定址에서 統一新羅 지방도시 新州·漢山州로서 추정[21]되었다. 그러나, 考古地理學的 시점에서 다음과 같은 점을 고찰하면 百濟 前期都城·漢城의 위치를 二聖山과 관련시켜 추정할 수 있다.

① 二聖山城 3차 발굴에서 출토된 木簡의 全面과 側面에 '……南漢城……'이라는 墨書가 있 었다. 이 점에 관해 이성산성 제8차 보고서는 " '……南漢城……'이라고 쓰인 묵서는 漢城 百濟의 後期 都邑地를 규명하는데 일말의 실마리를 제공할 것으로 기대된다."[22] 라고 百濟前期都城과의 관련성을 시사하고 있다.

② 二聖山 서남쪽사면에 <南外>라는 지명이 위치한다(<그림 1> 참조).

상술한 木簡의 기록내용과 地名에서 2가지 공통된 점을 고찰할 수 있다.

ㄱ. 二聖山과 관련한다는 점이다.
　　木簡은 二聖山城 내부에서 출토되었고, 地名은 二聖山城 가까이에 位置하고 있다는 점이다. 즉 二聖山과 관련시켜 意味를 부여 해석해도 무리가 없다는 점이다.
ㄴ. <南>이라는 공통된 表現文字를 사용했다는 것이다.

---

21) 한양대학교박물관(1991),『이성산』제3차 발굴조사보고서, pp.460~478.
22) 4)前揭, p.24.

똑같은<南>이라는 漢字語인데, 어떤 의미일까? 이<南>에 관해서 이병선의 『韓國 古代國名地名研究』[23]의 해석에 <南=主>라는 견해가 있다. 이러한 시점에서 생각 한다면 木簡의 기록묵서 <南漢城>은 <主漢城>으로 해석 할 수도 있고 <主漢城>은 <二聖山城>이라고도 생각 할 수 있다. 또 <南外>의 지명은 <主外>즉, 주요지역 의 바깥 부분임을 시사하고 있다(<그림 1> 참조). 즉 도성시가지 구조개념에서 설명 하자면 <南外>는 都城의 중심지가 아니고, 도성 밖에 위치한다는 것을 의미한다. 그 리고 안과 밖을 구분하는 벽이라는 존재를 想定하게 한다.

이러한 해석에 보조적 참고가 되는 것을 몇 가지 들어보면 다음과 같다.

ㄱ. 하남시 서쪽에 위치하는 이성산(20.7m)과 금암산(315m) 그리고 남쪽에 위치하는 청량산은 한 줄기로 이어져 있는 산이다. 감일리, 광암리에서 춘궁동으로 넘어 가는 곳 에서 (西쪽→東쪽) 상술한 세 산들의 자태를 보면, 천연의 성벽으로 보인다. 그리고 이 산들 능선에는 덜미재 같은 방어시설 구조물이 설치되어 있고, 板(널)門里라는 지명이 입지 해 있다. 또 항공사진에서 이 부근을 관찰하면, 南外에서 春宮里로 들어오 는 길목에 인공적 성벽이 설치되어 있는 것을 확인 할 수 있다(항공사진1 참조). 즉 이성산, 금암산, 청량산에는 석축의 성벽이 축조되어 있지 않다고 하더라도 <자연성+인공구조물> 설치라는 구조에서 하남시를 둘러 싸는 西쪽 羅城의 형태로 보아도 크게 무리가 없을 것 같다.

ㄴ. 二聖山과 東南쪽 방향으로 마주 보는 위치에 客山이 있다. 이러한 地名의 입지구조 즉 <主↔客>의 대치적 구조는 河南市 古代都市 市街地構造의 空間的 秩序에 대한 計劃性과 어떤 사회적 상황 변화가 존재한다는 것을 象徵한다.

ㄷ. 二聖山城 내부에 八角 건물의 유적이 있다.

한양대학교 박물관『二聖山城』3차 발굴 조사 보고서에서 "二聖山

---

23) 이병선(1988), 『한국고대국명지명연구』, 아세아문화사, 1988,pp.218~219.

과 春宮里 일대는 漢山州의 정치 문화의 중심지로서 문화적인 기능이 강화되었음을 알 수 있다. 특히 이성산성에서 8세기초에 축조되는 의례용의 건물은 이곳이 종교적인 의식을 수행하는 기능도 가지고 있었음을 알 수 있게 해준다.『三國史記』에는 新羅가 산과 하천 등 自然神에게 제사하기를 즐겨 하여 명산과 대천에 많은 제단을 쌓고 제사를 지냈다는 기록이 있다. 이성산성의 팔각건물과 구각건물은 이러한 제사를 지내기 위하여 만들어진 제단일 것으로 생각된다. 그 구체적인 제사의 대상과 절차는 알 수 없지만 한산주의 중심지로 그에 걸맞는 중요한 신앙적인 기능이 있었음이 분명하다"[24] 라는 견해를 시사하고 있다. 즉 팔각 건물을 통일 신라 시대의 것으로 추정하고 있 으나, 문제점은 팔각건물이 백제와 관련하는 지역에서만 발견되고 있다는 사실이다. 그리고 또 문제점은 河南市 二聖山城의 건물유적지에는 백제관련 유물이 출토하지 않고 있다는 점이다. 그러나 日本 九州 熊本市의 菊池山城의 팔각건물의 유적지에는 백제 관련 유물이 출토되었다. 그래서 百濟人이 세운 건물이라고 입증하고 있다. 그 리고 재빨리 팔각건물을 복원시켜 놓고 있었다. 필자가 그곳을 답사하여 팔각건물 내부구조를 살펴보았는데, 住居用 건물도 아니고 祭壇用 건물도 아니었다. 어떤 상징성이 내포되어 있는 건물이었다. 즉 3층 八角건물이기 때문에 건물내부에는 3층을 받치기 위한 기둥들로 꽉 차 있었다. 그리고 2층, 3층으로 올라가는 계단은 거의 90°에 가까운 직선형 계단이었고 2층, 3층으로 통하는 입구는 약 90kg의 남자 성인 은 올라가지 못할 정도로 매우 좁았다. 3층에는 북이 설치되어 있었다. 이 북은 時間 을 알린다거나 비상연락의 경우 신호로서 쓰인다는 설명이 있었다. 그러나 왜 북이 설치되었는지 확신 할 수가 없다고 한다.『三國史記』백제본기 古尒王 五年, 春正月, "祭天地用鼓吹"라는 기사가 있으므로 이성산성의 팔각건물에도 북이 배치되어 있었을 가능성을 생각 해 볼 수 있고, 또 어떤 기능으로 사용되었던 건물인가에 대한 의문점이 남아 재고찰하여야 할 과제를 던지고 있다.

ㄹ. 1967년 약 3만 7천분의 1 항공사진에서 이성산과 그 주변을 조사하

---

24) 22)前揭, p.24.

　면 이성산 동쪽 사면에서 고려척 약 1000尺에 가까운 건물지 윤곽의
　혼적이 보인다. 그리고 고려척 약 450尺에 가까운 토지 구획이 보인
　다.
ㅁ.『三國史記』백제본기 聖王 十六년 "春, 移都於泗沘, 國號南扶餘."
　라는 記事가 있다. 여기에서 國號를 <南扶餘>라고 하고 있다. 이것
　을 <南쪽의 扶餘>라고 해석하는 시점도 있을 것이나, <主가 되는
　扶餘>라고도 해석 할 수 있다. 즉 <南漢城>과 관련시켜 생각한다
　면, 공통적으로 <南>이라는 表記法을 쓰고 있다는 점이다.

　　이상, 二聖山城에 관해 考古地理學的 시점에서 고찰 할 수 있는 점들을
나열해 보았다. 하남시의 이성산성은 수 차례 발굴조사가 진행되어 많은 유
물・유적이 출토한 곳이고 傳言에서도 示唆하는 점이 많아 多方面의 연구
시점에서 主力하여 고찰해야 할 곳이라고 생각한다. 上述한 이러한 점들을
고려한다면, 필자가 二聖山 산정을 河南市 古代都市의 東西中心 基準点으
로 設定하는데 큰 무리가 없을 것으로 생각된다.

　2) 客山

　　객산 서쪽 사면에 초석이 완연하게 남아 있는 건물지가 있고, 또 한종섭
은 건물지를 둘러싸는 토루형태의 미지형이 약 5km정도 잔존해 있다[25]고
한다. 교산동 건물지에 관해 1차 발굴조사가 이루어 졌으나 확대 발굴조사
가 이루어 질 예정에 있다고 한다.『하남시의 역사와 문화 유적』에 의하면
"고분은 객산 정상(해발 291m)을 중심으로 남쪽 능선상에 분포하고 있다.
……고분의 종류는 수혈식 석관묘가 많은 것으로 보이며, 횡혈식도 있을 것
으로 추정된다."라고 보고하고 있다. 그 시기는 삼국시대~조선시대[26]라고
한다. 天王寺址가 입지해 있다. 天王寺址도 발굴 조사중이다. 이와 같이 대
형 건물지가 집중 해 있는 곳이다. 여기에 고고지리학적 어프로치에서 첨가

───────────────

25) 한종섭(1994),『위례성백제사』, 집문당, p.92.
26) 세종대학교박물관・하남시(1999),『하남시의 역사와 문화유적』, p.24.

설명을 붙이자면 다음과 같다.

ㄱ. 1967년 약 3만 7천분의 1 항공사진에서 객산과 그 주변을 조사하면
   객산 서쪽 사면에서 고려척으로 계산 될 수 있는 건물지 윤곽의 혼
   적이 보인다.

ㄴ. 항공사진 2의 I기호가 가르키는 微地形은, 지형형태의 방향이 현재
   발굴 진행중의 교산동 건물지를 에워싸는 것이 아니고 항공사진 2의
   H건물지의 윤곽이 보이는 곳 을 에워싸고 있는 토루처럼 보인다. 즉
   인간의 간섭을 받은 미지형의 형태에서 본 다면, 항공사진 2의 H, C
   를 비롯한 건물지, 土城을 둘러 싸기 위한 것으로 추정할 수 있다.

客山은 二聖山에 비해 발굴 조사가 별로 이루어지지 않았기 때문에 논의
점이 적다. 그러나, 고인돌이 입지하고 있고, 또 ? ~4c 까지는 태양신을 숭
배하기 때문에 동쪽 방향에 있는 산을 重視하는 문화가 고대동아시아에 존
재했었다. 이러한 점들에서 필자가 客山 山頂을 河南市 古代都市 東西中心
基準点으로 설정하는데 큰 무리는 없을 것으로 생각된다.

Ⅳ. 土地區劃 존재와 크기의 抽出

선술한 <그림 1>의 A, B 두 도로의 구간의 수치를 항공사진, 1917년의
舊 廣州郡 5만분의 1 지형도·1970년 구 광주군 2만 5천분의 1 지형도·
1986년의 5천분의 1 지형도 상에서 조사하였다. 결과는 다음과 같다.

① <그림 1>의 1, 2, 3, 4, 5, 6, 7, 8번은 高麗尺 약 4200尺 간격을 둔
   想定 토지구획선 이다. 이 구획선상에 도로가 입지하고 있다. 그리고
   도로에 따른 취락의 배치성도 엿 볼 수 있다.

② 고려척 약 2100尺 간격을 두고 그 구획선 상에 도로가 배치되어 있
   다. 그리고 그 도로에 따른 취락의 배치성도 엿 볼 수 있다.

③ 고려척 약 450尺의 토지구획선이 보인다.
④ 고려척 약 300尺의 토지구획선이 보인다.
⑤ 고려척 약 150尺의 토지구획선이 보인다.
⑥ 항공 사진에서 이성산성 동쪽 사면을 조사 하니, 고려척 약 450尺의
    토지 구획선이 항공사진 1에서 보인다.
⑦항공사진에서 객산 서쪽 사면을 조사하니 고려척 약 450尺의 평면 구
    획선이 항공사진 2에서 보인다.

  이상 舊 廣州郡의 航空寫眞과 舊 2만 5천분의 1地形圖 · 5천분의 1地形圖
상에서 河南市 古代의 想定土地區劃을 抽出하였다. 그러나 이러한 사실들
을 百濟前期都城 · 漢城의 토지구획으로 확실하게 뒷받침 해 줄 고문헌 기
록이 없다.『삼국사기』백제 본기에서는 다음과 같은 기록이 있을 뿐이다.
『三國史記』,「百濟 本紀」편에서 온조왕 24년 7월 "……王初渡河, 無所容
足, 吾割東北一百里之安之,……"라는 기사에서 一百里라는 면적 단위가 존
재하였음을 알 수 있다. 그리고 古尒王 十五年「春夏, 旱, 冬, 民饑, 發倉賑
恤, 又復一年租調」라는 기사가 있어 地稅와 戶稅라는 세금이 존재하였다는
것을 알 수 있다. 즉 국가에 세금을 바친다는 사실은 농사짓는 전답이 있어
전답을 구획한 면적에서 그 세금이 정해 졌다는 것은 BC 약 1000년전 중국
의 地稅制度[27)]에서 잘 알려져 있다. 그러나 위의 기록으로는 상술한 정도의
내용만 음미 할 수 있을 뿐이다. 그래서 論旨의 想定한 土地區劃을 뒷받침
해 줄 수 있는 자료의 근거로서 토지구획과 관련하는 지명과 백제관련 유적
지를 舊 廣州郡 일대에서 찾아 보았다. 그 결과, 다음과 같은 地名과 성벽과
관련하는 構造地物이 존재한다.

① <그림 1>의 5번의 상정토지구획선이 지나는 곳에 <長禮村>이라는
    지명이 있다. <그림1>의 4번의 상정토지구획선이 지나는 곳에 <春
    長里>라는 지명이 있다. 그리고 <그림 1>의 1번의 상정토지구획선

---

27) 2)前揭, pp.177~226.

이 지나는 곳에는 <長旨里>라는 지명이 있다. 먼저 <長禮村>지명에 관해 고찰하면, 禮가 미치는 마을이라고 해석할 수 있다. 여기에서 <禮>를 天地와 春夏秋冬을 상징하여 天官·地官·春官·夏官·秋官·冬官 의 六官으로 나누어 이에 속하는 職掌을 자세히 기록한 책『周禮』의 禮의 의미와 연결시켜 생각한다면 <禮=土地區劃法>으로도 해석이 가능하다. 이것과 관련하여 또 하나의 地名을 예를 들 수 있다. 1942년『조선 보물 고적 조사 자료』에 "二城山은 서부면 춘궁리, 초일리, 광암리에 있으며 사면에 석괴가 남아 있다. 이 산은 禮城山이라고도 칭하는데……" 28)여기에서의 二城山은 현재 하남시의 二聖山이다. 즉 하남시의 二聖山은 <禮城山>이라는 別名을 가지고 있다는 것이다. 즉 <禮城山 >의 禮를『周禮』의 禮와 관련시켜 생각해도 무리가 없을 것 같다. 그 이유는 二聖山이 하남시의 북쪽에 위치하고 전술한 바와 같이 많은 유적·유물이 분포해 있는 곳이기 때문이다. 즉 古代 東아시아 都城制度에서는 도성시가지의 북쪽에 위치하는 아름다운 산(風水地理的 視點)에 많은 권위를 부여시킨다. 다시 말하자면 <禮>와 관련하는 지명이 하남시 북쪽에 위치한다는 것이다.

　　<春長里>는 春을 넓힌다는 뜻으로 해석 할 수 있다. 여기에서 <春>은 연구자들의 시점에 따라 여러 가지 해석이 가능하나, 필자는 새로운 것이 시작한다는 의미로 해석하고 싶다. 즉 봄은 만물이 새롭게 소생하는 계절이기 때문에, 자연순리의 이치 에서 河南市 古代都市의 사회적 상황변화에 새로운 질서의 상징적 의미를 부여한다고 생각하고 싶다.

　　<長旨洞>이라는 지명이 있다. 취지를 넓힌다는 뜻으로 해석 할 수 있는데, <그림 1>의 상정토지구획선 1번과 <長旨>라는 지명의 위치가 공통되고 있다. 즉<그림 1>의 상정토지구획선 1번은 필자가 상정한 최단 남쪽의 상정토지구획선이다. 이 위 치와 <長旨>의 뜻은 토지구획의 존재를 시사하는 구조적 위치에 있다고 본다. <長禮>라는 지명도 하남시의 지형에서

---

28) 조선총독부(1942), 『조선보물고적조사자료』, p.47.

판단한다면 최단 북쪽에 입지하는 취락에 위치하고 있다. 이런 점에서 <長禮>와 <長旨>는 토지구획선의 終始点(취락배치)과 관련 깊은 지명이라고 보아도 무리가 없을 것 같다.

　<그림 1>의 상정토지구획선 8번이 지나는 위에 <屯之>라는 지명이 있다. 이 지명의 위치는 龜山土城 옆에 있으며 美沙里백제유적의 田畓址(쇠화살촉·시루와 벼 루·고배 등이 출토)와도 가까운 위치에 있다. <屯之>·<屯田>의 의미는 군량충 족을 위해 변경을 지키는 병사에게 경작시키는 田地. 중국에서는 漢代에서 시작되어, 三國時代에 군인들 경영에 제일 많이 쓰이던 방법이었다. 일본 大化以前에는 屯田이라고 부르는 大和朝廷의 直轄領29)이 있었다. <屯之>라는 지명을 이러한 해석 과 관련시켜 생각한다면 필자의 상정토지구획선과 관련시켜도 무방할 것 같다.

　② <그림 1> 2번 토지구획선에 입지하는 도로와 관련하여 <마금태미> 라는 인공방어 시설이 입지하고, <板門里>라는 지명이 존재한다. 설명하자면, <그림 1>의 2번 토 지구획선 상의 C도로는 현 하남시의 상사창리와 현 서울의 마천동을 연결하는 도 로로 백제전기도성 시대의 고분군과 가까이 입지 해 있다. 그리고 <板門里> 지명이 입지 해 있는 위치는 도성지역으로 들어가는 입구이다. 그리고 <그림 1> 의 3번 토지구획선에 입지하는 도로와 관련하여 <덜미재>라는 인공방어시설이 입지해 있다. 즉,< 상정토지구획선＋현존하는 도로＋인공방어시설>이라는 都城플랜의 구조 로서 고찰 할 수 있다. 또 상정 大土地區劃線과는 입지위치가 맞지 않으나, 인공방 어시설인<세미재> 역시 도로와 연결되어 있으며, 상정 小土地區劃線에서 설명 될 수 있는 자료이다.

　　그리고, 필자는 상술한 都城플랜구조가 하남시와 지형이 똑같은 公州(백제중기·웅 진도성)에도 있을 것 같아 현 하남시문화재 전문위원으로 있는 한종섭선생과 함께 조사하였다. 그 결과, <도로＋인공방어시설>을 공주에서도 발견하였다. 이러한 점들을 종합하고 도

---

29) 20) 前揭, p.256.

성플랜구조의 한 일면으로 본다면, 상술한 都城構造地物을 百濟 와 관련시켜 고찰해도 무리가 없다.

이상, 河南市에서 古代 東西 土地區劃線을 상정해보았다. 그러나 이러한 상정 토지구획선을 입증시켜줄 고문헌의 기록이 거의 없고 유적 발굴조사의 자료도 별로 없기 때문에 관련되는 地名을 근거로서 論해 보았다. 즉 상술한 地名들은 직접적인 실증 자료는 안되지만, 상정토지구획선의 존재를 고찰하는 근거로서는 충분한 자격이 있다고 본다. 다시 말하자면 地名의 어원과 위치 그리고 도성시가지의 플랜성을 종합적이고 구조적인 시점에서 잘 살펴 조화시키면, 실증자료가 희소한 고대 문화를 이해하는데 큰 역할을 할 수 있다.

V. 맺음말

河南市에서 고대도시로서 위치 및 시가지의 구조적 질서를 구명하기 위하여, 考古地理學的 시점에서 접근 해 보았다. 그 결과, 일단 토지구획의 존재와 크기는 알 수 있었다. 그러나 문제점은 처음부터 백제도성제의 시점에서 시도했다는 점이다. 필자에 있어서 다른 연구방법이 없었을지도 모르겠다. 그러나 實證的 人文社會學的 연구방법은 적어도 百濟·新羅도시들괴의 비교를 요한다. 나아가서는 古代中國·日本의 도시들과의 비교도 요한다. 특히 古代韓國·日本은 硏究史料가 제한되어 있기 때문에 이러한 연구방법을 주장하고 강조한다. 그래서 금후의 과제로서 고대한국의 정치·경제 등의 변환점을 엿 볼 수 있는「統一新羅의 지방도시 시가지구조와 河南市 古代都市 市街地구조의 비교」등을 연구 할 예정이다.

그리고 古代하남시와 道敎와의 관계를 究明하고 싶다.『三國史記』백제 본기 古尒王 28년春 正月 "初吉, 王服紫大袖袍……", 36년 9월 "星孛干紫宮" 이라는 기사가 있다. 왕과 관련하여 즉 道敎를 象徵하는 色은 紫色인데 왕

의 의복과 궁전에서 보라색을 사용했다는 것은 道教와의 관련성을 의미한
다. 다시 말하자면 道教사상이 왕의 일상생활의 배경이 되고 있다는 것이
다. 이러한 점이 百濟前期都城・漢城시대에 반영되어 二聖山城에 팔각건물
을 건립했을 가능성도 크다. 다시 말하자면 ?~4c에 태양을 신앙대상으로
할 때는 동쪽방위가 중시되었고, 4~5c에 북두칠성을 신앙대상으로 할 때는
북쪽방위를 중시하였다. 그리고 道教와 관련하는 地名이 구 광주군 일대에
남아 있다. 또 현재까지도 道教에 의한 方位개념은 동아시아 일대에 그 문
화가 남아 있다. 특히 하남시의 북쪽에 위치하는 二聖山은 이러한 도교사상
을 반영한 곳인지도 모른다. 만약 이러한 사실이 입증된다면, 韓國 古代史
에 큰 획을 그리게 된다. 그리고 二聖山과 客山과의 區間크기가 토지구획의
기준구간으로 실시되었다는 것은 古代의 의미깊은 사회적 상징성을 내포한
다. 설명을 붙이자면, 古代中國의 토지구획은 1里=1800尺이 기준구간이다.
二聖山과 客山의 區間크기가 高麗尺 약 4200척이므로 1里=1800尺이라는
수치로 계산하면 2里하고도 600尺이 남는다. 즉 중국의 1里=1800尺이라는
기준수치 개념으로 정연히 나누어지지 않는다. 다시 말하자면, 그림 1에서
상정토지구획 1~8까지의 區間이 7개이다. 그리고 高麗尺 4200척은 6町=1
里(1800尺), 1町=300尺이라는 면적단위에서 정연히 계산된다. 즉 4200÷
300=14이고, 7의 배수가 산출된다. 즉 7이라는 수치의 산출이 가능하다. 또
이 수치와 관련시켜 생각할 수 있는 것은 백제왕이 일본에 <七枝刀>를 보
냈다는 점이다. 이 <七枝刀>는 일본 石上神祉에 있으나, 도교사상과의 관
련성이 깊다는 연구시점이 있다. 여기에서도 7이라는 숫자가 등장한다. 즉
백제는 北斗七星과 관련하는 道教思想의 영향을 받아 여러가지 면에서 반
영시키고 있다는 것을 알 수 있다. 이러한 事象에서 고대사회를 연구하면
많은 도움이 될 수도 있다고 생각한다.

　이상. 이러한 점들을 금후의 과제로서 결론을 맺고자 한다.

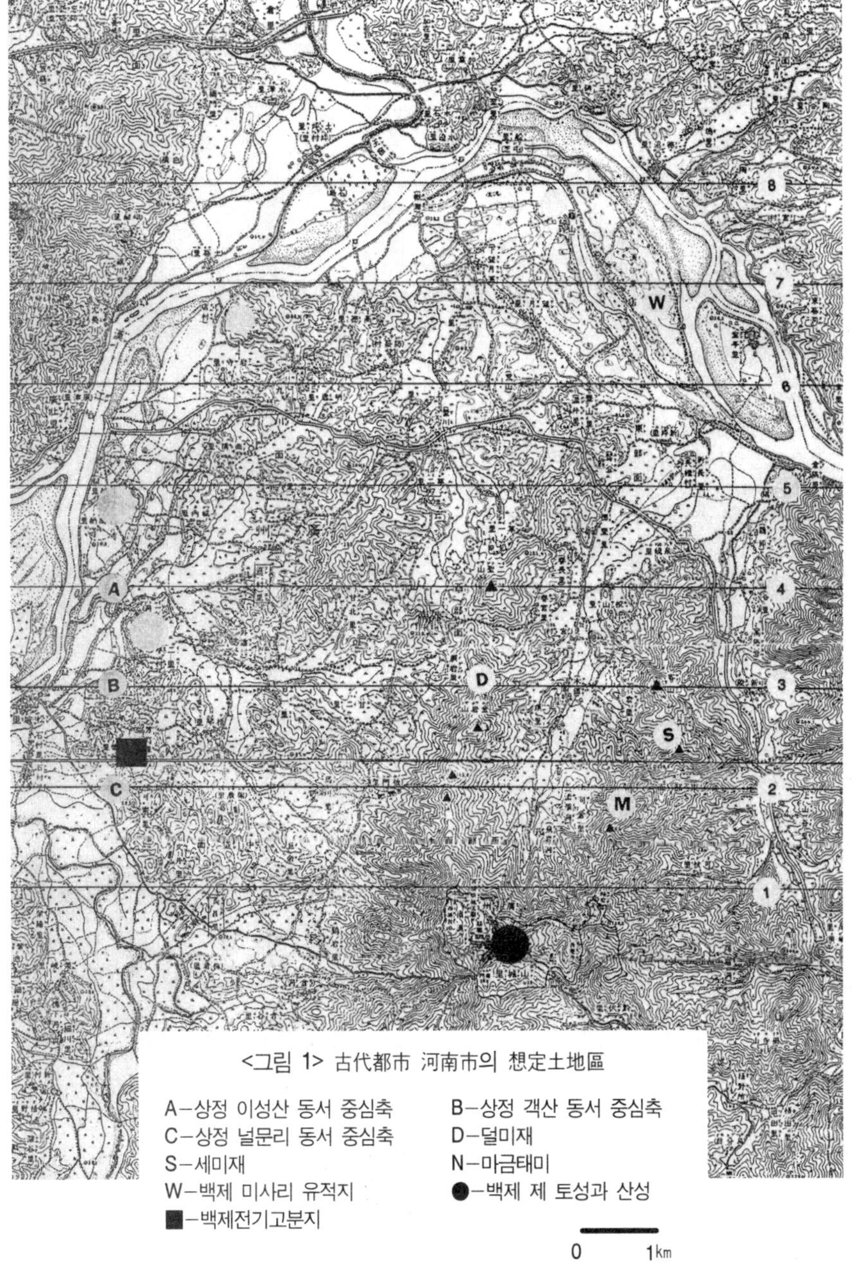

<그림 1> 古代都市 河南市의 想定土地區

A—상정 이성산 동서 중심축　　B—상정 객산 동서 중심축
C—상정 널문리 동서 중심축　　D—덜미재
S—세미재　　　　　　　　　　N—마금태미
W—백제 미사리 유적지　　　　●—백제 제 토성과 산성
■—백제전기고분지

0　　　　1km

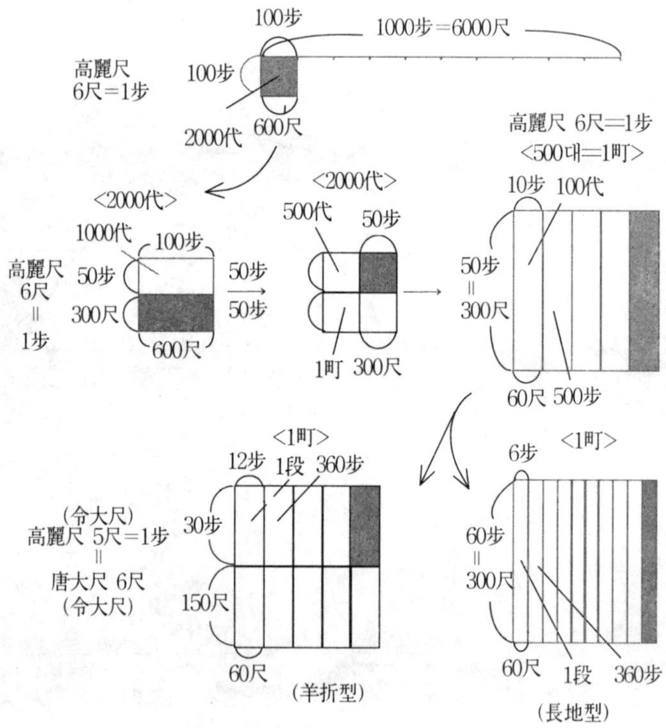

<그림 2> 대제지활과 조리지활의 관계

<그림 3> 공주
대통사지 부근
그림(輕部慈恩)

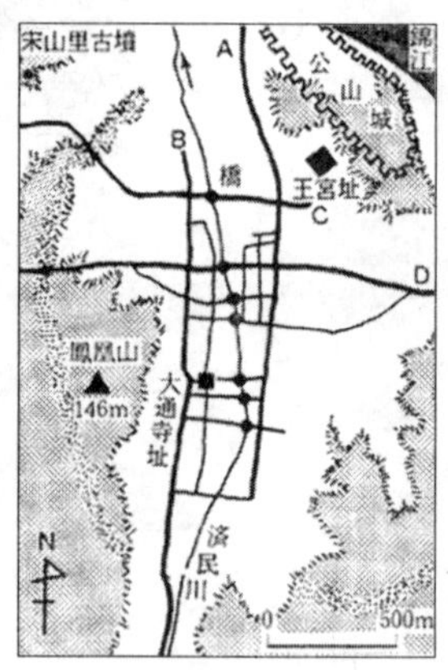

<그림 4> 백제중기,
웅진도성의 지형과 현재의
도로망

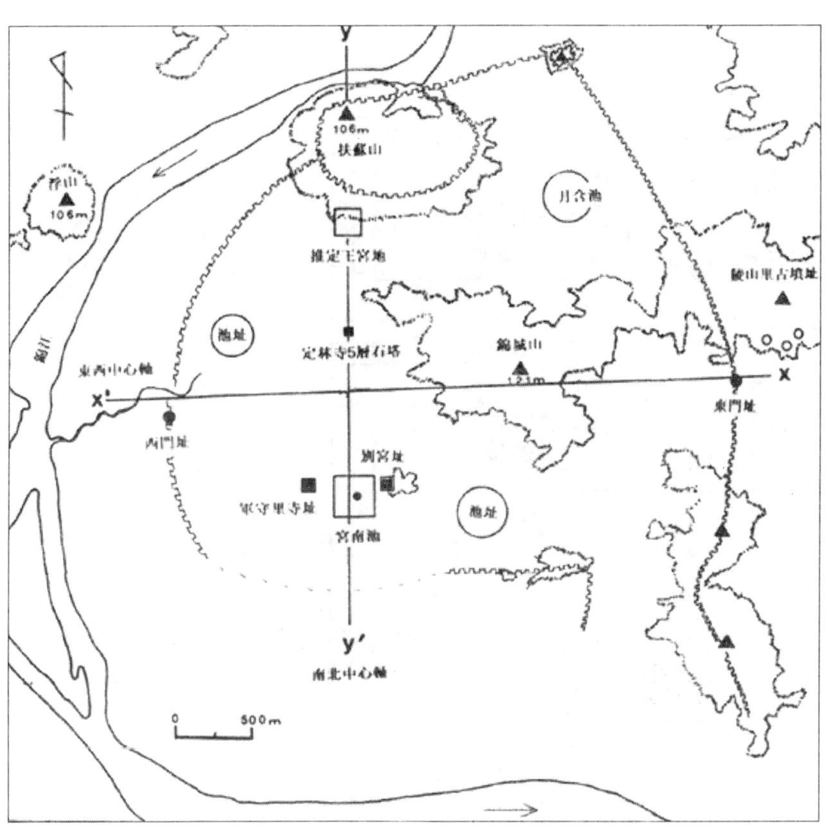

<그림 5> 백제 사비도성 불랜의 상정 동서·남북 중심축

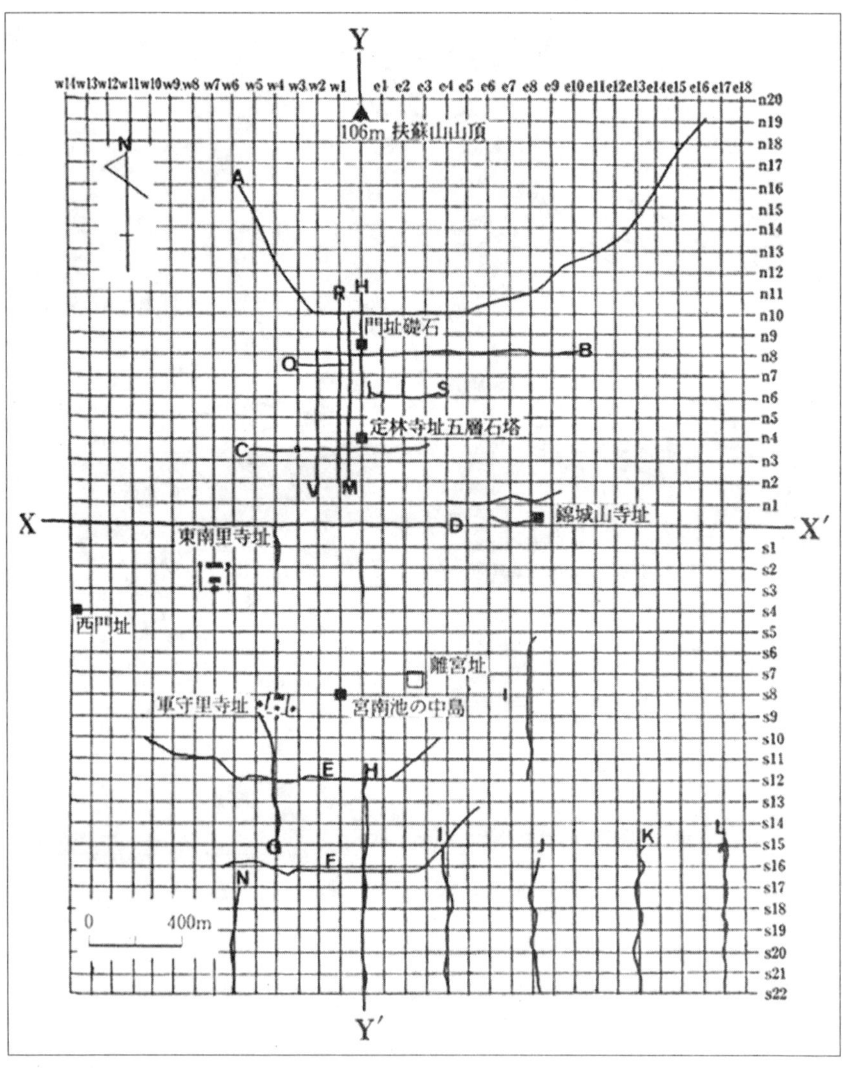

<그림 6> 백제 사비도성의 토지구획과 현재의 도로

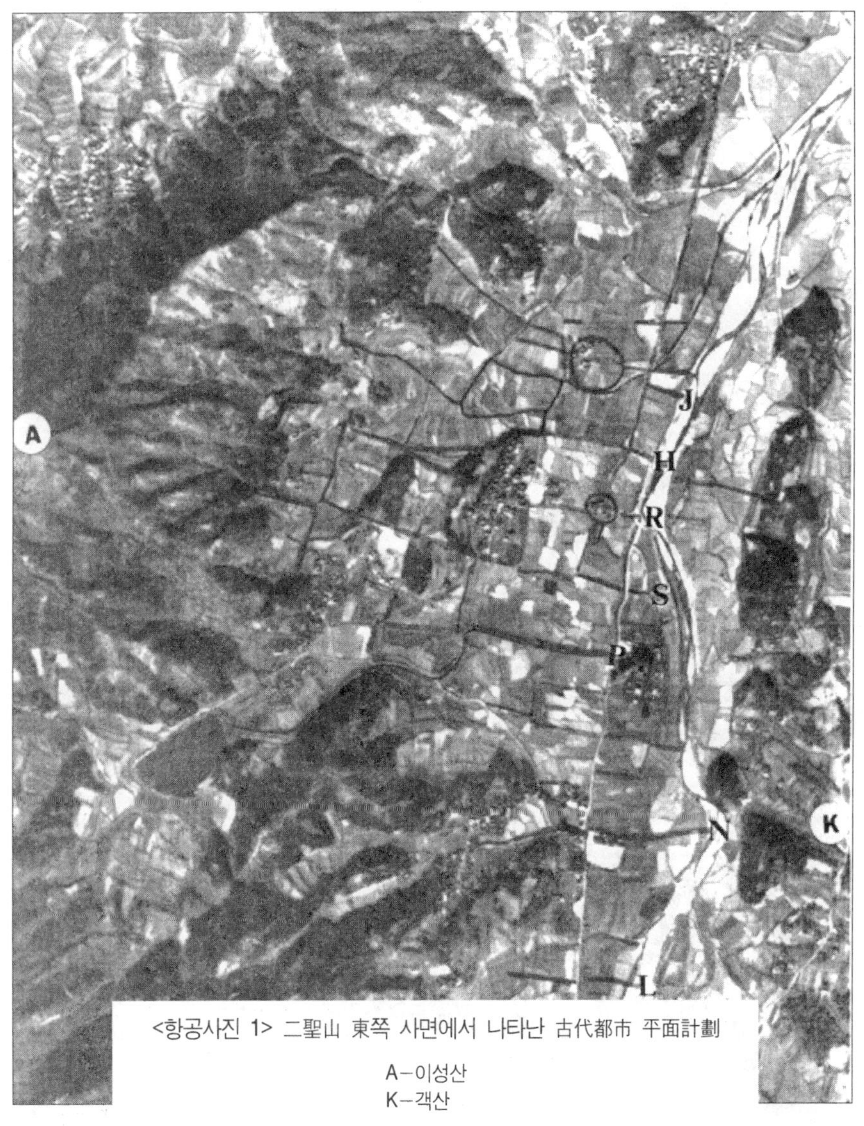

<항공사진 1> 二聖山 東쪽 사면에서 나타난 古代都市 平面計劃

A-이성산
K-객산

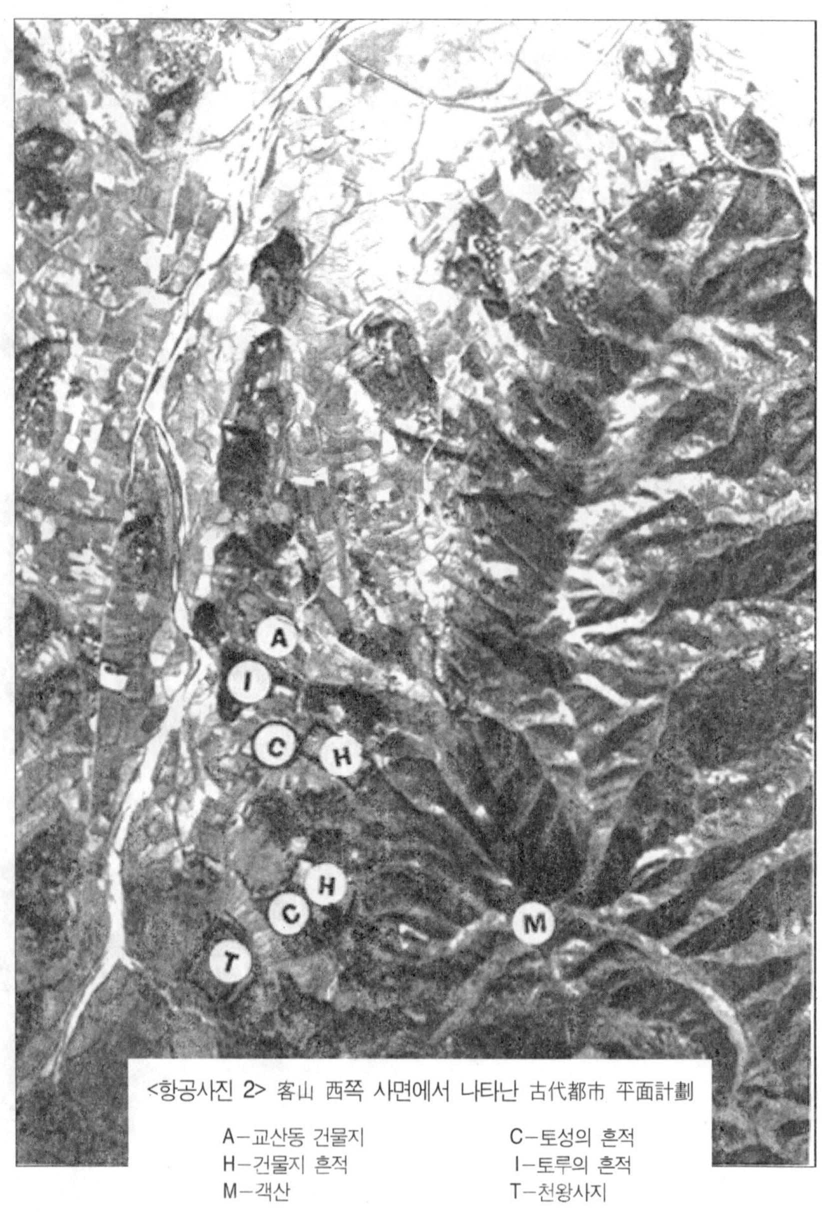

<항공사진 2> 客山 西쪽 사면에서 나타난 古代都市 平面計劃

A-교산동 건물지   C-토성의 흔적
H-건물지 흔적   I-토루의 흔적
M-객산   T-천왕사지

百濟 漢城時期 河南市 고골一帶의 都城體制

吳舜濟*

Ⅰ. 머리말
Ⅱ. 百濟 都城의 位置比定에 對한 諸學說
Ⅲ. 河南市 고골 百濟 漢城時期 都城體制의 理論的 背景
Ⅳ. 맺음말

* 명지대학교 기록과학대학원 문화재보존관리학과

I. 머리말

百濟時代를 漢城時期(B.C.18~475), 熊津時期(475~538), 泗沘時代(538~ 660)로 나누어 생각해 볼 때[1] 500여년에 걸친 한성시기는 680여년의 시기 중 대부분을 차지한다. 한성시기에는 河北慰禮城, 河南慰禮城, 漢山, 漢城 등으로 수도가 변천되어 왔으나 전시기를 통털어 漢城時期라고 부르고자 한다.

한성시기의 백제는 한반도의 허리에 해당하는 한강유역을 차지하였으며, 近肖古王 때에는 황제를 상징하는 황색깃발을 사용하고 高句麗의 平壤城을 공격할 정도로 강력한 정복국가로 성장하였다. 더구나 西海大島인 강화도 를 발판으로 수군을 이용하여 중국의 遼西, 揚子江 하구지역으로 뻗어 나갔 으며[2] 倭國으로 진출하기도 하였다.[3] 이러한 백제의 성장은 곧 왕권의 강 화에 기초를 둔 것이며, 그것은 도성경영의 완비에 따른 국력의 축적과도 깊은 관련이 있다. 이러한 사실을 확인하기 위해서는 일차적으로 백제수도 의 구조나 그 성격을 이해해야 할 것이다.

이러한 의도에서 일반적으로 古代都市가 祭壇과 우물을 중심으로 발달되 었다는 사실과[4] 중국의 고대도시가 왕궁과 祖廟를 중심으로 성립되었다는 연구성과를 주목한 후[5], Coulanges의 古代都市(Ancient city)[6]와 Wittfogel의 東

---

1) 金元龍,『改訂新版 韓國考古學槪說』, 一志社, 1979, pp.150~151.

2) 金庠基,「百濟의 遼西經略에 대하여」,『白山學報』3, 白山學會, 1967.
   方善柱,「百濟軍의 華北進出과 그 背景」,『白山學報』11, 白山學會, 1967.
   李明揆,「百濟의 對外關係에 관한 一考察」,『史學硏究』37, 韓國史學會, 1983.

3) 김석형,『초기조일관계사』(하), 사회과학출판사, 1988.

4) 姜英卿,「韓國古代의 市와 井에 대한 一研究」,『원우총론』2, 숙명여대대학원 원우 회, 1984, pp.3~14.

5) 尹定燮,『都市計劃史 比較研究』, 建友社, 1996, p.43.

6) Fustel de Coulanges, The ancient city, N·Y, 1956, p.134.

方專制主義(Oriental despotism)의 고대도시의 이론[7])에 입각하여 그 연원을 연역하고, 고구려의 도성유적을 검토하여 백제 한성시기 도성을 재구성함으로써, 백제 한성시기 역사상 원형의 복원을 시도해 보고자 한다.

그 당시 고구려의 도성유적은 중국 遼寧省 桓仁縣의 五女山城, 吉林省 集安縣의 國內城, 平壤의 安鶴宮城 · 長安城 등으로 밝혀진 바 있다.[8]) 그러나 백제한성시기의 수도의 위치에 대해서는 여러가지 주장이 대두되어 아직도 구체적으로 도성을 확인하기는 어려운 실정이다. 즉 河北慰禮城은 면목동 · 정릉 · 세검정 · 직산 · 상계동 등으로 비정되고, 河南慰禮城은 풍납토성 · 몽촌토성 · 하남시 고골 등으로 보았으며, 漢山은 이성산성 · 북한산성 · 검단산 · 남한산성 등으로 비정되고 있고, 漢城은 북한산성 · 풍납토성과 남한산성 · 풍납토성과 몽촌토성 · 춘궁동 · 이성산성과 남한산성 등으로 설정되고 있는 것이다.

그리고 都城體制에 대한 연구는 국가의 운영실정을 파악하는데 반드시 선행되어야 할 문제임에도 불구하고 그것에 대한 연구가 부진하다. 웅진시대나 부여시대는 그 당시 수도가 공주나 부여라는 사실에 대하여 논란의 여지가 없으며, 도시구조도 잘 드러나 있다.[9]) 그러나 한성지역은 몽촌토성, 풍

---

7) Karl A · Wittfogel, Oriental Despotism, Yale university press, 1957, pp.30~41.

8) 魏存成,「高句麗 初 · 中期的 都城」,『北方文物』, 1985. 2.
　　車勇杰,「高句麗前期의 都城」,『國史館論叢』48, 國史編纂委員會, 1993.
　　＿＿＿＿,「高句麗의 都市와 城郭」,『高句麗의 考古文物』, 韓國精神文化研究院, 1996.
　　申瀅植,『集安 高句麗遺蹟의 調査研究』, 國史編纂委員會, 1996.
　　＿＿＿＿,「高句麗의 都城體制와 그 克服」,『韓國古代史』, 三英社, 1999.
　　김일성종합대학,『대성산성의 고구려유적』, 1973.
　　이화선,『조선건축사』, 과학백과사전종합출판사, 1997.

9) 安承周,「公山城에 대하여」,『考古美術』138 · 139 合號, 韓國美術史學會, 1978.
　　洪再善,「百濟 泗沘城 研究」, 東國大學校大學院 碩士學位論文, 1981.
　　成周鐸,「百濟 泗沘都城 研究」,『百濟研究』13, 忠南大學校 百濟研究所, 1982.
　　安承周,「公州 公山城에 대하여」,『文化財』17, 文化財管理局, 1984.
　　尹武炳,「山城 · 王城 · 泗沘都城」,『百濟研究』21, 忠南大學校 百濟研究所, 1990.
　　兪元載,「웅진도성의 나성문제」,『호서사학』19 · 20합, 호서사학회,1992.
　　＿＿＿＿,「웅진도성의 5부 문제」,『민족문화의 제문제』, 于江權兌遠教授停年紀念論

납토성과 삼성토성을 연계하여 도성체제를 구성하려는 시도가 있으나[10] 그 위치 자체가 불확실하기에 충분한 연구가 이루어지지 못하고 있다.

또 防禦體制의 연구 또한 매우 중요한 문제이다. 고구려의 경우 이미 세밀하게 연구되고 있으며, 백제도 공주나 부여지역은 수도 외곽의 성곽 및 나성이 밝혀져 있어 도성방위체제가 뚜렷하게 나타나고 있다.[11] 그러나 한성시대에는 도성방위체제를 하남시 고골의 이성산성을 중심으로 보고 있으나[12] 구체적으로 확인되지 못한 실정이다.

최근에 이곳의 유적을 新羅의 漢山州 治所로 보고 있는 사실[13]은 고골일대의 삼국기토기의 발견과 더불어 그 시기를 소급할 수 있으리라 여긴다.[14] 따라서 이곳에서 확인된 대형건물지와 집중된 사찰지 및 제사유적들은 하나의 州治遺蹟으로 볼 수 없으며 고대왕도의 특징을 잘 반영한다는 점도 주목할 일이다. 여기에 본고에서 추정하는 백제초기도성의 가능성이 있다. 따

叢刊行會 編,1994.

尹武炳,「百濟王都 泗沘城研究」,『學術院論文集－人文社會科學編－』33, 大韓民國 學 術院, 1994.

成周鐸,「百濟 熊津城」,『百濟의 中央과 地方』, 忠南大學校 百濟研究所, 1996.

朴淳發,「泗沘都城의 構造－羅城 構造를 中心으로－」,『사비도성과 백제의 성곽』, 국립부여문화재연구소, 2000.

成周鐸,「泗沘都城과 百濟의 城郭」, 위의 책, 2000.

10) 李道學,「百濟 漢城時期의 都城制에 관한 檢討」,『韓國上古史學報』9, 韓國上古 史學會, 1992.

______,『百濟古代國家研究』, 一志社, 1995.

11) 유원재,「웅진도성의 방비체제에 대하여」,『충남사학』1집, 충남사학회, 1985.

______,「사비도성의 방비체제에 대하여」,『공주교대논총』23집, 공주교육대학 교,1987.

田中重明,「百濟後期 王都泗沘의 防禦體系」,『사비도성과 백제의 성곽』, 국립부 여문화재연구소, 2000.

12) 方東仁,「風納里土城의 歷史地理的 檢討」,『白山學報』第16號, 白山學會, 1974.

13) 皇甫慶,「新州 位置에 대한 研究」,『白山學報』제53호, 白山學會, 1999.

14) 世宗研究院,『河南市 校山洞一帶文化遺蹟』, 1996.

고골일대가 신라의 漢山州 治所라든가 고려나 조선시대의 관청 또는 객사터로 추정할 때 이곳의 대형건물지의 규모가 너무 크고 연못을 가운데에 지니고 있기 때문에 이 시기보다 소급된 정치적 의미가 있다고 생각된다.

라서 이 지역의 고고학적 고찰은 물론 문헌 및 고대도시구조이론에 입각한 다각적인 검토가 필요하다. 이러한 시도는 현재 고고학적 연구 견해가 엇갈리고 있는 시점에서 초기백제 도성연구에 또 하나의 방법이 되리라 기대한다.

즉 이성산성은 신라시대의 유적으로 알려져 왔으나[15] 최근에는 백제의 성곽[16]과 토기가 발견되고 있다.[17] 교산동대형건물지를 객사·관청지로 보거나 왕궁으로 보는 견해[18]와 동사의 불상좌대는 탑의 심초석으로도 보는 등[19] 유적, 유물에 대한 해석의 불일치와 그 견해의 다양화는 한성시기 백제사 복원에 큰 지장을 주고 있다. 이 시점에서 고대도시이론이나 그 특징을 통한『三國史記』의 백제 한성시기 기록에 대한 검증과 고골일대 유적의 재검토는 백제한성시기 왕성의 구명을 위한 한 계기가 되리라 본다. 이에 본고는『三國史記』백제초기의 문헌 기록을 바탕으로 도시의 발생에 대한 선학들의 견해[20],『山海經』과 Coulanges 및 Wittfogel의 고대도시특징, 도시공학적 이론에 입각하여[21] 하남시 고골지역의 유적과 유물을 결부시켜 하

---

15) 沈光注,『二聖山城에 대한 研究』, 漢陽大學校大學院 碩士學位論文, 1988.
16) 오순제,「경기도 중·북부의 고구려산성」,『고구려산성과 해양방어체제의 연구』, 백산 자료원, 2000, pp.379~382.
17) 漢陽大學校 博物館,『二聖山城 第8次 發掘調査 報告書』, 2000, pp.44~46.
18) 오순제·한종섭·강찬석은 백제시대의 왕궁지로 보고 있으나 발굴을 맡은 기전문화재연구원에서는 관청지로 이훈송은 객사터로 보고 있다. 그러나 향교사거리의 현재 춘궁동 동사무소가 있는 곳에서 김종규가 "官", "廣州客舍"라는 명문와편을 수습하여 필자는 그곳에 관청지와 객사가 자리잡고 있었을 것으로 보았는데 지리적 위치로 보아도 그곳이 가장 합당한다.
19) 문명대는 불상좌대로 보고 있으나 장충식과 강찬석은 탑의 심초석으로 보고 있다.
20) 金昌錫,「한국 고대 市의 原形과 그 성격 변화」,『韓國史研究』99·100輯, 韓國史研究會, 1997.
   姜英卿, 앞의 글, 1984.
   李成九,「中國古代의 市의 觀念과 機能」,『東洋史學研究』제36집, 東洋史學會, 1991.
   李揆穆,『都市와 象徵』, 一志社, 1988.
21) 中村春壽,『日韓古代都市計劃』, 大興出版, 1978.

북위례성, 하남위례성, 한산, 한성 등의 계기적 변화 과정을 풀어 보고자 한다.[22]

즉 삼국사기 초기의 기록에서 보여진 백제왕도의 모습을 본 후, 고대도시 이론을 통한 한성시기 왕도의 형태를 재구성해보는 것이 본 연구의 목적이기도 하다. 이것은 한성시기 정치, 사회사의 복원을 위한 시도로써 백제사의 성격이 고구려의 그것을 답습했다고 해도 독자적인 특징을 보이고 있어 한국 고대 首都의 原型을 찾을 수 있으리라 생각했기 때문이다. 그러나 이러한 시도는 고고학적인 발굴이 완료되지 않은 상태이기 때문에 그것의 뒷받침이나 외국이론의 수용에 따른 한계점이 있음을 시인한다.

Ⅱ. 百濟 都城의 位置比定에 對한 諸學説

조선전기까지의 기록을 보면 백제가 처음부터 河南慰禮城으로 도읍을 하였다고 보고있다. 그러나 조선후기의 丁若鏞은 온조가 처음부터 하남위례성에 도읍을 정한 것이 아니라 한강의 북쪽의 河北慰禮城에 자리를 잡았으며, 그가 負兒岳에 올라간 것 또한 즉위 元年이 아니라 樂浪과 靺鞨의 끊임없는 공격을 피해 새로운 도시를 물색하기 위해 13年에 負兒岳에 올라가 江南쪽을 바라보고 그곳을 시찰한 후, 그곳에 柵을 만들고 천도를 하였다[23]고 보고 있다. 그후 이것은 정설화되어 왔다. 여기서 '慰禮城'이란, 그들의 都城 形態에 연유하여 이름 붙여진 것으로 해석된다. 즉 정약용은 慰禮=圍哩= 城郭으로 "울타리", "울", "담장"[24]을 뜻하고 있어 "위례"는 "울타리"가 된

李正根 外, 『標準都市計劃』, 理工圖書出版, 1979.
尹定燮, 『都市計劃』, 文運堂, 1981.
黃鏞周, 『都市計劃論』, 錄苑, 1983.
22) 필자는 백제의 수도인 하남위례성, 한산, 한성이 하남시일대에 분포되어 있는 평지성인 교산동토성, 산성인 남한산성, 평지성+산성(교산동토성·이성산성+ 남한산성)으로 변화해간 것으로 보기 때문이다.
23) 丁若鏞, 『與猶堂全書』 6集, 「彊域考」 卷3, 慰禮考·漢城考.

다고 보고 있다.[25]

현재까지 연구된 백제도성에 대한 제가들의 주장을 도해하면 <표 1>과 같다.

<표 1>에 의하면 하남위례성은 면목동설, 하남위례성은 몽촌토성과 풍납토성설, 한산은 남한산성, 한성은 몽촌토성과 풍납토성을 합한 개념이 가장 대두되고 있는 견해이다.

Ⅲ. 河南市 고골 百濟 漢城時期 都城體制의 理論的 背景

고대사회에 있어서 王都는 당시 지배자의 거처인 王宮과 각종의 중앙관청 및 王京人들이 거주하였던 당시 사회, 정치, 문화, 종교의 중심지였다. 따라서 전국적인 통치구조상 육상과 수상의 요충지일 뿐만 아니라, 경제·문화의 거점이었다. 따라서 이곳에는 우선 화려한 궁정시설과 각종 중앙관부의 유지가 집중되어 있고 이를 중심으로 도로망·수로망이 분포되어야 하며, 왕권의 권위와 天祭를 위한 여러 가지 祠堂, 寺刹의 건물지가 포진하고 있다. 말하자면 당시 세계(宇宙)의 중심지며 신성한 장소가 되었다는 것이다. 그러므로 이에 대한 다양한 방어시설인 城郭과 목책, 해자와 산악의 자연적 능선부를 이용한 방어망이 구비되기 마련이다. 그러므로 百濟初期 수도를 위해 거론되어온 都邑에 대한 유물, 유적의 해석에 따른 단편적인 것보다는 고대의 도시구조와 도성체제를 복합한 古代都市를 구성하고 있는 왕성, 왕궁, 피난성, 거민성, 사찰 및 신앙유적, 고분군, 나성, 위성, 요지, 연못 등을 종합적으로 살펴봄으로써 그 당시의 도시를 재구성하여 입체적으

---

24) 필자가 하남위례성으로 보고 있는 교산동 토성의 남쪽 토축부 안쪽을 "담안에" 라고 부르고 있는 것으로 보아 정약용의 이러한 견해와 일치하고 있음을 확인하였다.

25) 丁若鏞, 『與猶堂全書』 第6集, 彊域考, 卷3 : 慰禮者方言凡匡郭之四圍者謂之圍哩 慰禮圍哩聲相近也樹柵築土以作匡郭故謂之慰禮也.

<표 1> 백제 한성시기 도성의 위치비정설

항목	위 치		주장하는 학자
河北慰禮城	면목동설		車勇杰, 成周鐸, 崔夢龍·權五榮, 金侖禹,金起燮
	정릉		丁若鏞
	세검정		李丙燾, 金廷鶴(北漢山城)
	서울강북		李弘稙, 方東仁, 成周鐸, 千寬宇, 李道學
	직산		安鼎福, 申景濬, 金在鵬, 鄭東和
	고양		金映遂
	풍납토성		姜仁求
	미아리,우이동		金龍國
	상계동		鄭永鎬
	방학동토성		韓宗燮, 吳舜濟
河南慰禮城	풍납토성		鮎貝房之進, 中村春壽, 金廷鶴, 井上秀雄, 成周鐸
	몽촌토성		李基白, 鄭永鎬, 成周鐸, 崔夢龍·權五榮, 李道學, 金起燮, 朴淳發, 朴賢淑
	하남시고골	고골	安鼎福, 今西龍
		남한산성	津田左右吉
		이성산성	洪敬謨, 尹武炳, 車龍杰
		춘궁동	丁若鏞, 李丙燾, 李弘稙, 金龍國
		하사창동	鮎貝房之進
		교산동토성	韓宗燮, 吳舜濟, 金侖禹
漢山	이성산성		崔夢龍·權五榮
	북한산성		申景濬, 李道學
	검단산		金侖禹
	남한산성		津田左右吉, 今西龍, 金映遂, 李弘稙, 矢守一彦, 李丙燾, 千寬宇, 藤島亥治郎, 金廷鶴, 車勇杰, 金龍國, 金起燮, 吳舜濟, 朴賢淑
漢城	북한산성		申景濬
	한양설		安鼎福, 丁若鏞
	풍납토성+남한산성		矢守一彦
	몽촌토성과 이성산성 중간		車勇杰
	풍납토성+몽촌토성		李道學, 金起燮
	춘궁동		金龍國, 成周鐸, 崔夢龍·權五榮
	이성산성+남한산성		한인호
	고골(교산동토성·이성산성)+남한산성		吳舜濟

로 고찰하고자 하였다.

고대의 市는 원래 祭壇과 井으로부터 발생하여[26] 降神, 祭禮, 集會의 장소였고[27] 이들은 후일 상업의 중심지구로 발전하게 되었다.[28] 우리나라 역사상 최초로 神市라는 都市가 있었음을 『三國遺事』의 기록으로 접할 수 있으며, 고고학적으로는 B.C.4000~3000년의 紅山文化에서는 神殿과 積石塚, 石槨墓 등의 고분군 그리고 城郭들이 나타나고 있어[29] 이곳에서도 神殿이 중심적 역할을 수행하였음을 알 수 있다. 夫餘는 도성 안에 宮室, 倉庫, 監獄, 城柵 등이 있었고 그 남쪽 산에는 墳墓등이 있었음[30]을 알 수 있다. 高句麗는 王宮의 좌우에 大屋을 지어 鬼神, 靈星, 社稷에 제사를 지냈고 그 동쪽에는 큰 동굴이 있어 隧神에게 제사를 지냈다. 中國의 고대도시는 왕과 제후의 궁전, 종묘를 중심으로 지배자와 생산에 종사하는 인민을 보호하기 위하여 쌓은 것을 城이라고 하였으며 인가가 성밖으로 나가게 되자 이것을 다시 둘러쌓은 성벽을 郭이라고 했다. 그리고 周나라에서 수도를 건설하는 형식은 거대한 성곽으로 둘러쌓여 있는 都城의 중앙에는 宮殿과 政廳을 짓고, 그 좌측에 조상의 宗廟, 우측에 社稷을 짓고, 그 뒤에는 市場을 두는 방식이었다.[31] 漢은 궁성인 장안성 남쪽에서 禮制建築物이 발굴되었다.[32] 그리고 그리이스의 Polis에서는 도시의 중심에 Acropolis[33]가 있었는데 이것은 종교와 방위기능을 가진 도시의 상징물이다. 그 주위에 개방적이고 불규칙

---

26) 姜英卿, 앞의 글, 1984, pp.3~14.

27) 李成九, 앞의 글, 1991, pp.3~23.

28) 金昌錫, 앞의 글, 1997, p.98.

29) 李亨求, 『韓國文化의 起源』, 까치, 1991, p.87.

30) 『三國志』 卷30, 魏書 30, 東夷傳, 夫餘條.

31) 尹定燮, 앞책, 1996, p.43.

32) 王仲殊 著·姜仁求 譯註, 『漢代 考古學槪論』, 學硏文化社, 1993, pp.44~45.

33) 아크로폴리스는 발굴 결과 신석기시대 이래 높은 됴를 중심으로 집락이 형성되었다가 차츰 일반주민들은 생활에 편리한 저지대로 옮기고 미케네시대에는 왕궁과 귀족의 저택만 남아있다가 나중에는 성역화 되었으며 페르샤군이 쳐들어왔을 때에는 주민들의 대피소로 이용되었음을 알 수 있었다.(崔鐘圭, 「한국 원시의 방어집락의 출현과 전망」, 『韓國古代史論叢』 8, 韓國古代社會硏究所, 1996. p.8)

한 형태의 Agora라는 광장이 있어 유통과 교역의 장소가 되었다. 이것을 중심으로 도시가 방사형의 성장하였다. 한편 로마는 도시건설을 계획할 때 행정적, 종교적 시설을 일정한 장소에 배치하였는데 도시의 중심에는 Porum이 위치하여 공공집회와 시장의 기능을 담당하였으며 남북을 축으로 하는 도로가 직각을 이루며 도시의 중심부를 분할하고 있다.34) 이러한 동, 서양의 예를 통하여 볼 때 都市란 제단으로부터 발생하여 제례, 집회, 교역의 장소로 발전해왔음을 알 수 있다. 즉 Eliade는 도시의 건설은 우주의 창조와 같은 것으로 성곽은 聖과 俗을 가르는 것이며 그 안에 王宮과 寺院이 우주의 중심인 軸의 상징성을 가지고 있다고 하였다.35)

따라서 이러한 고대도시가 지니는 특징을 Coulanges의 고대도시(Ancient city)와 Wittfogel의 동방전제주의(Oriental despotism)의 이론과 결부시켜 백제 한성시기의 왕경을 복원해볼까 한다. 먼저 Coulanges은 고대도시(Ancient city)에서

> As soon as the families, the phratries, and the tribes had agreed to unite and have the same worship, they immediately founded city as a sanctuary for the common worship and the thus the foundation of a city was always a religious act.36)

와 같이 신전과 같은 신앙유적이 그 중심부에 위치하고 있었음을 알 수 있다. 中東의 Ur, Erech, Nippur, Babylonia 등의 古代都市들은 적에 대한 방어상 古壘로 견고히 둘러쌓았으며 국가를 상징하는 宮殿과 神殿이 그 대표적인 건물이었다. 印度의 Mohenjo-Daro는 大城壁으로 둘러싸여 있는 속에 돌

---

34) 권영우 외, 『도시의 이해』, 博英社, 1998, pp.18~20.
35) 엘리아데 지음 · 박규태 옮김, 「성스러운 건축과 상징」, 『상징 · 신성 · 예술』, 서 광사, 1991, pp.192~203.
    _____ · 이은봉 옮김,「성소 · 사원 · 궁전 · 세계의 중심」, 『종교형태론』, 한길사, 1996, pp.470~482.
36) Fustel de Coulanges, 앞의 책, p.134.

로 포장된 道路, 下水溝, 浴湯 등이 훌륭히 갖추어지고 中央에는 寺院과 宮殿이 있었던 것을 잘 보여주고 있다.37) 日本의 아스까 지역도 飛鳥寺라는 사찰을 중심으로 板蓋宮, 淨御宮, 豊浦宮, 小墾田宮, 嶋宮, 稻葉宮의 王宮들과 石舞臺, 神社, 酒船石, 寺刹, 연못(飛鳥池) 등의 도시유적들이 배치되어 있다.38)

그리고 Wittfogel의 동방전제주의(Oriental despotism)에서

The builders of canals and dams easily became the builders of trenches, towers, palisades, and extended defense walls.(syncopation) Rigid coperation assured security of residence just as it assured success in farming, They all work together to build the villages.39)

과 같이 서술하였는데, 즉 古代都市는 우선 거대한 방어시설(huge defence structure), 축성(fort), 망루(tower), 설책(palisade), 뻗어가는 도로망(royal road), 수도(capital cities), 장엄한 궁궐(magnificent palace), 분묘(tomb), 신전(temples), 홍수방지를 위한 제방(dikes for flood control), 수운용 운하(navigation canals) 등을 건설하기 위한 대규모의 인력동원 등을 필수 요건으로 한다.

따라서 이러한 조건으로 볼 때 백제는 『三國史記』, 「百濟本紀」의 내용에서 築城·修宮의 가사가 압도적으로 많이 나타나고 있으며 농업을 근간으로 하는 백제사회에 있어서 고대동방사회의 특징인 치수·관개의 확충, 천문학의 발달 등이 보여진다. 특히 백제 초기의 기록은 거의가 築城, 設柵, 徙民 등의 내용으로 채워지고 있으며 거대한 방어시설의 축조, 뻗어가는 도로, 장엄한 궁궐, 그리고 분묘와 신전, 홍수를 방지하기 위한 제방 등의 축성은 백제 초기의 왕이 이미 고대동방 전제군주와 비슷한 모습을 하고 있었음을 확인되었다.40)

---

37) 尹定燮, 앞의 책, 1996, p.43.
38) 門脇禎二, 『新版 飛鳥』, 日本放送出版協會, 1977.
39) Karl A·Wittfogel, 앞의 책, pp.30~41.

이러한 도시이론에 비추어『삼국사기』백제 초기기록을 통해 재구성해 보기로 한다. 백제의 초기도성을 설명해 줄 수 있는『三國史記』에서 우선 백제 溫祚王 대의 기록을 정리하면 아래와 같다.

(가) ⓐ 온조왕 즉위년에 漢山에 이르러 負兒岳에 올라가 가히 살만한 곳을 바라보았다.(『三國史記』卷第23)

　　ⓑ 온조왕 즉위년조 十臣이 간하기를 河南의 땅은 北은 漢水를 띠고 東은 高岳을 의지 하였으며 南은 沃澤을 바라보고 西로는 大海에 격하였으니 그 天險地理가 얻기 어 려운 지세라 여기에 도읍을 이루는 것이 좋다.(상동)

　　ⓒ 온조왕 13년 5월 왕이 말하기를 반드시 나라를 옮겨야겠는데 내가 어제 나아가 한수의 남쪽을 巡觀하였는데 땅이 기름져서 마땅히 거기에 도읍을 정하고 구안의 책을 도모할 것이다.(상동)

　　ⓓ 온조왕 24년 7월에 왕이 웅천책을 세우니 마한왕이 사신을 보내어 나무라기를 "왕이 처음에 하수를 건너 용적할 곳이 없자, 내가 東北 一百里의 땅을 떼어 안거하였으니, 왕이 대우함이 두터웠다 할 것이다. 마땅히 이에 보답할 생각이 있어야 할 것이어늘, 이제 나라가 완전하고, 인민이 모여들어 대적할자가 없다하고 크게 성지를 만들고 우 리의 강역을 침범하니 의리에 그럴 수가 있겠는가" 하였다. 왕이 부끄러이 여겨 드디어 책을 헐었다.(상동)

(나) ⓐ 온조왕 13년 7월 漢山 밑에 柵을 세우고 위례성의 민호를 옮기었다. 9월 城闕을 세 웠다.(상동)

　　ⓑ 온조왕 15년 정월 새궁궐을 지었는데 검소하되 누추하지 않고 화려 하지도 사치하지 도 않았다.(상동)

　　ⓒ 온조왕 25년 2월 王宮의 우물이 넘쳤다.(상동)

　　ⓓ 온조왕 41년 2월 한수의 동북 제부락에 사는 나이 15세이상 자를 징발하여 위례성을 수축하였다.(상동)

(다) ⓐ 온조왕 원년 東明廟를 세웠다.(상동)

　　ⓑ 온조왕 17년 4월 祠堂을 세우고 國母를 제사 지냈다.(상동)

---

40) 申澄植,『百濟史』, 梨花女子大學校 出版部, 1992, pp.63~64.

ⓒ 온조왕 20년 춘 2월 왕이 대단을 설치하고 천지에 제사를 지냈다.(상동)

ⓓ 온조왕 38년 2월 왕이 大壇을 쌓고 天地에 제사를 지냈다.(상동)

(라) ⓐ 온조왕 8년 2월에 靺鞨賊 3천이 내습하여 위례성을 포위하므로 왕이 성문을 닫고 나 가지 않았다. 旬日이 지나매 적은 양식이 다하여 돌아갔다.(상동)

ⓑ 온조왕 8년 7월 馬首柵을 쌓고 瓶山柵을 세웠다. 낙랑태수가 사신을 보내 고하기를 "근자에 使聘을 보내어 우호를 맺었기에 일가와 같이 여기었는데 지금 우리 강역 가 까이 성책을 만드는 것은 혹시 잠식할 계책이 있어서가 아닌가 만일 구호를 저버리 지않고 성책을 헐어버린다면 싸워서 승부를 결하자"고 하였다. 왕이 회답하기를 "요 새를 베풀어 나라를 지키는 것은 고금의 상도이어늘 어찌 이로써 화호에 변함이 있 을 것인가. 조금도 집사의 의심할바가 아닌 것 같다. 만일 집사가 강함을 믿고 군 사를 낸다면 우리도 이에 대응할 분이다." 라고 말했다. 이로 인하여 樂浪과 失和하였다.(상동)

ⓒ 온조왕 11년 4월 낙랑이 말갈을 시켜 병산책을 쳐서 파하고 1백인을 죽이고 혹은 사 로 잡았다. 7월에 독산책과 구산책 등 2책을 세워 낙랑과의 통로를 막았다.(상동)

ⓓ 온조왕 13년 7월 漢山 밑에 柵을 세우고 위례성의 민호를 옮기었다. (상동)

(마) ⓐ 온조왕 31년 1월 국내의 민호를 나누어서 남부와 북부로 삼았다.(상동)

ⓑ 온조왕 33년 8월에 동부와 서부의 2부를 더 두었다.(상동)

(사) ⓐ 온조왕 27년 4월 원산과 금현의 두성이 항복하므로, 그성민을 한산의 북쪽으로 옮겼 다. 이에 마한이 드디어 멸망하였다.(상동)

ⓑ 온조왕 43년 10월 남옥저의 구파해 등 20여가가 부양에 이르러 구의하니, 왕이 이를 받아들여 한산 서쪽에 안치하였다.(상동)

(아) ⓐ 온조왕 4년 8월 사신을 낙랑에 보내 수호하였다.(상동)

ⓑ 온조왕 13년 8월 마한에 사신을 보내어 천도를 고하고 가역을 획정하였는데 , 북은 패하에 이르고, 남은 웅천에 한하고, 서는 대해에 이르고, 동은 주양에 극하였다.(상동)

(자) ⓐ 온조왕 5년 10월에 북변을 巡撫하고 사냥하여 신록을 잡았다.(상동)

ⓑ 온조왕 14년 2월 왕이 고을을 순행하여 농사에 힘쓸 것을 권유했다.
(상동)

ⓒ 온조왕 38년 3월 왕은 사자를 보내어 농업과 양잠을 권하고 급하지
않은 일로 백성 들을 소란하게 하는 것은 모두 그만두게 하였다(상
동)

여기서 우선 (가)에서 보듯이 백제수도의 지리적 위치로 북으로는 강(漢
江)을 끼고 동으로 高岳(崇山)에 의지하며, 남으로 기름진 평야(沃澤)를 갖고
있는 한편 서쪽으로 머리 바다(西海)를 끼고 있는 天惠의 盆地임을 나타내
고 있다. 이러한 지정학적 위치는『山海經』의 내용과 매우 흡사하며[41] 하남
시 고골일대의 형태와 일치하고 있다. 동시에 (나)에서 보면 궁궐을 조성하
고 있다. 이곳에는 宮室, 樓閣, 臺榭를 짓고[42] 우물과 연못을 마련하여[43] 궁
정의 멋을 깃들였으며, 궁중의 서쪽에 射臺를 마련하여[44] 군사훈련 및 大閱

---

41)『山海經』西次三經之首曰崇吾之山在河之南北望冢遂南望嶖之澤西望帝之博獸之
丘 東望虫焉淵.

42)『三國史記』卷第25, 百濟本紀 第3, 蓋鹵王 21年條에 "國人을 징발하여 흙을 쪄
서 城을 쌓고 안에는 宮室, 樓閣, 臺榭 등을 지었는데 모두가 장려하였다."다는
기록이 있다.

43) ① 온조왕 25년 2월 王宮의 우물이 넘쳤다.(『三國史記』卷第23)
② 초고왕 22년 5월 王都의 우물과 漢水가 모두 말랐다.(상동)
③ 초고왕 39년 10월 東井에 혜성이 나타났다.(상동)
④ 비류왕 13년 하4월 : 王都의 우물이 넘치고 흑룡이 그 가운데에 나타났다(『三
國史記』卷第24)
⑤ 진사왕 7년 정월 宮室을 重修하고 연못을 파고 산을 만들어 이상한 짐승과
화초를 길렀다.(『三國史記』卷第25)
⑥ 비유왕 21년 5월 宮城 남쪽 연못(宮南池)에서 수레바퀴와 같은 불꽃이 일어
나 밤새도록 타다가 꺼졌다.(상동)
이중에서 ①은 나라가 흥할 징조, ②는 전쟁에 패할 징조, ③은 왕이 흥할 징
조를 나타내 고 있다. 이와같이 우물은 성역인 國井과 王井으로서 왕의 卽位와
王薨, 내란과 전쟁, 국망 등 국가의 대사에 깊은 관련을 가지고 있었다. 그리고
특기할 것은 이러한 徵兆를 사전에 예시하는 장소로 나타나고 있다. 즉 市와 井
이 제단적 의미를 가지고 있었으며 이러한 祭壇은 신성한 영역으로서 영이가
일어났고 여러가지 징조를 예시하였으며 제사가 행하여졌다. 그리고 제사가 거
행될 때에는 대중들이 모여 들었을 것이다.(姜英卿, 앞의 글, 1984, pp.8~10)

을 통해[45] 왕권의 권위와 신성함을 내외에 과시하였다.[46] 이에 왕은 南堂에서 정사를 보고[47] 한편, 군사훈련과 순행을 통해 자신의 정치적 입지를 확인할 수 있었고[48] 제방의 수리와 궁궐의 중수를 위한 대규모 인력동원을 위한 무력의 합법적 동원이 가능했던 것이다.[49]

한편 (다)의 기록을 보면 왕성에는 각종 궁궐 시설과 함께 반드시 祭天, 崇祖(시조묘)를 위한 제단이 나타나고 있다. 이러한 시설은 왕의 초인적 능력과 天道와 人道의 조절자로서[50] 대체로 왕의 특이한 외모와 지혜에 따른 당연한 모습으로서 善射者나 先天的 能力을 필수조건으로 이해된다.[51]

또한 (라)에서 볼때 빈번한 築城, 設柵의 축조와 특히 수도(왕도)와 전선(변방)과의 軍事路(樂浪之路)의 개척 등 왕의 무력사용과 방어 및 공격의 책임자로서 역할을 보게된다. 이러한 모습은 Greece, Rome 의 Polis와 같이 화려한 궁궐과 신전을 중심으로 하나의 자연적 소우주 형태를 갖춘 古代都市의 특성[52]을 백제초기 왕도에서도 찾을 수 있다.

위의 사실들을 참고하여 백제의 도성을 재구성하여 보면『三國史記』蓋鹵王 21년조의 기록을 통해 漢城이란 北城과 南城 2개의 성으로 되어 있는

---

44) ① 고이왕 9년 7월 西門에 나가 활쏘는 것을 관람하였다.(『三國史記』卷第23)
   ② 비류왕 17년 8월 宮城의 西쪽에 射臺를 지었는데 매월 초하루와 보름에 활쏘 는 연습을 하였다.(상동)
   ③ 아신왕 7년 9월 都內의 인민을 모아 西臺에서 활쏘기를 연습케 하였다(『三國史記』卷第25)
45) ① 구수왕 8년 8월 漢水의 西쪽에서 大閱을 하였다.(『三國史記』卷第24)
   ② 고이왕 7년 7월 왕은 石川에서 군사를 검열하였다.(상동)
   ③ 근초고왕 24년 11월 漢水의 南쪽에서 大閱을 하였는데 旗幟는 모두 黃色을 사용하였다.(상동)
   ④ 아신왕 6년 7월 漢水 南쪽에서 군사를 大閱하였다.(『三國史記』卷第25)
46) 申瀅植,『韓國古代史의 新研究』, 一潮閣, 1984, p.91.
47) 고이왕 28년 정월에 왕이 南堂이 앉아 정사를 보았다.(『三國史記』卷第24)
48) 申瀅植, 앞의 책, 1984, pp.99〜100.
49) Karl A · Wittfogel, 앞의 책, 1957, pp.30〜41.
50) 申瀅植, 앞의 책, 1984, p.89.
51) 申瀅植, 앞의 책, 1984, pp.89〜91.
52) 李揆穆,『都市와 象徵』, 一志社, 1988, pp.50〜55.

도시였음을 알 수 있고 고구려가 공격할 당시 개로왕이 북성에서 남성으로 옮겨가 저항하였는데[53] 두성의 거리는 고구려의 경우를 참고한다면 2.5km 이하로 매우 가까워야 한다.[54] 그런데 『日本書紀』 雄略 21년조의 蓋鹵王의 패망   기사에서 "百濟記云蓋鹵王乙卯年冬狛大軍來攻大城七日七夜王城降陷 遂失慰禮國" 이라 하여 7일간 공격을 당한 북성은 하남위례성으로 불리웠으며 평상시 왕이 거주했던 王城이고, 남성은 위급할 때에 들어갔던 피난성으로 산성일 가능성이 높다. 왜냐하면 (나)의 ⓐ에서 온조왕이 漢山 밑에 하남위례성을 쌓았다고 하였고 근초고왕 때에는 고구려의 공격에 대피하여 漢山이라는 성으로 천도한 일[55]이 있던 것을 볼 때 漢山城이 南城일 가능성이 매우 높다. 왜냐하면 백제의 도성이었던 扶餘의 扶蘇山城이나 公州의 公山城에서 추정궁지가 산성 바로 아래에 위치하고 있어 그 배후의 산성은 피난성으로 쓰였기 때문에 그 지리적 조건이 같았을 것으로 본다.

그리고 (가)의 ⓑ에서 하남위례성은 북쪽에는 漢水가 흐르고 동쪽에는 높은 산이 있는데

(A) ⓐ 기루왕 40년 6월에 큰비가 浹旬쪽이나 와서 한강의 물이 넘쳐 민가를 표훼하였다. 7월에 有司에 명하여 수해를 입은 전답을 보수하였다. (『三國史記』 卷第23)

---

53) 蓋鹵王 21년 9월 고구려왕 거연이 군사 3만을 거느리고 와서 王城인 漢城을 포위하였다. 왕은 성문을 닫고 능히 나가 싸우지 못하였다. 고구려인이 군사를 네 길로 나누어 협공하고 또 바람을 이용하여 불을 질러 성문을 태우니 사람들이 두려워하여 나아가 항복 하려는 자도 있었다. 왕이 窮迫하여 어찌할 바를 몰라 수10기를 거느리고 문을 나서 서쪽으로 달아나매 고구려인이 쫓아가서 살해했다 …… 제우, 재증걸루, 고이만년 등이 병사를 거느리고 와서 北城을 쳐 7일만에 함락하고 옮겨 南城을 치니 성중이 흉흉하였다. 왕이 도 망해 나갔는데 고구려의 장수 桀婁 등이 왕을 보고 말에서 내려 절을 하고 조금 있다가 왕의 얼굴에 침을 뱉고 그 죄를 세어 책망하면서 阿且城 밑으로 縛送하여 살해하였다. (『삼국사기』 권제25)

54) 고구려의 丸都山城과 國內城이 2.5km, 大城山城과 安鶴宮城이 750m, 長壽山城과 峨洋里土城이 1.7km, 城子山山城과 河龍古城이 1.5km 떨어져 있다.

55) 近肖古王 26년 都邑을 漢山으로 옮겼다.(『삼국사기』 권제24)

ⓑ 구수왕 8년 國都의 東편에 큰물이 나서 산이 40여개소나 무너졌다.
(『三國史記』 卷第24)

ⓒ 구수왕 9년 2월 有司에 명하여 堤防을 수리하였다.(상동)

ⓓ 개로왕 21년 한강변을 따라 堤防을 쌓되 蛇城의 동쪽에서 崇山의 북
쪽까지 이르렀다.(『三國史記』 卷第25)

(A)의 ⓓ에서 그 산은 崇山으로 불리워졌는데 그 곳에서부터 서쪽 강변에
있는 蛇城까지 제방을 쌓았던 것을 알 수 있다. (A)의 ⓐ, ⓑ, ⓒ 등의 기사를
참고해 보면 그 제방 안쪽인 漢水의 남쪽에는 충적평야지대가 펼쳐져 있어
궁성과의 사이에 민가가 있었는데 홍수가 질 경우 제방의 유실로 민가가 큰
피해를 입기도 하였으므로 제방을 자주 수리하였음을 보여주고 있다. (다)
ⓐ에서 온조왕은 동명묘를 세웠는데 東明이란 "ᄉᆡ붉"의 뜻으로[56] 태양숭배
사상과 통하는 것이기에[57] 고구려의 국동대혈에서와 같이 해가 떠오르는
동쪽의 산에 위치했을 가능성이 높은데 동쪽에 자리잡은 높은 산은 "숭배
받는 산"인 崇山이다. (나)의 ⓐ에서 왕성의 남쪽에는 漢山이라는 큰 산이
자리잡고 있으며 그 위에는 성과 함께 많은 절터[58]와 천지에 제사를 지내던
南壇[59]이 자리잡고 있었을 것이다. 한산의 남쪽으로는 넓은 평야지대가 펼
쳐져 있어 논농사를 지을 수 있는 옥토가 전개되어(가ⓑ) 있었다. 이러한
『三國史記』 기록을 토대로 백제도성을 도해하면 아래의 <그림 1>과 같다.

<그림 1>에서 볼 때 한강을 북의 경계로 하고 北城(평지성)과 南城(한산
성)으로 간주하고 서방은 한강의 보호와 동방은 숭산을 방어책(성)으로 한

---

56) 梁柱東, 『增訂 古歌研究』, 一潮閣, 1965, p.3

57) 市는 東方으로 상징되는 神의 강림장소이자 降神의 권위를 바탕으로 하는 중요
한 행사의 거행 장소였는데 동방으로 상징되는 신은 太陽神이다. 이러한 태양신의
권위에 의거한 祭禮는 정치행위로서 중요한 것이었다.(李成九, 앞의 글, 1991,
pp.11~13)

58) 枕流王 2년 10월 漢山에 불사를 세우고 10인의 僧侶를 두었다.(『三國史記』 卷第
24)

59) 比流王 10년 5월 南郊에서 天地에 제사를 지냈는데 왕이 친히 犧牲을 베었다.
(『三國史記』 卷第24)

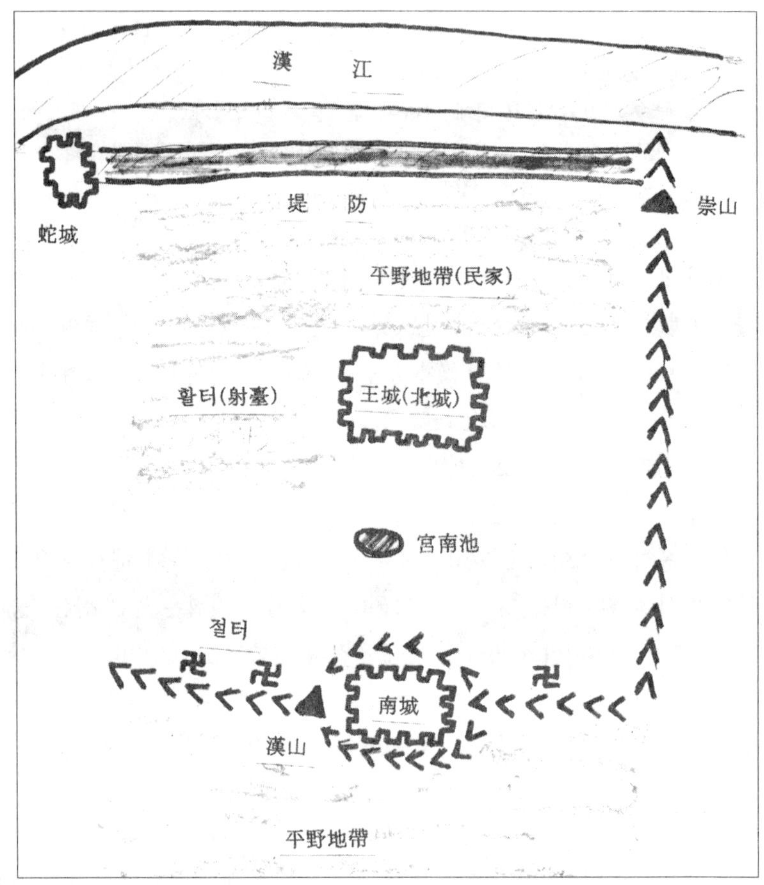

<그림 1> 三國史記로 복원한 百濟都城

하나의 도성체제를 볼 수 있다. 다만 이러한 추론의 고고학적 뒷받침이 어
려운 현실에서 추후 발굴결과가 기대된다. 또한 북성의 구체적 위치를 어느
곳으로 비정하느냐 문제도 차후 과제로 남는다.

　위에서 나타난 조건들을 風納土城에 맞추어보면 동쪽 崇山에 해당하는
산이 없다. 도리어 漢山에 해당하는 남한산이 동남쪽 멀리에 있어 방위와
거리가 맞지 않는다. 성의 북쪽이 바로 한강이 되어 제방을 쌓을 공간이 없

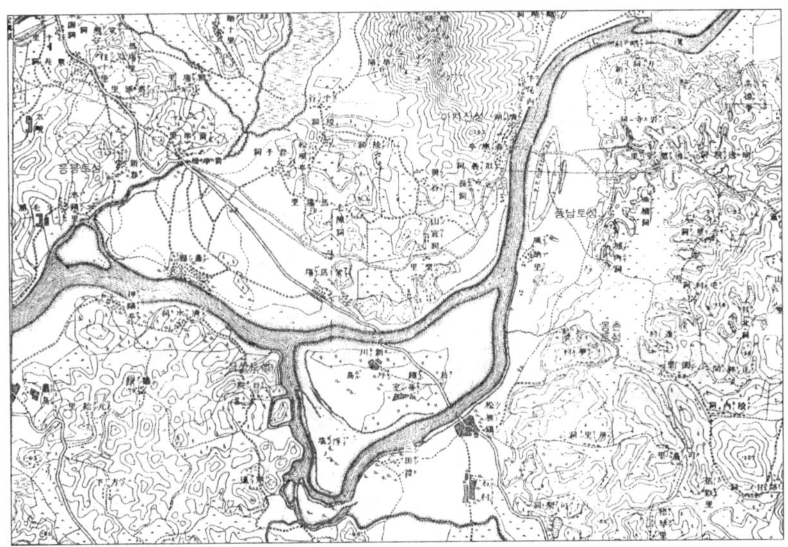

<그림 2> 풍납토성과 몽촌토성

이 성의 북벽이 제방의 역할을 하고 있다. 그리고 성의 북벽과 한강 사이에
벌판이 없어서 백성이 거할 공간이 없어 한강이 홍수가 나서 백성들의 집이
표휘하였다는 기록과 전혀 맞지 않는다.

　서북쪽에 蛇城에 해당하는 성과 제방이 없다. 왜냐하면 북쪽 성벽이 제방
의 역할을 겸하고 있기 때문이다. 이것은 乙丑年 대홍수에 북쪽 성벽이 유
실된 것이 증명해주고 있다. 남쪽은 松坡의 넓은 벌판으로 漢山에 해당하는
거대한 산이 없다. 가장 중요한 것은 성부근에 백제 당시의 사찰이 단 하나
도 없는 것이다. 남성에 해당하는 피난성을 夢村土城으로 본다면 부적합하
다. 왜냐하면 벌판가운데에 있는 것으로 포위되기 쉽기 때문이다. 피난성은
산성으로 고구려의 丸都山城에 버금가는 요해처여야 하는 조건 등이 맞지
않는데 특히 지표가 되는 지명인 崇山과 漢山의 위치는 매우 중요한 것으로
지리적 방향이 전혀 맞지 않고 있다.

　그리고 위의 조건들을 夢村土城과 맞추어보면 한강이 서쪽으로 흐르고

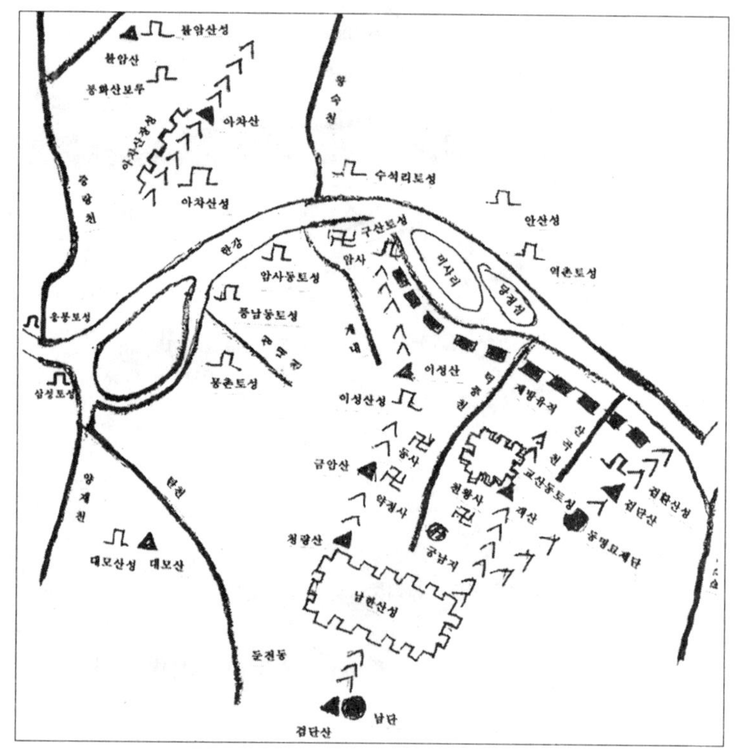

<그림 3> 하남시 고골일대의 도성체제와 유적배치도

있어 북쪽에 있었다는 기록과 맞지 않으며 동쪽에 崇山에 해당하는 거대한 산이 없다. 동남쪽으로 거대한 산줄기가 보이고 있으나 이곳은 漢山으로 지목되는 南漢山으로 숭산에 해당되지는 못하고 있다. 남쪽은 송파의 넓은 벌판으로 한산에 해당하는 거대한 산이 없다. 그리고 이 성부근에도 백제 당시의 사찰지들이 없다. 남성을 南漢山城으로 볼 수도 있으나 그 이동거리가 7km 정도나 되어 너무 멀고,[60] 그 사이에 평야지대가 전개되어 있고 잠실섬과 사이의 서쪽으로 흐르는 한강을 건너 도강한 고구려군[61]에 의해 포위될

---

60) 고구려의 경우 丸都山城과 國內城이 2.5km, 大城山城과 安鶴宮城이 750m, 長壽
    山城과 峨洋里土城이 1.7km, 城子山山城과 河龍古城이 1.5km 떨어져 있다.

위험성이 높으며 퇴로가 차단되기 쉽다. 즉 풍납토성과 마찬가지로 숭산과 한산 등 지표가 되는 지명이 지리적 방향과 전혀 맞지않고 있다. 이중에서 한산은 남한산성이 있는 청량산으로 줄곳 거론 되어왔으며 李丙燾는 하남 시의 黔丹山을 숭산으로 지목한바 있고 이것은 거의 정설화 되어 있어 백제의 도성을 찾는 중요한 지리적 표점이 되고 있다. 더구나 몽촌토성이나 풍납토성 부근에는 東明廟, 大壇, 南壇, 南堂, 射臺 등의 유적을 찾아 볼 수가 없다.62)

그러나 이 성들은 軍事的으로는 매우 중요한 곳이며 특히 강변에 자리잡고 있어 漢城時代 도성부근에 자리잡은 최대의 津城63)이었을 것으로 본다.64) 왜냐하면 백제의 수도를 호위하기 위하여 쌓은 아차산장성의 중심에 놓여 있는 것이 아니라 몽촌토성과 함께 끝자락에 위치하여 수도방위에 매듭을 짓는 성이었음을 확인시켜주고 있기 때문이다.65)

---

61) 현재 이곳은 잠실섬이 육지화 되면서 지형이 변경되었는데 강남이 개발되기 전에는 풍납토성과 몽촌토성을 거쳐 송파진으로 한강의 본류가 흘렀으며 잠실은 거대한 섬이였다. 현재는 한강의 본류가 석촌호수로 남아있다.

62) 成周鐸, 「韓國의 古代城郭」, 『東洋 都市史속의 서울』, 서울시정개발연구원, 1994, p.48.

63) 車勇杰은 한강의 남안의 나루마다 있는 유적을 방어취락(渡津聚落)으로 보았고 그 중에서도 風納土城을 중심적인 위치로 설정하였다.(「慰禮城과 漢城에 대하여(1)」, 『鄕土서울』 39, 서울特別市史編纂委員會, 1981, p.51)

64) 百濟시대의 益山郡 熊浦面 笠店里古墳 부근의 錦江가에 자리잡은 御來山城과 羅州 榮山江가 백제시대의 多侍面 伏岩里古墳群 부근에 자리잡고 있는 會津城 등이 이와 비슷한 지형적조건을 가진 성으로 風納土城과 같이 중국이나 일본으로 떠나던 津城의 역할을 하였던 곳이다. 그리고 이곳에서 나타나고 있는 제사 유적은 扶安 竹幕洞遺蹟과도 같이 먼 항해의 안녕을 비는 것으로 본다.

65) 광개토대왕은 6년(396)에 5만의 수군을 이끌고 백제를 공격하였다. 이 당시 『廣開土大王碑文』에 보면 "왕이 발연대노하여 병사를 거느리고 阿利水를 건너 선두부대를 調遣하여 백잔의 국도를 향해 진격했다. 백잔의 군대는 그들의 수혈(國都)로 도망갔다. 곧 그들의 왕성을 포위했다. 백잔의 主는 방법이 없자 남녀 생구일천을 헌납해 내보냈다(王威赫怒, 度阿利水, 遣刺迫城, 殘兵歸穴, 就便圍城, 而殘主困逼, 獻出男女生口一千人)"이라 한 것을 보면 백제의 도성은 아리수인 한강을 건너자마자 있는 풍납토성이나 몽촌토성이 아니라 아리수를 건너서도 선두부대가 쳐들어갈 정도로 한강으로부터 떨어진 먼거리에 백제의 수도가

　　그런데 河南市 고골[66]은 위에서 제시된 조건 중에 북쪽에는 漢江이 흐르고 동쪽에 崇山인 黔丹山이라는 산이 자리잡고 있으며 그 산의 정상부근에서 東明廟의 제단터로 볼 수 있는 제사유적(다ⓐ)이 발견되었다.[67] 남쪽에는 漢山으로 보고 있는 淸凉山과 남한산성이 그 산위에 자리잡고 있다. 남한산성의 남쪽 탄천변의 屯田洞에는 넓은 평야지대가 펼쳐져 있다.(다ⓒ)[68] 고골에는 二聖山城, 校山洞土城을 비롯하여 거민성[69]으로 보이는 토성과 토축 등이 존재하고 있다. 교산동토성내에는 칠성바위[70], 二聖山城에

자리잡고 있었음을 보여주고 있다.

66) 成周鐸(「漢江流域 百濟初期都城址硏究」, 『百濟硏究』 14, 忠南大學校 百濟硏究所, 1983)은 『太宗實錄』 卷第28, 14年 8月 28日 戊辰條에 "廣州 尉由城의 전지를 各品에 도로 주었다" 는 기록과 『太宗實錄』 卷32, 16年 10月 7日 乙丑條에 "임금이 上王을 받들어 廣州 慰要城에서 사냥하고, 초 8일에 환궁하였다"는 기록, 그리고 『太宗實錄』 卷34, 17年 9月 3日 乙卯條에 "임금이 上王을 받들고 廣津을 건너 慰要城에서 매사냥하는 것을 구경하고, 저녁에 石島에 머물러 잤다"고 한 기록을 광주지역에 행차한 것으로 밝혔다. 이 기록들에서 "慰由城", "慰要城"이란 경기도 광주지역에 있던 백제의 도읍지 慰禮城임을 밝히면서 조선초기까지도 이 지명이 남아 있었으며, 그 당시 黔丹山 밑에는 講武場이 있기 때문에 왕들이 자주 출행하였다고 하였다. 즉 이성산성과 교산동토성을 비롯하여 중촌과 법동에도 토성이 남아 있어 이 부근에 강무장과 위요성 또는 위유성이 존재했음을 밝혀주었다.
더구나 丁若鏞(정약용 저·임정기 역, 『국역 다산시집』 3, 민족문화추진회, 1994, p.271)은 "日長山 북쪽에 작은 초막집 하나 있으니 이곳이 河南慰禮城이다 : 日長山北小柴莉道是河南慰禮城"하여 일장산인 남한산성의 북쪽인 고골에 하남위례성이 존재하고 있음을 볼 때 하남위례성이 바로 교산동토성을 가리킬 가능성이 매우 높다.

67) 韓宗燮, 「百濟建國地 河南慰禮城址의 糾明에 對한 硏究」, 『第7回 全國鄕土文化硏究發表 受賞 資料集』, 全國文化院聯合會, 1992.
吳舜濟, 『漢城 百濟史』, 集文堂, 1995, pp.27~31.

68) 이러한 지형은 삼국사기에 하남위례성이 北에는 漢水, 東에는 高岳, 南에는 沃澤, 西에는 大海가 자리잡고 있다는 기록과 일치하고 있다.

69) 天王寺를 중심으로 남쪽과 북쪽에 있는 土城으로 『朝鮮寶物古蹟調査資料』(朝鮮總督府, 1942, p42)에서 이미 언급하였다.

70) 이것은 『日本書紀』 推古天皇 5년에 백제에서 건너간 임성(아좌)태자가 그왕 11년에 北辰星宮을 세우고 北斗七曜石을 봉납하였다고 한 것의 실물로 고려시대에 백제계유민들이 세운 운주사에도 칠성바위가 남아있다. 이와 같이 백제에는 칠성신앙이 불교와 습합되어 내려왔으며 현재 사찰에도 칠성각이 남아있는 것

는 天地에 제사를 드리던 9각, 8각의 건물지[71]와 별자리바위[72]가 남아있으며 남한산성의 남쪽 검단산에도 天壇으로 보고 있는 南壇의 제사유적(파ⓗ)이 남아 있다.

고골의 서북쪽에는 蛇城[73]으로 보는 龜山土城이 존재되며 숭산으로 보고 있는 검단산의 북쪽인 창우리로부터 구산토성에 이르기까지 창우리→더우개→신평리→장수동→구산토성으로 이어지는 제방유적이 남아 있다.(Aⓓ) 이러한 제방과 고골의 교산동토성 사이에는 신장이라는 넓은 들이 펼쳐져 있어 사람들이 살기에 적합하다.(Aⓐ) 구산토성 부근의 미사리섬[74]에서는 신석기시대의 유구 25기, 청동기시대의 유구 75기, 原三國時代[75]의 주거지 170기, 백제시대의 주거지 97기 등이 연속적으로 나오고 있어 여러시기에 걸쳐 인간이 거주해왔음을 알 수 있다. 특히 미사리에서 발굴된 백제시대의 97기의 온돌을 가진 주거지와 2층에 걸친 백제의 밭유구[76] 및 저장공, 어망추, 쇠화살촉, 시루, 벼루, 고배, 말뼈 등은 백제시대에 이곳에 군사들이 온

을 볼 수 있다.(오순제, 앞의 책, 1995, pp.28~29)
71) 漢陽大學校 博物館, 앞의 책, 2000, p.25.
72) 북한에서는 별자리가 새겨진 고인돌들이 200여기가 발견되었으며 고구려의 고분벽화 뿐만아니라 일본에서도 다까마스고분, 기또라고분 등에서도 천문도가 나타나고 있다.(김동일, 「대동강유역은 고대천문학의 발원지」, 『조선고고연구』 제110호, 사회과학원 고고학연구소)
73) 『世宗實錄地理志』楊根郡條에 "西深灘은 군의 남쪽에 있는데 서쪽으로 흘러 大灘이 되고 또 서쪽으로 흘러 蛇浦津(뱀개나루)이 되었다."고 하였는데 현재 구산토성 부근에는 '뱅개'라는 지명이 남아있다.
74) 미사리섬 옆에는 당정섬이라는 또다른 섬이 있어서 덕소쪽에서 쉽게 건너올수 있었다고 한다.
75) 원삼국이란 김원룡이 주장한 紀元前後--A.D.300년에 거친 기간으로 百濟의 前期에 해당하는 것으로 보아야 하는 것으로 그 용어자체가 역사시대와 맞지 않으며 고고학적으로 백제시대라는 용어가 백제의 건국년대를 3~4세기로 낮추어 보았던 식민사학자들의 견해와 비슷해 원삼국이라는 용어는 백제전기라는 용어로 바뀌어야 한다. 崔夢龍(『한국문화의 원류를 찾아서』)도 원삼국을 삼국시대전기로 볼 것을 강하게 주장하고 있다.
76) 백제시대의 밭유구는 170×160m의 직사각형으로 두층으로 나누어지는데 하층의 제1유구는 약1000평으로 A.D. 4~5세기로 추정되며 상층의 제2유구는 약 3000평으로 A.D. 6세기경으로 추정되고 있다.

돌이 딸린 주거지에서 장기적으로 주둔하였음을 나타내고 있다. 이들은 평
상시에는 둔전을 일구고 어망으로 고기를 잡고 시루에 음식을 해먹으려 고
배로 술이나 물을 먹고 상하지 않게 저장공에 음식물을 저장하였다. 비상시
에는 벼루에 먹을 갈아 글을 써서 말을 달려 하남위례성에 급보를 알렸던
것이다.

　고골의 거민성 안에 宮南池로 보는 연못지[77]가 남아 있다. 고골의 중심부
에는 비록 시대는 일정치 않으나 天王寺[78], 동사[79], 봉수사. 신복선사, 약정
사[80], 자화사, 법화사, 선법사 등 수많은 절터들이 남아 있다. 교산동토성,
이성산성과 남한산성은 5리 정도의 거리로 매우 가깝다. 교산동토성[81]의

---

77) 毗有王 21년 5월 宮城 남쪽 연못(宮南池)에서 수레바퀴와 같은 불꽃이 일어나
　　밤새도록 타다가 꺼졌다.(『삼국사기』 권제25)

78) 『三國史記』 義慈王條에 "天王寺의 塔에 벼락이 쳤다"는 기록이 나와있는 절로
　　현재 扶 餘지방에도 天王寺라는 절터가 남아 있어 그 당시 매우 중요한 사찰이
　　었음을 알 수 있 다. 高達寺址의「高達院 元宗大師惠眞塔碑文」에 "高麗 太祖의
　　청에 의해 廣州 天王寺 에 住持로 있다가 혜목산 고달사로 옮겨갔다"는 기록
　　있다. 그리고 『高麗史』 卷132, 列傳 46, 叛逆 6, 辛旽에 "광주 천왕사의 사리를
　　왕륜사에 옮기다"라 하였고 『高麗史 節要』 卷28, 恭愍王 15年 4月條에 "광주 천
　　왕사의 佛舍利를 王輪寺에 안치하다"라고 하 였다. 또 『世宗實錄』 卷第112, 28
　　年 4月 23日 庚申條에 "광주 천왕사의 사리 10과를 궐내 에 바치다"하여 이 곳
　　에 있던 佛舍利가 고려말과 조선초기에 왕실에 받쳐졌음을 알게 되었다. 특히
　　國立中央博物館에 소장되어 있는 우리나라 최대의 廣州鐵佛은 이 天王寺에 있
　　던 鐵佛이다.

79) 동국대학교에서 발굴한 거대한 절터로 백제시대와 고려시대의 절터와 유물이
　　나오고 있 는데 고려초 이 지역의 호족인 왕규(광주 이씨로 추정)의 후원으로
　　만들어진 절로 추정되 고 있다.

80) 『新增東國輿地勝覽』廣州, 佛宇條에 "藥井寺在漢山"이라는 구절과 일치하여 이
　　부근이 漢山이었음을 확인하게 되었다. 또한 그와 아울러 正祖 때에 지은 『梵
　　宇巧』廣州, 寺刹, 藥井寺條에서는 "俱在漢山今廢"라고 하여, 지금으로부터 200
　　여년 전에 없어졌음을 알 수 있었다. 이것은 『三國史記』 百濟本紀, 枕流王 원년
　　(384) 9월에 胡僧인 摩羅難陀가 晉으로 부터 오자 왕이 이를 맞아 宮內에서 예
　　의로써 공경하였으며, 다음 해 2월에 佛寺를 漢山 에 창건하고 度僧 10명을 두
　　었다고 한 기록과 일치한 것이다. 그외에도 奉水寺, 神福禪寺 도 한산에 있다고
　　하였는데 약정사 부근에서 이절터들도 발견되었는데 특히 李穀이 쓴「廣州 神
　　福禪寺 中興記」에는 누대의 명문거족인 朴璉魯가 후원자가 되어 高麗 忠肅王
　　당시인 1314년 시작하여 1323년에 완성한 大刹로 되어 있다.

대형건물지[82]에서 동쪽의 선법사에는 왕이 사용했다고 전해지는 샘물이 있어 東井[83]으로 보고 있다. 대형건물지와 외성의 문지 사이에는 넓은 건물터가 있는데 필자는 이곳을 정사를 살피던 南堂[84]으로 본다. 이 부근에는 가문에도 않는 우물지가 있어 王井[85]으로 보고 있다. 교산동토성의 서쪽에는 활쏘기 좋은 지형이며 현재도 활터가 남아 있다. 남한산성의 남쪽에는 성남시 屯田洞의 넓은 평야지대가 있어 농사를 짓기에 매우 적합한 지형(가ⓑ)을 갖추고 있다. 그리고 北城은 교산동토성·이성산성·거민성 등을 말하며 南城은 남한산성에 대비되고 있다.(나ⓐ) 즉 이곳은 삼국사기의 백제도

---

81) 外城의 전체윤곽은 굴곡이 심함 마름모꼴을 형성하고 있으며 동서가 1005m, 남북 1200m 로 되는 총 4250m 정도이다. 이것은 약45만평 정도로 거대한 크기의 대형 평지토성으로 대부분은 자연능선을 이용하였고 군데군데 토루로 연결하였다. 서편의 남북으로 뻗은 성 벽 아래에는 폭 20~25m, 깊이 2~2.5m의 德豊川이 평행으로 흐르고 있어 垓字의 역할을 하였음을 알 수 있다. 이것은 대형의 평지토성으로 그 안에는 내성과 궁성의 토축부가 남 아 있다. 특히 궁성의 토축부 안에는 대형건물지가 남아 있고, 가운데에는 연못지가 있어 궁터로 봐도 손색이 없다. 이 성은 고구려 국내성(2686m)·안학궁성(2488m)이나 발해의 상 경성(3986m)·서고성(2720m) 그리고 팔련성(2984m)와 비교해 볼 때 상경성과 비슷하였다. 왜냐하면 고구려의 국내성이나 안학궁성은 하나의 성벽으로 되어 있는데 비해 발해의 서고 성·팔련성은 외성과 중성으로 구성되어 있다. 이 중에서도 외형상으로는 안학궁성과 비슷 하긴 하지만 구조상으로는 上京城이 外城, 內城, 宮城의 3부분으로 나누어져 있어[1] 이 곳 의 교산동토성이 외성, 내성, 궁성으로 나누어진 것과 일치하고 있으며 크기에서도 교산동 토성이 4250m로 상경성에 가장 근접하고 있다. 이를 도해하면 아래와 같다. 그러나 상경성 은 평지에 자리잡고 있어 장방형으로 이루어져 있으나 교산동토성은 자연의 구릉을 이용한 평산성이기 때문에 내성과 궁성이 서남쪽으로 치우쳐져 있는 것이 다른 점이다.
82) 한종섭,『위례성백제사』, 집문당, 1994.
    오순제, 앞의 책, 1995, pp.34~42.
83) 초고왕 39년 10월 東井에 혜성이 나타났다.(『삼국사기』권제23)
84) 古爾王 28년 정월에 왕이 南堂이 앉아 정사를 보았다.(『삼국사기』권제24)
85) 溫祚王 25년, 肖古王 22년과 39년 등에 나오는 우물에 대한 기사는 우물이 제단의 성격을 가지고 있는 宮井祭壇이 있어 백제에도 王의 卽位, 薨, 內亂, 戰爭, 國 亡 등과 같은 國家의 大事와 관련이 깊어 여러 徵兆를 事前에 豫示하는 場所로 믿는 井水信仰을 가지고 있었음을 볼 수 있다.(姜英卿, 앞의 글, 1984, pp.8~10)

성의 기록과 가장 잘 맞고 있어 지리적으로는 가장 뚜렸하게 백제의 도성이
있었던 지역으로 떠오르고 있다.

특히 여러 신앙유적들의 밀집분포는 이집트, 바빌론, 인도, 잉카, 그리이
스 등의 古代都市들이 그들의 精神的 支柱가 되는 信仰的인 建築物이 王宮
과 더불어 核心的인 建築物로 中央에 存在하였던 것에 비교해볼 수 있다.
그리고 하남시 고골에서는 天王寺라는 거대한 절터가 都市의 中心에 자리
잡고 있다. 이것은 熊津時代에는 大通寺 · 泗沘時代는 定林寺, 고구려 國內
城의 東臺子遺蹟 · 안학궁의 상오리절터, 신라 慶州의 黃龍寺가 도시의 中
央에 자리잡고 있는 것과 같은 도시구조를 지니고 있어 백제도성체제의 공
통적 특징으로 볼 수 있다. 더구나 최근의 고고학적인 지표조사[86]에서도 많
은 부분 보강되고 있다.

그리고 백제는 고구려와 같이 부여의 후예임을 통해 夫餘의 시조인 東明
에게 제사를 지내고 있으며 국호마져도 南扶餘로 바꾸었음을 주목할 필요
가 있다.[87] 이러한 점들을 고려해 볼 때 부여 · 고구려의 도성체제가 백제로
연결되고 있어 양자간에는 일련의 공통점을 가지고 있었을 것으로 보고 있
다.[88] 이러한 시각에서 부여의 문화가 백제로 계승되었다는 확신을 갖게 되
었다. 이에 필자가 1991년 이후 만주의 부여, 고구려, 渤海 유적과 日本의
百濟系遺蹟들을 답사한 결과 부여의 동단산성+남성자산성, 오녀산성+하
고성자성으로부터 고구려의 국내성+환도산성 · 안학궁성+대성산성 · 아양
리토성+장수산성 및 지방도시유적[89], 백제의 부소산성+나성 · 공산성+나

---

86) 世宗硏究院, 앞의 책, 1996.
    世宗大學校博物館, 『河南市의 歷史와 文化遺蹟』, 1999.
    漢陽大學校博物館, 앞의 책, 2000.
87) 盧明鎬, 「百濟의 東明神話와 東明廟」, 『歷史學硏究』 10號, 全南大學校 史學會,
    1981.
88) 池內宏, 「高句麗 丸都의 遺蹟」, 『東方學報』 8冊, 東方文化學院, pp.407~409.
    井上秀雄, 「朝鮮의 都城」, 『都城』, 社會思想社, 1975, pp.292~294.
89) 黃龍山城과 玉桃里土城, 海州의 首陽山城과 그 남쪽 기슭에 있는 학혁동의 "奈
    米忽郡"의 유적, 瑞興郡의 大峴山城과 그 밑에 있는 "五谷郡"의 유적, 中國 吉

성, 발해의 성산자산성+영승유적·城子山城과 河龍古城, 일본 수성(대재부)+대야성의 백제계 유적 등에 남아 있는 "평지성+산성"의 도성체제들을 비교 분석하여 하나의 연속성에서 도성체제의 의미를 확인할 수 있었다.

왜냐하면 이들이 河南慰禮城을 한산 밑에 두었고 위급해지자 漢山城으로 들어갔으며 그후 漢城이라는 도시를 구성할 때에도 北城과 南城을 두었는데, 북성은 평지에 있으면서 평상시에 왕이 거주하던 王城으로써 河南慰禮城으로 불리워졌고 남성은 위급할 때에 들어갔던 피난성으로서 그 부근에 있던 산성인 한산으로 보고 있다. 이렇게 볼 때 "平地城+山城"의 세트체제를 갖춘 것이 한성이라는 거대한 도시구조로 파악이 된다. 이러한 도시의 형태는 백제시대의 도성뿐만 아니라 文鶴山城과 官校洞土城, 王宮里土城과 彌勒山城, 六溪土城과 七重城, 遂安山城과 大陵里土城, 泰峰山城과 城山城, 성내리토성과 대덕산성, 은선리토성과 국사동산성, 木川土城과 黑城山城, 哨城里土城과 哨城里山城, 城東里山城과 城東里마을遺蹟, 芙蓉山土城과 民樂洞百濟時代住居址 등의 지방도시유적들에서도 확인되고 있어 그 당시 도시의 일반적 형태였음을 알 수 있다.

특히 두 개로 나누어진 북성과 남성을 하나로 묶어주기 위한 羅城은 자연적인 지형을 최대한 이용한 것인데 이것은 최근에 밝혀진 甕路[90]라는 특수

林省 集安縣의 覇王朝山城은 그 밑의 평지토성, 그리고 吉林市 龍潭山城은 둘레 2396m의 고로봉식산성으로 外城, 中城, 內城의 3겹성이며 그 부근의 三道嶺子山城은 외겹성이다. 龍潭山城과 松花江사이의 충적지대에서는 고구려의 붉은 기와, 벽돌, 금동장식금구, 건축용석재 등이 많이 드러났다. 이 일대는 3개의 산성으로 둘러쌓인 고구려의 도시가 전개되어있어 그 지역의 지방행정단위였다고 본다.

90) 동국대학교 尹明喆(「하남지역의 방어체제 연구노트(1)」, 『백제역사문화자료집』 창간호, 2000)에 의해 처음으로 발견, 정리된 것으로 능선부의 고개나 길에 설치된 적의 유도로와 방어시설이 함께 존재하는 옹성이 변형된 형태의 구조로 아직은 학계에서 논의되지 않았다. 특히 옹로는 윤명철·한종섭에 의해 처음으로 조사된 것으로 백제지역에서는 윤명철과 필자가 군자산성, 남양만, 인천지역, 양천지역(한종섭 발견) 등에서 조사하였으며 高句麗에서 尹明喆와 백제문화연구회 전성영에 의해 通化市의 自安山城 남문지 안쪽에서 조사되었고 백제문화연구회의 김종환에 의해 가야지역인 창원에서 발견되었다. 이렇게 볼 때 옹

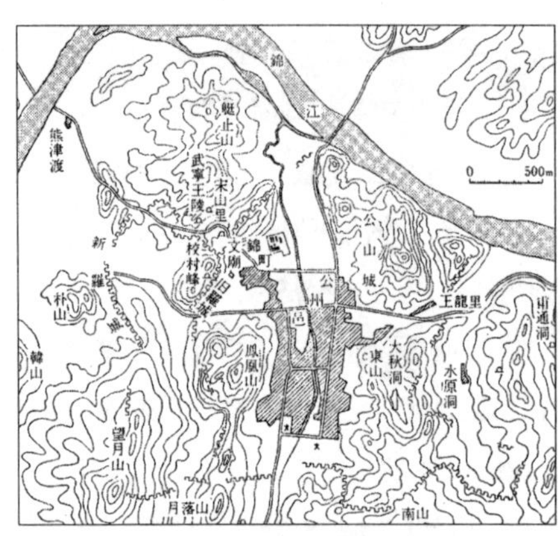

<그림 4> 공산성과 나성체제

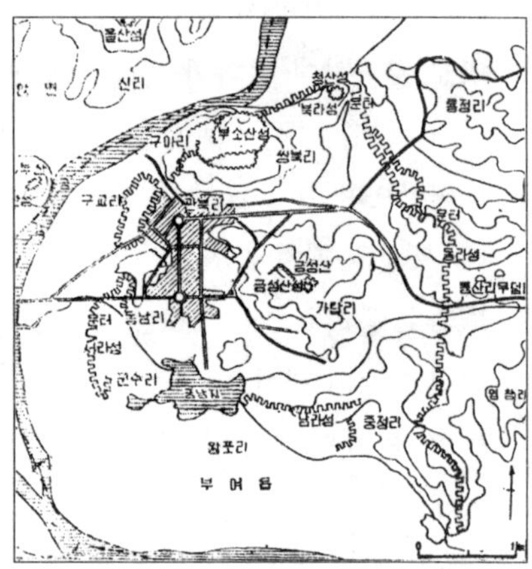

<그림 5> 부소산성과 나성체제

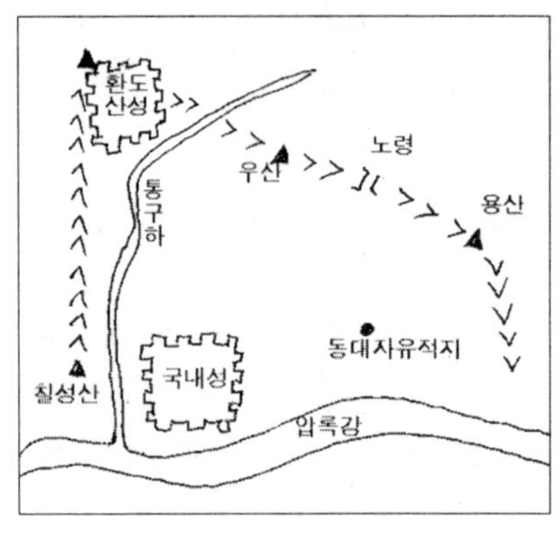

<그림 6> 국내성과 三山

<그림 7> 안학궁과 三山

로란 삼국시대에 토성에 딸린 일반적인 방어체제로 볼수 있으며 그 형태가 초기의 옹성형태가 변형된 것과 흡사하다. 『墨子』第14卷, 備城門 第52에 臨과 堙이 있는데, 臨은 '堆土爲山用以攻城'이라 하였고 堙은 '居上視下'라고 하여 그 형태가 매우 흡사하여 추후 비교 연구하여야 할 것으로 본다. 그러나 본고에서는 잠정적으로 甕路라는 용어로 사용하기로 한다.

한 시설을 갖춘 나성체제로 지금까지 논란이 되어온 熊津의 나성체제의 부정[91]에 대한 再考를 요하게 되었다.[92] 이러한 나성체제가 泗沘時代 뿐만아니라 日本의 大宰府에서까지 나타남[93]으로써 추후 면밀한 조사가 이루어질 필요성이 있다. 본고는 부여나 고구려의 도성체제가 백제의 도성체제에 영향을 주었을 것으로 보아 백제 한성시기 도성체제의 분석을 중심으로 논지를 전개하였다. 그러나 백제의 그것이 고구려의 도성체제를 그대로 계승한 것이 아니라, 그 변형과 보완을 통해 백제도성체제를 완비한 것이다. 특히 왕성 주변에 새로운 도시형태의 또 다른 도시를 조성하는 노력을 보인 것이다. 다만 이러한 필자의 시도는 고고학적인 뒷받침보다는[94] 『삼국사기』의 백제도성에 대한 기록과 古代都市의 모델에 따른 새로운 한국고대도시의 복원이라는 가설을 제시하고자 한다.

Ⅳ. 맺음말

고대 왕성의 형성 과정에서 그 필수 조건을 통하여 볼 때 필자가 하남위례성으로 보는 교산동토성을 중심으로 하는 하남시 고골일대는 북으로는 한강을 자연해자로 하고, 동으로는 검단산이 가로 막고 있으며, 서쪽으로는 금암산과 이성산이 보호막의 구실을 하고 있다. 남쪽에는 한산으로 보는 청량산에 남한산성이라는 요새가 자리잡고 있어, 崇山, 漢山, 釜山 능의 三山[95]으로 삼면이 둘러 쌓여져 있는 분지 가운데 남북으로 긴 평야와 얕은

---

91) 兪元載, 『熊津百濟史研究』, 주류성, 1997, pp.133~142.
92) 최근 한종섭에 의해 공주의 서남쪽 서혈봉 능선부의 "새재"라는 고대통로에서
　　발견된 옹로와 공주시내를 둘러싼 삼면의 산능선부에 삭토한 토축부의 발견은
　　웅진시대에도 한성시기와 같이 자연구능을 이용한 나성체제가 있었음을 나타
　　내주고 있다.
93) 九州歷史資料館, 『大宰府 復元』, 1986.
94) 현재는 고고학적으로 부족한 면이 있으나 추후 발굴에 기대를 해본다.
95) 삼산이란 三神山을 나타내는 것으로 이곳에서는 숭산은 검단산, 한산은 청량산,

구릉지대이다.

특히 이곳에는 天王寺를 비롯하여 동사, 약정사, 자화사, 신복선사, 법화사, 봉수사, 선법사, 안샘재절터, 게두사지, 법화사지, 검단사지, 과목산절터, 호랑이굴절터, 북단사지 등의 절터와 금암산마애불 등의 불교유적이 있으며 동명묘제단, 남단, 9각형건물지(천단), 8각형건물지(지단), 12각건물지, 칠성바위 등의 신앙유적들이 남아 있다. 그리고 한강쪽으로 펼쳐진 평야지대를 보호하기 위한 제방유적들도 남아 있으며, 사방에 黔丹이라는 지명이 배치되어 있어 백제의 五方思想을 엿볼 수 있게 해준다. 이러한 현상은 웅진시대 사방에 穴寺를 배치한 것과 매우 흡사한 현상이다.96)

백제의 도성체제는 부여와 고구려의 도성체제인 "평지성+산성"의 체제를 답습하기는 했어도 그것과는 다른 특징을 가지고 있다. 즉 삼면을 두르고 있는 능선을 이용하여 자연적인 나성을 구축하였는데 외부와의 통로인 고개길이나 능선상에 甕路라는 특수한 차단시설을 구축하였던 것이다. 이러한 옹로가 대대적으로 구축된 것은 近肖古王이 고구려의 평양성을 쳐서 故國原王을 죽인 후 고구려의 대대적 침입을 막기 위해 漢山인 남한산성으로 수도를 옮겼을 당시 구축된 것으로 보이는 남한산성의 벌봉쪽에 남아 있는 토성97)과 홍두깨바람재의 甕路98)들이다.

부산은 금암산인데 공주에는 동쪽에 수원산, 남쪽에 남산, 서쪽에 봉황산이 자리잡고 있다. 이러한 현상은 고구려의 국내성에는 칠성산·우산·용산이 있고 안학궁성에는 대성산, 고방산, 청암리산 등이 배치된것과 같다. 그리고 泗沘시대에 日山, 吳山, 浮山과 日本의 아스까(飛鳥)시대에는 耳成山, 香久山, 묘傍山 등 삼산이 있다. 즉 그 당시 도성을 앞에는 강이 흐르고 세개의 산으로 둘러쌓은 분지에 정하였음을 알 수 있다.

96) 東穴寺址, 南穴寺址, 西穴寺址 등이 조사되어있다.(張慶浩, 『百濟寺刹建築硏究』, 藝耕産業社, 1991, pp.37~40)

97) 남한산성 동문과 북문사이에는 상부는 조선시대 하부는 삼국시대에 축성된 것으로 보이는 전혀 다른 형태의 석축이 남아있고, 벌봉쪽에서 백제문화연구회가 남아있는 토성자락을 발견하였고 현재 토지박물관의 발굴과정에서 북문의 동쪽 성벽을 절개한 결과 그 내부에서 토축부가 나타나고 있어 처음에는 토성이였다가 석성으로 개축하였을 알 수 있다.

98) 홍두깨바람재 옹로는 S형, ☯형, Ø형 등 여러가지 형태의 변형옹로들을 줄지어

　　백제의 수도방어체제를 알아보면 가장 바깥쪽에 교문리와 망우리고개를 거쳐 峨嵯山 일원에 남아 있는 長城遺蹟이 峨嵯山城을 중심으로 반원형을 이루면서 漢江쪽으로 뻗어 내려가고 있다. 그 끝에 해당하는 것이 風納土城과 夢村土城이 포진되어있다. 아차산의 동쪽 왕숙천변에는 가래여울이라는 도강지점이 있어 水石里土城을 중심으로 안산성, 도곡동성, 역촌토성 등이 그곳을 지키고 있다. 이 성은 강건너의 岩寺洞土과 함께 隔江相對하고 있다. 가래여울의 건너편 선동쪽에는 바우배기·토투막이·뱅개에서 龜山土城까지 이어지던 여러 개의 제방들과 荒山·미사리의 둔전유적들이 구산토성을 중심으로 유기적으로 움직였을 것으로 본다. 특히 구산토성에서 일자산을 거쳐 천마산까지 이어지는 구릉은 夢村土城쪽에서 들어오는 적을 막는데 중요한 역할을 하였을 것으로 본다. 그 안쪽에는 구산토성에서 二聖山城을 거쳐 남한산성으로 이어지는 구릉이 존재하고 있다. 그리고 龜山土城에서 黔丹山에 이르는 堤防遺蹟99), 검단산성에서 쥐봉과 客山을 거쳐 南漢

---

99) 구축하였다. 이것은 백제가 고구려의 공격을 피해 한산으로 천도한 후 구축한 시설로 보인다. 즉 그들이 한산으로 옮겨간 것은 이미 그곳에는 토성이 존재하였을 것으로 보는데 천도하면서 석성으로 쌓았고 후일 신라가 차지한 후에 개축한 것으로 보고 있다.

　　덕풍천 하구의 신평동 제방은 백제문화연구회가 蓋鹵王이 쌓은 제방으로 지목하여 논란이 일어나자 세종대학교에서 시굴하였던 곳으로 발굴담당자인 하문식은 부정적인 의견을 제시하였다. 그런데 단국대학의 김윤우는 『海東地圖』에는 "蓮荷堰"이라고 명확하게 표기 되어있음을 제시하고 이것이 백제의 개로왕이 쌓은 제방임을 확인시켜주었다. 이와 아울러 필자는 『輿地圖書』廣州, 堤堰條에 "周回一千八百十四尺築高八尺"이라 하였고 『廣州府誌』堤堰條와 『廣州府邑誌』堤堰條에는 "蓮花偃"으로 되어있고 西部面에 있다고 한 것을 찾아내었다.

　　이것과 함께 기록되어있는 "禾里洞堤堰"은 『輿地圖書』에는 "북부면에 있다"고 하였는데 『輿地圖』에는 현재의 창우리부근에 그려져 있다. 이러한 "禾里堰"이 서부면에 있다고 되어있다.

　　『廣州府誌』堤堰條와 『廣州府邑誌』堤堰條에는 즉 광주에는 현재 남아있는 동부면, 서부면 이외에도 북부면이 존재하였음을 알 수 있다. 더구나 『한국지명총람』 경기도 하편, 광주군에 보면 中部面에는 東部, 西部, 中部, 南部, 北部가 있었다고 하였고 1914년 이것을 합하여 山城里로 개편되었다고 한다.

　　이것은 백제시대의 5部제도의 잔재로서 仁祖 4년(1626)에 현재의 하남시 고골에

山城의 벌봉으로 이어지는 능선부는 자연적인 羅城을 이루고 있다. 이것이 나성이었다는 것은 능선부의 교통로인 덜미재, 세미길, 막은데미, 말바위, 溫泉洞, 客山 동북쪽 능선부 등에 남아있는 甕路라는 특수한 차단시설이 존재되기 때문이다. 도성의 마지막 방어선으로 校山洞土城, 居民城, 南漢山城으로 이어지는 것으로 특히 객산에서 남한산성으로 가는 능선부 중에 벌봉쪽에 존재하는 홍두깨 바람재의 옹로들은 이곳이 최후의 저항처였음을 잘 나타내주고 있다. 이렇게 볼 때 南漢山城은 백제수도의 마지막 堡壘로써 매우 중요한 避難城의 역할을 수행했던 산성으로 高句麗의 丸都山城과 비견되던 곳이었음을 확인할 수 있다.[100]

고구려에는 나타나지 않는 백제만의 특징은 한강쪽의 제방유적과 남한산성 후방에 구축된 退路이다. 제방유적은 홍수방지 뿐만 아니라 방어를 겸하고 있는 것으로 사비시대에 구축된 금강변의 나성유적[101]과 매우 흡사하다. 그리고 남한산성 남쪽 검단산으로부터 시작되어 이배재까지 이어지는 토축의 장성유적은 퇴로를 확보하기 위하여 구축된 것으로 볼 수 있다. 이러한 장성유적[102]은 아차산장성과 더불어 백제의 독특한 도성방어시설로 고구려에는 나타나지 않는 것이다.

한성시기에 구축된 전국방어체제 중에서 高句麗가 쳐들어오는 北方防禦體制는　예성강→개성→장단→호로고루·육계토성→칠중성→설마치(감악산)→대모산성(양주)→부용산성→국사봉보루→불암산성→옛성산성→안산

있던 광주군의 치소가 南漢山城안으로 옮겨지면서 따라서 옮겨간 행정지명으로 그 이전에는 하남시 고골의 춘궁동·교산동 일대가 中部, 창우리와 신장쪽이 北部, 산곡동과 퇴촌쪽이 東部, 남한산성과 성남시일대가 南部였을 것으로 추정된다. 특히 臨津江유역의 연천군 중면 삼곳리, 군남면 선곡리, 백학면 학곡리, 미산면 우정리 등에 나타나고 있는 前方後圓式의 積石塚은 鴨綠江유역의 초산군 초산리와 운평리에 나오는 전방후원식 적석총과 같은 형태와 입지조건을 가지고 있다. 필자는 이러한 임진강유역의 적석총을 溫祚와 함께 남하하여 北部를 맡았던 卒本扶餘계통의 解씨들의 무덤으로 보고자 한다. 이러한 전방후원식 적석총은 해남, 나주, 광주, 영암 등에서 토분으로 변모되면서 일본으로 전파되었다고 본다.

100) 『조선전사 4(백제 및 신라사)』, 1979, 과학백과사전출판사, p.11.

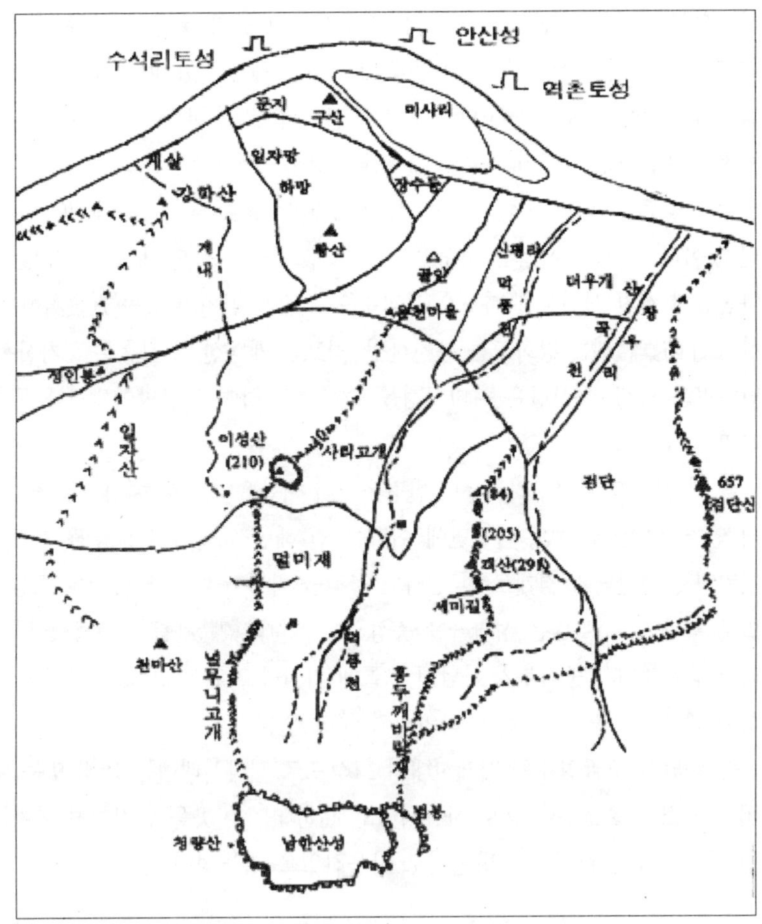

<그림 8> 백제 한성시기 하남시 고골 일대의 도성방위체제 및 나성의 개념도

---

101) 부여의 지방에서 전형적인 나성구조가 나타나고 있는 것은 이곳은 북쪽에 부소산, 서쪽의 금성산을 제외하고 서쪽과 남쪽으로는 금강이 활처럼 휘어져 흐르는 벌판으로 자연적 방어물이 없기 때문이다. 이것은 후일 나당연합군이 쳐들어 오자 의자왕이 이곳을 버리고 웅진으로 들어가 저항하였고 당나라가 웅진지역에 도독부를 설치한 것을 보더라고 사비는 웅진에 비해 군사적인 방어력이 떨어지고 있음을 알 수 있다.

102) 민덕식은 이와같이 능선부를 따라 길게 쌓은 성을 鐵城 또는 翼城이라고 불리워졌음을 필자에게 알려주었다.

성→수석리토성→구산토성→이성산성에 이르고 있다. 新羅에 대한 南方防禦體制는 죽령·계립령→忠州(薔薇山城)→長湖院(雪城山城)→利川(雪峰山城)→廣州(南漢山城·二聖山城) 등이 포진되어 있고 화령→보은(삼년산성)→청주(우암산성)→진천(대모산성)→안성(망이산성·죽주산성)→이천(설봉산성)→광주(남한산성·이성산성) 등의 교통의 요로에 성곽들을 포진시켰던 것이다. 그리고 예성강 하구로부터 시작하여 강화, 인천, 안산, 남양만, 아산만에 걸친 서해안을 바탕으로 남북으로 길게 펼쳐져 있는 京畿灣에 대한 海洋防禦體制는 강화도는 봉천산성, 김포는 계양산성, 시흥은 군자산성, 남양만은 당성, 아산만은 자미산성을 중심으로 하여 해양방어체제를 구축하였던 것이다.

즉 백제는 북의 고구려로부터 한강유역의 내륙을 지키고 예성강하구로부터 인천, 안산, 남양만, 아산만에 이르는 긴 해안선을 가진 京畿灣 지역을 지키며 소백산맥과 경계로 한 신라의 공격을 막아야 하기에 사방에 중심성 별로 횡과 종으로 많은 성곽들을 축성하는 四位防禦體制를 구축하였다. 이러한 방위체제의 중심부가 하남시 고골에 위치하고 있어 그 곳에 당시의 도성이 존재했음을 다시 한번 확인시켜 주고 있다.

즉 하남시 고골일대는 백제시대의 도성으로 신라시대에는 新州 또는 漢州의 치소와 漢城亭[103]으로 사용되었고 高句麗도 이곳을 남진기지 내지는 南川縣이 있던 利川의 후방기지로 사용하였을 가능성이 높다.[104]

---

103) 漢州는 행정의 치소이므로 평지성인 교산동토성쪽에 漢城亭이란 군사령부이기 때문에 이성산성쪽에 배치되었을 것으로 본다. 특히 이성산성에서 나온 "南漢城 道使"라는 목간은 이곳에 한성정이 배치되어 있었음을 나타내주고 있다.

104) 吳舜濟, 『百濟 漢城時期 都城體制의 硏究』, 2000, 明知大學校大學院 博士學位論文, pp.163～164.

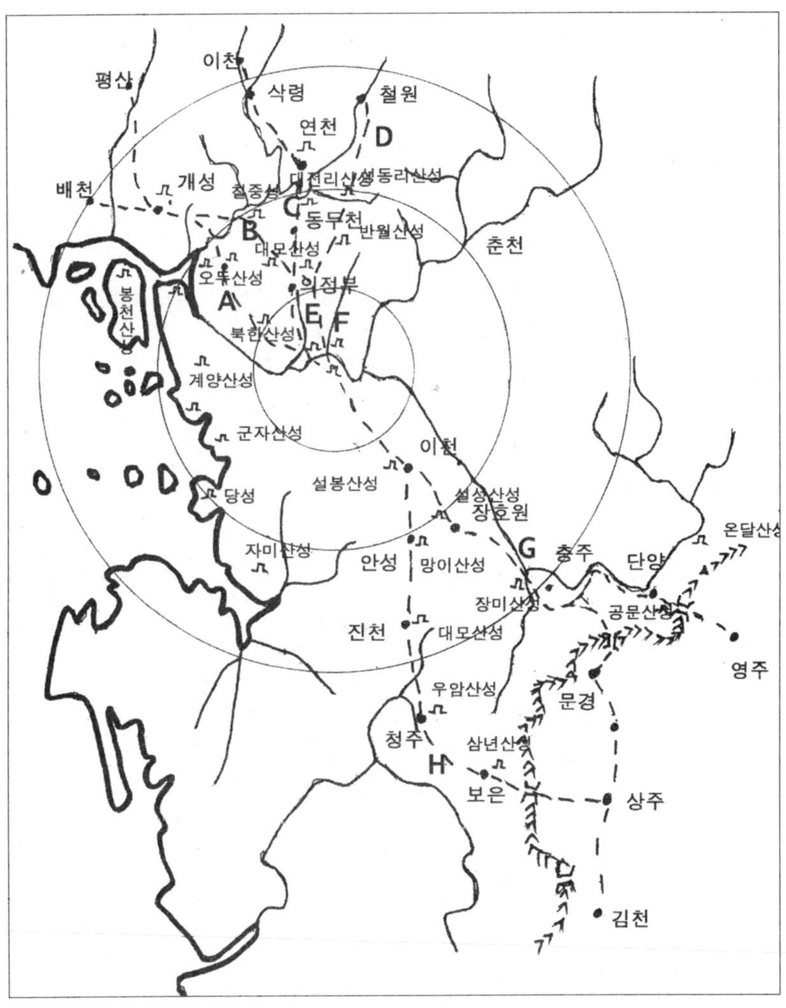

<그림 9> 하남시 고골을 중심으로 한 백제한성기의 전국방위체제

제2부

중·근세의 하남

高麗時代 河南地域의 佛敎遺蹟

李章雨*

---

* 세종대학교 역사학과
1) 그러나 광주의 토성세력이 중앙정계에 본격적으로 진출하기 시작한 것은 고려말

Ⅰ. 고려시대의 하남지역 개관

오늘날의 하남시는 고려시대 楊廣道 廣州牧의 邑治가 있었던 곳이다. 936년에 후삼국을 통일한 고려 태조 왕건은 그로부터 4년 후인 940년에 전국의 주·부·군·현의 이름을 고쳤는데, 이 때 漢山을 廣州로 개칭하였다. 그러나 당시에는 지방의 유력 호족들이 반독립적인 상태로 존재하고 있었기 때문에 이러한 행정구역의 명칭 변경은 그저 형식적인 차원에 지나지 않았다. 공신과 호족세력들을 극도로 억압하면서 왕권을 강화시켜 나갔던 광종대에도 중앙의 통치력은 지방에까지 미치지 못하였다.

성종 2년(983)에 이르러서야 비로소 12牧이 설치되면서 지방관을 파견하기 시작하였다. 이 때 설치된 12목 가운데 광주도 포함되어 있었다. 광주목은 川寧郡·利川郡·竹州·果州의 네 屬郡과 龍駒縣·陽根縣·砥平縣의 세 屬縣을 관할하였다. 그리고 성종 10년(991) 전국 지방행정구역에 별호를 정하였는데, 광주는 淮安이라 칭하였다. 이러한 지방제도의 개혁과 함께 지방 호족세력들은 점차 향리화하면서 土姓으로 정착하였다. 재지세력으로서의 토성 소유자들은 거주 지역의 향리직을 가짐으로써 지방행정의 실무 담당자로 자리잡았던 것이다. 이 과정에서 광주 지역에서는 李·安·金의 세 姓이 토성으로 자리잡았다.[1]

성종 14년(995)이 되면 지방제도가 다시 크게 개편되었다. 즉 10道가 신설되었으며, 종래의 12州牧은 12軍으로 개편되면서 지방관도 節度使로 바뀌었던 것이다. 이 12주 목사제에서 12군 절도사제로의 전환은 단순한 명칭의 변경은 아니었다. 2년 전(성종 12년, 993)에 있었던 거란과의 전쟁과 그 이후

---

1) 그러나 광주의 토성세력이 중앙정계에 본격적으로 진출하기 시작한 것은 고려말기부터였다. 이러한 배경에 대하여 이수건은 왕규세력의 제거로 인하여 오랫동안 진출하지 못하였던 것으로 보았다(「고려후기 토성연구」, 『동양문화』 20·21 ; 「고려후기 지배세력과 토성」, 『한국중세사회사연구』, 일조각, 1984, p.266).

의 긴장된 상황으로 인한 조치였다. 아울러 이 제도의 시행을 통하여 일종의 軍政을 강화함으로써 중앙집권을 보다 강화시켜 나가려는 의도도 있었을 것이다. 이 때 함께 설치되었던 團練使 · 都護府使 · 防禦使도 군사적 성격을 강하게 띠고 있었다는 점이 그러한 의도를 더욱 뒷받침하여 준다. 이 지방관제도의 개편과정에서 광주에는 廣州奉國軍節度使가 설치되었으며, 양주 · 해주 · 황주와 함께 關內道에 속하게 되었다.

현종 9년(1018)이 되면 전국을 5道와 兩界로 나누어 도에는 按察使를, 계에는 兵馬使를 두었다. 그리고 4도호부 · 8목을 중심으로 3京 · 56知州郡事 · 20縣令官 · 28鎭將 · 68屬郡 · 305屬縣 등이 설치되면서 중앙의 행정력이 군 · 현 단위에까지 미치게 되었다. 이후에도 고려의 지방제도는 다소 출입이 있었으나, 기본체제는 큰 변화가 없었다. 그러므로 고려의 지방제도는 현종 9년에 일단락되었다고 볼 수 있다. 이 때 광주는 다시 성종 2년(983) 당시와 같은 4개 속군과 3개 속현을 관할하는 목으로 개편되었으며, 五道兩界體制 아래에서 楊廣道의 관내가 되었다. 이 양광도는 바로 양주와 광주가 합쳐서 붙여진 행정구역 명칭이었다. 그만큼 광주 지역이 중시되었던 것이다. 실제로 향리 정원을 규정해 놓은 기록을 살펴 보면, 광주는 당시 가장 규모가 큰 지방행정구역 가운데 하나였음을 알 수 있다.

이와 같은 지방제도의 정비에도 불구하고 고려의 중앙정부는 여전히 지방에 대한 완전한 통치기구를 갖추지 못하고, 그저 지극히 제한된 지역에만 지방관을 파견하고 있었을 뿐이었다. 속현 · 속군이나 향 · 소 · 부곡의 존재가 그러한 사실을 잘 반영해 주고 있다. 이러한 곳은 해당 지역의 토착세력 출신인 향리들에 의해서 실질적으로 운영되고 있었다. 이런 점을 염두에 둔다면, 광주의 속군 · 현이었던 천령 · 이천 · 죽주 · 과주 · 용구 · 양근 · 지평의 행정실무도 그 지역 향리들이 담당하였을 것이다.

이상에서 살펴 보았듯이 광주는 고려의 지방행정구역 가운데에서 대단히 중요한 비중을 차지하였던 지역이었다. 비록 고려초기 왕위쟁탈전 과정에서 제거되기는 하였지만, 태조대 중앙 정계에서 막강한 힘을 발휘하였던 王

規의 근거지였다는 점에서 광주는 고려 건국 직후부터 중요한 위치를 차지하고 있었을 것이다. 왕규가 제거된 이후에도 사회·경제적 측면에서나 군사적인 측면에서 광주는 여전히 중시되었다. 성종·현종대 지방제도의 개편과정에서 광주가 차지하였던 위상이 그러한 점을 반영해 주고 있다.

현종 2년(1011) 거란의 2차 침입으로 개경이 함락되자 현종은 피난길에 올랐는데, 광주에서 3일간 머물렀다는 사실에서 그러한 점을 엿볼 수 있다. 그렇다면 초기 백제시대에도 그러하였듯이 광주는 유사시에 국왕이 머무를 정도로 대단히 중요한 군사적 요충지였음을 알 수 있다. 그 뒤 몽고군이 침입하였을 때에도 광주는 '中道의 巨鎭'·'南路의 요충지2)로 인식되고 있었으며, 충숙왕대에 기록된 「大元高麗國廣州神福禪寺中興記」3)에도 광주는 '三韓에서 모든 牧의 으뜸에 있다'고 평가하였다. 그만큼 고려시대의 광주는 정치·군사적으로 중요한 위상을 차지하고 있었던 것이다.

한편, 하남지역은 기원 전후부터 백제의 도읍지였다. 설혹 하남위례성이 오늘날의 풍납토성이라 하더라도 하남지역 역시 최소한 한성백제시대의 도읍지의 일부였음은 부인할 수 없을 것이다. 따라서 – 현재로서는 실증적으로 확인되지 않지만 – 분명히 한성백제시대의 불교사원이 존재하였던 지역일 것이다. 신라의 삼국 통일 이후에도 漢山州의 治所가 자리잡았던 지역이었음을 감안한다면, 적지 않은 불교사원들이 건립되었을 것이다. 그렇지만 하남지역의 불교사원이 크게 주목되었던 때는 후삼국시대 이래 고려시대일 것이다.

특히 고려시대는 한국사에서 불교가 가장 융성하던 때였다. 그리고 하남지역을 포함한 광주는 고려의 수도 개경에서 얼마 떨어지지 않았던데다가, '中道의 巨鎭', 혹은 '三韓에서 모든 牧의 으뜸에 있다'고 평가할 정도로 중시되었던 곳이었다.

---

2) 「故朝議大夫司宰卿右諫議大夫寶文閣直學士知制誥賜紫金魚袋李君墓誌銘竝書」, 『東國李相後集』 12.
3) 『稼亭集』 3.

　그렇다면 고려시대 하남지역의 불교문화는 대단히 융성하였을 것이다. 실제로 덕풍천을 중심으로 왼쪽의 금암산과 이성산, 오른쪽의 객산 사이의 평지와 산기슭에는 고려시대의 것으로 보이는 불교유적이 많이 분포되어 있다. 이 가운데 대표적인 것으로는 춘궁동의 동사지와 3층·5층석탑, 교산동의 선법사 태평2년명마애약사여래좌상, 그리고 하사창동 출토의 철조석가여래좌상과 천왕사지 등을 들 수 있다. 그 밖에도 고려시대의 불교 흔적을 보여주는 유적과 유물은 많이 있다. 이렇듯 하남지역은 고려시대의 불교문화를 이해하고자 할 때 빼놓을 수 없는 곳이다. 특히 후삼국·고려 초기의 한국사 전개과정에서 하남지역은 대단히 중요한 위치를 차지하고 있었다.

　그럼에도 불구하고 아직까지 하남지역의 불교와 관련된 체계적인 조사나 연구는 미미하기 짝이 없다. 그동안 이루어진 조사나 연구조차도 주로 미술사적인 측면에서 접근한 것들인데다가, 단편적인 발굴조사 보고의 수준을 넘어서지 못하고 있다.[4] 거기에다가 하남지역의 불교와 관련된 문헌기록이

---

4) 하남지역의 고려시대 불교유적에 관한 연구성과로는 우선 다음의 논고들을 들 수 있다.
　· 이홍직, 「경기도 광주군 동부면 교리마애불」, 『고고미술』 1권 2호, 1960
　· 김희경, 「춘궁리 양탑내발견유물과 보수개요」, 『고고미술』 7~8호,
　· 정영호, 「광주춘궁리사지일고」, 『남사정재각박사고희기념동양학논총』, 1984
　· 한국도로공사·충북대학교 박물관, 『판교~구리·신갈-반월간 고속도로 문화유적 지표조사 보고서』, 1987
　· 문명대 외, 「광주춘궁동동사지발굴조사보고서」, 『판교-구리·신갈-반월간 고속도로 문화유적발굴조사보고서』, 1988, 충북대학교박물관
　· 문명대, 「광주지역 사지발굴의 성과와 의의」, 『불교미술』 10, 1991
　· 최정필, 『하남시 교산동일대 문화유적』, 1996
　· 최성은, 「고려초기 광주철불좌상 연구」, 『불교미술연구』 2, 1996, 동국대학교 불교미술문화재연구소
　· 김종규, 「선법사 마애불」, 『하남문화』 2, 1997
　· 하남시, 『춘궁리 삼층석탑 수리보고서』, 2001
　그 밖에 관련된 것들로는 다음의 보고서나 논저들을 들 수 있다.
　· 조선총독부, 『조선고적조사보고』 광주군편, 1916
　· 조선총독부, 『대정5년고적조사보고』, 1917

나 명문이 있는 출토 유물 등이 절대적으로 빈약하여 연구의 어려움을 더하고 있다. 종합적이고도 체계적인 발굴조사나 연구가 없이는 하남지역의 고려시대 불교문화를 이해하기 어려울 것이고, 하남지역의 불교문화에 대한 검토가 없이는 고려시대의 불교문화를 파악하는 데 적지 않은 어려움이 따를 것이다. 그렇다고 마냥 방치해 둘 수만은 없다. 이런 실정을 감안하여 여기에서는 아쉬운대로 이제까지 밝혀진 하남지역의 고려시대 불교유적에 관한 성과와 문제점들을 정리해 보고 나서 앞으로의 연구과제를 개략적으로나마 전망해 보고자 한다.

Ⅱ. 하남지역의 불상

현재까지 알려진 하남지역의 불상으로는 일제시대 춘궁리에서 수습되었던 국립중앙박물관 소장의 철조석가여래좌상과 선법사에 있는 태평이년명 마애약사불좌상을 들 수 있다. 그 밖에도 고려초기의 것으로 추정되고 있는 초일동 소재 석불과 제작시기를 알 수 없는 금암산의 마애불, 자화사지의 약사여래좌상과 아미타여래좌상, 그리고 지금은 경기도립박물관으로 옮겨진 약정사지의 약사여래좌상(추정) 등이 있다. 그렇지만 뒤의 네 불상들은 많이 훼손된 상태이기 때문에 양식이나 제작 시기 등을 파악하기에 많은 어려움이 따른다. 그래서 여기에서는 비교적 완형을 유지하고 있는 앞의 두 불상을 검토해보고자 한다.

· 조선총독부, 『대정6년고적조사보고』, 1920
· 關野貞, 『조선미술사』(조선사학회, 1932)
· 鮎貝房之進, 「백제고도안내기」, 『조선』 234, 1934
· 황수영, 「고려의 조각」, 『예술총람』, 예술원, 1964 ; 「고려시대 철불」, 『고고미술』 166 · 167, 1985
· 최성은, 「고려시대 조각」, 『한국미술사』(예술원, 1984)

1. 춘궁동 철조석가여래좌상(보물 제332호)

춘궁동 철조석가여래좌상은 높이가 281.8cm이며, 하남시 하사창동(일제 시대의 광주군 동부면 하사창리)의 절터에서 출토된 것이다.[5] 이 철불은 현존하는 고려시대의 철불 가운데 가장 규모가 큰 것으로 알려져 있다. 이러한 규모로 미루어 보아 대가람에 모셔졌던 불상임을 알 수 있다. 양식적으로는 통일신라 말기의 철불 양식의 바탕 위에 고려초기의 특징을 지닌 것으로 평가받고 있다. 따라서 이것은 고려초기의 대표적인 불상이라고 할 수 있다.

조선총독부의 조사 보고에 따르면, 하사창동의 절터에서 통일신라 말기에 속하는 많은 기와조각들이 출토되었고 철불 2구가 동서로 남향하여 놓여 있었는데, 규모가 큰 서쪽의 철불은 李王家博物館으로 옮겨졌다.[6] 지금도 이 불상들이 수습되었던 하사창동 118-3번지 민가에는 이들 불상의 것으로 추정되는 석조대좌의 일부가 남아 있다. 8각형으로 추정되는 석조대좌는 전체 크기의 절반 가량 정도로 보이는데, 가로 217cm, 세로 95cm, 두께 25cm이다. 철제여래좌상의 무릎 너비가 213cm이므로 석조대좌의 폭과 비슷하다. 따라서 이 대좌는 철조석가여래좌상의 하대연화석이었을 것으로 짐작된다.

또 다른 파편들은 이전부터 밖에 노출되어 있던 것으로 앞의 대좌보다 규모가 조금 작은 팔각대좌의 일부인데, 삼단대좌의 하대복련좌를 받쳤던 초층지대석으로 생각된다. 각 면에 眼象이 새겨져 있고, 안상 속에는 동물상이 조각되어 있다. 특이한 점은 이 대석의 네 귀퉁이에 사자로 보이는 동물

---

5) 오순제는 광주철불을 천왕사에 있던 철불로 추정하였다. 그 이유는 그 지역 민중들이 만든 도피안사 철불과는 달리 서산의 보원사 철불처럼 매우 우수하고 귀족적이며 단아한 품격의 이 철불은 신라의 석굴암과 같이 국가적 대사업이 아니고서는 조형될 수 없기 때문이라고 하였다(「百濟佛教 初傳地에 대한 研究-河南市 고골을 중심으로-」, 『明知史論』 11 · 12, 2000, pp.126~127).

6) 조선총독부, 『조선고적조사보고』 광주군편, 1916, p.604 및 609.

상이 배치된 점인데, 이렇게 圓刻像에 가까운 조각이 불상대좌에 표현된 예가 중국 불상에서는 간혹 보이지만, 우리나라 조각에서는 극히 드문 것으로써 불상의 장식화 경향과 함께 시주자의 귀족적 취향을 보여준다[7]고 할 수 있다.

머리는 螺髮에 육계가 크다. 얼굴은 둥글지만 눈과 코, 입 등 세부 표현은 날카로운 곡선으로 이루어져 있다. 눈이 길고 위로 치켜 올라갔다. 코가 날카롭고, 입은 작고 분명하다. 손은 항마촉지인을 취하고 있다. 어깨는 넓고 허리는 가늘다. 法衣는 右肩偏袒을 하고 있는데, 법의가 얇게 처리되어 몸의 윤곽이 잘 나타나 있다. 옷주름은 예리하고 도드라지게 표현되었으나, 형식화의 경향을 보이고 있다. 전반적으로 석굴암 본존불의 모습을 많이 따랐다. 우견편단의 옷, 항마촉지인의 수인, 結跏趺坐의 자세, 결가부좌한 다리 밑에 보이는 부채꼴 모양의 주름 등이 바로 그것이다. 즉 통일신라의 양식을 충실히 계승하고 있음을 알 수 있다. 그러나 얼굴의 추상적인 표현이나 고려시대 불상에서 나타나는 도식화되는 옷주름, 계주의 표현 등을 보았을 때 고려 초기의 작품으로 추정되는데, 전체적으로 조각기법이 정교하고 섬세한 秀作이다.

이처럼 광주철불에서는 토함산 석굴암 본존상의 형식이 재현되었다.[8] 고려초기에 이처럼 통일신라 8세기의 불상유형이 유행하는 경향에 대해서 "복고파(석굴암파)"[9]라는 설명도 있었고, "경주 유파의 계승"[10]이라고도 이해하였으며, 고려초기의 문화담당 계층이 신라계였던데 기인하는 것[11]으로 해석되기도 하였다. 말하자면 신라 귀족문화의 경기지역에 대한 이식이며, 경주지역의 불상조각가 집단이 경기지역으로 이동하였다는 것이다.[12]

---

7) 최성은, 「고려초기 광주철불좌상연구」, 『불교미술연구』 2, p.30.
8) 그래서인지 關野貞은 통일신라시대의 불상으로 추정하였다(『朝鮮美術史』, 1932).
9) 김원룡, 『한국고미술의 이해』, p.85.
10) 문명대, 「한국의 중·근대(고려·조선) 조각과 미의식」, 『한국 미술의 미의식』, 한국정신문화연구원, 1984, p.109.
11) 최성은, 「고려시대 조각」, 『한국미술사』, 예술원, 1984.
12) 최성은, 「고려초기 광주철불연구」, pp.31~32.

이 철불의 조성연대는 정확하게 언제쯤이었을까. 이를 알려주는 구체적인 기록은 현재로서는 찾아볼 수 없다. 불상 양식상으로 고려초기 무렵에 제작되었을 것이라고 추정만 할 수 있을 뿐이다. 이와 같은 거대한 불상을 조성하는 데에는 적지 않은 비용이 필요하였을 것이다. 그렇지만 경제적 능력이 있다고 해서 이처럼 거대한 불사를 아무나 주관할 수는 없었을 것이다. 그렇다면 이 불상의 조성 주체는 당시 광주지역의 강력한 호족이자 중앙정계의 유력자 가운데 한 명이었던 왕규를 제외하고는 생각하기 어렵다.

널리 알려져 있듯이 왕규는 태조 왕건의 15·16번째 부인인 대광주원부인과 소광주원부인, 그리고 혜종 제2비인 후광주원부인의 아버지로서 막강한 세력기반을 지녔다. 따라서 광주는 중앙귀족들의 왕래, 승려들의 빈번한 방문과 주석 등으로 정치적인 면에서 뿐만 아니라 종교·문화적인 면에서도 크게 활기를 띠던 곳이었을 것으로 짐작된다. 그러나 왕규세력의 몰락과 함께 광주의 지역적 세력기반은 붕괴되고 자연히 중앙세력권에서 제외되는 등 왕규가 생존했던 시절처럼 광주가 주목을 받는 시기는 당분간 오지 않았을 것으로 추측된다.

그렇다면 광주철불과 같은 거대한 불상이 조성되고 그 불상이 봉안되었던 사원이 창건된 것은 왕규의 몰락 이전으로 볼 수 있으며, 왕규가 정종 즉위년(945)까지 생존하였으므로 늦어도 945년 이전 왕규가 한창 세력을 행사하던 시기에 모든 것이 이루어졌을 것으로 짐작된다. 따라서 왕규의 몰락은 광주철불의 편년문제―조성의 하한시기―를 해결하는 데 중요한 단서를 제공한다.[13]

광주의 속현이 되었던 양근에 위치한 사나사의 불상은 920년대에 주조되었다. 교산동 마애약사불좌상은 977년의 중수명문이 있으나, 불상 자체의

그렇지만 다른 한편으로는 불상제작 기술자들 가운데 일부가 신라 중대 이래 오랜 시기에 걸쳐 경주에서 신라의 9주 가운데 가장 비중이 컸던 한주(광주)로 국가적 배려에 의해 이주하였을 가능성이나 광주와 가까운 거리에 있었던 북원경·서원경·중원경으로부터 왔을 가능성도 전혀 배제할 수는 없을 것이다.

13) 최성은, 앞의 논문, p.29.

보수흔적이 없으므로 40~50년전에 조성한 마애불의 보호각과 같은 부속시
설을 개수했다고 추측한다면, 광주철불의 조성시기도 대략 920~930년대로
좁혀질 수 있지 않을까 한다. 왕건 즉위후 6년간(918~925)은 후백제와의 전
쟁이 없었던 평화기였으며, 이 시기에 수도 개경을 중심으로 많은 사찰이
창건되었다는 기록도 이와 같은 추측을 뒷받침한다.[14]

　석굴암 본존불상 유형의 철불들이 고려지역에서 유행하기 전에 이미 9세
기말부터 신라지역에서 나타나고 있었다. 이들 철불들의 양식으로 미루어
볼 때 9세기말 신라 중앙지역의 조각계에는 중대신라 조각으로 돌아가려는
복고적인 경향이 있었고, 나말여초기에 활동했던 다양한 조각가 집단 가운
데에서 이와 같은 경향의 조각작업을 하였던 것으로 추측할 수 있다. 정
치·사회적 혼란기였던 9세기 말에 중대신라 조각으로의 회귀현상은 중국
의 晩唐조각에서 복고적인 경향이 일어났던 것과 같은 맥락으로 이해되는
데, 이러한 신라말의 조각경향은 고려의 중앙지역에 영향을 미쳐 광주철불,
사나사 철불, 승가사 마애불 등을 남기게 되었던 것으로 생각된다.[15]

---

14) 최성은, 앞의 논문, p.37.
15) 최성은은 사나사 철불이 광주철불의 조성시기와 관련하여 중요한 단서를 제공
　　한다고 하였는데, 그가 주장하는 요지는 다음과 같다.
　　즉, 사나사는 923년 대경대사 여엄과 그 제자 융천에 의해 창건되었다. 그런데
　　흥미있는 점은 사나사가 함공성 안에 위치한다는 것이다. 함공성은 陽根(양평)
　　함씨의 시조인 咸赫이 용문산 西麓(현재의 경기도 양평군 옥천면 용천리)에 쌓
　　았다는 石城으로, 왕규가 왕씨성을 사성받기 이전 咸規였던 사실을 상기하면
　　이 일대가 모두 왕규의 세력권이었을 것으로 생각된다. 양근 함씨의 본향인 양
　　평이 지리적으로 남한강을 사이에 두고 광주와 인접하였고, 왕규와 여엄의 활
　　동지역과 시기가 일치하며, 여엄과 그의 제자 융천이 바로 함공성 아래 사나사
　　를 세웠다는 점에서 사나사 철불과 광주철불의 관계를 엿볼 수 있지 않을까 한
　　다는 것이었다(앞의 논문, pp.35~36).
　　그러나 필자로서는 함규가 왕규였다는 주장(강희웅, 「고려 혜종조 왕위계승란
　　의 신해석」, 『한국학보』 7, 1977)에 선뜻 동의하기가 망설여진다. 무엇보다도 왕
　　규는 반역죄로 그를 따랐던 300여명과 함께 처형당하였다. 이 300여명 가운데
　　에는 왕규의 일족—특히 직계가족—이 포함되어 있었을 것이다. 그런데『신증
　　동국여지승람』의 기록에 따르면, 함규의 5대손인 咸有一이 인종 때 工部尚書까
　　지 역임하였고, 그의 아들 咸淳은 과거에 합격하여 문장과 절행으로 유명하였

　　그렇다면 광주철불은 신라귀족문화의 고려지역 이식을 알려주는 것으로 볼 수 있다. 당시의 어려웠던 정치·경제·사회적 상황으로 인해 활동이 활발할 수 없었던 신라지역과 달리 고려지역은 사찰의 창건이 빈번하여 불상 수요가 급증하였으므로 신라지역의 조각가들도 자연히 경기지역의 불상 조성에 참여했을 것으로 짐작된다. 거기에다가 고려는 후삼국을 통일하기 이전부터 신라와 서로 사신을 교환하며 교빙하였는데, 이는 신라와 공식적인 사신 교환이 없었던 후백제와 달리 신라와의 관계가 원만하였음을 알려 준다. 그리고 경순왕의 고려 귀부로 인해 신라왕실 뿐 아니라 귀족들도 고려의 수도 개경으로 대규모 집단이주를 하였다. 이러한 정황으로 미루어 보아 고려에 끼친 신라의 문화적 영향은 지대하였을 것이다. 광주철불은 10세기 초의 이러한 정치·사회적 배경에서 경주지역 불상양식이 고려의 중심지로 옮겨진 결과 이루어진 대표적인 미술품[16]으로 볼 수 있을 것이다.

　　그리고 불상 양식이나 규모의 측면에서도 광주철불이 토함산 석굴암이 본존불 형식을 재현하고 있는 점은 여러 면에서 시사하는 바가 크다. 석굴암 본존상은 신라 중대 전제왕권 아래에서 왕실과 진골귀족들의 후원으로 조성되었던 국가적인 불상이었다. 그리고 토함산은 대왕암이 위치한 감포지역과 바로 연결되는, 신라 수도의 동쪽을 지키는 국방상의 요충지였다. 그러므로 대왕암·감은사와 함께 석굴암은 종교적 기능 못지않게 군사적 기능도 강조되었던 것이다.

　　이러한 형식의 불상을 하남지역에 조성하였다는 것은 신라왕실과 대등해진 고려왕실의 위상을 드높이기 위한 뜻과 함께 하남지역을 정치·군사적으로 중시하겠다는 의도가 포함되어 있었을 것이다. 왕규는 고려 태조와 혜종의 장인으로서 고려초기의 누구보다도 막강한 세력을 가지고 있었고, 그

─────────────

　　　다. 설사 왕규가 처형될 때 용케 살아남은 후손이 있었다고 하더라도 떳떳하게 과거에 합격하고, 고위직에 오른다는 것은 상식적으로 납득하기 어렵다. 결국, 단순히 이름이 같다고 해서 동일 인물로 간주할 수는 없을 것이다. 그렇다고 해서 사나사 철불과 광주철불과의 관계까지도 부인하는 것은 아니다.
　16) 최성은, 앞의 논문, pp.31~32.

의 세력권인 광주에는 태조가 당대의 고승들을 머물게 했던 고달사, 천왕사를 비롯한 많은 가람이 경영되고 있었다. 이런 점에서 볼 때 광주철불은 고려왕실과 호족 출신 귀족세력의 정치·사회·문화적 지향이 담긴 고려 건국초의 기념비적인 불상으로 보아도 큰 무리가 없을 것이다.

2. 太平二年銘磨崖藥師佛坐像(보물 981호)

이 불상은 높이가 93cm로 큰 편은 아니지만 광배와 대좌를 모두 갖추고 있으며, 이천시 마장면 장암리에 있는 「태평흥국명마애보살좌상(보물 제982호)」보다 조각이 정교하고 佛身의 비례도 훌륭하다. 왼손에는 약그릇을 들고 있으며, 코는 거의 떨어져 나가고 없다.

결가부좌의 약사여래좌상이며, 무릎에 위로 한 왼쪽 손바닥 위에는 藥合을 가지고, 오른손은 施無畏의 手印을 하고 있다. 光背는 頭光과 身光이 모두 三重圓으로 되어 있으며, 그 주변에는 화염이 붙어 있다. 좌대는 伏瓣위에 二重臺石이 있고, 그 위에 4개의 短柱로 상좌대석을 떠받치고 여기에 5瓣의 仰蓮臺가 벌어져 있으며, 各瓣에는 寶相花文이 얹혀 있다. 이홍직은 각선이 치졸하지마는 불상의 균형도 잡히고 특히 면모는 신라불상의 여운을 보이는 듯 하다고 하면서, 불상의 모습으로 보아 고려초로 보는 것이 타당하다고 하였다.[17]

이 교산동 마애불은 전체적인 비례감이나 두부와 안면의 표현, 장대한 체구에서 광주철불의 형식을 따르고 있다. 단지 착의형식은 포천철불에서처럼 대의깃이 왼쪽 어깨에서 반전되었다. 그렇다면 사나사 철불이나 교산동 마애약사불좌상은 석굴암 본존상 유형의 불상양식이 중부지역으로 옮겨온 뒤에 인근의 다른 조각양식과 부분적으로 섞였을 가능성을 보여준다. 그렇다면 고려초기 중부지역의 철불 뿐 아니라 석불이나 마애불에서도 석굴암 본존상의 양식이 널리 유행하였다고 볼 수 있을 것이다.[18]

---

17) 이홍직, 「경기도 광주군 동부면 교리마애불」, 『고고미술』 1권 2호, 1960, p.12.

그런데 이 불상이 특히 주목되는 것은 왼편에는 다음과 같은 명문이 음각
되어 있기 때문이다.

太平二年丁丑七月二十九日古石佛在如賜乙重修爲今上皇帝萬歲願

이 내용을 번역하여 보면, 다음과 같다.

　태평 2년 정축년 7월 29일에 옛 石佛이 있던 것을 重修하오니, 今上皇
帝의 萬歲를 기원합니다.

위의 기록에는 태평 2년에 중수하였다고 되어 있으나, 불상 자체를 보수
한 흔적이 없다. 그렇다면 아마도 당시에 있었음직한 마애불상의 보호각과
같은 부속시설을 중수하지 않았나 여겨진다.[19] 태평 2년의 정확한 연대는
이홍직이 태평을 송 태종(976~997)의 연호인 太平興國(976~983)으로 보아
태평 2년을 고려 경종 2년(977)에 해당된다고 보았다.[20]
　그런데 위의 명문을 이해하는 데 가장 중요한 부분이 「今上皇帝」일 것이

---

18) 최성은, 앞의 논문, p.36.
19) 경종 2년(977)으로부터 40~50년전에 조성한 마애불의 보호각을 개수했다고 추
　　측하는 견해가 이미 제시되었지만(최성은, 앞의 논문, p.37), 아무런 근거를 제시
　　하고 있지는 않다.
20) 이홍직, 앞의 논문, p.13. 이후 거의 대부분 이 주장을 그대로 따르고 있다. 물론
　　필자의 경우에도 마찬가지이다.
　　다만 일부에서 이 불상을 백제시대와의 연관 가능성을 염두에 두고 '태평'을 삼
　　국시내 吳의 태평 2년(고이왕 24년, 257)이나 남북조시내 梁의 태평 2년(위덕왕
　　4년, 진흥왕 18년, 557)이었을 가능성을 조심스럽게 제기하기도 하였다.
　　그렇지만 오의 태평 2년을 따를 경우 백제는커녕 고구려에서도 불교가 국가종
　　교로 공인받지 못한 때였다. 따라서 가능성을 생각하기 어려울 것이다. 그렇다
　　고 해서 양의 태평 2년이라고 보기에도 어렵다. 이 때 백제는 위덕왕 4년으로,
　　그는 신라군과의 전투에서 전사한 성왕의 맏아들이었다. 즉, 이 무렵에는 오늘
　　날의 하남지역이 신라의 영토로 편입된 상태였다. 그러므로 백제가 이 곳에 양
　　황제의 장수를 축원하는 명문을 새길 수 없는 상황이었다. 결국, 태평 2년은 고
　　려 경종 2년(977)으로 볼 수밖에 없을 것이다.

다. 금상황제가 누구를 지칭하는냐에 따라서 당시 고려 국가의 성격이나 국왕의 위상이 달라지기 때문이다. 금상황제의 해석에는 세 가지 가능성이 있다. 첫째, 고려의 국왕인 경종을 가리킨다고 볼 수 있다. 둘째, 송의 황제인 태종인 경우이다. 셋째, 상을 고려 경종으로, 황제를 송 태종으로 보는 경우이다.

이와 관련하여 이홍직은 "光宗 때에는 光德 또는 峻豊이라고 建號하였고, (광종) 11년에는 開京을 皇都라고 하였으므로 그 餘風이 景宗初까지 행하여 「今上皇帝」라고 일반이 사용하였음도 타당성이 있다"[21]고 하면서 '今上皇帝'를 경종으로 파악하였다. 이후 모두 이 주장에 따라 今上皇帝를 경종으로 간주하고 있다. 더 나아가서는 이를 근거로 당시 지방에서는 여전히 광종대의 稱帝建元하던 분위기가 남아 있었음을 짐작할 수 있다[22]고까지 하였다.

만일 그러하다면 당시 고려의 국왕은 이중적인 위상을 가지고 있었다고 해야 할 것이다. 즉 대외적으로는 송에 대하여 제후의 지위를 현실적으로 유지하는 한편, 대내적으로는 광종대 이래 황제의 지위를 표방하고 있었던 셈이 되는 것이다. 말하자면 고려 국왕은 중국에 대해서는 제후를, 안으로 고려의 臣民들에 대해서는 황제를 표방하는 이중적인 성격을 띠고 있었던 셈이 된다.

그렇지만 연호는 宋의 태평(흥국) 연호를 사용하면서 고려 국왕을 황제라고 표현하였다는 점을 그대로 받아들이기에는 어딘지 석연치가 않다. 더욱이 萬歲는 특히 唐 말엽부터 天子의 長壽를 기원할 때 사용되던 용어였다. 거기에다가 광종 26년(975)에 제작되었던 「고달사 원종대사혜진탑비」를 보면 광종을 황제가 아니라 上, 개경을 皇都가 아니라 王城으로 표현하고 있다. 따라서 이홍직의 금상황제＝경종설을 그대로 받아들이기 어렵다.

뿐만 아니라 광종대를 전후한 시기에 사용되었던 연호들을 살펴보아도

---

21) 이홍직, 앞의 논문, p.13.
22) 남동신, 「광주 교산리 마애약사상」, 『譯註羅末麗初金石文』 下, p.395.

광종대의 독자적인 광덕·준풍 연호를 제외하고는 일관되게 중국의 연호를 사용하였다. 광덕·준풍의 연호를 사용할 때에도 중국의 연호를 함께 사용하고 있었다.23) 다음의 기록들이 그러한 상황을 잘 보여주고 있다.

· 처음으로 後周의 연호를 사용하였다. (『고려사』 2 세가 광종 2년 12월)
· 宋의 연호를 사용하였다. (『고려사』 2 세가 광종 14년 12월)
· 처음으로 契丹의 統和 年號를 사용하였다. (『고려사』 3 세가 성종 13년 2월)

그리고 일반적으로 한국사 개설서 등에서 광종이 稱帝建元하였다고 서술하고 있다.24) 그렇지만 建元만 확인할 수 있을 뿐 稱帝는 확인할 수가 없었다. 비록 광종 11년(960)에 개경을 皇都라고 고쳤지만, 그것이 왕을 황제라 개칭하였다는 명백한 근거가 될 수는 없다. 오히려 아래의 기록들에서 확인할 수 있듯이 광종 스스로 황제가 아니라 고려국왕으로 칭하였고, 송에 사

---

23) 아래에서 볼 수 있듯이 광종대를 전후하여 제작되었던 여러 금석문에서도 그러한 사실이 확인된다.
· 天福(後晉 高祖의 연호) 4년(태조 22년, 939) 己亥 4월 15일에 세우고, …… 天福 7년(태조 25년, 942) 壬寅 5월 28일에 새기다. (砥平 菩堤寺大鏡大師玄機塔碑)
· 開運(後晉 出帝의 연호) 3년(정종 원년, 946) 丙午 5월 庚寅朔 29일 戊午에 세우다. (康津 無爲寺先覺大師遍光塔碑)
· 光德 2년(광종 1년, 950) 경술 10월 15일에 세우다. (谷城 大安寺廣慈大師碑)
· 顯德(後周의 연호) 원년(광종 5년, 954) 甲寅 7월 15일에 세우다. (奉化 太子寺朗空大師白月栖雲塔碑)
· 峻豊 3년(광종 13년, 962) 太歲 壬戌 3월 29일에 鑄造를 완성하다. (淸州 龍頭寺幢竿記)
· 乾德(宋 太祖의 연호) 3년(광종 16년, 965) 乙丑 5월 辛未朔 21일 辛卯에 세우다. (聞慶 鳳巖寺靜眞大師圓悟塔碑)
· 開寶(宋 太祖의 연호) 8년(광종 26년, 975) 10월에 세우다. (驪州 高達寺元宗大師惠眞塔碑)
· 太平興國(宋 太宗의 연호) 3년(경종 3년, 978) 4월에 세우다. (海州 普願寺法印國師寶乘塔碑)
24) 아마도 다음의 기록들에 근거해서 그렇게 서술하고 있는 것으로 여겨진다.
· 光德이라는 연호를 사용하였다. (『고려사』 2 세가 광종 원년 정월)
· 百官의 公服을 정하였다. 開京을 고쳐서 皇都, 西京을 西都라 하였다. (『고려사』 2 세가 광종 11년 3월)

신을 파견하여 방물을 진상하였다.

· 보살계 제자 高麗國王 王昭(=광종)가 我國(고려) 光德 4년(광종 3년, 952) 壬子 가을에 이 불경 한 부를 사경한다. (「大般若波羅蜜多經」 寫經 卷首, 『遼東行部 志』)
· 廣評侍郎 李興祐 등을 宋에 보내어 方物을 바쳤다. (『고려사』 2 세가 광종 13년 겨울)
· 內議侍郎 徐熙 등을 宋에 보내어 方物을 바치니, 황제(帝)가 王에게 食邑을 더 주고 推誠順化守節保義功臣의 號를 하사하였다. (『고려사』 2 세가 광종 23년)

심지어 앞에서 제시하였듯이 광종 14년(963)부터는 송의 연호를 공식적으로 사용하기 시작하였다. 만일 광종이 황제의 지위를 가지고 있었다면, 이러한 행위를 하였다고는 믿기 어려울 것이다. 따라서 금상황제=고려 경종설은 다시 검토해 볼 필요가 있을 것이다.[25]

그렇다면 今上皇帝는 송의 태종을 지칭하는 것일까. 아니면 '지금 임금님

---

25) 그런데 한국사에서 원 간섭기 이전까지는 제도적으로 황제국체제였다는 지적도 있다(하현강, 「고려식읍고」, 『역사학보』 26, 112 ; 김기덕, 「고려의 제왕제와 황제국체제」, 『국사관논총』 78, 1997). 한편, 김창겸은 신라 하대 원성왕계의 왕들과 그 친족이 외형상으로 황제 · 황족의 지위와 의식을 가졌다고 하면서 신라 하대가 황제(천자)국체제의 군주국가였음을 주장하였다. 그리고 이러한 황제 · 황족적 지위와 독자적인 국제질서를 상정한 천하관은 고려왕조로 이어졌다고 보았다(「신라 원성왕계 왕의 황제 · 황족적 지위와 골품초월화」, 『백산학보』 52, 1999).
그렇지만 신라 하대나 고려시대의 각종 기록에서 보이는 皇太后 · 皇后 · 皇子 등과 같은 용어에서 '皇'의 용례가 어떤 의미로 사용되었는지에 대한 실증적 검토가 전제되지 않고서는 이러한 주장이 설득력을 가지기는 쉽지 않을 것이다. '皇'이 天子나 上帝에 관계되는 경우 앞에 붙이는 용어로 사용되기도 하였지만 돌아가신 부모나 남편 등에게 붙이는 경칭으로도 사용되었다(諸橋轍次, 『大漢和辭典』 8, 1968, p.72)는 점을 염두에 둔다면, 더욱 그러할 것이다.
그렇다면 '皇'은 황제 · 황족적 지위를 나타내는 의미로 사용되었다기보다는 왕족과 같이 지체가 높은 사람들에 대한 극존칭으로 사용되었을 가능성도 배제할 수 없으리라 여겨진다. 거기에다가 고려 왕실은 天子의 七廟制가 아니라 제후의 五廟制를 따르고 있었다(『고려사』 3 세가 성종 7년 · 11년 12월 · 12년 3월 참조)

(경종)과 (송의) 황제(태종)'이라고 해석해야 할까. 송의 태종을 가리킬 경우 '今上' 또는 '上'을 어떻게 이해할 지에 대한 어려움이 있다. 今上(고려 경종)과 皇帝(송 태종)로 해석할 때에는 송의 황제보다 고려의 국왕이 먼저 나오는 모순이 있다. 그렇지만 이 두 해석 가운데 어느 쪽을 받아들이더라도 '皇帝'는 송의 태종을 가리킨다. 경종 2년 당시의 상황으로 미루어 보아도 어색하지 않다. 즉,『고려사』「세가」의 경종 원년(976) 기록에 따르면, 11월에 송에서 사신을 파견하여 경종을「光祿大夫檢校太傅使持節玄免州諸軍事玄免州都督大順軍事食邑三千戶」로 책봉하였고, 동시에 경종도 사신을 파견하여 송 태종의 즉위를 하례하였다. 뿐만 아니라 金行成을 송에 보내어 국자감에 입학시키기도 하였던 것이다. 그만큼 당시 고려는 송과 밀접한 관계에 있었다고 볼 수 있다. 따라서 고려 국왕이 송 황제의 장수를 기원하는 것이 어색하다고 볼 수는 없다.[26]

그렇다면 경종 2년 무렵 마애약사불좌상 왼쪽에 송 황제의 장수를 기원하는 명문을 새긴 주체는 누구였을까. 만약 광주의 토착세력들이 주체였다면, 왕규의 난 이후 위축된 그들의 정치적 재기를 위한 움직임일 가능성을 배제할 수 없을 것이다. 아니면 왕규세력이 제거된 이후에도 광주 지역은 여전히 중앙의 왕실과 밀접한 관계를 유지하고 있었을 가능성도 없지는 않을 것이다. 그도 저도 아니라면 왕규세력이 제거된 이후 광주지역을 중앙에서 직접 통제하고 있었기 때문에 이와 같은 佛事가 이루어졌는지도 모르겠다.[27]

---

26) 아래의 기록도 그러한 점을 뒷받침하여 주고 있다.
　·송 황제(宋帝)의 생일(節日)이므로 東林寺와 大雲寺에서 祝壽齊를 열었다.(『高麗史』9 세가 문종 32년 4월 갑자)
27) 이와 관련하여 경종대를 전후한 시기에 중앙 臣僚集團의 추이와 그에 따른 대외정책의 변화를 주목해 보아야 할 것이다. 그리고 桐寺·天王寺의 후원세력이 누구였는지와도 연결시켜 생각해 보아야 할 것이다. 그렇지만 현재로서는 판단하기가 쉽지 않다.

Ⅲ. 춘궁동 동사지의 불탑

하남지역의 불탑으로 온전한 모습을 지닌 것으로는 동사지의 3층석탑과 5층석탑이 있을 뿐이다. 그 밖에 객산 북쪽 능선의 최북단에 위치한 절터에서도 석탑과 관련된 파편이 수습되었다. 천왕시지에서도 전탑이 있었을 것으로 추정되기도 한다.

동사지의 3층·5층석탑은 나란히 雙塔 형식으로 서 있는데, 일제시대에 서울로 옮겨지다가 당국에 의해 제지되는 등 수난을 겪었으므로 원래 서 있었던 장소가 문제되었으나, 1965년 12월 23일부터 1966년 1월 7일 사이에 행해진 해체 보수공사 때 이 장소가 확인되었다. 그러나 크기나 형태가 다른 3층과 5층석탑이 나란히 병립해 있다는 점은 어딘지 어색하고, 5층석탑만 금당 중심과 일직선을 이루고 있기 때문에 3층석탑은 약간 이동되었을 가능성도 있다. 어쩌면 제2건물지 중심축과 일직선을 이루고 있었는지도 알 수 없다.[28]

1. 춘궁동 3층석탑(보물 제13호)

이 탑은 화강암으로 만들어진 고려시대의 석탑으로 높이는 3.6m이며, 2층 기단과 3층의 탑신으로 이루어진 방형 석탑이다. 그렇지만 현재 상층 기단과 남면석과 상륜부는 소실된 상태이다. 이 석탑은 각층 탑신의 체감율이 급격히 감소하고 있는 점이 눈에 띄는 특징이라고 할 수 있다. 즉, 1층 탑신은 지나치게 큰데 비하여 2층과 3층의 그것은 현저하게 줄어들었고, 옥개석도 마찬가지인 것이다.[29] 이러한 급격한 체감율은 비슷한 시기의 다른 탑에서는 찾아보기 어렵다. 그럼에도 불구하고 매우 안정감이 있으며, 명확하고

---

28) 문명대, 「광주지역 사지발굴의 성과와 의의」, 『불교미술』 10, 1991, p.193.

29) 한국도로공사·충북대학교 박물관, 『판교~구리·신갈~반월간 고속도로 문화 유적 지표조사 보고서』, 1987, p.37.

도 세련된 수법을 보여주고 있다. 양식적인 면에서는 전형적인 신라 석탑형식을 그대로 이어받고 있는 정방형의 석탑으로, 조성연대를 아무리 낮추어 잡아도 고려중기 이하로는 내려가지 않는다.

기단부의 일부 塔材들이 결실되었고 상륜부(탑두부)가 없을 뿐, 꽤 잘 남아 있는 셈이다. 기단은 2층기단인데 하층기단은 땅에 묻혀있다가 보수공사 때 발굴되었다. 면석에 眼象紋이 3구씩 새겨져 있어서 시대적인 특징을 잘 보여주고 있다. 상대의 남면 면석 1매가 새로 보충되었을 뿐 전체가 완전한데 판석은 얇고 세련된 것으로 전체적으로 높은 편이다. 1층 탑신은 모서리들이 약간씩 깨어진 편인데, 상대와 함께 높직한 것이 이 탑의 특징을 나타내고 있는 것이다.[30] 1966년 보수공사 때 하층기단 중심부에서 납석제소탑 29기, 금동불 1구, 동상 1구, 납석제 불좌상, 금동삼화형뚜껑 등이 발견되었는데[31], 이 탑의 성격을 이해할 수 있는 중요한 자료들이다.

2. 춘궁동 5층석탑(보물 제12호)

이 5층석탑은 신라의 석탑양식을 계승한 높이 7.5m의 방형 석탑으로 2층 기단 위에 건립되었다. 상륜부에는 노반이 있을 뿐, 그 이상은 없다. 만들어진 수법으로 보아 최소한 고려중기 아래로는 내려가지 않는 것으로 추정된다. 이 석탑도 3층석탑과 마찬가지로 탑신의 체감율이 올라갈수록 급속히 줄어들고 있으며, 신라 석탑 양식을 계승한 정사각형의 석탑으로 1층 탑신이 2단으로 되어있는 것이 특징이다. 이것은 신라 석탑에서는 볼 수 없는 형식으로 광주서오층석탑과 같은 양식이다.

기단에서 5층 옥개석 위 노반까지 직삼각형으로 체감되어 장대한 석탑의 형태미를 자랑하고 있다. 기단부는 상하 2층기단으로 구성되었는데, 하층기단은 낮고 넓은 편이며, 남면에 4매석의 새로운 돌을 보충하고 있다. 상층기

---

30) 문명대, 앞의 논문, p.195.
31) 김희경, 「춘궁리 양탑내발견유물과 보수개요」, 『고고미술』 7~8호, pp.177~179.

단은 3, 4매로 구성되는데 동면 1매씩은 새로 보충한 것이지만, 전체적으로 크고 높은 편이다. 1층 탑신석을 역시 3매석을 벽돌식으로 쌓은 것인데 상층기단과 함께 높고 우람하여 역시 이 탑의 시대적 특징을 보여주고 있다. 2층 이상의 탑신석은 이에 비해서 상대적으로 얇은데 이런 점은 3층석탑과 동일한 것이다. 옥개석들은 역시 얇고 평판적이지만 체감률이 옥신과 함께 높아서 3층석탑과 비슷한 형태미를 보여주고 있다. 이러한 특징은 9세기 후반기 통일신라 하대양식과 비슷한 경향인데, 거친 구성미가 좀 떨어진다.[32]

금당지의 정중앙에 위치한 8角臺座의 중심과 5층탑의 중심이 일직선을 이루고 있어서 5층탑과 이 금당은 1탑1금당 형식을 나타내고 있는데, 이런 점은 당대 건축형식을 연구하는데 중요한 자료가 될 지도 모르겠다.[33]

Ⅳ. 하남지역의 절터

하남지역에 소재한 고려시대의 대표적인 절터로는 桐寺址와 天王寺址를 들 수 있다. 그 밖에도 고려시대에도 존재하였을 것으로 추정되는 절터로는 藥井寺址, 慈化寺址, 神福禪寺址, 奉水寺址, 校山洞 북쪽 寺址, 禪法寺, 개두寺址, 범굴 절터, 上司倉洞 寺址, 下山谷洞 寺址 등을 들 수 있다. 여기에서는 규모가 다른 사지와는 비교가 되지 않을 정도로 큰데다 당대의 유구와 유물도 보다 구체적인 동사지와 천왕사지를 중심으로 살펴보고자 한다.

---

32) 하남시, 『춘궁리 삼층석탑 수리보고서』, 2001, p.29.

33) 이를 근거로 5층탑은 결코 이동되지 않았다고 보는 견해도 있다(문명대, 「광주지역 사지발굴의 성과와 의의」, 『불교미술』 10, 1991, p.191).
　　그런데 강찬석(문화시민연대)은 춘궁동 5층석탑의 재질을 살펴 보면 위쪽은 화강암, 아래쪽은 현무암이라고 하면서 아마도 두 개의 탑을 합쳐서 만든 것이 아닐까라는 의견을 제시하였다. 장득진(국사편찬위원회) 역시 이와 비슷한 견해를 표명하였다. 만일 그러하다면 桐寺의 가람배치 형식은 이제까지와는 다른 각도에서 재검토해야 될 것이다.

1. 桐寺址

　　동사지는 二聖山 남쪽 고골저수지 옆의 야산 기슭에 위치하고 있는데, 행정구역상으로는 하남시 춘궁동 457-3번지 일대에 해당된다. 이 곳은 1988년 동국대학교 박물관에 의해 발굴조사가 이루어졌으며, 그 결과 이 절터의 규모와 창건(혹은 중창) 연대가 개략적으로나마 밝혀질 수 있었다.

　　현재 이 곳에는 대원사라는 사찰이 들어서 있다. 이 대원사의 대웅전 주변에 약 2m 높의 기단 위에 거칠게 다듬은 사각형 초석이 줄지어 있는 금당터가 있으며, 그 중앙에는 본존불의 팔각대좌 하대석이 있다. 하대석은 직경 5.1m인데, 당대 최대 규모였던 것으로 추정하고 있다. 그리고 금당은 정면 7칸, 측면 6칸의 2층 건물이었던 것으로 판단하고 있는데, 그렇다면 경주 황룡사의 금당과 비슷한 규모였을 것이다.

　　발굴 과정에서 금동불상과 막새 · 명문기와 · 귀면와 · 청동제 불기류 · 도자기 등이 출토되어, 이 곳이 '廣州桐寺'로 10세기 무렵에 창건(혹은 중창)되었던 사찰로 추정할 수 있었다.[34] 그리고 금당터 동쪽에는 춘궁리 3층석탑(보물 제13호)과 5층석탑(보물 제12호)이 나란히 서 있어 금당이 이 두 탑을 마주하고 남동향으로 배치되어 있었던 것으로 추정하였다. 이러한 춘궁동 동사지는 현재의 배치 형태가 원형 그대로였을 것이라는 전제 아래 고려 초기 최대 규모의 절터로 가람배치형식이나 건축양식이 독특하여 건축사적으로도 중요한 유구로 평가되고 있다.

　　원래 춘궁동의 이 절터는 이름이 알려져 있지 않았으나, 1983년 명문기와가 공개되면서 '廣州桐寺'로 추정하게 되었다. 명문기와는 「桐寺」· 「辛酉廣

---

34) 한편, 문명대는 동사지를 백제 최초의 사찰로 볼 수도 있다는 가능성을 타진하기도 하였다. 특히 제2사지에서는 고식기와와 토기들이 출토되었는데, 이것이 만약 백제 때의 것으로 확인될 수 있다면 이 사찰의 始創은 백제까지 올라갈 수 있다고 하였다. 그러면서 동사를 어쩌면 백제 최초의 사원일 가능성도 있다고 하였다(문명대, 「광주지역 사지발굴의 성과와 의의」, 『불교미술』 10, 1991, p.185 및 203).

州桐寺」라는 해서체 명문이 양각된 평기와와 일부가 파손된 상태로서 「興
國三年」의 명문이 음각된 또 다른 기와가 수습되었다. 이 기와들은 시문상
태나 기와의 질로 보아서 고려초기의 것으로 여겨진다. 따라서 「신유광주
동사」의 신유는 광종 12년(961), 「홍국삼년」은 太平興國 3년(경종 3년, 978)
으로 비정할 수 있을 것이다. 이들 기와의 명문으로 미루어 이 사찰의 명칭
이 광주동사이고, 광종대(949~975)에서 경종대(975~981)에 이르는 시기에
창건 혹은 중창되었던 것으로 추정되었던 것이다.[35]

그러다가 1988년 발굴 때 여러 점의 桐寺銘 기와가 출토됨으로써 절의 이
름을 '廣州桐寺' 또는 '桐寺'로 확정할 수 있었다. 그러나 '同寺'라는 명문기
와도 발견되었는데, 이것은 '廣州桐寺'보다는 이른 시기의 기와로 추정되므
로 이 절의 원래 이름이 同寺인지 桐寺인지는 불명확하다. 그런데 굵은 격
자무늬가 전면적으로 施文된 큼직한 암기와에 「固寺」라 左書한 명문기와가
크게 주목된다. 이것은 同寺인지 周寺인지 분명하지 않지만, 桐寺라는 명문
과 연관시켜 보면 「同寺」일 가능성이 짙다. 이 기와는 「桐寺」명 기와보다
古式이 분명하므로 원래는 同寺라 했을 것으로 생각된다. 이 「同寺」銘 기와
가 900년 전후한 것으로 보면, 신라말 내지 후삼국시대에는 同寺라 했다가,
그 후 桐寺 또는 廣州桐寺라 불렀을 것이다.[36] 이처럼 사원의 이름도 분명
한데다 규모 또한 웅장하였으나, 문헌기록에서는 확인할 수가 없다.[37]

금당지의 정면 규모는 좌우 주초 심심간이 28.90m로 거의 100척에 육박
할 만큼 거대한 크기이며, 측면 역시 20.80m로 황룡사 금당 측면과 맞먹고
있다. 기단의 규모는 이보다 커서 34.30×26.20m이다. 건물의 정중앙에 불상

---

35) 정영호, 「광주춘궁리사지 일고」, 『남사정재각박사고희기념 동양학논총』, 1984,
    pp.550~551 ; 문명대, 「광주지역 사지발굴의 성과와 의의」, 『불교미술』 10,
    1991, pp.184 · 198~199.
36) 문명대, 앞의 논문, pp.184 및 198~199.
37) 이 때문에 『동국여지승람』 「불우」조에 기재되어 있지 않다는 점을 근거로 조선
    성종 무렵에 이미 폐사되었거나, 사찰의 이름이 바뀌었을 가능성을 조심스럽게
    언급하기도 하였다. (한국도로공사 · 충북대학교 박물관, 『판교~구리 · 신갈~
    반월간 고속도로 문화유적 지표조사 보고서』, 1987, p.105).

의 대좌로 보이는 8각기단부가 발굴되었다. 직경이 510cm이고, 한 변의 길이가 210cm나 되는 거대한 크기인데 중심에 심초석이 있고, 이 중심에 사리공으로 생각되는 구멍이 있는데, 사리 유물은 발견되지 않았다. 기단 하대석 일부(왼쪽 장대석)가 없어졌으나, 이 역시 전체 규모는 충분히 밝혀낼 수 있다.

직경 5.10m의 8각대좌는 금당의 중앙에 위치하고 있어서 불상대좌일 가능성이 가장 높은 셈이다. 소불의 나발편과 불상편이 출토되어 여기에 봉안된 본존은 소불상으로 생각되는데 석굴암 본존대좌의 직경보다 훨씬 크므로 장륙불상보다 더 거대한 규모의 불상이 봉안되었을 것으로 추정된다.

가람의 중심지역은 탑과 금당이 있는 곳이다. 5층석탑과 거대한 금당이 동서 일직선상에 배치되어 있는데, 중심이 일치하고 있다. 금당 북쪽에는 보다 작은 규모의 건물이 배치되어 있는데 남북축의 중심이 일치하고 있어서 北金堂의 성격을 띠고 있는 것이 아닌가 여겨지기도 한다. 이 건물이 북금당이라면, 3층석탑은 이 건물과 동서축으로 일직선을 이루어 탑금당으로 배치된 것으로 볼 수도 있을 것이다. 이렇게 되면 큰 건물인 금당은 中金堂이 될 가능성이 짙은데, 남쪽에도 북금당과 비슷한 남금당이 있어야 되고 그 앞에도 탑이 있어야 될 것이다. 그러나 현재 중금당 남쪽에 바로 산록이 있어서 잘 알 수 없다. 만약 이 산록이 후대에 형성된 것이라면 남금당을 상정할 수 있을 것이다. 이렇게 되면 3금당 3탑 형식의 가람배치가 되는데 미륵사 가람배치 형식과 동일한 이른바 미륵사상에 의해서 조성된 법상종 사찰이 될 수도 있어서 크게 주목된다.

그렇지만 남금당이 없다면 북건물은 강당적인 구실을 할 것으로 보아야 할 것이다. 현재 금당의 서쪽은 지대가 일단 낮아서 강당이 위치할 수가 없기 때문이다. 이렇게 되면 3층탑의 위치도 문제거리가 될 수밖에 없다. 따라서 현재로서는 2탑 2금당식인지 3탑 3금당식인지 또는 단순한 쌍탑식 가람배치인지는 불확실한 편이다.[38]

---

38) 문명대, 「광주지역 사지발굴의 성과와 의의」, 『불교미술』 10, 1991, p.202~203.

그러나 만일 대좌 중심과 5층석탑이 일직선을 이루고 있어서 1탑1금당의 가람 배치 형식을 보여주고 따라서 5층석탑이 결코 이동하지 않았다면, 금당과 석탑의 규모가 서로 조화를 이루어야 할 것이다. 그런데 금당의 규모는 황룡사 금당과 맞먹을 정도로 웅장한 데 비하여 석탑의 규모는 황룡사 9층목조탑에 비하여 왜소하기 짝이 없다. 그러므로 이러한 의문점이 해소되지 않고서는 1탑1금당식이라든지 5층석탑이 이동되지 않았다든지 하는 가설을 받아들이기는 쉽지 않다.

어쨌든 동사지 금당의 규모는 거대하여 황룡사에 버금간다. 정면 28.90m, 측면 20.80m나 되는 이 건물은 정면은 황룡사 금당보다 약간 작지만, 측면은 거의 동일한 편이어서 신라가 국력을 동원하고 심혈을 기울여 조성한 황룡사와 맞먹는 셈이다.[39] 신라말·고려초에 이와 같이 거대한 건물을 지을 수 있는 사람은 그에 상응하는 경제력과 정치적 영향력을 갖춘 왕실이나 유력 호족을 돌려놓고서는 상상할 수 없을 것이다. 따라서 당시 왕실과도 밀접한 관계에 있었을 뿐만 아니라 광주 일대에서 반독립적인 세력을 떨치고 있었던 王規의 가문이 이 사찰을 창건한 시주자일 가능성을 배제하기 어려울 것이다.

그런데 출토된 명문기와를 통해 사찰 명칭이 광주동사이고, 961년과 978년경에 대대적인 중창이 있었던 것으로 추정된다. 그렇다면 왕규세력이 제거되고 나서 뒷날 광주지역의 사찰들이 다시 중건되었을 가능성도 생각해 볼 수 있다. 이 점은 교산동 마애약사불의 중수 명문과 이나 하사창동 출토 광주철불과 연관지워서도 추측이 가능하다. 하사창동과 교산동, 광주동사는 하남지역내에서도 서로 가까운 거리에 위치하고 있어 밀접한 관계를 가졌던 사찰들이었다고 생각되는데, 광주동사의 대좌나 하사창동 철불의 규모를 볼 때 왕실이나 대단한 세력가의 후원이 아니고서는 조성되기 어려운 사원들이었다.[40]

---

39) 문명대, 앞의 논문, p.203.
40) 최성은, 「고려초기 광주철불좌상 연구」, 『불교미술연구』 2, pp.30~31.

이 일대에는 신라말·고려초에 걸쳐 많은 사찰이 창건 또는 중창되었고, 인근에서 현존하는 최대 규모의 광주철불이 조성되었으며, 암사나 신복선사 등도 이 당시 중창된 것으로 생각되는데, 이것들 역시 왕규 가문과 무관하지 않았을 것이다. 이렇게 거대하고 대단한 규모의 건물과 탑, 불상 등을 조성할 수 있었던 후원자는 당시 이 지방을 장악하고 있던 왕규와 같은 대호족이 아니면 어려운 일이었을 것이다. 실제로 왕규는 강원도 영월「興寧寺澄曉大師寶印塔碑」에서 볼 수 있듯이 다른 지방 사찰의 佛事에도 깊숙이 관여하고 있었다.[41]

2. 天王寺址

천왕사지는 광주 향교로부터 남서쪽으로 약 700m 정도 떨어져 있는데, 행정구역상으로는 하사창동 340번지 일대에 위치하고 있다. 현재 민가와 농토 등으로 이용되고 있어서 정확한 규모를 파악할 수는 없지만, 유구의 분포상태를 감안한다면 대략 10,000평 이상으로 추정되고 있다. 절터는 동쪽의 객산 능선이 서쪽으로 뻗어 내려오면서 평지를 이루다가 절터 부근에 와서 높이 2.5m 정도의 언덕과 연결된다. 이 언덕은 사각형의 높은 土壇 형태로 동서가 30m, 남북이 70m이고, 높이는 각 면이 2~3m이다. 단을 포함한

문명대는 이와 관련하여 춘궁동의 '春宮'을 광주원군과 무관하지 않았을 것이라고 하면서 동사가 왕규와 깊은 관련을 가졌다고 보기도 하였다. 그의 주장은 다음과 같다. 즉, 태자로 책봉되었거나 되지 않았거나간에 광주원군의 근거지를 격상해서 태자의 궁인 춘궁을 본으로 삼아 춘궁동라 했을 가능성이 높다. 이처럼 춘궁리의 시원을 만약 광주원군과 관련지어 수 있다면「동사」는 왕규와 깊은 관련을 가졌으리라는 것이다. 물론 춘궁이 왕규 일족과 관련없이 명명되었다고 하더라도 이 일대가 왕규의 근거지였다면, 문제가 달라진다고 하였다. 즉, 왕규의 활약 시기가 900년 경부터 945년까지이므로 이 절터의 창건 또는 중창시기와 거의 일치하는데, 이것은 왕규가 이 절을 중창했을 가능성의 한 증거가 될 수 있다고 하였던 것이다(「광주지역 사지발굴의 성과와 의의」, 『불교미술』 10, 1991, p.185~187).

41) 문명대, 「광주 춘궁리 동사지발굴조사 보고」, 『판교~구리·신갈~반월간 고속도로 문화유적 지표조사 보고서』, 충북대학교 박물관, 1987, p.107.

서쪽 지역이 절터의 범위로 추정되는데, 그 곳에서 수습된 기와와 토기·자기류 더미로 사찰의 규모를 어느 정도 파악할 수 있다.

일찍이 谷井濟一 등이 "하사창리에 폐사지가 있고, 객산 서쪽 기슭 논 가운데에 낮은 토단이 있는데, 크기가 동서 27척 5촌, 남북 26척 5촌이다. 이 곳에는 철불 2기가 동서로 남향하여 나란히 있는데, 서쪽의 것은 크고, 동쪽의 것은 작다. 7, 8년 전 이왕가박물관으로 옮겨졌다"[42]고 하여 이 곳이 절터였음을 밝혔다.

작년 11월부터 이 곳의 발굴작업이 진행중인데, 현재까지 드러난 기단석들의 형태가 구체적으로 드러나고 있는데, 발굴작업이 일단락되면 건물의 규모와 가람의 배치 형태를 파악하는데 많은 도움을 줄 것으로 기대된다. 그렇지만 이제 막 발굴을 시작한 단계라서 가람 배치의 전모를 파악하기에는 무리가 따른다. 뿐만 아니라 기와·토기·자기류를 제외하면, 수습된 유물도 없다시피하기 때문에 이 사찰의 창건 연대나 성격을 파악하기도 어려운 실정이다.

그런데 천왕사지에서 주목되는 것은 가운데 사리공이 있는 커다란 석재이다. 사리공 석재는 정방형으로 윗면은 매끈하게 다듬어져 있는데, 옆면은 돌이 다듬던 자국이 그대로 남아 있어 울퉁불퉁하다. 사리공은 석재의 중앙에 정사각형으로 뚫려 있고, 뚜껑을 덮을 수 있도록 깊이 6cm의 段을 만들어 놓았다. 사리공의 너비와 깊이는 42cm이고, 사리공 바닥에도 정으로 다듬은 흔적이 보이나 대체로 매끈하게 처리하였다.

그리고 사리공 주변에 벽돌이 깔려 있었다. 이 벽돌들은 규칙적으로 배열되어 있었지만 일부분은 파손된 상태였으며, 민묘 이장 과정에서 많은 부분들이 제거된 것으로 추정된다. 이제까지 수습된 벽돌은 방형으로 중앙에 두 개의 구멍이 뚫려 있고, 구멍 단면이 원추형으로 구멍의 직경이 줄어드는

---

42) 조선총독부, 『대정6년도 고적조사보고』, 1920, pp.109~111. 또한 鮎貝房之進의 「백제고도안내기」, 『조선』 431, 1934, pp.109~111에도 하사창동에 관한 조사 내용이 소개되어 있다.

것이었는데, 사리공 석재 주위에 깔려 있는 벽돌에는 그와 같은 구멍이 없었다. 구멍이 있는 벽돌의 크기는 18.8×18.8×5.5cm이다. 바닥에 깔린 벽돌의 크기도 이와 비슷하나 두께는 5.0cm 내외로 다소 차이가 있다. 이와 같은 벽돌은 건물 바닥이나 벽체의 재료로 사용되기도 하였고 전탑의 주재료로 사용되기도 하였다. 여주 신륵사전탑에 사용된 전의 크기는 정방형의 경우 26×26×5.5cm로 천왕사지에서 출토된 벽돌과 비슷하다. 이제까지 알려진 전탑에 사용된 벽돌의 크기는 평균 25~30cm, 두께는 4~6cm 내외이다. 물론 천왕사지에서 발견된 벽돌이 탑에 사용되었다고 단정적으로 말하기는 어렵지만, 사리공 석재 주위에 벽돌이 깔려 있다는 점과 벽돌 중앙에 구멍이 있다는 점은 보통 바닥에 사용된 벽돌과는 다른 용도에 사용되었음을 시사해 준다.[43]

이 절터가 天王寺임을 알 수 있는 확실한 근거가 명문와편을 통해 밝혀졌으며, 문헌기록에서도 찾아볼 수 있다. 천왕사의 경우 동사와는 달리 부족한대로 문헌기록에서 확인할 수 있다. 이제까지 확인된 천왕사 관련 문헌기록들을 제시하면 다음과 같다.

ⓐ 대사의 존칭은 璨幽, 자는 道光, 출가하기 전의 성은 金氏로, 鷄林의 河南 사람이다. …… 상주 公山 三郎寺의 融蹄禪師가 도를 강론함이 깊고 사람을 교화함이 밝다는 소식을 삼가 듣고 그의 제자가 될 생각으로 멀리 선사를 찾아갔다. 선사가 "…… 우리 종의 禪和尙은 법호가 審希이시나. …… 지금 慧日山에 게시니 너는 마땅히 찾아가서 그 분을 스승으로 섬겨라"고 말하였다. …… 22세 때 楊州의 삼각산 莊義寺에서 구족계를 받았다. …… 우리 태조 신성대왕이 꿈에 북두성을 품에 안아 천운에 부응하고 순임금처럼 褒자를 손안에 쥐어 王統을 열음으로써, 하나라를 고쳐 하늘이 돌보는 명을 받고 주나라를 이어 해가 뜨는 나라를 일으켰다고들 하였다. 그래서 마침내 조각달이 허공에 떠가듯 외

---

43) 오순제는 구멍난 벽돌 옆에 난간석이 남아 있었는데, 이 난간석은 황룡사지나 미륵사지 난간석과 매우 흡사하다고 하였다. 그리고 1995년 6월에 황수영 박사가 방문하여 塼塔이었음을 확인하여 주었다고 하였다(「百濟佛敎 初傳地에 대한 硏究－河南市 고골을 중심으로－」, 『明知史論』 11·12, 2000, p.126).

로운 구름이 산봉우리에 나오듯 마음이 움직였다. 저 창룡이 물길을 헤쳐 나갈 때는 본디 몟목에 의지할 마음이 없으나, 단봉이 허공을 날 때는 오히려 오동나무에도 깃들 뜻이 있는 법이므로, 멀리 명아주 지팡이를 들고 곧장 왕경(개성 ; 필자 주)으로 가서 마침내 태조대왕을 배알하였다. 대왕은 대사가 玄道를 원만히 행하고 법신을 충분히 갖추었다고 하여, 廣州 天王寺에 머물기를 청하므로 마침내 태조의 말씀을 따라서 머물렀다. 그 곳에 있더라도 세상을 교화시킬 수 있었지만, 혜목산은 노을진 뫼가 강연하는 자리에 너무도 적절하고 구름 낀 계곡이 선승의 거처로서는 매우 洽足하기 때문에 그 곳으로 옮겨 머물렀다. …… 임금(光宗 ; 필자 주)께서 믿어 향하는 마음이 깊고 공경하여 받드는 뜻이 지극하여, 마침내 대사를 받들어 호를 證眞大師라 하였다. …… (「高達寺 元宗大師慧眞塔碑」, 『朝鮮金石總攬』上)

ⓑ 辛旽이 宰樞들과 함께 廣州 天王寺의 舍利를 王輪寺로 맞아왔을 때 왕이 백관을 거느리고 구경갔다. …… 며칠 후에 신돈이 僧徒를 데리고 사리를 돌려보내는데, 贊成 李仁任은 도보로 신돈을 따라서 天壽寺까지 가서 배송하였다. (『高麗史』 132 列傳 45 叛逆 6 辛旽)

ⓒ 廣州 天王寺의 사리 10과를 궐내(=內佛堂 ; 역자주)에 바쳤다. (『世宗實錄』世宗 28년 4월 庚申)

ⓐ에서 살펴볼 수 있듯이 찬유는 왕건이 고려를 개창하였다는 소식을 듣고는 조각달이 허공에 떠가듯 외로운 구름이 산봉우리에 나오듯 마음이 움직였다고 한다. 그래서 丹鳳이 허공을 날 때는 오동나무에도 깃들 뜻이 있는 법이라고 하면서 곧장 王京(개성)으로 가서 태조를 배알하였다. 이에 태조는 찬유가 玄道를 원만히 행하고 法身을 충분히 갖추었다고 하여 廣州 天王寺에 머물기를 청하였고, 찬유는 태조의 권유에 따라 천왕사에 주지로 머물렀다. 이렇게 본다면 찬유든 태조든 모두 상대방에게 정치적 의도를 가지고 접근하였다는 느낌을 강하게 풍긴다. 아마도 찬유는 태조를 자신의 福田으로 삼고자 접근하였던 것 같으며, 태조는 그러한 찬유를 광주 천왕사의 주지로 삼음으로써 광주와 인근 지역에 대한 자신의 영향력을 확대·강화시키고자 하였던 것으로 여겨진다.

그 뒤 찬유는 천왕사를 떠나 죽을 때까지 고달사에 머물렀다. 이 역시 정치적인 이유 때문이라는 인상을 지울 수 없다. 물론 찬유는 천왕사에 있더라도 세상을 교화시킬 수 있었지만, 혜목산은 노을진 뫼가 강연하는 자리에 너무도 적절하고 구름 낀 계곡이 선승의 거처로서는 매우 흡족하기 때문에 고달사로 옮겨 머물렀다고 하였다. 그렇지만 추측컨대 찬유가 천왕사를 떠난 것은 왕규세력의 몰락과 같은 하남지역과 중앙과의 관계 변화와 연관되지 않았을까 하는 의구심이 든다.

이처럼 찬유는 태조의 권유로 광주 천왕사에 머물렀을뿐만 아니라 광종대에도 國師를 역임할 정도로 여전히 왕실과 밀접한 관련을 맺고 있었다. 그만큼 고려초기의 왕실에서는 광주지역을 종교적으로뿐만 아니라 정치적으로도 중시하였음을 알 수 있다. 따라서 왕규가 제거된 이후에도 고려 왕실은 지속적으로 광주지역을 중시하였다고 볼 수 있다. 「태평2년명마애약사불조상」의 명문을 통해서도 그러한 점을 확인할 수 있을 것이다.

거기에다가 ⓑ·ⓒ위의 두 기록을 통해서도 고려 왕실이 천왕사를 얼마나 중시하였는지를 엿볼 수 있다. 이 두 기록에 따르면, 이 곳에 모셔져 있던 사리를 고려말과 조선초기에 왕륜사와 대궐내의 내불당으로 옮겼던 것으로 여겨진다.44) 조선초기에 이르기까지도 사리가 계속 모셔져 있을 정도로 중시되었던 사찰이 천왕사였으며, 따라서 천왕사가 위치한 광주는 종교적으로뿐만 아니라 정치·사회적으로도 그만큼 중요한 지역이었다고 할 수 있다.

이상의 문헌 기록들을 감안한다면, 천왕사는 적어도 고려 건국을 전후한 시기에는 이미 창건되어 있었음을 알 수 있다. 서울이 아닌 지방에 이와 같은 대규모 사찰이 건립되었다는 것은 매우 이례적이었다. 그러므로 천왕사가 차지하는 신라말·고려초의 위상은 대단히 중요하였을 것이다. 그렇지

---

44) 이 곳의 佛舍利를 摩羅難陀가 가져온 것으로 추정하는 견해도 있다(오순제, 앞의 논문, p.126). 그렇지만 아무런 근거도 제시하고 있지 않아 선뜻 수긍하기 어렵다.

만 남아있는 천왕사관련 기록이나 유물·유적이 매우 부족하기 때문에 현
재로서는 이러한 점을 밝히기는 대단히 어렵다. 앞으로의 발굴조사나 보다
치밀한 문헌조사에 기대할 수밖에 없을 것이다.

V. 맺는말
— 하남지역 고려시대의 불교유적에 대한 앞으로의 연구과제 —

이제까지 하남지역에 소재한 고려시대의 불교 유적들 가운데 몇 사례들
을 검토해 보았다. 그렇지만 이상의 논의만으로는 이러한 불교 유적이 가지
는 역사적 의미를 파악하기에는 많은 어려움이 있다. 다만 불상이나 불탑,
절터 등에 대한 개략적인 검토를 통하여 최소한 고려시대의 하남지역이 고
려사회에서 대단히 중요한 위치에 있었다는 점은 확인할 수 있었다. 이러한
점은 광주를 정치·행정·군사적인 면에서 '中道의 巨鎭', 또는 '三韓 모든
牧의 으뜸'라고 평가하였던 데에서도 확인할 수 있다. 따라서 하남지역의
고려시대 불교문화에 대한 이해가 전제되지 않고서는 고려시대의 불교문화
및 그와 관련된 정치·사회·경제·문화적 현상들을 제대로 파악하기가 쉽
지 않을 것이다. 그런 점에서 하남지역의 고려시대 불교문화 연구의 중요성
은 아무리 강조하여도 모자람이 없을 것이다.

그러나 고려중기 이후 하남지역의 불교문화가 어떻게 전개되었는지, 천
왕사나 동사와 같은 거대한 규모의 사찰이 언제, 왜 창건(혹은 중창)되고 폐
사되었는지 짐작조차도 할 수 없는 실정이다. 아직까지 하남지역의 불교관
련 유적이나 유물에 관한 기초적이고도 기본적인 조사나 연구조차도 이루
어지지 못하였기 때문일 것이다. 따라서 무엇보다도 먼저 하남 지역에 산재
되어 있는 불교관련 유적·유물들에 관한 현지 조사와 문헌 조사가 유기적
인 관계 아래 이루어져야 한다.

그리고 현재까지 어느 정도 밝혀진 유물이나 유적도 편년 문제에서부터

양식, 가람배치형식 등에 이르기까지 한국사의 커다란 흐름 속에서 보다 엄밀한 재검토가 요구된다. 예를 들면, 춘궁동 동사지에 있는 3층·5층석탑의 경우에도 원래 형태와 위치가 원래 그대로인지 변경되었는지에 따라 가람의 배치형식이 전혀 달라질뿐만 아니라 사원의 성격 자체가 달라질 수 있을 것이다. 천왕사의 경우도 앞으로의 문헌조사와 발굴 성과 여하에 따라 사원의 규모·창건 연대와 창건 주체·창건 의도·고려시대 하남지역이 차지하였던 위상, 그리고 하사창동 광주철불 출토지역과 천왕사와의 관계 등이 보다 구체적으로 밝혀질 수 있을 것이다.

그런 다음에 이를 통해서 하남지역의 고려시대 불교문화의 내용과 성격, 그리고 관련 인간집단의 실체 등을 파악한다면 고려시대 하남지역에 대한 보다 풍요로운 지식을 얻을 수 있을 것이다. 그렇게 함으로써 하남인과 하남지역의 역사적 정체성을 규명하려는 우리들의 노력이 한층 구체화될 수 있을 것이다.

조선시대 하남의 역사적 변천과 그 위상

최완기*

I. 서 언
II. 광주목의 치소가 있었다
III. 강변취락의 집합체였다
IV. 조운(漕運)의 길목이었다
V. 상인들의 왕래로 장이 서다
VI. 역촌이 형성되고, 주막이 생겨나다
VII. 향교가 설치되고 서당이 보급되다
VIII. 서학의 요람이었다
IX. 맺음말

* 이화여자대학교 사회생활학과

I. 서 언

　조선시대의 한양(漢陽)이 나라의 중심으로서 그 역할을 할 수 있었던 것
은 그 입지조건에 있었다.[1] 한양은 나라의 중심부에 있었을 뿐아니라 육상
교통이든 수상교통이든 전국 각지로 쉽게 통할 수 있는 이상적 교통조건을
가지고 있었다. 하남시 지역은 바로 그 한양의 배후지역으로서, 한강을 통
하여 또는 육로를 통하여 사람의 왕래, 물류의 유통을 촉진시킨 교통의 길
목이었다. 하남시 지역을 포함한 당시 광주(廣州) 지역은 조선왕조에 있어
서 국가가 위급할 때 제1급의 보장처로서 주목되었고, 풍부한 생산기지는
국가의 살림살이를 안심시켰으며, 특히 한강을 끼고 있어서 나라의 젖줄로
서 역할하기도 하였다. 이 지역의 중요성은 일찍이 이곳에 나라의 터를 세
운 백제의 온조(溫祚)에 의해서도 주시된 바 있다.

　즉『삼국사기(三國史記)』,「백제본기」에 의하면, 온조는 부아악에 올라 하
남의 땅을 살펴보면서 "이곳은 북쪽으로 한강과 연해 있고, 동쪽으로는 높
은 산이 울타리를 만들었으며, 서쪽으로는 바다에 이르고, 남쪽에는 비옥한
평야가 펼쳐 있다"면서 어찌 이곳에 도읍을 정하지 않겠는가 하였다.[2] 그리
하여 세운 도읍이 하남위례성(河南慰禮城)이었다. 온조는 하남의 땅이 가지
고 있던 입지 중에서도 한강의 중요성을 첫째로 꼽았다. 그것은 곧 교통의
중요성에 관심을 보인 단적인 증거이다. 사람들이 모여 생활하기에 좋은 입
지조건은 지형·기후·토질·음료수 등 자연지리적 조건과 아울러 사회경
제적 측면에서도 고려되고 있다. 때로는 음료수·토질 등의 자연지리적 조
건보다도 사회경제적 조건이 취락의 입지를 결정함에 있어서 더 큰 영향을
준다.

---

1) 崔完基,『漢陽』, 교학사, 1997, p.15.
2)『三國史記』23, 百濟本紀 1, 始祖 溫祚王.

그 가운데서도 다른 지역과 쉽게 교류할 수 있는 교통조건은 사람과 사람 사이에, 이웃과 이웃 사이에 교류가 빈번하게 이루어지면서 그 중요성이 특히 강조되고 있다. 오늘날 하남시 지역의 급속한 성장이 교통이 편하다는 입지조건에 기초함을 부정하는 사람은 없을 것이다. 조선시대에 있어서도 하남시 지역은 여러모로 삶의 조건이 좋은 곳이었다. 경기에서 가장 큰 고을이었던 광주목의 치소가 있었고, 수상교통에서는 조운(漕運)의 통로로서, 육상교통에서는 역(驛)과 원(院)의 요지로서 그 역할을 다 하였다. 그것은 하남시 지역의 역사적 배경·구조·기능·특성에 대한 이해에서 해명되리라 본다. 그렇다면 조운의 통로로서 또는 역과 원의 요지로서 하남지역이 갖고 있던 구체적 배경은 무엇이었는가. 하남지역에 있었던 정치적, 사회경제적, 문화적 유산은 어떠하였는가. 그 구체적 전모의 이해는 하남시의 내력, 나아가 하남 지역의 위상을 가늠케 해주는 하나의 길이 될 수 있다고 본다.

Ⅱ. 광주목의 치소가 있었다.

역사의 고향 하남시는 조선시대에 특히 그 위상이 돋보였다. 오늘의 하남시 지역은 조선시대 광주목의 일부였다. 조선은 지배체제를 확립하면서 통치의 편의를 위하여 전국을 8도로 구획하고, 도 아래에 부·목·군·현을 두었나. 하남시 시역에는 광주목이 실지되있다. 그 치소가 오늘의 하남시 춘궁동, 즉 고골 지역에 있었다.

광주목은 동쪽으로 양근의 용진(龍津), 서쪽으로 과천현과 수원도호부의 성곶이[聲串], 남쪽으로 이천현의 양지, 북쪽으로 양주에 둘러싸인 경계 지역으로 되어 있었고, 여흥도호부를 비롯한 주변 8개 지역을 관할하고 있었다. 즉 당시의 광주목은 도의 지시를 소속 군현에 전달하는 동시에 통솔하면서 직할지를 지배하였다.

군현 관내의 구조를 보면, 읍치(읍내·성내)·직촌·임내(任內) 및 월경지로 구성되어 있다. 직촌에는 다시 방위명을 가진 면이나 촌이 있고, 그 다음에는 면·사(社)와 같은 연합촌이 있으며, 그 다음에 자연촌이 병렬해 있었다. 그렇다고 하더라도 광주목의 실제 행정구역은 읍치(읍내 또는 성내)와 외곽의 직촌으로만 구성되어 있었다고 볼 수 있다. 『세종실록』「지리지」에 의하면, 광주 목사는 동쪽으로 양근의 용진(龍津)과 인접한 지역까지 30리, 서쪽으로 수원도호부 경계의 성곶이(聲串)까지 85리, 남쪽으로 이천의 양지와 경계를 이루는 45리, 북쪽으로 양주와 경계지점인 11리로 둘러싸인 경계의 안쪽을 다스렸다. 이 영역은 광주 읍치와 직촌을 합친 면적으로 동서로 115리, 남북으로 56리이다. 이러한 광주목의 영역은 직촌이 면리제로 정착되어 가면서 읍치 외곽지역은 면과 리로 구획되어 갔다.

『경국대전』에 의하면, "경외(京外)는 5호(戶)를 1통(統), 5통을 1리(里)로 하고, 몇 개의 리를 합쳐 1면(面)을 만들며, 통에는 통주(統主), 리에는 리정(里正), 면에는 권농관(勸農官)을 각각 둔다"라고 하였듯이, 임내가 일찍 혁파된 경기도 지역, 특히 한양과 인접한 광주지역은 다른 지역보다 일찍 면리제가 시행되었다고 생각된다. 직촌에는 대개 자연촌과 지역촌(연합촌)이 있고, 이러한 촌과 면·리가 조선초기에 혼용되고 있었음을 상기한다면, 자연촌은 리로, 지역촌은 면으로 개편되었음이 틀림없다.

조선전기 주·부·군·현이 읍치를 중심으로 동·서·남·북면과 같이 몇 개의 방면으로 면을 나누고 이러한 면 아래에 리·촌·동의 자연촌이 부속되어 있었다고 여겨진다. 광주목 역시 읍치를 가운데 두고 각 방위별로 동·서·남·북면 등 4개 정도의 면으로 나누어졌다. 그밖에 읍치에서 멀리 떨어진 수원이나 안산 지역과 인접한 지역도 면으로 구획되었을 것으로 생각된다. 이러한 면은 조선후기로 가면서 새로운 명칭으로 정해져 나타났다. 경안면·오포면·도척면·실촌면·초월면·퇴촌면·초부면·동부면·서부면·구천면·중대면·세촌면·돌마면·낙생면·대왕면·언주면·의곡면·왕륜면·일용면·월곡면·북방면·성곶면이 그것이다. 광주부 읍치내에는 남동리(南洞里)·북동리(北洞里) 등으로 나누어져 있었다. 읍치 외곽은 경안·돌마·세촌·중대·서부·동부·퇴촌·초월면으로 둘러싸여 있었다. 이들은 일찍부터 광주의 직촌으로 구성되었던 곳이다.

이러한 광주목은 정3품 목사가 파견되는 고을이었다. 광주목에는 한 때 경기도 관찰사영이 설치되었었는데, 이러한 때는 관찰사가 목사를 겸임하기도 하였다. 목사 아래 그를 보좌하는 판관을 두기도 했다. 한편 유학교수관이 파견되어 지방 자제들의 교육에 힘쓰기도 했다. 그리고 하부 행정기구는 호장 이하 토착 향리들이 임무를 맡은 이·호·예·병·형·공방 등 6방으로 나누어져, 6방 관속이 실무를 담당하였다. 이들은 또한 서울의 경저(京邸)와 경재소·관찰사영·병영 등의 영리·영저리가 연결되어 있었으며, 그 밑에 각종 천역을 담당하는 관노비가 있었다.

광주목의 대표적인 관사로는, 목사의 집무소인 아사(衙舍 : 동헌)와 향리의 수반인 호장 집무소로 읍사에 해당하는 주사(州司)가 설치되어 있었다. 호장 집무소는 군현의 읍격에 따라 주사·부사(府司)·군사(郡司)·현사(縣司)로 구분되는데, 이를 보통 읍사라 부른다. 이들 읍사는 군현의 행정체계가 세분되고 발달한 조선후기에 이르면 향리 직제가 세분되어 작청(作廳)·장관청(將官廳)·사령청(使令廳) 등으로 분화되고 있다.

이러한 광주목이 역사의 전면에 나서게 된 것은 남한산성이 군사적 요충지로서 주목되고, 호란으로 인조가 이곳에 피난하면서였다. 조선시대 남한산성은 수도 한성과 가까운 거리에 위치하고 있을 뿐 아니라 지형이 험준하였기 때문에 강화도와 함께 수도권 방위의 요충지로 인식되었다. 조정에서는 1595년(선조 28)에 성곽을 축조하였으며, 1621년(광해군 13)에 대대적으로 수축을 하였다. 그리고 광주목을 유수부로 승격시켰다. 인조 초년에 이르러 북방의 여진족으로부터 위협을 받게되자 수도권 방위의 중요성이 증대되어 1626년(인조 4)에 수어사 이서(李曙)를 감동관(監董官)으로 삼아 남한산성을 개축하고 성내에 수어청을 설치하여 요새화하였다. 성곽은 길이가 약 6,297보로서, 옹성(擁城) 31개소·대문 4개소·암문(暗門) 16개소를 갖추고 있었다.

그리고 성안에는 변란시를 대비하여 국왕의 임시 처소인 200여 간의 행궁과 군사훈련을 위한 연무장까지 마련하였다. 그리고 산성수축 완료와 동시에 광주목사에게 수어사를 겸임하게 하고, 광주의 전지 2,000결을 산성에 속하게 하여 재정적 기반으로 삼도록 하였다. 이러한 속에서 1636년 병자호란이 일어났다. 이에 인조는 남한산성을 근거하여 항전을 꾀하였다. 결국에는 청에게 항복하였지만, 이후 정부는 남한산성을 보다 중시하여 하남시 고골 지역에 있던 광주부의 치소를 산성 안으로 옮기게 하였다. 이를 계기로 하남시 지역은 정치·군사상의 요충지에서 외면되어 갔고, 대신 산성의 촌락이 그 임무를 맡아 갔다.

Ⅲ. 강변취락의 집합체였다

조선시대 하남시 지역에서의 삶은 하남시를 끼고 흐르는 한강과 더불어서여였다. 한강은 우리 나라 중부를 가로지르는 가장 중요한 하천으로서 예전에는 한수(漢水)라고 이름하기도 하였는데, 물줄기를 나누면 크게 남한강과 북한강으로 구분된다. 남한강은 강원도 평창군 오대산 우통수(혹자는 태백시 금태산 용소라고도 함)에서 발원하여 도중에 조양강·평창강·달천·섬강 등과 합류하고서 양수리에 이르러 북한강과 합류한다. 북한강은 강원도 회양군 금강산 황천(혹자는 회양군 철령 수천이라고도 함)에서 발원하여 금성천·수입천·소양강·가평천·홍천강 등을 합친 후 양수리에서 남한강과 만난다. 양수리에서 한강은 두미협을 지나 미사동·구산·둔지를 거쳐 가래여울에 이르고 다시 서북쪽으로 나아가 광나루·잠실·뚝섬·용산·마포·행주산성을 지나 통진 애기봉에 이르러 임진강과 합류하여 조강이 되어 바다로 들어간다. 총 길이 514㎞이며 유역면적이 26,219㎢인 한강은 그 길이와 유역면적에서 뿐 아니라, 자원이 특히 풍부하고 우리의 서울을 지나고 있어 그 어느 하천보다도 중요하다.[3)]

그 한강의 본류를 이루는 곳이 하남시 지역의 두미협이다. 두미협은 하남시의 검단산과 남양주시의 예봉산 줄기가 만나 좁은 협곡을 이룬 곳으로서, 남한강·북한강의 막대한 수량을 한 아름으로 감당하기에는 벅차서 세찬 여울을 자아냈고, 그리하여 이곳의 물길을 이용하는 배들은 그 위험을 예측할 수 없는 곳이었다. 하남시 북단에 가래여울이 있기는 하지만, 이곳만 무사히 지나면 상류에서 흘러온 조선·상선들은 목적지인 한양까지의 안전운행이 보장된다. 그리하여 옛 문헌에서는 도미(渡迷)·두미(斗尾)·두미(斗迷)라고 하여 그 험난함을 강조하였다.4) 언제부터인가 그 부근 마을을 배알미리라 하였다.

두미협을 지나면 한강의 유속은 완만하여 북쪽으로 진격하면서 당정리·미사리 등의 모래섬을 중심으로 갈래를 이루다가 다시 합쳐져 큰 호수를 이루니, 이름하여 태호(太湖) 또는 둔지호(芚池湖)라 하였다. 현재는 팔당댐에 의해 수면이 낮아져 그 모습을 상상키 어려우나, 예전 홍수가 지는 경우에는 넓은 바다를 연상시키게 하였다. 이 때문에 옛 문헌에서는 그 길이가 10리에 이른다고 하였다. 그 서쪽 강가에는 홀연히 솟은 언덕, 즉 구산(龜山)이 있어서 한강의 물길은 이를 감돌아 서쪽으로 흘러가는데, 당시 뱃사공들은 이를 표시 삼아 뱃길을 저어갔다. 구산을 감도는 바로 그곳에 둔지가 자리하고 있으니, 이곳은 백제 초기부터 배닿는 마을로서 흥성하였다. 오늘의 선동 마을은 후에 둔지에서 옮긴 마을로서, 본래는 강변쪽 가까이 있었다. 1925년 을축년 홍수 당시 서울시 강동구 암사동 점촌마을 부근에서 출토된 백제의 기와편에 새겨진 명문에 '해구선(蟹口船)'이란 배이름이 보이니5), 해구란 곧 둔지를 지칭하는 것이었다. 즉 해구는 해천(蟹川)의 입구란 뜻으로서, 해천은 하남시 금암산에서 발원하여 초이동·초일동·상일동·하일동 등을 거쳐 가래여울, 즉 추탄(楸灘)으로 진입하는 하천으로서, 오늘날에

---

3) 朴東源, 「한국의 주요 하천」, 『한강사』, 서울특별시, 1985, p.28.
4) 『重訂南漢誌』 상편, 山川, 斗尾津.
5) 李丙燾, 「백제와 위례성」, 『한강사』, 서울특별시, 1985, p.287.

는 고덕천이라 부른다.

이와 같이 한강에 붙어 있어 예로부터 그 영향을 받지 않을 수 없었던 하남지역은 그러한 지역성으로 그 삶과 발전이 가늠되었다. 자연환경에서 볼 때, 하남지역은 예나 지금이나 거의 전지역이 한강유역에 포함되고 있다. 청량산·검단산의 능선이 각기 남쪽의 방벽을 형성하고 있을 뿐, 나머지 대부분의 하남지역은 낮은 구릉지대를 이루고, 그 사이 사이에 덕풍천·산곡천·망월천 등의 작은 하천들이 한강의 지류를 형성하고 있다. 이 하천들은 홍수 때 본류의 수위가 높아지면 물이 역류하였다. 그리하여 그 물이 주변지역으로 범람하여 비교적 넓게 범람원을 형성하곤 하였다. 이에 조선시대 범람원 지대의 일부에서는 연하제언(蓮荷堤堰)·신장제언(新莊堤堰) 등의 제방을 쌓아 논농사를 짓기도 하였지만, 홍수가 잦으면서 사람들은 주로 구릉지대를 개간하여 밭농사를 지었다. 이는 당시의 경지현황에서 잘 드러나고 있다.

『중정남한지』에 의하면, 조선시대 하남지역의 경지실태는 동부면에 밭이 206결 78부 8속, 논이 57결 50부, 서부면에 밭이 209결 60부 7속, 논이 55결 1속 등 도합 밭이 416결 39부 5속, 논이 112결 50부 1속으로서, 총계 528결 89부 6속이었다.6) 당시 1결을 3,000평 정도로 헤아렸다고 할 때, 이는 1,586,688평에 해당된다. 옛 지도를 살펴보아도 미사리·당쟁이는 말할 나위도 없고, 창우리에서 평리·옥다리·진등·상망·둔지·가래여울에 이르는 선까지는 농경지가 거의 없고 늪지가 대부분을 이루고 있다. 을축년 홍수와 같이 큰물이 날 때는 한강의 본류가 넘쳐 이 일대가 모두 범람하였기 때문이라고 보인다.

따라서 취락 역시 구릉지대를 중심으로 형성되었고 간혹 강가에 나루촌이 이루어지기도 하였다. 『여지도서(輿地図書)』에 의하면, 당시 하남지역은 동부면과 서부면으로 나뉘어 행정적으로 편제되었는데, 동부면은 사창리·산곡리·덕풍리·황산리·둔지리·팔당리의 6개 마을로, 서부면은 항동·

---

6) 『重訂南漢誌』 中篇, 田結.

<표 1> 조선후기 하남지역의 호구실태

면이름	동리이름	가호수	가호당 인구수	인 구 수			여자인구수 비율(%)
				전체	남자	여자	
동부면	사 창 리	128	3.44	440	206	234	53.2
	산 곡 리	185	4.63	857	359	498	58.1
	덕 풍 리	130	4.45	578	213	365	63.2
	황 산 리	40	5.60	224	74	150	67.0
	둔 지 리	194	4.38	850	389	461	54.2
	팔 당 리	90	3.60	324	183	141	43.5
소 계		767 (722)	4.27 (4.05)	3,273 (2,921)	1,424 (1,325)	1,849 (1,596)	56.5 (54.6)
서부면	항 동	57	4.04	230	84	146	63.5
	춘 장 리	106	5.38	570	265	305	53.5
	초 덕 리	103	6.31	650	221	429	66.0
	감 천 리	151	5.10	770	323	447	58.1
	동음암리	59	4.39	259	104	155	59.9
소 계		476 (487)	5.21 (5.45)	2,476 (2,654)	997 (1,153)	1,482 (1,501)	59.8 (56.6)
합 계		1,243 (1,209)	4.63 (4.61)	5,752 (5,575)	2,421 (2,478)	3,331 (3,097)	57.9 (55.6)

출전:『여지도서』, 「경기도 광주조」. ( )의 숫자는 『중정남한지』에 의함.

춘장리·초덕리·감천리·동음암리의 5개 마을로 구성되고 있었다.[7] 이 가운데 동부면의 둔지리와 팔당리만이 강변을 중심으로 형성되었던 나루촌이었고, 나머지는 거의 모두 구릉지대에 있었던 동리들이었다. 물론 11개 동리는 행정적으로 편제된 행정촌락이었으며, 자연촌락은 아니었다. 그 내부에는 몇 개의 작은 자연촌락들이 있었다. 예컨대 행정촌 둔지리에는 구산·둔지·가래여울·망월포·상망·장수동 등의 자연촌락들이 있었다. 이들 동리의 호구수는 그리 많은 편은 아니었는데, 주목되는 것은 첫째 산곡리와 같은 전형적 구릉지대에 호구가 집중되고 있다는 사실과 둔지리와 같은 나루촌이 발달하고 있다는 사실이며, 둘째 전반적으로 남자의 수 보다는 여자의 수가 더 많다는 사실이다. 조선시대 하남지역의 호구실태는 <표 1>과 같다.

---

7)『輿地図書』, 京畿道 廣州 坊里.

Ⅳ. 조운(漕運)의 길목이었다.

교통이라고 하면, 사람들은 흔히 도로를 이용한 육상교통을 연상한다. 그러나 근대화 이전의 사회에 있어서는 육상교통이 그리 발달하지 못하였다. 왜냐하면 우리나라는 전반적으로 구릉과 하천이 많을 뿐 아니라 이를 극복하기 위한 교통수단 역시 발달하지 못하였기 때문이다. 따라서 육상교통의 발달은 제한적이었다. 비록 전국 각지에 도로가 개설되어 있다고 하여도, 그것은 역로와 파발을 중심으로 한 것이었기 때문에 주로 행정·군사적 도로로서 이용되었고, 화물의 운송과 같은 것은 수로를 통하는 것이 일반적이었다.

조선후기의 실학자 이중환(李重煥)은 『택리지(擇里志)』에서 사람이 살 터를 잡는데는 첫째 지세가 좋아야 하고, 그 다음은 인심이 좋아야 하고, 또 다음은 아름다운 산수가 있어야 한다고 하면서, 특히 지세에 있어서는 먼저 물길을 살펴 본 후에 들판의 형세, 산악의 모양 등을 헤아려야 한다고 하였다.[8] 이는 당시 선비들의 공통된 생각이라 여겨지며, 앞서 살핀 온조의 지세관과도 상통한다. 이때 물길을 이용하는 것이 선운(船運)이다. 조선시대에 있어서는 이를 조운(漕運)이라 하였다. 조선시대의 물류유통은, 특히 초기에 있어서는 국가가 각 지역의 농민에게서 징수한 세곡이 중심을 이루었다. 1년에 50만석 가까이나 되는 세곡을 각 지방에서 한양으로 운송해야 했던 조선왕조는 이를 정책적으로 관리하였으니, 조운제가 그것이었다. 조선후기에는 상품운송의 효율적 수단으로서 선박이 중시되어 민간 선운업이 발달하기도 하였다.

선운 또는 조운은 물길에 따라 크게 해운과 수운으로 나뉜다. 해운(海運)은 바닷길을 이용한 것이고, 수운(水運)은 참운(站運)·수참(水站)이라고도 하는데, 강이나 하천을 이용한 선운이다. 하남지역과 관련이 있는 것은 수

---

8) 『擇里志』 12, 卜居總論 1, 地理.

운이다. 수운에서 주도적 활동무대였던 곳은 한강이었고, 그 한강을 끼고, 상류인 충청도·강원도 나아가 경상도의 물화를 한양으로 이전시켜 주며 젖줄의 역할을 한 곳이 하남지역이었다. 한강 수운에서 볼 때 당시 하남지역은 한양의 목젖에 해당되었다.

한강변에 위치하여 그 영향을 받아야 했던 하남지역은 우선 국가의 물류유통에 있어서 주요한 활동무대였다. 즉 이 지역은 충청도·강원도·경상도 그리고 경기 남부지역에서 한양으로 오가는 길목으로서, 그 주요한 통로였던 한강의 수로를 끼고 있었기에 당시 하남지역에 살던 사람들은 세곡·공물 등과 같은 관물을 실은 배가 한양으로 저어가는 모습을 쉽게 볼 수 있었고, 때로는 그러한 배들이 여울에서 잘 나아가지 못할 때 부역으로 동원되어 배를 끌어주기도 하였다.

한강을 오르내리는 국가의 물류유통에서 중심을 이룬 것은 세곡을 실은 조운선이었다. 조운제 즉, 세곡의 운송은 당시에 있어서는 가장 조직적이고 규모가 큰 운송체제였다. 세곡은 국가재정의 바탕이었기 때문에 그 운송은 국가가 전적으로 책임지고 관리하는 조운에 의함이 원칙이었다.

조선시대의 조운제는 고려의 그것을 토대로 하여 정리되었다. 고려왕조 역시 국가재정의 바탕이 세곡이었기에 일찍부터 그 운송에 국가적 관심을 보였다. 국초에 고려는 연해안 및 강변 요처에 조운기지로서 포(浦)를 설치하고, 인근 지역의 세곡을 모아 쌓아두었다가 일정한 시기에 개경으로 운송하였다.[9] 고려초기 하남지역에 설치되어 세곡운송기지로 역할을 하던 곳으로는 노수포(鹵水浦)·종산포(從山浦) 등이 주목된다. 그밖에 인근 광주 지역에 상원포(尙原浦)·화평포(和平浦)·덕원포(德原浦)·동덕포(同德浦) 등이 세곡운송기지로서 그 역할을 하고 있었다. 노수포는 본래 미음포(未音浦)라 하였는데, 고려 성종이 명칭을 바꾸어 국가의 세곡운송기지로 개설되었다.[10] 현재 하남시 둔지 강변에서 미금시 수석동으로 오가던 나루를 뜻하였

---

9) 崔完基, 「고려조의 세곡운송」, 『한국사연구』 34, 1981, p.37.
10) 『高麗史』 3, 世家 3, 成宗 11년 11월 계사.

다. 나루촌은 양쪽 강변에 있었기에 때로는 광주군에서, 때로는 양주군에서 관리하였다. 조선시대에는 진촌진(津村津)·독포(禿浦)라고도 하였다.11) 이곳은 백제시대에는 해구(蟹口)라 하였던 곳으로서, 오랫동안 세곡선·상선들이 자주 드나들던 포구였다. 그후 한강 연안에 홍원창·덕흥창 등의 조창이 설치되고 있지만 그럼에도 불구하고 노수포의 기능은 계속되었다. 조선시대에도 그러하였지만 고려시대에도 수도 인근에서는 직접 경창(京倉)으로 세곡을 수납시키는 것이 관행이었기 때문이다. 다음으로 종산포 역시 고려시대 하남지역의 세곡을 개경으로 운반하던 운송기지였는데, 그 위치는 분명치 않다. 만일 광주 땅에 있었다면, 그 이름에서 오늘의 하남시 배알미리, 즉 조선시대 두미나루가 있었던 곳으로 추정된다. 여하튼 고려시대 하남지역의 한강연안은 세곡운송기지로서 일정하게 역할하고 있었다.

조선시대에는 조운제를 보다 체계적으로 관리하였다. 한양으로 도읍을 정함에 있어서 "조운이 통하지 않는다면 어찌 도회지라고 하겠는가"12) 하면서 조운에 대하여 적극적인 관심을 보였던 태조 이성계는 관선조운체제(官船漕運體制)를 지향하였다. 그리하여 연해에는 조창을, 강변에는 수참을 설치하고 소정의 운송선박과 뱃사공을 비치시켰다. 수참은 다시 좌수참(左水站)과 우수참(右水站)으로 나뉘어 좌수참은 한강유역, 우수참은 예성강유역을 관할하였는데 좌수참의 역할이 특히 컸다. 즉, 태조는 한양으로 천도한 직후, 용산강에서 충주 연천에 이르는 사이에 흑석진(黑石津)·광진(廣津)·진촌진(津村津)·심탄(深灘)·이포(梨浦) 등 7개소의 수로전운소(水路轉運所)를 설치하고, 각 소에 선박 15척, 뱃사공 30호씩을 배치하였다. 이는 말할 나위도 없이 한강수로에서 세곡의 운송을 안전하게 관리하기 위한 조처였다. 수로전운소는 1414년(태종 14) 수참(水站)으로 그 명칭이 바뀌고 있다.13)

---

11) 『重訂南漢誌』 상편, 山川.
12) 『太祖實錄』 3, 太祖 2년 2월 9일.
13) 『太祖實錄』 7, 太祖 4년 정월 11일.
　　『世宗實錄』 148, 「地理志」, 京畿 廣州·楊根·果川·川寧.

그런데 여기에서 특히 주목하고자 하는 것은 한강 연안의 7개 수참 가운데의 하나인 진촌진(津村津)이다. 『세종실록』에 의하면, 검단산 아래에 도미진(渡迷津)이 있고, 그 서쪽에 진촌진이 있으며, 다시 그 서쪽에 광진도(廣津渡)가 있다고 하였다.14) 이를 한강의 형세에서 살펴보면, 신평리 앞 강가의 나룻 아니면 둔지에 비정할 수 있는데, 세곡선과 같은 큰 배의 뱃길에서 헤아리면 나룻 보다는 둔지에 더 가깝다고 보인다. 실제로 둔지는 백제·고려시대에 포구로서 그 흥성함을 보였으니, 조선초기에 있어서도 충분히 수참이 설치될 수 있는 입지였다고 본다. 앞의 문헌에서는 진촌진에 대하여 고을 북쪽에 있다고 하였으니, 그 방향에 있어서도 둔지가 틀림없다. 진촌진은 나루로서, 나루 머리에 수참(水站)을 두었고, 참선(站船) 15척이 비치되어 인근 지역의 세곡을 운반하였던 것이다. 수참은 전술한 바와 같이 강이나 하천을 이용한 세곡운송을 의미하는데, 조선왕조는 고려왕조와 마찬가지로 한강을 이용한 세곡운송을 중요시하였으므로 한강 연변의 수참관리에 매우 유의하였다. 그러한 수참 기지의 하나가 둔지였던 것이다.

수참에서는 인근지역의 세곡을 비치된 선박으로 직접 경창에 운송 수납하는 것이 주요한 역할이었지만, 때로는 충주·원주·춘천 등지에 설치되었던 조창의 세곡선이 지나갈 때는 이를 안전하게 호송하는 것도 그 역할의 하나였다. 조선시대 한강 연안에는 좌수참에 속해 있던 조창이 3개소가 있었으니, 충주 연천의 덕흥창(德興倉), 원주 섬강 입구 흥호리의 흥원창(興原倉), 춘천의 소양강창(昭陽江倉) 등이 그것이었다. 이들 조창에서는 각기 충청도와 강원도의 세곡을 수납하여 참선으로 이를 운반, 서울의 경창에 납입하였다.15) 이때 진촌진 등 수참에서는 그들 세곡선을 안전하게 운항하도록 지원하였던 것이다. 그리고 수참은 세곡선이 운항치 않을 때는 하천관리에도 유의하였으니, 특히 당쟁이 부근에는 모래의 퇴적이 심하여 수심이 얕아

　『太宗實錄』 28, 太宗 14년 12월 일.
14) 『世宗實錄』 148, 「地理志」, 京畿 廣州.
15) 『經國大典』 2, 戶典, 漕轉.

지고 있었으며, 가래여울 등지에는 수중에 암석이 많아 이를 제거하지 않으면 안되었는데, 그 일을 수참이 맡고 있었다. 수참의 기능이 특히 강화된 것은 1403년(태종 3) 경상도의 세곡이 한강을 통해 수운되면서였다.[16] 경상도의 세곡은 처음에는 연해안의 조창, 즉 김해의 불암창(佛岩倉), 창원의 마산창(馬山倉), 사천의 통양창(通洋倉)에서 수납하여 남해안·서해안을 거쳐 해운되었으나, 영광의 칠산도, 태안의 안흥량 등지에서 세곡선이 거듭 침몰되는 사태가 일어나면서[17] 그 운송경로를 바꾸어 낙동강을 거슬러 상주까지 수운하고, 그곳에서 다시 문경 새재를 육로로 넘어 덕흥창 인근 창골에 별도로 세운 경원창(慶原倉)에 수납하였다가, 다시 한강 수로를 통해 경창에 납입케 한 것이다. 그후 1465년(세조 11)에는 인근 가흥리에 규모가 큰 가흥창(可興倉)을 세우고[18] 충청도 내륙지방, 경상도 여러 고을의 세곡을 일괄 수납하였다가 한강 수로를 통해 경창으로 운송케 하였으니, 그 운송물량은 10만 석 가까이 되었다.[19] 운송선박만 하여도 좌수참에 51척의 참선이 있었고, 연변 각 수참에 15척씩 있었다면, 1백여 척의 배들이 세곡운송을 위해 분주했음을 알 수 있다. 이로써 볼 때, 진촌진 등 각 수참의 역할은 여러모로 매우 지대하였다고 하겠으며, 당시 진촌진이 자리한 둔지의 지정학적 위상은 현저하였다고 하겠다.

　세곡의 운송을 통해 그 역량을 보였던 진촌진 등은 조선후기에 이르러는 새로운 역할을 맡기에 이른다. 바야흐로 진촌진이 군량미 운송기지로서 활동하게 된 것이다. 지금까지 운송되던 세곡도 군량미가 태반이었다. 즉, 한강유역의 세곡은 경창 중에서도 용산강변에 위치한 군자강감(軍資江監)에 납입되었고, 일부가 인근에 있던 풍저강창(豊儲江倉)에 수납되어 왕실의 경비로 쓰였던 것이다.[20] 그러한 군량미의 납입처가 조선후기에는 경창이 아

---

16) 『太宗實錄』 5, 太宗 3년 6월 11일.
17) 『太宗實錄』 5, 太宗 3년 5월 5일.
18) 『新增東國輿地勝覽』 14, 忠淸道 忠州牧.
19) 崔完基, 「조선전기 조운시고」, 『백산학보』 20호, 1976, p.418.
20) 『世宗實錄』 148, 京都 漢城府.

<표 2> 남한산성 소재 창고 및 보유 군량미실태

창고이름	창고수	칸수	군량미 실태 (단위 : 석)			
			대미	전미	콩	벼
영 창	24	201	8,111	1,732	200	－
구남창	7	78	1,473	584	1,335	－
신남창	7	81	919	739	2,517	53
신풍창	11	105	2,673	937	2,231	460
별 창	6	87	1,608	234	1,187	28
동 창	15	114	8,751	－	4,188	2,873
신북창	16	141	3,971	928	2,742	－
구북창	9	117	1,070	1,291	3,643	1,167
계	85	924	28,576	6,445	18,043	4,581

출전 :『중정남한지』 5, 창고

니라 남한산성의 수어청(守禦廳) 창고로 바뀌었다.

조선왕조의 수도였던 한양에 가까이 위치하고 있는 남한산성은 수도의 방비 또는 응급시의 보장처로서 일찍부터 주목을 받고 있었다. 실제로 1636년(인조 14) 병자호란 당시 국왕이 이곳에서 청나라 군사와 40여 일에 걸쳐 항쟁하기도 하였다. 그후 청의 압력이 강화되면서 남한산성은 방어진지로서 계속 중시되어, 산성과 주변의 관방시설을 보다 철저히 정비하고, 산성에는 2만 여명 안팎의 군사를 주둔시켰다. 2만 여명의 군병이 주둔하였다면 그에 상응하여 막대한 군량과 부대적 군수물자가 필요하였을 것이다. 그리고 유사시에 대비한 군량미의 비축도 필요하였다. 그러한 군량미와 군수물자를 보급하던 통로가 곧 하남지역에 있었다. 남한산성과 통하는 다른 길은 막대한 물량의 군량미·군수물자를 운송하기에 적합치 않았기 때문이다. 다만 송파진을 이용하여 산성의 서문으로 운송되는 경우가 간혹 있었다.

남한산성에 군량미를 비축하기 전에는 송파의 갑사창(甲士倉), 하남시 고골의 고읍창(古邑倉) 등에 나누어 보관했으나, 병자호란 때 이들 창고에 보관되었던 4만여석의 군량미가 모두 청군에게 약탈되자, 병자호란 후에는 산성에 영창 등 8개의 창고를 짓고 저장하였다.[21]

물론 이들 창고에 비치되었던 군량미는 시기에 따라 다소 차이가 있었다.

<표 3> 시기별 군량미 보유 실태 단위 : 석

시 기	군량미 액수	시 기	군량미 액수
1669(현종10)	51,294	1769(영조45)	82,196
1671(현종12)	25,129	1779(정조 3)	57,792
1674(현종15)	51,284	1788(정조12)	49,716
1675(숙종 1)	66,736	1842(헌종 8)	22,950
1682(숙종 8)	120,000		

출전 : 『중정남한지』 4, 군수

군비에 유념하여 그 비축에 힘쓴 때는 10만석이 넘는 경우도 있었으나 관심이 소홀한 때는 2만여석에 그치는 경우도 있었다.

이들 창고에 수납되는 군량미는 기본적으로 국가가 징수한 세곡이 주류를 이루었지만, 한편 수어청이 각지에 보유하고 있던 둔전(屯田)의 수확도 군량미로 충당되고 있었다.[22]

둔전이 전국 각 지방, 각 고을에 있었다고 할 때, 그곳에서 거둔 세곡 또는 세전은 바로 남한산성 창고에 수납되어야 했다. 조세금납화가 이루어지기 전에는 거의 모두 곡물로 징수되었다고 보이는데, 그 물량은 적지 않은 것이었고 그것은 대개 수운에 의해 운반되었다고 하면, 그 하역처는 하남지역 경내였다. 하남지역 경내에 군량미 하역처가 있었다고 하면 그곳은 어디였을까. 말할 나위도 없이 고려시대 이래 세곡운송기지였던 노수포 · 종산포의 터전인 둔지 · 배알미리 일대였다고 추정된다. 왜냐하면 당시 이 지역의 다른 한강유역은 넓은 저습지를 이루고 있어 홍수를 만나면 포구로서의 역할을 할 수 없는 결점을 갖고 있었기 때문이다. 현재는 올림픽대로가 있고, 그리고 그 안쪽 신평리에서 진등 · 장수동 · 둔지에 이르는 제방이 있어 홍수가 난다고 하여도 범람하지 않지만, 조선시대에 있어서는 큰물이 나면 그 일대는 거의 물바다를 이루는 경우가 다반사였다고 보인다. 즉 황해도, 충청도 연해지방, 전라도 등에서는 해로를 통해 한강 입구에 이르고, 그곳

---

21) 『重訂南漢誌』 5, 중편 倉庫..
22) 『重訂南漢誌』 5, 중편 屯田.

에서 한강을 거슬러 와서 둔지에 물량을 하역시켰으며, 충주·원주·홍천·횡성·이천 등 한강 상류지방에서는 배알미리에 물량을 하역시켰다고 본다. 다만 배알미리쪽은 협곡이 심하여 포구가 개설된 곳은 지형상 그 하류인 창모루 인근이었다고 보인다. 두 곳에 하역한 세곡·군자곡 등은 소정의 세미길을 지나 남한산성 북문을 통해 산성 창고에 납입되었다. 여하튼 미음진(둔지)·두미진(배알미리)의 나루는 단순한 나루가 아니라 외지에서 큰 배들이 드나들며 물화를 하역하던 포구로서 그 역할을 하였으므로, 특히 조선전기에는 국가의 물류유통기지로서 그 의미가 컸다.

V. 상인들의 왕래로 장이 서다

국가에서의 조운 항로 정비와 때를 같이하여 한강에서는 민간에 의한 사설 항로도 점차 개설되고 활성화되어 갔다. 한강 연안에서는 일찍이 고려시대에도 민간 선운업자들이 세곡과 같은 물류유통에 참여하여 나름대로의 항로를 개척한 적이 있었는데, 조선시대에 이르러서도 그들의 후손은 이 업무를 계속 맡고자 하였다. 조선시대 한양은 30만 명 가까운 인구—그것도 대부분이 소비인구였다—를 포용한 가장 번화한 도시였고, 그리하여 다양한 물건들이 대량으로 소비되는 경제적 위치에 있었다. 그 때문에 한양의 젖줄이었던 한강과 그 유역은 그 어느 하천보다도 경제성이 높은 곳이었다. 그 길목을 장악하고 있던 곳이 하남지역의 한강유역이었다.

한양 남쪽 강변에는 뚝섬·두모포·용산·마포·서강 등의 포구가 있었는데[23], 이곳을 거점으로 한 상인들, 즉 경강상인(京江商人)들은 전국 각지에서 물화를 운반해서 한양 시민에게 처분하였다. 강원도·충청도 내륙의 산물들이 이들에 의해 배로 운반하여 한양 남쪽 포구에서 거래되었는가 하면, 서해의 산물인 생선·소금·젓갈 등이 이들에 의해 한강 상류지역에 공

---

23) 高東煥, 『조선후기 서울상업발달사연구』, 지식산업사, 1998, p.218.

급되기도 하였다. 때로는 지방의 상인들도 그러한 거래에 참여하였다. 상인들은 한강을 오르내리며 그 유역의 포구에 접안하여 장사를 하였으니, 그러한 포구에는 장시가 개설되어 물류유통을 촉진시켰다.

『택리지』에 의하면, 동남쪽으로 청풍의 황강, 충주의 금천·목계, 원주의 흥원창, 여주의 백애촌, 그리고 동북쪽으로 춘천의 우두촌 등은 배가 서로 통하며, 아울러 장삿배가 외상거래를 하는 곳이라고 하였다. 특히 금천·목계에는 큰 장시가 있어 동해의 생선과 영남 산골의 산물이 모두 집산되어, 주민들이 사고파는 일에 종사하여 부유하다고 하였다.24) 생선과 소금을 교역하는 가게들이 빗살처럼 촘촘하여 한양의 여러 강 마을과 흡사하였으니, 배의 고물과 이물이 잇닿아서 하나의 큰 도회를 이루고 있다고 하였다. 여주 백애촌 주민들도 배를 갖고 장사함에 힘을 기울이는 바, 그 이익이 농사짓는 것보다 낫다고 하였다.

이들 강변의 선상들이 물류유통에 참여하게 된 동기는 세곡운반에 동원되면서였다. 당초 강변에서 농사를 지으며 고기잡이나 나룻배로써 부업을 하던 뱃사공들은 배를 만들고 부리는 기술이 발달하면서 보다 큰 배를 만들어 멀리까지 배를 부릴 줄 알게 되었다.

이를 파악하고 있었던 위정자들은 세곡을 운송하는 일에 사선(私船)을 동원하였다. 당시 세곡 운송은 조선·참선 또는 병선으로 운반하는 것이 원칙이었으나, 선박의 조달이 용이치 않아 태조 때부터 사선을 고용하여 세곡을 운반하였는데, 태종 때 조선이 대거 침몰되면서 사선들이 조운의 주역을 맡기에 이르렀다.25) 그러한 과정에서 그들은 나름대로 역량을 발휘하였고 일정하나마 이득을 취할 수 있었다. 그리하여 그들은 점차 그 임무에 자율적으로, 때로는 적극적으로 참여하면서 그 위상을 과시하였다. 중종 때의 특진관 신공제(申公濟)의 보고에 의하면, 당시 세곡의 조운은 거의 사선에 의

---

24) 『擇里志』, 「卜居總論」, 「生理」 및 「八道總論」, 「忠淸道」.
25) 『太祖實錄』 14, 太祖 7년 12월 일.
　　『太宗實錄』 28, 太宗 14년 8월 일.

존하였다고 한다.[26] 조운에 있어서 민간의 사설항로가 발달하기에 이른 것
이다. 둔지나 창모루에 세곡 또는 군량미를 운송함에 있어서도 참선만이 아
니라 이들 민간인에 의한 활동도 적지 않았을 것으로 보인다. 특히 조선후
기에는 물류유통이 전적으로 임선제에 의해 이루어지고 있었다고 할 때[27],
둔지나 창모루에서만 예외는 아니었다고 본다.

　당시 한강에서 활동하던 세곡운송선의 규모는 큰 배는 길이가 50자, 너비
가 10자 3치 이상이었고, 중간 배는 길이가 46자, 너비가 9자 이상이었으며,
작은 배는 길이가 41자, 너비가 8자 이상이었다. 그리고 그 배에 싣는 적재
량도 큰 배는 미곡 250석, 중간 배는 200석, 작은 배는 130석 이하로 제한하
고 있다.[28] 이러한 선박의 규모는 조선후기에 이르러 그 활동이 두드러지면
서 매우 커졌다. 이는 선박의 적재량 한도를 규정한 정부의 조처에서 쉽게
알 수 있다. 즉 한강을 주무대로 하던 경강선의 적재량 한도는 17세기 후반
500석에서 18세기 후반 1,000 석으로 늘어나고 있다. 그런데 실제 선박들은
법정 적재량을 초과하여 보통 1,500석을 실었으며, 2,000 석을 싣는 선박도
건조하고 있다.[29] 물론 이들 선박이 모두 수심이 얕고 강폭이 좁은 한강 상
류에서 활동한 배들이라고 보기는 쉽지 않으나, 오늘날보다 수량이 풍부했
을 당시에는 상당히 규모가 큰 배도 둔지 · 창모루 일대를 오갔으리라 생각
된다. 그러면 다음으로 한강에서 활동하던 선박은 얼마나 되었을까. 1660년
(현종 원년) 용산 이남 강촌에 정박한 선박들은 모두 191척이었다. 1702년
(숙종 28년) 조사에서는 200석 이상 실을 수 있는 배가 300여 적이라고 했
다.[30] 실제로는 이보다 훨씬 많았다고 보인다.

　세곡 뿐만 아니라 양반지주들이 농장에서 거두어들인 소작료의 운송도

---

26) 『中宗實錄』 65, 中宗 24년 5월 일.
27) 崔完基, 『조선후기 선운업사 연구』, 일조각, 1989, p.248.
28) 『世宗實錄』 113, 世宗 28년 9월 일.
29) 高東煥, 『조선후기 서울상업발달사연구』, 지식산업사, 1998, p.243.
30) 『承政院日記』 162, 顯宗 원년 6월 14일.
　　『承政院日記』 408, 肅宗 28년 12월 18일.

민간선인들이 맡았다. 당시 농장을 소유한 지주층은 내수사를 비롯하여 궁방·양반관료·부상대고 등이었는데, 그들은 거의 한양에 거주하는 부재지주였다. 그들의 농장은 전국에 걸쳐 있었는데, 한강유역에도 충주·원주·여주·이천·광주 일대에는 양반관료들의 농장이 다수 산재하고 있었다. 그러한 농장에서 거둔 소작료의 액수도 적은 것이 아니었다. 그것 역시 선박에 의해 운송되었는데 지주들이 소작료를 운반하기 위하여 자체적으로 배를 갖고 있는 경우가 없지 않았지만 대개는 선인들의 사선을 세내어 운반하였다.

　민간의 물류유통이 보다 두드러진 것은 정부의 세곡이나 양반관료의 소작료를 운송함보다도 조선후기 상거래를 직접 하게 되면서였다. 조선후기에 이르면 한양에 인구가 집중되는데, 그들은 대부분 소비인구였다. 따라서 한양은 최대의 소비시장이 되었고 또한 상공업이 발달하면서 전국의 물화들이 한양으로 집산되었다. 그러한 물류유통의 기지는 용산·마포·서강이 중심이었다. 그러나 이밖에도 조선후기에는 동작진·도모포·뚝섬·서빙고·양화진 등이 주요한 유통기지로 발돋움해 가고 있었다. 광주지역에서는 송파진·삼전도가 상인들의 유통기지로 주목받고 있었다. 특히 상설시장으로까지 변모하고 있었던 송파진에는 전국에서 가장 규모가 큰 장시가 열려 사상도고의 근거지가 되고 있었다.

　그런데 그 송파장이 본래 있었던 곳이 하남시 선동, 즉 둔지였다. 백제·고려 이래 흥성하던 포구였던 둔지는 조선시대에도 그 여세를 잇고 있었다. 그것은 진촌진(津村津)이나, 독포(禿浦)의 이름에서도 알 수 있다. 둔지포구 인근에 장시가 열려 한강 상류 또는 하류 지역의 물화를 거래하였던 것이다. 그러던 어느 때 홍수로 인해 장터거리가 범람하였고, 그리하여 사람들은 장터를 암사동 바윗절 부근 포구로 이전하였다. 지금도 그 인근에는 점촌이라는 마을이 있는데, 당시의 장터거리 주막촌이었다. 그런데 1647년(인조 25) 다시 큰 홍수가 일어 점촌포구 일대가 쓸려나갔고, 그리하여 사람들은 다시 현재의 석촌호수 남쪽 언덕으로 장터를 옮겼다.[31]

둔지·점촌·송파 등 외곽지대에 장시가 열린 것은 한양에서 텃세를 하는 시전상인(市廛商人)의 규제를 피하고자 한 것이었는데, 둔지에서 점촌을 거쳐 송파로 장터가 옮겨간 것은 단순히 홍수 때문만은 아니었다고 보인다. 이를 적극적으로 보면 사상인들의 활동이 본격화되면서 그들을 지금까지 견제하고 있었던 시전상인을 역으로 압도하면서 상권의 중심지인 한양으로 진출해 간 것으로 이해할 수도 있다. 여하튼 둔지 또는 송파의 장터거리에서는 미곡·잡곡·채소·담배·숯·옹기·소금·북어 등 다양한 물화가 유통되었다. 따라서 그곳에는 상인·뱃사공 뿐 아니라 객주·여객·주막 등 이에 관련된 사람들이 대거 몰려들어 매우 규모가 큰 마을로 자리해 갔으니, 앞서 살핀 바와 같이 당시 하남지역에서 둔지의 가호수가 가장 많았다.

다음, 하남지역에서 민간 물류유통의 기지로 주목되는 또 하나의 지점은 창모루 부근이다. 이곳에도 일제시대까지 장시가 있었는데, 신장동에 새로이 장터가 개설되면서 그에 흡수되어 폐쇄되었다. 창모루 부근 역시 일찍부터 두미진이란 나루가 있었고, 또 세곡·군량미 등 국가의 물류유통기지로서 그 역량을 보이던 곳으로서, 더구나 당시 광주부의 치소가 있던 고골지역과 남한산성으로 오가는 최단거리 통로의 입구였기 때문에 상인들이 이곳을 물류유통의 근거지에서 외면할 리 없었다. 그리하여 각지의 상선들이 이곳 포구에 집인하였고, 자연히 상거래가 활발해지면서 인근에 장시가 개설되기에 이른 것이다.[32]

---

31) 장터거리가 옮겨간 둔지 일대는 그 위세가 크게 약화되었지만, 나루의 기능은 계속되고 있어 주막촌 을 형성하면서 일정하게 역량을 보여 주었는데, 1925년 을축년 홍수때 마을 전체가 수몰되면서 다시 금 위기를 맞았다. 그리하여 사람들은 강변쪽 옛터에서 지금의 선동자리로 이주해 현재의 둔지를 형 성하였으나, 거의 같은 시기에 황산에서 덕풍동을 거쳐 경안에 이르는 신작로가 개설되면서 둔지는 교통의 길목에서 소외되기에 이르렀다(金永上, 「한강본류의 사적」, 『한강사』, 서울특별시, 1985, p.620).

32) 둔지와 창모루의 장터거리는 같은 시기에 함께 존재한 것은 아니라고 본다. 둔지와 창모루는 그 지정 학적 위치가 같은 상권에 포함되고 있었고, 거리가 서로

<표 4> 일제 초기 광주군 일대 장터 실태

장터이름	소 재 지	거 래 품 목	개시일
창 우 장	동부면 창우리	쌀, 보리, 콩, 과일, 면포	2, 7
송 파 장	중대면 송파리	쌀, 소, 소가죽, 면포, 명태	5, 10
산 성 장	중대면 산성리	쌀, 보리, 면포, 마포, 짚신	2, 7
경 안 장	경안면 경안리	쌀, 소, 면포, 마포, 명태	3, 8
곤지암장	실촌면 곤지암리	쌀, 보리, 면포, 명태, 잡화	3, 8
노 곡 장	도척면 노곡리	쌀, 보리, 면포, 도기, 저린생선	3, 8
우 천 장	남종면 우천리	쌀, 소, 면포, 명태, 해초	－

출전 : 조선총독부, 『조선지지자료』 34, 「시장상태」.

일반적으로 장시는 교통의 요지에 개설된다. 뭍길과 물길이 만나는 곳 또
는 뭍길과 물길이 만나는 곳 등은 그러한 위치였다. 둔지나 창모루는 뭍길
과 물길이 만나는 교통의 요지였다. 뭍길과 물길이 만나는 곳에는 인근의
농민들이 하루 안에 장을 보고 갈 수 있는 지역적 범위를 상권으로 하여 작
은 장터가 생겼다. 그러나 보다 규모가 큰 장터거리는 뭍길과 물길이 만나
는 곳에 형성되었다. 장터는 교통수단의 발달과 병행하여 발전하고 다변화
한다. 장터의 형성과 발전에 있어서 교통시설은 결정적 요인이다.[33] 조선시
대에는 전술한 바와 같이 배를 이용하는 것이 물류유통에서 커다란 비중을
차지하였다. 이는 20세기에 이르러 수상교통의 비중이 약화되고 육상교통
의 위상이 높이지면서 창모루 장터가 신장리에 그 역할을 빼앗김에서도 역
으로 반증되고 있다.

뭍길과 물길이 만나는 곳에 형성되었던 장터거리로서는 광주의 송파장 ·
사평장 · 충주의 목계장 · 여주의 이포장 · 은진의 강경장 · 박천의 진두장
등이 유명하였다. 뭍길과 물길이 만나는 곳에 형성되었던 큰 장터거리는 지
역 내에서의 물류유통의 중심지였을 뿐 아니라 뱃길을 통해 원격지 교역을

멀지 않은 곳이어서 동시에 병존할 이유는 없었다. 따라서 양자의 관계는 개설
시기의 선후와 관계가 있다고 보아야 할 것이다. 즉, 17세기초에 있었던 둔지
장터거리가 점촌, 이어서 송파진으로 옮겨가면서, 하남시 지역의 상거래를 위
해 창모루에 장터거리가 형성된 것으로 추정된다.
33) 정승모, 『시장의 사회사』, 웅진출판사, 1992, p.40.

맡기도 하였다. 즉 송파·둔지·창모루·이포·목계 등지의 장터거리는 한 강을 통한 뱃길로 연결되어 한강상류 및 하류, 그리고 한양지역과 서로 물화를 유통시켰으니, 상인들은 한강 상류지역에서 산채·담배·시탄 등을, 하류 지역에서 생선·소금·젓갈 등을 갖고 와서 이 지역의 농산물과 교역하였다. 아울러 한양에서 수집된 온갖 물화도 이들 장터거리에 공급되었다. 일제 초기 창모루 장터거리에서 거래된 물화들은 쌀·보리·콩·과일·면포 등이었는데, 조선시대에도 유사하였던 것으로 보인다. 이밖에 당시 전국적으로 거래되던 소금·굴비·북어·마포·저포·담배·놋그릇·질그릇·철물·목물 등도 적지 않게 거래되었던 것으로 보인다.

Ⅵ. 역촌이 형성되고, 주막이 생겨나다

조선시대 교통의 기본적 동맥은 도로에 있었다. 한반도 곳곳으로의 사람의 왕래, 소식의 전달은 거의 도로를 이용한 육상교통에 의존하고 있었다. 본래 교통의 기능은 떨어진 공간적 거리를 극복하기 위해서인데, 그 특성은 신속성·편의성·안정성·운반성에 있다.[34] 배를 이용한 수상교통이 안정성·운반성에 있다면, 육상교통은 신속성·편의성을 특징으로 한다. 특히 수상교통은 배가 다닐 수 있는 하천이나 해안이 정해져 있는 제한점을 갖고 있다. 그리하여 예로부터 길은 뭍길이 중심이 되고 있었다. 뭍길, 즉 도로는 원래 사람의 발에 밟혀서 자연발생적으로 생겨난 통로였는데, 전근대사회에서는 군사적 도로가, 근대사회에서는 경제적·사회적 도로가 발달하였다.[35] 조선시대의 도로 역시 상업의 발달에서 비롯된 것이 아니고 왕권의 유지와 이의 강화를 위한 정치적·군사적 이유에서 발달하였다. 조선왕조는 중앙집권체제를 지향하였다. 도로는 중앙집권체제를 유지하기 위한 통

---

34) 崔雲植, 『한국의 육상교통』, 이화여대 출판부, 1995, p.34.
35) 張諄河, 「길의 생성과 구성」, 『한국도로사』, 한국도로공사, 1981, p.26.

치수단의 하나였다. 이에 조선왕조는 구체적 표현으로서 한양을 중심으로 한 간선도로망을 개설하고 그러한 도로망에 역(驛)과 참(站)을 설치하여 기능을 강화하였으며, 도로의 요충지에는 원(院)과 점(店)을 설치하여 오가는 사람들의 교통을 안전하고 편이하게 하였다. 아울러 교통의 장애를 극복하기 위하여 도로를 막고 있는 산악에는 고개를, 도로를 절단시키는 하천에는 다리 또는 나루를 놓았다. 하남지역은 처음에 광주부의 일부로서 한양과 인접해 있었기 때문에 당시 매우 중요시되고 있던 광주부의 위상에 비례하여 이 지역에도 역과 원이 설치되어 교통의 편의를 제공하고 있었다. 예컨대 덕풍역과 두미원이 그것이었다.

조선시대 하남지역의 도로망 역시 국가적 도로망의 일환으로 편성되고 있었다. 조선왕조의 도로망은 특히 초기에 있어서는 고려시대의 역로를 거의 그대로 계승하여 왔으나, 후기에 이르러는 사회경제적 변동에 수반하여 여러 차례 변혁을 거쳐 몇 개의 주요 간선도로와 그에 수반되는 지선도로를 중심으로 국가적 도로망으로 편성되어 있었다. 그러한 도로망은 문헌에 따라서 다소 차이가 있는데,『증보문헌비고』에는 아홉 개의 대로, 신경준의 『도로고』에는 여섯 개의 대로, 김정호의『대동지지』에는 열 개의 대로를 설정하고 있다. 그런데 이들 가운데 어느 노선을 살펴 보아도 하남지역에는 국가적 간선도로망이 지나지 않았다.

그렇다면 당시 하남지역은 국가적 도로망에서 사각지대였던가? 하남지역의 도로망은 치소(治所)의 위치와 관계가 깊다. 조선시대 광주치소의 당초 위치는 현재의 하남시 춘궁동을 중심으로 한 고골지역이었다.[36] 따라서 이 시기의 도로망은 고골지역을 중심으로 개설되었다. 그것은 당시 이 지역을 중심으로 편성된 역로에서 알 수 있다.『세종실록』에 의하면 당시 광주지역의 역로는 덕풍역을 중심으로 경안역·낙생역·봉안역으로 이어지고 있었다.[37] 이는『동국여지승람』에서도 확인되고 있다.[38] 이로써 볼 때 당시의

---

36) 李永閔,『광주치소의 이전과 고골지역 촌락 변화에 관한 연구』, 서울대대학원 석사학위논문, 1991, p.7.

도로망은 독포, 즉 둔지 강변에서 고골에 이르는 길, 광진에서 황산을 거쳐 덕풍역에 이르고, 여기에서 도미원(渡迷院)이 있었던 두미나루를 건너 봉안역에 이르는 길, 또는 엄현을 넘어 경안역에 이르는 길이 주요 도로였다고 추정된다.

그런데 이러한 도로망은 조선후기에 이르러 다소 변경되고 있다. 그것은 지금까지 고골지역에 있던 치소가 1626년(인조 4) 새로이 산성이 축조되어 요새화된 남한산성의 성안으로 옮겼기 때문이다.[39] 그리고 조선후기에는 곳곳에 장터 거리가 형성되어 장돌뱅이들이 오가는 샛길이 새로이 개척되기도 하였으니, 하남지역과 그 인근에는 당시 덕풍장·창우장·성내장·경안장·송파장·마석우장·봉안장 등이 성황을 이루고 있어, 이들 장터거리를 연결하는 도로가 개설되고 있었다. 실제로 당시의 지도·지지에서 살펴보면 검단산·금암산 일대를 제외하고는 강변·들판·계곡을 중심으로 도로망이 조밀하고 있다.『여지도서』에는 하남지역이 속한 광주부의 도로로 한 개의 대로와 세 개의 소로 등 네 개의 도로망이 소개되고 있다.[40]

① 송파대로(노선길이 36㎞) : 송파진－율목－산성남문－성안－산성동문
　　－경안역－쌍령－광현
② 둔지소로(노선길이 28㎞) : 둔지나루－온정리－덕풍역－고골－산성북
　　문－성안－성안동문－ 경안역－세피천－오포
③ 용진소로(노선길이　48㎞) : 용진－마재－광지원－산성암문(한봉)－성
　　안－산성남문－율목－ 율현－신원－과천－군포－반월
④ 사평소로(노선길이 46㎞) : 사평진－압구정－부리도－송파진－광진－
　　덕풍역－창모루－두미 진－봉안－양근

여기에서 하남지역을 관통하는 도로는 ② 둔지소로와 ④ 사평소로이다.

---

37)『世宗實錄』148,「地理志」, 京畿 廣州.
38)『新增東國輿地勝覽』6, 京畿 廣州牧, 驛院.
39)『重訂南漢誌』1, 상편, 建置·城池.
40)『輿地圖書』, 京畿道 廣州, 道路.

이들 도로는 소로라고 하지만, 광주부내의 교통에 있어서는 송파대로 못지
않은 중요한 통로로서, 군량미의 운송로, 장돌뱅이의 교역로로서 그 역할이
컸다. 둔지소로는 둔지나루를 건너면 한양에서 평해에 이르는 국가의 간선
도로와 만나게 될 뿐 아니라 백제시대 이래 주요한 물류유통의 기지였던 둔
지나루와 광주부의 치소가 있던 고골지역과 남한산성 성안을 연결시켜 주
고 있었다. 따라서 세곡·군량미 등을 운반하던 세미길로서 역할하였고, 장
돌뱅이들이 양주의 장터거리에서 덕풍장을 보고 성내장·낙생장·오포
장·경안장을 순회하던 중요한 교통로였다.41) 다음 사평소로는 한강의 수
로와 어깨를 나란히 하며 이어지는 길로서, 주로 장돌뱅이들의 교역로로 이
용되었다. 즉 사평장·송파장·덕풍장·창우장·봉안장·사탄장이 이 길
로서 연결되고 있었다.42) 이런 사실로 볼 때 둔지소로와 사평소로는 소로라
는 그 이름과 달리 사람들의 왕래가 분주하였던 하남지역의 간선도로였다.
하남지역의 육상교통은 두 도로를 축으로 하여 여기에 간로(間路)가 개발되
면서 발달하였던 것이다.

  간로는 서북쪽 지역을 중심으로 발달하였는데, 이는 지형적으로 길을 내
기가 평탄하였을 뿐만 아니라 조선후기 한양이 대규모의 상업도시로 변모
하면서 한양으로 오가는 각 동리 사람들의 발길이 잦았기 때문이라고 여겨
진다. 주요한 간로는 덕풍역에서 동경주—산곡리—엄현—광지원에 이르는
길, 동경주에서 교산리—하사창리—상사창리에 이르는 길, 춘궁리에서 광
문현—광암리—감일리에 이르는 길인데, 이들은 계곡 또는 고개를 이용한
길이었다. 덕풍역에서 광지원에 이르는 길은 오늘의 43번 국도로서 현재에
는 하남지역에서 가장 번성한 산업도로이다. 작고한 하남시의 문화원장 이
철재씨에 의하면, 동경주에서 상사창리에 이르는 길은 둔지소로와 함께 조

---

41) 崔完基, 「조선후기 송파장의 도고활동」, 『도시행정연구』, 1993, p.160.
42) 사평소로의 창모루에서 두미진에 이르는 길은 도미천(渡迷遷)이라 하는 천도(遷
   道)였다. 천도란 하천 변의 절벽 위에 만들어진 길로서, 벼랑을 따라 돌을 파서
   만들었기에 길이 좁고 위험하여 사람들이 통행하는 데에 지장이 많았다. 그러
   나 이 길은 평해대로와 만나기 때문에 이용하지 않을 수 없었다.

선시대 남한산성에 군량미·세곡 등을 실어나르던 중요한 세미길이었다. 즉 한강의 수로를 이용하여 전국 각지에서 거둔 세곡·군량미·둔전세 등은 둔지나루·창모루에 각기 하역, 그곳에 있던 창고에 보관하였다가 일정한 시기에 마차·소·등짐을 이용하여 산성 밑 골짜기에 있던 하사창·상사창으로 운반·보관하였고, 여기에서 다시 등짐으로 산비탈을 올라 산성 안의 여러 창고에 나누어 저장하였던 것이다.[43] 춘궁리에서 감일리에 이르는 길은 백제시대에 개통된 길로서, 당시의 도읍터였던 고골·이성산성 쪽과 몽촌·풍납토성쪽을 이어주는 중요한 통로였었다. 조선시대에는 덕풍리·교산리 일대에서 송파진에 이르는 최단거리의 길로서, 과거를 보거나 한양거리를 구경하기 위해 나다니던 길이었고, 조선후기에는 고골지역·송파장에 장보러 가는 길이기도 하였다.

강변 쪽에 형성된 간로로는 둔지나루에서 구산 앞강의 모래벌을 지나 미사리에 이르는 길과 사평소로의 황산에서 진등을 거쳐 미사리에 이르는 길이 있는데, 이는 덕소나루를 건너 평구역에 이르는 통로였다. 황산에서 온정리·신평리를 거쳐 창모루에 이르는 길도 있는데, 이는 광나루에서 두미나루에 이르는 직선도로였다. 신평리에서 당쟁이 나루를 건너 동막에 이르는 모랫벌길도 사람들의 내왕이 많았다. 그밖에 가래여울, 구산에서 망월포, 온정리에서 초일리·광암리를 거쳐 마천리, 해천(게내)에서 초이리·감북리를 거쳐 감일리, 하사창리에서 마은동에 이르는 샛길 등이 있어 마을과 마을을 연결해 주었다.

이러한 도로에는 노폭·노면 등에 의해 대로·중로·소로·간로·농로 등의 등급이 정해져 있었다. 『반계수록』에 의히면, 대로는 폭이 12보 이상, 중로는 9보 이상, 소로는 6보 이상으로 규정하고 있다. 그러나 그대로 도로가 닦여진 것이 아니었고, 그 지형 조건에 따라 상당히 차이가 있었다. 예컨대 산곡리에서 광지원에 이르는 고갯길, 고골지역에서 광암리로 넘어가는 고갯길, 법화골에서 남한산성에 오르는 길, 창모루에서 배알미리 두미나루

---

43) 李永閌, 앞의 논문, p.16.

에 이르는 길 등은 노폭이 3보 이내였고, 경사가 급하거나 노면이 좋지 않아서 수레의 통행은 거의 불가능하였다.[44]

조선시대 하남지역의 도로가 국가에 의한 강제적 조치에 의해서 형성되었건, 주민의 자율적 생존에 의해서 생겨났건 간에 중앙집권체제를 지향한 조선왕조는 일차적으로 이 지역의 도로를 국가 관리하에 두고자 하였다. 그러한 사실은 덕풍역(德豊驛)의 설치에서 쉽게 알 수 있다.

덕풍역은 현재의 덕풍동 역말에 있었는데, 역마 7필을 보유하고 소정의 역리·역졸들이 역을 관리하며 도로를 운영하고 있었다.[45] 국가에서는 역의 관리를 위해 동부면·서부면 등지에 위토 60결 정도를 지급, 경비에 쓰도록 하였다. 이는 이 지역의 도로가 국가의 관리아래 있었음을 증명하는 것이다.

역이란 관리의 왕래, 공문서의 전달, 공물의 운송을 맡은 육상교통조직을 말한다. 우역(郵驛) 또는 역참(驛站)이라고도 하였는데, 보행을 통한 것이 우(郵)임에 대하여 역(驛)은 마필을 이용하였다. 도로를 이용하고 왕래하기 때문에 교통이라 하지만, 엄밀히 살펴보면 국왕의 명령이나 변경의 급보를 전하는 전달에 특성이 있기 때문에 통신체계를 지칭한다. 조선왕조로서는 왕권의 강화와 국토의 방위를 위해 역이 차지하는 중추신경적 기능을 중요시하지 않을 수 없었다.[46]

조선시대의 역로(驛路)는 역도(驛道)를 중심으로 구성되었다. 역도라는 것은 도로의 상태, 중요도 및 거리에 따라 여러 곳의 역을 묶어 역승이나 찰방의 지휘 감독 아래 순찰하면서 역을 관리하는 체계를 말한다.[47]

---

44) 『磻溪隨錄』 22, 「兵制後錄」, 郵驛.
45) 『重訂南漢誌』 3, 상편, 驛傳.
46) 崔完基, 「조선사회의 길」, 『한국도로사』, 한국도로공사, 1981, p.135.
47) 1개의 역도는 수 개, 또는 수십 개의 역이 묶여 구성되었는데, 이를 관장 통솔하는 외관이 역승 또는 찰방이었다. 삼남지방에서는 역승으로, 참이라 불리운 북부지역에서는 찰방으로 불리웠는데, 점차 남 부 지방에서도 찰방으로 그 이름을 바꾸더니, 1535년(중종 30)에는 역승을 모두 혁파하고 찰방으로 대 체하였다. 그 품계는 종6품관이었다(趙炳魯, 『조선시대 역제 연구』, 동국대대학원 박사학

『경국대전』에 의하면, 41개의 역도에 537개 역이 운영되고 있었다.[48] 덕
풍역은 경안도(慶安道)에 소속되어 경안역에서 한양까지의 역로를 관장하
고 있었다. 이 역로는 소로에 해당하였지만, 대로였던 양재도(良才道)·영서
도(迎曙道)에 못지 않은 중요한 길이었다. 예컨대 왜인들이 바치는 공물은
경상도·충청도의 여러 역을 거쳐 여주의 안평역, 이천의 오천역 등을 지나
경안역·덕풍역을 통해 한양으로 운송되는 것이 일반적이었다.[49] 덕풍역에
는 처음에는 역승(驛丞), 후에는 찰방(察訪)이 역무를 총괄하였는데, 그 밑에
각 역에는 역장이 있었고, 다시 그 휘하에 소정의 역리·역졸들이 있었다.
조병로 교수의 연구에 의하면, 아전·통인·지인·사령·서자·급수·구
종·일수·장교·노비·보인·솔인 등 다양한 계층의 사람들이 어울려 역
무를 보면서 거주하고 있었는데[50], 따라서 그러한 역에는 역촌이 일정하게
형성되고 있었다고 한다. 덕풍동 역말과 같은 곳이 그러한 역촌이었다.

　역에는 역마가 비치되어 교통의 편의를 제공하였으니, 관리들이 말을 사
용할 때는 마패(馬牌)라는 증명이 필요하였다. 구리로 만든 둥글고 납작한
모양의 마패는 앞면에 발행 연월일과 발행처인 상서원인이 새겨지고, 뒷면
에 이용할 말의 수효를 나타내는 말의 그림이 새겨져 있었다.[51] 경우에 따
라서 역에는 교자와 수레도 비치되어 쓰임새에 따라 이용되었다.

　그런데 덕풍역 역시 광주부의 치소가 조선후기에 춘궁동의 고골 지역에
서 남한산성의 성 안으로 옮겨지고, 그에 따라 역로가 송파-율목-성안-
경안-곤지암-이천으로 발달하면서, 그 기능이 점차 약화되어 갔다.

　역이 교통시설이었다면, 원과 점은 그에 수반된 숙박시설이었다. 원은 공
적 시설이었고, 점은 사적 시설이었다. 즉 원은 공적인 임무를 띠고 지방에
파견되는 관원들에게 잠자리와 먹거리를 제공한, 이를테면 공공여관이었는

위논문, 1990, p.31).
48) 『經國大典』 1, 「吏典」, 外官職.
49) 『世祖實錄』 8, 世祖 3년 7월 17일.
50) 趙炳魯, 앞의 책, p.89.
51) 『經國大典』 4, 「兵典」, 驛馬.

데 역과 같은 장소에 설치되는 경우가 많아서 역원(驛院)이라고도 하였다. 원은 본래 사찰에서 운영하던 숙박시설이었다. 그 원은 사찰의 경내에 있는 경우도 있었지만, 경내를 벗어나 사람이 많이 통행하는 대로의 요충지에 설치되는 경우도 많았다. 승려들이 이 절에서 저 사찰로 여행할 때 이용하였는데, 때로는 신도나 상인들이 머물다 가기도 하였다. 원은 무엇보다도 숙박시설을 제공하는 데 큰 의미가 있었다. 피곤한 사람이 쉬어가고 자야할 사람에게 잠자리를 제공하며, 도적이나 산짐승의 해를 막아 주었다.[52]

역참제를 통치수단으로 정비한 조선왕조는 아울러 원을 국가가 직접 관리하고자 하였다. 그리하여 30리마다 원을 설치하였는데, 지형조건에 따라 평지에서는 30리가 더 되었고, 산악지대에서는 30리가 되지 않았다. 그것은 주요 교통로를 따라 설치되었다. 도로가 고을과 고을로 이어지면서 그 도중에 크고 작은 고개마루 또는 나루를 지나야 했는데, 원은 대개 이러한 고개마루·나루터·골짜기 입구 등에 있었다.

당시 하남시 주변에는 사평원·판교원·동양원·말을천원·황교원·쌍령원·금척원·이보원·봉헌원·둔입원·대야원·두미원·인덕원·사근내원·정금원·광진원 등이 있었는데, 고개마루에 있던 원으로는 쌍령원(雙嶺院)·이보원(利保院)을 들 수 있고, 나루터에 있던 원으로는 두미원(斗迷院)·사평원(沙平院)·광진원(廣津院) 등을 살필 수 있다.[53] 특히 두미원은 두미진 입구에 있었는데, 사평소로를 따라 양근·원주 지방으로 출장가는 관원이 나룻배를 기다리면서 머물다 가는 곳이었다. 물론 때로는 일반 행인에게도 휴식 및 투숙처로 제공되기도 하였다. 그러나 공무로 출장가는 관원은 고을의 객관을 주로 이용하였고, 또 역에서 숙식을 제공하는 경우도 있어서 쇠락해 갔다.

정부가 원의 운영을 강화하고자 하였음에도 그 이용자가 제한되었고, 더구나 원주전도 점차 감축되어 16세기 이래로는 그 운영이 곤란해지면서 그

---

52) 李炳熙, 『고려후기 사원경제의 연구』, 서울대대학원 박사학위논문, 1992, p.107.
53) 『重訂南漢誌』 3, 상편, 站院.

역할이 부진하더니, 임진왜란·병자호란을 거치면서 거의 폐허화되었다.[54]

원이 폐허화되면서 조선후기에는 점, 즉 주막이 활성화되었다. 이는 공무 여행 보다 상인 등 민간인의 여행이 활발해졌기 때문이다. 상인들은 사용이 제한된 원을 이용하기보다는 보다 자유로운 민간의 점을 이용하고자 했다. 숙박비를 내더라도 마음대로 이용할 수 있는 점이 편했기 때문이다.

주점(酒店)·여점(旅店)·점막(店幕)·야점(夜店) 등으로도 불리운 주막은 영리를 추구하며 운영되던 전문적 숙박업소였다.[55] 이 시기 도시에서는 객주(客主)·여각(旅閣)이 숙박업소로서 이용되었는데, 시골에서는 주막이 여행객에게 술과 밥을 팔면서 때론 잠자리를 제공하였다. 주막의 기원은『삼국유사』에 의하면 신라 중엽이었다고 여겨진다. 즉 김유신이 젊었을 때 천관이란 여인이 운영하던 주막에서 술을 마시고 잠자리를 했다는 설화가 전해온다. 조선초기의 청백리 맹사성이 용인의 주막에서 시골 양반에게 업신여김을 당하고, 농지거리를 했다는 이야기도 있다.

주막은 조선후기에 이르러 크게 흥성하였다. 당시 사회경제적 변화로 상공업이 발달하면서 여행자의 수가 급증하였으며, 더구나 장시가 곳곳에 생겨나면서 장시를 오가는 사람들이 길거리에 넘쳐나고, 이에 따라 여행객을 위한 휴식 및 숙박시설이 요청되었던 것이다. 주막은 장터와 같이 사람들이 많이 모이는 곳이나 큰 고개 밑, 나루터 등 교통의 길목 그리고 조선후기 새로운 일터로서 주목된 광산촌·포구 등에 많이 생겨났다.

주막은 개설이 자유로웠다. 예전의 원은 30리 간격을 원칙으로 하였으나 주막은 그러한 원칙을 따를 필요가 없었고, 그리하여 한 곳에도 여러 주막이 생겨났다.

하남지역에는 교통의 길목에 주막이 형성되고 있었다. 즉, 광진에서 하남지역으로 여행하거나 장을 보려는 사람들은 초이동 입구, 고덕천 연변의 해천점(蟹川店) 주막에서 요기를 하고 덕풍장을 본 다음, 두미원 방향으로 길

---

54)『大東地志』27, 정리고.
55) 崔永俊,『영남대로』, 고려대 민족문화연구소, 1990, p.284.

을 떠나거나 아니면 경안 방향으로 여정을 잡아야 했다. 경안 방향으로 여정을 잡는다면 엄현이라는 큰 고개를 넘어야 했는데, 계곡이 깊고 후미져 쉽게 넘을 수 없었다. 이에 고개 밑의 엄현점(嚴峴店) 주막에서 숙박을 하면서 쉬어가야 했다.[56]

　주막의 크기는 곳에 따라 달랐다. 장터거리와 같이 사람들이 많이 모이는 곳의 주막은 방이 여러 개에다 곳간과 마굿간이 있어 행상인들의 물건을 맡아주기도 하고, 마굿간에서 소·말이나 당나귀 등에 먹이를 주기도 하였다. 송파장과 같이 흥청거린 장터거리에는 이러한 주막들이 여럿 있었다. 이른바 주막촌을 형성하였다. 그러나 대부분의 주막은 한두 칸 정도의 온돌방과 술청으로 이루어진 작은 건물이었다. 온돌방은 10여명이 함께 혼숙할 수 있게 되었는데, 봉놋방이라고도 불렀다. 주막은 그곳을 알아 볼 수 있도록 문짝에 '주(酒)'자를 써 붙이거나, 등을 달아 놓았다. 해천점이나 엄현점은 이러한 모습의 주막이었다고 본다.

　주막에서는 술과 먹거리를 팔고 잠자리를 제공하였는데, 보통 음식값 외에는 숙박비를 따로 받지 않았다. 숙박비를 받지 않았기 때문에 숙박객에게 침구를 따로 제공하지 않았다. 이러한 주막은 대개 서민들이 이용하였는데, 길가는 나그네는 물론이고 장터를 옮겨 다니는 장돌뱅이들이 많이 이용하였다.

Ⅶ. 향교가 설치되고 서당이 보급되다

　1392년 조선을 건국한 사대부들은 충효(忠孝)와 삼강오륜(三綱五倫)을 내세우는 성리학을 정치이념으로 한 교육을 장려하였다. 과거제도 역시 이러한 유교적 학문을 중심으로 시행되었다. 결국 이러한 교육은 일반 평민을 위한 교육이라기보다 지배층의 정치적 이상을 실현하기 위한 것이었다. 그

---

56) 『重訂南漢誌』 3, 상편, 站院 酒店.

러므로 교육 대상은 양반으로서 관직진출이나 개인적 수양을 위한 교육에 치중되었다.

이러한 사상적 배경을 근거로 한 조선시대 교육제도는 관학(官學)으로 서울에 '성균관(成均館)'과 '사학(四學)', 지방에 '향교(鄕校)'가 있었고, 사학(私學)으로 '서원(書院)'과 '서당(書堂)'이 있었다. 특히 향교와 서당은 지방민에 대한 중앙정부가 요구하는 유교적 정치이념을 전달하는 중요한 기관이었을 뿐만 아니라, 지방의 교육시설을 통해 지방문화를 이해할 수 있다는 점에서 관심의 대상이 되고 있다.

향교는 각 지방에서 인재를 양성하고 유학이념을 교육하기 위하여 '일읍일교(一邑一校)'의 원칙으로 설립된 관학 교육기관인데, 그 발단은 고려초부터 중앙집권체제를 강화하기 위해 군현(郡縣)에 박사와 교수를 파견하면서 시작된 향학으로 보고있다. 물론 향학 자체가 향교로 바로 이어졌는지는 알 수 없지만, 고려중엽 1127년(인종 5)에 왕이 여러 주에 학교를 세우도록 조서를 내렸다는 기록이 있는 것으로 보아, 적어도 이 시기가 되면 각 지방에 학교가 설립되었던 것이 분명하며 이것이 향교의 전신이었던 것으로 생각된다.

조선의 태조는 건국 직후부터 향교의 보급과 개선에 적극적이었다. 그래서 각 도의 관찰사로 하여금 향교의 실태를 통해 수령의 치적을 평가하는 방침을 세우고, 즉위하던 해부터 전국의 군현에 향교를 세우도록 했다. 향교의 제도는 기본적으로 성균관을 모방하였기 때문에 문묘와도 불가분의 관계를 가지고 있었다. 그래서 향교의 규모도 성균관을 기준으로 대성전과 문묘를 두어 선현의 위패를 모서 놓고 제사를 지냈으며, 유생들을 교육시켰다. 게다가 향교는 조선후기에 들어서는 서원(書院)이나 향청(鄕廳) 등과 함께 재지사족들의 이해와 밀접한 관련을 맺고 있는 향촌기구이기도 하였다.[57]

현재 하남시 교산동(校山洞)에 있는 광주향교도 언제 설립되었는지는 정

---

57) 尹熙勉, 『朝鮮後期 鄕校研究』, 一潮閣, 1989.

<표 5> 『사마방목』에 기재된 광주와 인근지역 거주인물 분포표

구분＼지역	경기도 전체	광주	양주	여주	파주	이천	용인	양근	양지	수원
기재 인물수	3714	345	351	202	95	107	139	97	42	266
분포율	100%	9.3%	9.5%	5.4%	2.6%	2.9%	3.7%	2.6%	1.1%	7.2%

확하게 알 수 없으나, 조선전기의『세종실록』, 「지리지」에 등장하는 광주향교가 오늘의 광주향교라고 생각된다.

향교는 관학이었기 때문에 국가에서 학생들을 가르칠 교관(敎官)들을 파견하였다. 『경국대전』에는 향교에 교수(敎授)와 훈도(訓導)를 두도록 규정하고 있는데, 조선시대의 군현은 전국적으로 약 330여개 소에 달하였으므로, 이들을 모두 중앙에서 파견하기는 무척 어려웠다. 그래서 정식 관리가 아니면서 교수직을 담당하는 교도직(敎導職)이나 학장(學長)의 명칭으로 그 지역 출신의 생원이나 진사 가운데에서 선발하여 충당하기도 했다. 그러나 법제상으로는 도호부이상 군현의 교수는 문과의 급제자 중에서 임명하도록 되어 있었으므로 적절한 인물을 배치하는 것에 많은 어려움이 따랐다. 왜냐하면 문과에 합격한 자가 지방의 교관직에 부임하기를 원하지 않았기 때문이다. 그리하여 태종대부터 여러 차례 교수직에 대한 유인책과 논공행상의 방책을 제시하였지만, 향교의 교수직에 대한 기피현상은 여전하였다. 그리하여 중종 때에는 경전 하나 제대로 이해하지 못하는 자가 군역을 면하려고 교수직에 머물렀다는 기록이 나올 정도로 충원에 어려움이 있었다. 따라서 향교교육은 교관부족은 물론 교관의 질적 저하로 심각한 위기를 맞이하게 된 것이다.[58]

이러한 향교의 교관부족과 질적 저하 문제는 교관 파견을 중지하는 상황에까지 이르게 된다. 1568년(선조 1)에 그 지방의 칭송받을 만한 자를 교수와 훈도로 삼게 하는 정책을 발표하는데[59], 이 때문에 국가는 교관을 파견

---

58) 金明友, 앞의 논문, 1998, p.97.
59) 『宣祖實錄』, 宣祖 1년 1월 일.

하는 대신에 이러한 향교를 감독하게 되는 관리들을 파견하게 되는 것이다. 이들이 바로 제독관(提督官) 혹은 교양관(敎養官)으로 불리는 관리들이다.[60] 제독관은 소속된 향교를 순회하며 교육을 권장하거나 훈도의 교육성과여부를 평과하여 예조에 보고하는 일 등을 맡았다.[61] 그러나 이러한 방법으로 향교교육이 정상화 될 수는 없었고, 게다가 서원을 비롯한 사학(私學)의 성장은 국가로서 향교에 대해 교관을 파견할 필요성을 덜 느끼게 되었던 것이다. 결국 18세기 중엽 영조대에 이르면 향교에 파견되던 교관직은 없어지게 된다. 그리하여 이 시기가 되면 향교는 교육적 기능보다는 문묘의 향사 기능만 남게 되었으며, 교육의 기능은 서원과 서당이 전담하게 된다.

구체적으로 광주향교에 어떤 인물들이 교관으로 파견되었는지 알 수 없다. 다만 제독관이 파견되는 1586년(선조 19) 이후에도 대읍(大邑)에는 교수를 파견하고 있는 것으로 보아[62], 기록에 의하면, 광주향교에는 18세기에도 교관들이 파견되어 교육을 담당했던 것으로 보인다.[63]

그렇다면 광주향교의 교육은 다른 지역에 비해 어떤 수준이었을까? 이런 의문에 대한 구체적인 사료는 현재 남아있지 않지만, 생원·진사시에 합격한 사람들의 내력을 기록한『사마방목(司馬榜目)』의 분석을 통해 그 일면을 이해할 수 있지 않을까 생각된다.[64]

<표 5>는『사마방목』에 기재된 인물 가운데, 광주군과 인근지역에 거주하였던 인물들의 분포를 알아본 것이다. 표에서 알 수 있듯이, 경기도 전체

---

60) 제독관을 교관의 일종으로 이해하는 견해도 있다(李範稷, 「향교」, 『한국민족문화대백과사전』, 1991). 그러 나 인조대에 파견된 제독관은 경상도와 전라도에 각 4명, 평안·황해·함경도에 각 3명, 경기·강원도에 가 2명씩이다. 따라서 이런 적은 숫자의 제독관들이 각 향교에서 교관으로 활동하였다고 보기는 어려우 며, 명칭 그대로 여러 학교를 순찰하는 감독관의 역할이 중시되었을 것이다.

61) 金明友, 앞의 글, 1998, p.98.

62) 『仁祖實錄』 인조 1년 6월 신미조 ; 『孝宗實錄』 효종 2년 7월 계묘조.

63) "處世高絶 生理甚艱 雖設敎官 士子必無就學入居之理 置之爲白乎旀"(『備邊司謄錄』85, 英祖 5년 6월 일)

64) 『司馬榜目』은 16세기 이후의 생원·진사시 방목은 거의 95% 이상 남아있다(崔珍玉, 「15世紀 司馬榜目 의 分析」, 『淸溪史學』, 1988, p.137).

생원·진사시에 합격한 사람들 가운데 광주지역에 거주하는 사람들이 약 9.3%를 차지하고 있다. 그 인원수는 경기도지역에서 개성부(559명, 15%)와 양주군 다음으로 많은 인원이며, 전국적으로도 14번째로 많은 숫자이다. 경기도 다른 지역과 비교하여 보았을 때도 비슷한 규모로 여겨지는 여주나 파주에 비하여 월등히 많은 수를 차지하고 있다. 따라서 생원·진사시에서 합격자를 많이 배출하고 있다는 사실은 광주지역에 거주하고 있던 학생들의 교육 수준이 비교적 다른 지역에 비해 높았던 것으로 이해할 수도 있을 것이다. 한편 하남시 지역에는 그 입지로 보아서 서당도 많이 보급되어 있었다고 추정된다. 서당(書堂)은 조선시대에 숫적으로 가장 많았고, 가장 길게 유지되던 사학(私學) 교육기관이었다. 서당은 서민계층을 위한 가장 보편적인 사학(私學)이었고, 초·중등교육을 담당했던 교육시설이었다. 또한 사학이나 향교에 입학하기 위한 준비기관이기도 했으며, 한문의 기초교육과 유학의 기본적인 이해를 위한 교육기관이었다.

서당의 기원에 관하여는 논자에 따라 여러 가지 견해가 있으나, 고구려의 민간교육기관이었던 경당을 그 출발로 삼는 이도 있다. 그 근거로는 중국 사료인 『신당서(新唐書)』와 『구당서(舊唐書)』에, "고구려 사람들은 책을 사랑하여 저자거리에 큰 집을 지어 이를 경당이라 부르고, 벼슬아치에서 평민에 이르기까지 혼인하기 전의 자제들이 여기에서 밤낮으로 책을 읽고 활쏘기를 익혔다"라고 하였다. 이처럼 경당에서는 문무겸비의 교육을 실시하였으며, 이는 신라의 화랑도와 마찬가지로 교육기관인 동시에 청소년의 결사조직이었을 가능성이 크다. 한편 신라에서도 설총이 경서를 이두로 풀어서 제생(諸生)을 가르쳤다는 기록이 있는데, 이 경우 그가 가르친 곳이 사숙일 가능성이 크며, 이것이 또한 서당교육의 한 형태가 아닐까 한다. 그후 고려시대에 들어서는 경관(經館)과 서사(書社)라는 서당 형태의 교육기관이 있었던 것으로 전해진다. 더구나 고려 중기 이후 과거제도가 정착되면서부터는 서당 교육이 당연히 요구되어졌을 것이고, 따라서 조선시대는 이미 전국적으로 서당이 사설교육기관으로서 보편화 되어졌다고 보아진다.

<표 6> 문과 급제자의 도별·시험별 거주지 실태[66]

道 \ 시험종류	식년시(%)	증광시(%)	비정기문과(%)	총계(%)
서 울	903(26.2)	1090(58)	1976(53.4)	3969(44)
경기도	233(6.8)	137(7.3)	397(10.7)	767(8.5)
충청도	325(9.4)	189(10.1)	365(9.9)	879(9.7)
경상도	647(18.8)	194(10.3)	286(7.7)	1127(12.5)
전라도	444(12.9)	95(5.1)	209(5.6)	751(8.3)
강원도	114(3.3)	47(2.5)	74(2)	234(2.6)
황해도	85(2.5)	43(2.3)	96(2.6)	224(2.5)
평안도	603(17.5)	62(3.3)	211(5.7)	874(9.7)
함경도	94(2.7)	22(1.2)	89(2.4)	205(2.3)
합 계	3448(≒100)	1879(≒100)	3703(≒100)	9030(≒100)

서당은 그 설립에 있어 허가를 필요로 하지 않았기 때문에 설립과 폐지가 자유로웠으므로 뜻있는 사람이면 누구나 서당을 경영할 수 있었다. 그래서 서당의 수는 헤아릴 수 없을 정도로 많았을 것이며 경기도 지방에도 무수한 서당이 존재했을 것으로 추측된다. 일제 초기인 1917년 조선총독부의 한 통계자료에 의하면 당시 경기도의 촌락에는 2,463개의 서당이 있었다고 한다.[65]

서당의 입학자격이나 연령에는 특별한 규정이 없었고, 대개의 경우 6~7세에서부터 15~16세에 이르는 자를 대상으로 하였다. 학습내용은 천자문(千字文)·동몽선습(童蒙先習)·통감소학(通鑑小學)·사서삼경(四書三經)·사기(史記)·당송문(唐宋文)·당율(唐律) 등의 강독이었다. 강독은 날마다 자기 실력에 맞게 범위를 정하여 배우고 외우도록 하였다. 그리고 이튿날은 전날에 학습한 것을 외우며, 만약에 외우지 못하면 외울때까지 새로운 진도는 나가지 않았다. 서당의 훈장은 그 자격 기준이 없었으며, 학식도 일정치 않았기 때문에 서당의 교육수준을 가늠하기는 매우 어려웠다.

한편 서당 운영에서 특색이라고 할 수 있는 것은 '접장제도(接長制度)'를 예로 들 수 있다. 접장이란 비교적 큰 서당에서는 훈장 홀로 많은 학생을

---

65) 朝鮮總督府, 『朝鮮敎育要覽』, 1918, p.91.

<표 7> 경기도내 문과급제자 지역별 분포와 생원·진사출신자별 구분표

지역 \ 구분	문과급제자 분포상황	생원출신	진사출신
광주	107	14	28
개성	82	14	14
양주	81	9	14
수원	68	4	11
여주	64	6	10
용인	48	4	8
이천	40	3	4
양근	33	5	4
포천	33	5	3
파주	28	3	2
연천	21	·	·
과천	19	1	4
장단	19	1	3
죽산	18	4	2
금천	18	3	1
통진	17	2	3
교하	14	5	·
강화	14	1	3
안산	14	3	6
인천	13	1	1
고양	12	1	·
남양	12	2	2
적성	11	·	·
풍덕	11	1	·
양지	9	1	·
부평	9	1	3
진위	8	1	3
안성	8	2	3
김포	7	1	3
양성	7	·	2
양천	4	1	1
영평	3	1	·
교동	3	·	1
지평	2	·	1
시흥	2	1	·
가평	2	·	·
마전	2	1	·
풍양	1	·	·
화성	?	3	4
평택	?	·	1
계	849+?	105	145

지도할 수 없었으므로 연령이 높고 학력이 우수한 학동을 접장으로 지명하여 다른 학생을 가르치는 제도를 말한다. 따라서 서당내에서는 연장자에 대한 예의를 매우 중시하였는데, 예를 들면 반드시 연장자에게 좋은 자리를 양보하고 10세 이상의 연장자가 출입할 때 어린 사람은 반드시 일어나도록 명시하였다. 서당내에서는 성현의 저작이 아니면 볼 수가 없었고 언어사용은 반드시 신중하고 예법과 문자에 관한 말이 아니면 말하지 않도록 했다. 이것은 올바른 선비가 되기 위한 하학(下學)의 공부가 서당교육의 중요한 목적임을 말해준다. 그리고 서당은 그 운영방법에 따라 훈장자영(訓長自營) · 유지독영(有志獨營) · 유지조합(有志組合) · 촌조합(村組合)의   네가지 형태가 있었다.

교육이 활발히 이루어지면서 당연히 과거에 급제하는 인물도 많았다. 그러면 조선시대 문과에 얼마나 많은 하남출신 인물들이 급제하였을까? 현재 남아있는 『국조방목(國朝榜目)』에서 거주지를 확인할 수 있는 문과 급제자 수는 총 14,682명 가운데 62%인 9,030명이다. 이들을 도별, 시험별로 정리하면 <표 7>와 같다.[66]

위의 표를 살펴보면, 하남이 위치한 경기도 지역의 문과급제자 분포율이 대체적으로 상위권에 있음을 알게 된다. 그리고 식년시보다는 증광시, 별시인 비정기 문과시험에서 그 분포율이 늘어가고 있음을 확인할 수 있다. 특히 비정기 문과시험에서 서울 다음가는 분포율을 기록하고 있음이 특징이다. 이와 같은 결과는 비정기 문과가 임의적으로 시행된 시험이었으므로 서울과 거리가 가까운 지역일수록 보다 유리하다는 사실을 확인할 수 있다.[67]

그렇다면 하남지역에서 어느 정도의 사람들이 문과에 급제하고 있었을까? 최근에 나온 원창애의 연구에 따르면[68], 하남지역 출신들, 즉 광주지역

---

66) 元昌愛, 『朝鮮時代 文科及第者研究』, 韓國精神文化硏究院 博士學位論文, 1997, p.140 <표 1> 인용.

67) 元昌愛, 앞의 글, 1997, pp.143~144.

68) 元昌愛, 앞의 글, 1997. 그러나 그의 연구가 정확한가에 대해서는 자신할 수 없다. 예를 들어 개성을 경기도가 아닌 황해도에 포함하여 계산하고 있는 점, 경

출신 문과 급제자의 수는 놀랍게도 경기도 내에서 가장 많다. 게다가 그 숫
자는 전국적으로도 서울을 제외한 나머지 지역 가운데 안동(154), 충주(132),
상주(119), 영천(110)에 이어 다섯 번째로 많다. 구체적으로 경기도의 다른
지역과 비교하여 표를 만들면 <표 7>과 같다.[69]

위에서 보다시피 광주지역에서 문과 급제자를 경기도 내에서 가장 많이
냈다. 광주지역의 생원·진사시 합격자가 각각 161명, 183명이었는데, 그 출
신 문과 급제자가 각각 14명, 28명으로 대략 10%의 합격률을 보이고 있다.
이런 결과는 전국적으로도 높은 수준임을 확인해준다.[70] 경기도 개성의 경
우 생원·진사시 합격자는 각각 267명, 302명으로 광주보다 많았지만, 오히
려 그 출신 문과 급제자는 각각 14명씩에 불과하다. 광주지역의 문과 급제
자들이 인근 지역보다 많은 이유는 무엇일까? 우선 시험의 성격을 그 이유
로 들 수 있다. 식년시의 경우 정해진 시기에 시험을 보기 때문에 급제자가
가장 많은 서울과 지방과의 차이가 적은데 비해, 증광시와 비정기 문과의
경우 임의적으로 개최되기 쉬우므로 서울과 그 인근지역의 거주자들이 유
리하기 때문이다.

VIII. 서학의 요람이었다

조선의 정치와 사회·문화를 이끌던 중심 사상은 유학 가운데서도 주자
학(朱子學)이었다. 이러한 주자학은 임진왜란과 병자호란을 거치면서 더 이
상 시대를 이끌어 갈 만한 사상이 되지 못했다. 이러한 지적인 위기 상황에
서, 실학자(實學者)들은 서학을 새로운 시대의 가치관으로 받아들이고자 했
다. 실학자 이익(李瀷)은 당시 조선에 도입되어 있던 한문으로 번역된 서학

기도 문과 급제자 總數에는 화성과 평택 출신 문과 급제자들이 계산되지 않았
음에도 생원·진사 출신 문과 급제자에는 포함시키고 있는 점등이 그것이다.
69) 元昌愛, 앞의 글, 1997, pp.144~165을 참고로 표를 만들었다.
70) 元昌愛, 앞의 글, 1997, pp.159~165.

서를 수집하여 독파했다. 그리고 그는 그 나름대로의 이해를 기록하고 주변의 지식인들과 토론하였으며 그의 제자들에게 서학서를 가까이 하도록 권했다. 그리하여 그의 학문적 경향을 따랐던 이른바 성호학파(星湖學派)의 실학자들 가운데 일부는 서학을 학문적으로 가까이 하면서 그 이해의 깊이를 더해갔다.[71]

물론 이러한 서학에 대한 관심이 학문의 전반적인 추세를 바꿀 만큼 당시 학문의 주류를 이룬 것은 아니었다. 그러나 이러한 새로운 경향은 전통적인 주자학 중심의 학문 생활에 생동감을 불어넣었고 서학을 새로운 학문으로 수용하게 만들었다. 비록 서학이 소수의 선각적인 지식인들의 새로운 학문적 관심에서 출발되었지만, 조선에서의 서학(西學)의 위치가 점차 확고해지기 시작했다. 그리하여 1770년대에 이르면, 서학에 대한 입장이 크게 나뉘어지기 시작할 정도로 서학에 대한 이해가 깊어졌다. 안정복(安鼎福)·신후담(愼後聃)·이헌경(李獻慶)같은 자는 서학을 배격하는 입장을 취하였고, 권철신(權哲身)·이벽(李檗)·정약종(丁若鍾)같은 이는 서학을 수용하려는 자세를 가졌다. 이처럼 조선의 지식인들은 서학에 대해 처음부터 종교보다 학문적 탐구의 대상으로 연구했다.

종교적 측면에 대해서는 천주학(天主學)의 연구로 추진되었다. 18세기 후반 중국에서 들여온 한문 천주교리서 가운데,『천주실의(天主實義)』는 유교의 부족한 점을 보충해 줄 수 있다는 보유론적(補儒論的) 입장에서 천주교 교리를 설명했다.[72] 1770년경부터 홍유한을 비롯한 일부 지식인들이 이들 교리서를 공부하면서 주일의 의무를 지켰다고 한다. 그후 1777년(정조 1)에 이르면, 권철신·권일신·정약전·정약종·정약용·이승훈·김원성·이총억·이벽 등이 경기도 광주군 천진암·주어사(走魚寺)에 모여 실학 연구와 서학에 대한 강학회(講學會)를 열기 시작했다. 이들은 서학이라는 학문적 지식을 천주교 신앙으로 승화시키기 시작했다. 그러나 천주교 신앙에 대

---

71) 李元淳,「星湖 李瀷의 西學世界」,『敎會史硏究』1, 1977, pp.3~39.
72) 李元淳,「朝鮮 天主敎會의 창설과 정착」,『교회사연구』10, 1995, pp.188~189.

한 열정을 강학회만으로 만족할 수 없었던 이벽은 1783년(정조 7) 이승훈을 북경 사절단에 포함시켜 북경에 파견했다. 북경에 체류하는 동안, 이승훈은 북경에 있는 천주교 성당을 찾았고 그곳의 전교 성직자와 친분을 갖으면서 마침내 천주교 입교를 자원하게 되었다. 서양 문물에 관심을 갖고 방문한 조선의 청년이 당돌하게 영세를 청하자 선교사들은 당혹했다. 그러나 선교사들은 이 청년이 천주교에 대해 상당한 지식을 갖고 있고 결코 일시적인 호기심에서 영세를 요청하는 것이 아니라는 것을 알았다. 이에, 드 그라몽(De Grammont) 신부는 북경의 북당(北堂)에서 이승훈에게 베드로라는 세례명으로 영세를 주었다.[73]

1784년(정조 8) 봄 이승훈은 조선으로 돌아 왔다. 이를 계기로 서울 창설된 한국 천주교회는 이승훈·이벽·권일신을 중심으로 전교 활동을 확산시켜 갔다. 이들의 전교에 의해, 충청도의 예산 출신 이존창이 서울에 올라와 교리를 배우고 고향에 돌아가 충청도의 내포 지방을 중심으로 전교를 시작했다. 전주의 초남 출신 유항검 역시 권일신에게서 교리를 배워 전주 지방을 중심으로 전교를 시작했다. 이와 같이 천주교 신앙은 초기 교회지도자들의 적극적인 전교 활동에 힘입어 서울·내포·전주를 중심으로 서서히 교세를 확장해 나갔다. 그러나 그들의 활동이 노출되면서 교인들은 끔직한 탄압을 받아야만 했다. 곳곳에서 교난이 일어났고, 순교자가 발생하였다.

1917년 지금의 경안에 광주군청이 자리를 잡기까지, 남한산성은 광주지역의 행정 중심 지역으로 모든 관아의 건물이 산성 안에 자리잡았다. 광주 유수부의 관아는 물론 치안을 담당했던 포도청(捕盜廳)과 천주교 신자들을 고문하던 군뢰청(軍牢廳) 그리고 감옥도 산성 안에 있었다. 따라서 남한산성은 자연히 광주 지역의 천주교 박해와 밀접한 관련을 맺을 수밖에 없었다. 박해 때마다 광주 지역의 여러 곳에서 천주교 신자들이 이곳으로 끌려와 순교하였다. 최초의 박해인 신해박해(1791년) 때부터 천주교 신자들이 남한산성에 투옥되었다고 전해지고 있다. 그리고 신유박해(1801년) 때에는

---

73) 이원순, 앞의 글, 1995, p.191.

이곳에서 최초의 순교자인 한덕운(韓德運) 토마스가 참수당했다. 기해박해 (1839년)와 병인박해(1866년)에 이르기까지, 약 300명에 달하는 천주교 신자들이 순교하게 되었다. 현재 그 행적과 성명을 알 수 있는 순교자들은 45명 정도에 지나지 않는다.

올림픽대로와 구리-판교간 고속도로가 교차하는 하일 인터체인지에서 미사리 조정경기장 쪽으로 1.4㎞쯤 가면 삼거리에 구산성지의 안내판이 있다. 마을을 둘러싼 뒷산이 거북이 형상을 닮았다는 구산(龜山) 마을은 현재 행정구역상으로는 경기도 하남시 망월동이다. 103위 성인 가운데 71번째 성인 김우집(김성우 안토니오)을 비롯해 박해 시대에 많은 순교자가 탄생한 유서 깊은 사적지이다. 특히 구산은 순교 성인의 후손들이 대대로 살아오며 성인의 묘소와 가족 묘지를 함께 보존하고 있는 곳이라는 지역적 특성이 있다.

구산 마을에 천주교가 언제 전파되었는지에 대한 정확한 기원을 알 수 없다. 그러나 구산 마을이 양근(楊根) 지방으로 가는 뱃길의 길목이었으며 멀지 않은 곳에 천주교회의 진원지 천진암이 있다는 점을 생각할 때, 일찍부터 천주교의 영향을 받았을 가능성이 높다. 확인되지 않았지만, 사제가 되어 귀국한 김대건 신부가 첫 미사를 구산에서 봉헌했다고 전해지고 있다. 이곳 구산에서는 천주교 성인으로 시성(諡聖)된 김우집(金禹集, 성 김성우 안토니오)을 비롯하여 그의 동생 김만집(金萬集)과 김문집(金文集), 그의 아들 성희(聖熙), 김만집의 아들 차희(次熙), 김문집의 아들 경희(敬熙), 사촌 김주집의 아들 윤희(尤熙), 최지현(崔祉鉉), 심칠여(沈七汝)가 순교했다.

IX. 맺음말

지금까지 조선시대 하남시의 역사적 변천과 그 위상에 대하여 살펴 보았다. 결론하여 조선시대 하남시 지역의 역사적 인식은 당시 이 지역에 살고 있던 사람들의 삶의 문제와 직결된다고 본다. 하남시의 역사는 하남시민이 살아 온 발자취로서, 오늘 우리 자신들이 영위하고 있는 삶의 뿌리이기도 하다. 그 역사에는 희열과 비탄, 평화와 시련이 얽혀 있어 밝은 때가 있었는가 하면, 어두운 때도 있었다.

삶의 문제는 예나 지금이나 우리 사회에서 절실한 주제이다. 급속한 변화 속에서 삶의 목적이 달라지고, 삶의 방식이 새로워진다고 하여도, 개개인으로서는 삶 자체가 포기될 수는 없는 것이고, 오히려 보다 적극적인 삶에의 대응이 요구된다. 오늘날 개인주의가 보편화되고, 정보화로 인한 지식사회가 형성되는 속에서, 그리고 여가선용이 삶의 주안점이 되고, 여성의 역할이 강화되는 추세라면, 조선시대에는 보다 정적인 삶의 양식이 유행하였다. 하남시 지역에서의 삶 역시 예외일 수 없었다.

조선시대사에 대한 관심은 앞으로 보다 제고될 것이다. 왜냐하면 조선시대는 그 어느 시기보다도 진솔한 생명력을 보여주었고, 새로운 질서가 추구되었다고 보기 때문이다. 남과 북의 역사 인식이 일정하게 조율되는 통일시대의 역사학에서 조선시대사는 보다 적극적인 관심의 대상이 될 뿐 아니라 자유롭고 다양한 인식의 시각이 개진되리라고 본다. 특히 특정 지역의 역사가 많은 사람들의 관심을 끌 것이다.

지난날 우리 민족은 오랜 역사의 전개 속에서 다양한 삶을 보여 주었다. 하남시의 역사에 있어서도 그 과정에는 대립과 갈등이 끊이지 않았으며, 여러 가지 문제 속에서도 하남시의 전통과 문화는 지금까지 끊임없이 변화, 발전 해왔다. 앞으로도 그러할 것이다. 그런데 그 변화, 그 발전은 저절로 이루어진 것이 아니었다. 사회의 모순과 과제를 해결하고 삶을 개선하려는 의식적 실천이 그 전제가 되었다. 조선시대 하남시 역사를 이해하고자 함의 큰 목적은 이 같은 살아있는 삶의 모습을 바로 밝혀줌에 있다. 즉, 우리의 과제는 바람직한 인간의 삶과 거기에 이르는 조건에 대하여 생동적으로 확인하는 데 있다고 하겠다.

제3부

근 · 현대의 하남

하남시의 근·현대 역사와 인물

박민영*

* 단국대학교 사학과

I. 머리말

각 지역의 역사를 다루는 鄕土史는 지역민의 애향심을 고취하는 '지역사' 일 뿐만 아니라, 나아가 민족 전체의 역사 발전에 기여할 수 있는 '전체사' 의 일부이기도 하다. 향토사 연구가 이러한 이중적 목표를 '균형있게' 지향 할 때 그 진정한 가치를 지니게 된다. 향토사를 연구하는 과정에는 이 점에 특히 유념해야 할 것으로 생각한다.

하남시의 경우, 이 지역 근현대 역사상은 다른 시대, 특히 고대사 분야에 비해 그 비중이 소홀하게 다루어져온 감이 없지 않다. 하남시 일대가 근현 대사의 전개과정에서 세간의 이목을 집중시킬 만한 특기할 사건이나, 한 시 대의 변화를 가늠할 중대한 사건이 일어났던 무대는 아니었다. 그러나, 하 남시의 근현대사도 역시 민족사의 전개과정 속에서 시대의 흐름을 함께 호 흡하면서 전체사와 동일한 역사 발전의 궤적을 밟아왔음을 상기하지 않을 수 없다.

본고는 하남시라는 일정한 공간 속에서 일어난 근현대 역사의 추이와 살 다간 역사적 인물들을 개관하고 이를 소개하는 데 일차 목적이 있다. 지금 까지 축적된 향토사, 전체사의 연구성과와 관련자료들을 정리함으로써 이 글의 목적에 부합하려 하였다. 그동안 산발적으로 언급되어 온 내용들을 불 완전하나마 한 곳에 모아 정리하는 것도 나름대로 의미있는 작업이 될 것으 로 기대하였기 때문이다. 그러나, 막상 집필과정에서 부딪친 난관은 한 두 가지가 아니었음을 실토하지 않을 수 없다. 무엇보다 필자의 역량 부족을 자인한다 하더라도, 다른 한편으로는 수집된 자료의 양이 절대적으로 부족 하고, 또 미미하게나마 축적된 그동안의 연구성과도 경우에 따라서는 상호 모순되고 불완전한 실정이어서 이를 정리하는 작업이 결코 순탄할 수 없었 던 것이다. 따라서 본고는 이 분야 연구의 '試論的' 성격으로 정리된 것이

며, 이 소고가 앞으로 이어질 이 분야 연구에 다소라도 이바지할 수 있기를
기대한다.

Ⅱ. 하남시 근현대사의 추이

1. 하남지역의 의병

1) 전기의병

1894년 동학농민전쟁을 계기로 일제가 도발한 청일전쟁은 한국을 식민지
화 하기 위한 침략전쟁이었다. 일제는 한편에서는 청일전쟁을 도발하면서
군사적 압박을 가하고, 다른 한편에서는 갑오경장을 추진하면서 내정간섭
을 감행하는 양면 전략으로 한국침략을 강화하게 되었다. 갑오경장이 재야
유생들을 비롯한 인민의 비판과 반발, 나아가 반일감정을 고조시키는 결과
를 초래하게 되었던 것도 이런 맥락에서였다. 일제침략으로 야기된 이러한
긴박한 시국상황에서 항일구국의 기치을 내걸고 전국 각지에서 의병이 동
시다발적으로 봉기하게 된다. 1895~1896년간에 집중된 이 의병을 전기의
병(을미의병)이라 이름한다.

전기의병 시기, 하남(광주)지역은 전국 가운데서도 의병의 활동이 활발하
였던 중심권역에 속해 있었다. 남한산성의병의 활동 이 일내에서 진개되었
던 것이다. 남한산성의병은 제천의병, 춘천의병, 강릉의병, 진주의병, 안동의
병, 홍성의병 등과 함께 전기의병을 상징하는 단위 부대로 평가되고 있다.

남한산성의병은 단발령 공포 직후 편성되어 서울에서 가장 근접한 군사
적 요충지인 남한산성을 거의 한달 동안이나 점거한 채 서울 진공을 눈앞에
두었을 정도로 명성을 크게 떨친 의진이다. 특히 서울의 인후인 남한산성을
점거한 그 자체나, 나아가 이 의진이 구상하였던 서울 진공계획은 1908년
1월 십삼도창의군의 별동대가 서울 동대문 밖 30리 지점까지 진격한 사례

와 같이 일제에게 직접적이고도 심각한 위협이 되었을 만큼 큰 의의를 지니는 것이다. 일본에서 발간되던 『東京朝日新聞』이 남한산성 점거 과정에서부터 해체 때까지 한 달 동안 거의 매일같이 의병의 동향을 분적적으로 상세히 보도하였던 것도 이러한 맥락에서 이해할 수 있다.

남한산성의병은 이천에서 결성된 의진에서부터 출발하였다. 그리고 이천의병은 1895년 12월 말 서울에 있던 金河洛, 趙性學, 具然英, 金泰元, 申龍熙 등의 우국지사들이 단발령에 격분, 이천으로 내려가 의병을 일으키기로 결의하면서부터 시작되었다.1)

이천의병은 창의대장 민승천을 중심으로 都指揮 김하락, 좌군장 金龜性, 우군장 신용희, 선봉장 김태원, 중군장 구연영 등이 이끌었다.2) 이 의진은 1월 18일(음 1895년 12월 3일) 백현(魄峴 ; 이천 널고개)에서 일본군 1백여명을 상대로 첫전투를 치러 승리하게 된다. 한때 의병은 패주하는 적을 광주군 노루목[獐項] 장터까지 추격해 무기, 군량 등 많은 전리품을 노획한 뒤 돌아오기도 하였다. 그러나 얼마 뒤 서울에서 급파된 일본군의 공격을 받아 와해되고 말았다.

이천의병 패산 후 김하락을 위시해 민승천, 신용희, 구연영, 전귀석, 김태원 등은 2월 25일 흩어진 포군과 민병을 다시 규합하였다. 이때 모인 의병수는 2천여 명에 달하였다고 한다.3) 이것이 남한산성의병으로, 그 편제는 아래와 같다.

대장 朴準英
여주대장 沈相禧　　軍師兼都指揮 김하락
都召募 전귀석　　선봉장 김태원
중군장 구연영　　좌익장 김귀성

---

1) 柳漢喆,「金河洛義陣의 義兵活動」,『한국독립운동사연구』3, 독립기념관 한국독립운동사연구소, 1989, p.3.
2) 金奎聲 譯,『金河洛征討日錄』, 啓蒙社, 1968, pp.19~20.
3) 위와 같음.

후군장 신용희   우익장 김경성

　한편, 이 무렵 하남(광주) 일대에서는 남한산성의병과는 별도로 沈鎭元(혹은 沈鐓澤)을 主將으로 한 일단의 의병이 活動하고 있었다. 광주군수 朴基仁도 이 무렵 의병에 의해 처단되었을 만큼 성세를 떨쳤다. 그리고 심진원의 광주의병은 이천의병에 앞서 2월 23일 남한산성을 장악, 활동 근거지로 삼았다. 그러나 소수에 불과한 광주의병은 參領 張基濂의 인솔하에 서울에서 출동한 관군 8백 명의 공세로 인해 곤경에 처하게 되었다. 이에 심진원은 남한산성의진에 서한을 보내 합세를 요청하였던 것이다. 이에 남한산성의병은 2월 28일 관군의 포위망을 뚫고 산성으로 들어가게 되었다.[4]

　이때 일본의 『東京朝日新聞』에서도 의병의 남한산성 점거상황을 다음과 같이 상세히 보도하였다.

　　남한산성 안의 적(의병－필자) 수는 약 1천 6백 명이다. 그 가운데 1천
　여 명은 광주, 이천, 그리고 양근(양평－필자)의 포군, 즉 구 지방병이고,
　그 나머지 6백 명은 광주의 농민이다. 적의 수괴(의병장－필자)는 광주
　의병장 심영택, 이천의병장 朴周英(박준영－필자), 양근의병장 李錫容
　등 3명이다.

　위의 기사로 미루어 본다면, 남한산성 안의 의병 가운데 근간이 되는 병력은 하남(광주)지역의 포군과 농민이며, 이천과 양평에서도 많은 의병이 모였다는 사실을 알 수 있다.

　남한산성 점령 후 선봉장 김태원은 남문을, 후군장 신용희는 북문을, 우익장 김경성은 서문을, 좌익장 김귀성은 동문을, 그리고 중군장 구연영은 성 중앙부를 각각 파수하며 守城에 만전을 기하였다. 이어 3월 5일경 첫 전투를 벌여 대포 1문을 노획하는 등 대승을 거두었다.[5]

---

　4) 金泰元, 『集義堂遺稿』(『韓末義兵資料集』, 독립기념관 한국독립운동사연구소, 1989),
　　p.108.

이에 다급해진 일제는 정부로 하여금 강화도에 주둔하던 정예관군 3백여 명을 남한산성으로 증파하면서 성을 에워싼 채 의병을 더욱 압박하였다. 이 때의 포위상황을 보면 성 안의 의병 2천 명에 대하여 관군은 친위대와 강화병을 합해 3개 중대와 2개 소대로, 지휘소를 남문 밖 梅着洞에다 설치하고 1개 중대를 배치하였다. 그리고 동문 밖 佛堂谷과 鄕校里에 각 1개 중대, 서문 밖 石會堂과 동문쪽 奄峴里에 각 1개 소대를 분산 배치하고 군량미 보급로를 차단하며 포위공격의 태세를 취하였다.6)

성 안의 의병과 성 밖의 관군간에는 연일 크고작은 전투가 산발적으로 계속되었다. 하지만 전투때마다 지리적으로 우세를 점한 의병측에 유리하게 전황이 돌아갔다. 관군은 기습작전을 펴기도 하고 火攻을 계획하기도 하는 등 다양한 攻城작전을 벌였으나, 그때마다 의병측의 반격으로 번번히 격퇴당해 성곽에 접근할 기회조차 얻을 수 없었다.

산성을 사이에 두고 의병과 관군간의 대치상태가 계속되는 동안 의병측에서는 서울진공을 목표로 앞으로의 활동방향을 설정해 가고 있었다.7) 서울 진공은 실제로 많은 의진들이 표방하고 있었던 구호이지만, 대개의 경우 그 실현 가능성은 미약한 실정이었다. 하지만, 남한산성의병의 경우에는 강력한 전력면에서나 서울에 근접한 지리적 위치면에서 볼 때 구호에만 그친 것이 아니라 상당한 설득력을 가지고 있었다는 점에서 그 의의가 적지 않다.8)

그러나 서울진공 계획은 1896년 3월 22일 남한산성 함락으로 수포로 돌아갔다. 의진 와해의 원인과 배경에 대해서는 상당한 차이를 보이는 두 가지 설이 있다. 먼저 의진의 핵심인물인 김하락과 김태원이 남긴 기록에서는 주장 박준영의 배신으로 와해된 것으로 기술하였다. 곧 관군측에서는 비밀리에 김귀성으로 하여금 박준영이 귀순하기만 하면 그를 광주유수에 임명하

---

5) 『東京朝日新聞』 1896년 3월 18일자.

6) 『漢城新報』 1896년 3월 19일자.

7) 柳漢喆, 앞의 논문, pp.20~21 참조.

8) 『東京朝日新聞』 1896년 3월 28, 31일자.

고, 김귀성을 수원유수에 임명한다는 감언이설로 매수토록 하였다고 한다. 이에 관군에 매수된 박준영이 3월 20일 저녁 전군에게 술과 음식을 내려 회식연을 성대히 벌였고, 그의 흉계를 눈치채지 못한 의병들은 이 날 저녁 만취가 되어 깊은 잠에 빠지게 되었으며, 각 성문의 파수를 맡았던 군사들조차도 대취하였다는 것이다. 이튿날 새벽, 이미 정해진 계획에 따라 박준영이 서문과 북문을 열자 문 밖에서 대기중이던 관군들이 함성을 지르며 일시에 성 안으로 몰려 들게 되자, 의병들은 사방으로 뿔뿔히 흩어지고 말았다. 이때 박준영은 배신행위가 드러나 의병들에게 처단되었다는 것이다.9)

한편, 『漢城新報』에서는 의진의 와해 원인에 대해 위와는 다른 주장을 하고 있다. 즉 성이 함락되기 수일 전부터 성 안의 간부들 사이에는 해산론과 반대론이 대립되었는데, 주장 박준영이 해산을 반대하다가 반대파에게 살해되었기 때문에 軍心이 흩어져 군사가 절반밖에 남지 않았다는 말을 듣고 관군이 서문으로 들어가 함락시켰다는 것이다.10)

이러한 두 견해에 대해 현재로서는 그 진위 여부와 실체에 대해 명확하게 단언할 수 없는 입장이다. 여기서 분명한 사실로 확인할 수 있는 점은 좌익장 김귀성이 관군측의 회유로 귀순하게 되고, 결과적으로 박준영이 처단 내지는 살해되었다는 것이다. 그리고 김하락이나 김태원 등을 비롯한 핵심인물들은 의진 와해 이후에도 오랫동안 각지를 전전하며 항전을 지속해 갔던 점으로 미루어 보아 당시 의병해산을 주장하는 온건노선을 취하지는 않았을 것으로 생각된다.

최후의 수성전에서 의병측의 저항도 결코 만만치 않았다. 이 점은 당시 선두에서 전투를 지휘한 전군장 김태원이 남긴 다음과 같은 기록을 통해서 확인할 수 있다.

---

9) 金奎聲 譯, 앞의 책, pp.24~25 참조 ; 金泰元, 앞의 책, p.16 ; 독립운동사편찬위원회 편, 『독립운동사 1』, p.223.
10) 『漢城新報』 1896년 3월 25일자 ; 『東京朝日新聞』 1896년 4월 5일자.

적병은 일제히 산에 올랐고 서로 공격하였는데 어둠이 칠흑과 같았고 동서가 구분되지 않았다. 삼경부터 날이 밝기까지 큰 싸움이 끊이지 않았다. 시체가 싸이고 피가 흘러 병사와 군마[士馬]의 죽은 수가 5백여 명이었고, 적병의 죽은 자가 3백 명이었다. 이에 포위망을 뚫고 동쪽으로 탈출하여 싸우며 행군하였는데, 처음 성 밖으로 나갔을 때 따르는 군사가 4백여 명이었다.[11]

결국 이 날 "의병측에서는 희생된 병사와 군마가 5백여 명에 달하였고, 관군도 3백여 명이나 전사"하였을 정도로 쌍방간에 치열한 전투가 전개되었던 것이다. 이로써 의병은 남한산성을 점거한 지 한 달만에 관군의 공격을 받고 퇴각하고 말았다.

수성전에서의 패배로 의병은 그간 다져온 인적, 물적 기반을 거의 상실하였다. 그러나 김하락을 대장으로 추대한 잔여의병은 새로운 항전 근거지를 찾아 남행길에 오르게 된다. 그리하여 잔여의병은 안동, 경주, 영덕 일대에서 주장 김하락이 전사하는 1896년 7월까지 활발한 재기항전을 전개함으로써 전기의병 가운데서도 가장 폭넓은, 그리고 장기지속적인 항전을 벌인 대표적인 의진 가운데 하나로 평가되고 있는 것이다.[12]

한편, 남한산성 패전 이후 잔여의병 가운데 주력부대는 영남지방으로 남하하였지만, 그 일부는 하남(광주) 일대에 흩어져 산발적인 활동을 벌였던 것으로 추정된다. 이러한 정황은 그해 5월 광주군수가 '匪徒들을 치고' 있었다는 기록과[13], 5월 9일 정부에서 각지 의병 탄압을 위한 군대를 세 길로 파견할 때에 60여 명의 관군이 하남(광주)으로 내려갔다는 기록 등을 통해서 반증된다.[14] 즉 하남 일대에서는 1896년 5월 무렵까지도 의병활동이 지속되고 있었던 것으로 보인다.

---

11) 柳漢喆, 앞의 논문, p.24 ; 金泰元, 앞의 책, pp.16~17.
12) 윤병석, 『한말 의병장 열전』, 독립기념관, 1991, pp.64~68 ; 柳漢喆, 앞의 논문, pp.26~37 참조.
13) 『독립신문』 1896년 5월 7일자.
14) 『독립신문』 1896년 5월 12일자.

2) 중·후기의병

　전기의병 이후 의병이 재기하는 단계인 중기의병(을사의병)은 1904년경부터 시작되었으나 1905년 11월 을사조약 강제체결을 계기로 본격화되어 전국적으로 확산되었다. 그리고 이처럼 재기한 중기의병은 1907년 헤이그밀사 의거 이후 고종 강제퇴위와 군대해산 등 일제의 일련의 침략사건을 계기로 더욱 확대 심화되어 대일전면전의 성격을 띤 의병전쟁의 단계로 발전되어 갔다. 이 단계의 의병을 후기의병(정미의병)이라 이름한다.

　한편, 을미의병에 일반 병사부로 참가하였던 농민층 가운데 상당수는 해산 이후 1904년간에 펼쳐진 농민운동에 적극적으로 참여하였다. 英學黨, 南學黨, 火賊, 活貧黨 등의 이름을 걸고 항쟁한 경우가 그 대표적 사례이다.[15] 이러한 농민운동은 반봉건투쟁의 성향을 띠고 있었으며, 의병으로 재기하기 이전의 과도기 단계의 투쟁이었다. 하남(광주)지역에서도 이러한 농민운동이 전개되었으며, 이들은 대개 해산의병으로 조직된 것으로 보인다. 하남(광주)을 비롯하여 안산, 음죽, 죽산 등지에 "黨盜가 횡행하며 사람을 상하게 하고 재물을 약탈하여 백성들이 살기에 힘입지 아니하니 민망하더라"[16] 라는 기록이 이를 반증한다. 그러나 이러한 하남의 농민운동 주동자나 투쟁내용 등 그 실체는 현재 확인되지 않고 있다.

　하남지역에서 중,후기의병 시기에 그 실체나 활동 전모를 명확히 확인할 수 있는 단위 의병은 현재 자료상 확인되지 않는다. 하지만 여러 자료를 통해서 볼 때, 이 시기에도 역시 의병이 편성되어 활동하거나, 다른 지역의 의병이 하남 일대로 이동해 와 활발히 활동하고 있었던 사실은 확인할 수 있다. 그러한 사례를 중심으로 중,후기의병 시기 하남(광주) 일대에서 전개된 의병의 활동내용을 살펴보면 다음과 같다.[17] 현재 자료상 확인되는 하남(광

---

15) 趙東杰,『韓國民族主義의 成立과 獨立運動史研究』, 지식산업사, 1989, pp.37~40.

16) 金允植,『續陰晴史』 제8권, 1896년 12월조.

17) 여기서는 필자가 하남, 광주 일대의 재래 지명에 생소하고, 나아가 자료상 구체적인 활동지점을 확인할 수 없는 경우의 빈도수가 많은 관계로 편의상 광주군

주)지역 최초의 의병은 1905년 6월에 활동한 의병이다. 즉 그 실체는 확인되지 않지만, 광주지역에서 약 2백 명으로 편성된 의병이 부호의 재물을 군자금으로 확보하고 총기를 수집해 갔다는 기록이 그것이다.[18] 이어 같은해 5월(음)에는 具萬書라는 인물이 광주지역에서 의병을 일으켜 활동에 들어갔다고 한다.[19]

후기의병시기인 1907년은 하남을 비롯하여 광주, 죽산, 용인, 안성 등지에서 의병전쟁이 가장 치열하게 전개되던 시기이다. 특히 1907년 8~10월간은 "완전히 폭도가 유린하는 바가 되었다"고 일제 정보기록에서 실토하였을 정도로 이 일대 거의 전역에서 치열하게 항일전이 펼쳐지고 있었다. 그 가운데서도 특히 하남(광주)지역은 일제 군경의 강력한 탄압에도 불구하고 1908년 중반기까지 그 성세를 떨치고 있었을 만큼 경기도 가운데서도 의병의 활동이 가장 왕성하던 곳이었다.[20]

이 시기 하남(광주)을 중심으로 양주, 포천, 이천, 양근 등지에서 활동하던 의병장으로는 金光喜와 金光浚(형제로 추정됨)를 비롯해 李益三(李春三?), 徐可, 尹墡, 林文淳, 高在甊, 李根豊, 任玉汝 등이 손꼽힌다.[21] 이들 가운데 김광희, 김광준 두 의병장은 휘하에 8백여 명을 거느렸을 정도로 상당한 세력을 가지고 있었던 것으로 보인다.[22]

이와 같은 의병장들의 주도하에 하남(광주)지역 의병은 일제 군경을 상대로 부단한 전투를 수행하면서 전국 규모로 전개되던 의병전쟁에 적극적으로 참여하고 있었다. 그 가운데 현재 자료상 확인되는 교전사실을 단편적으로 살펴보면 아래와 같다.

먼저 1907년에는 9월에 양지 출신의 전 주사 임옥여 의병이 광주 實村面

관내에서 일어난 의병활동 전체를 기술대상으로 삼았다.
18) 『皇城新聞』 1905년 6월 6일자.
19) 黃玹, 『梅泉野錄』, 國史編纂委員會, 1955, p.338.
20) 朝鮮總督府 警務局 編, 『暴徒史編輯資料』(獨立運動史編纂委員會 編, 『獨立運動史資料集 3』, 1971), pp.513~514.
21) 독립운동사편찬위원회 편, 앞의 책, p.532.
22) 뒤바보, 「義兵傳」(尹炳奭, 『韓國近代史料論』, 一潮閣, 1979), p.52.

에 출현하여 원주의병대장의 이름을 사용하여 포군 70여명을 소모한 뒤 용인, 안성 방면으로 이동하며 일본군과 교전하였다.[23] 이어 10월에는 광주군 突馬面 獨店에서 일단의 의병이 일제 군경을 상대로 교전을 벌였다.[24] 또 12월 23일에는 약 20명의 의병이 광주군 大旺面 屯土里에서 일제 군경 연합의 '토벌대'와 접전을 벌였다.[25]

1908년에 들어와서는 1월 4일, 18명의 의병이 慶安面 中垈洞에서 출동한 일제 경찰을 상대로 치열한 전투를 벌였다.[26] 6월 4일, 일단의 의병이 광주 官洞에 출현해 일군 4명을 처단하였으며, 같은 달 12일에는 다시 광주 小雲洞에서 격전이 벌어졌다.[27] 7월 6일에는 14명의 의병이 광주군 退村面 牛山洞에서 광주 주둔 일제 군경과 교전을 벌였다.[28] 8월 31일에는 의병 20명이 광주군 五浦面 능곡의 '무명산'에서 출동한 일제 군경을 상대로 접전하였다.[29] 9월 28일에는 의병들이 광주 慶安驛을 공격하였고, 11월 7일 다시 광주에서 교전이 있었다.[30]

그리고 1909년에 들어와서는 3월(음)에 김광희, 김광준 의병장이 부하 8백여 명을 이끌고 광주로 들어으며[31], 9월(음)에는 다시 이춘삼 의병도 일시 광주에 들어 왔다.[32] 마지막으로 국망 직전인 1910년 7월 22일 광주에서 교전이 벌어졌다.[33] 현재 자료상으로 볼 때 이 전투가 광주지역에서 벌어진 최후의 전투로 확인되고 있다.

---

23) 朝鮮總督府 警務局 編, 앞의 책, p.504.
24) 위의 책, p.520.
25) 위의 책, p.522.
26) 위와 같음.
27) 黃玹, 앞의 책, pp.460~461.
28) 朝鮮總督府 警務局 編, 앞의 책, p.527.
29) 위와 같음.
30) 黃玹, 앞의 책, p.474·478.
31) 위의 책, p.491.
32) 위의 책, p.516.
33) 위의 책, p.537.

2. 3·1운동

경기도지역의 3·1운동은 운동의 진원지인 서울로부터 여파가 미치면서 급속히 확산되었다. 경기도 가운데 가장 먼저 시위가 벌어진 곳은 개성으로 3월 3일 일어났다. 이어 3월 5일과 7일에는 서울과 가까운 고양군과 시흥군에서 시위가 일어났으며, 9일에는 인천, 10일에는 파주와 양평, 11일에는 안성에서 각각 만세시위를 벌였다. 그리고 양주에서는 3월 13~15일 3일 동안 만세운동이 전개되었다. 경기도에서 운동의 절정기는 3월 하순부터 4월 상순이었다. 경기도 전체 시위 횟수 283회의 90%에 달하는 254회의 시위가 이 시기에 집중되었다. 전국 가운데 경기도지역이 가장 활발하고도 격렬한 시위운동을 벌였던 것이다.

하남지역의 경우에도 여타 지역의 추세와 발맞추어 활발하게 운동이 전개되었다. 3월 27일 광주군 동부면 校山里(현 교산동)의 李大憲은 26일에 이어 주민 수십 명과 함께 새벽 2시경 태극기를 들고 뒷산에 올라가 1시간 동안 봉화를 올리며 '대한독립만세'를 불렀다. 이들은 새벽 3시경 산을 내려와 면사무소를 향했고, 오전 11시경에는 교산리 주민 30여 명과 함께 다시 면사무소 앞으로 행진하며 3시간 동안 만세시위운동을 벌였다. 또한 같은날 아침, 동부면 望月里(현 망월동)의 구장 金敎永은 주민 金用文을 시켜 마을 주민들을 회집시켜, 주민들과 함께 면사무소까지 만세시위를 하였다. 이 날 동부면의 만세시위는 泉峴里(현 천현동) 주민과 기독교인들을 중심으로 한 500여 명이 참여함으로써 크게 확대되기에 이르렀다. 이날 시위에서 천현리 주민 14명이 경찰에 체포되었다.[34]

한편 서부면에서도 역시 3월 27일 만세시위운동이 벌어졌다. 甘一里(현 감일동)의 具義書는 마을주민 40여명과 함께 서부면사무소 앞에서 만세를 부른 뒤 다시 구천면의 上一里(강동구 상일동) 헌병주재소 앞까지 시위행진을 하면서 독립만세를 외쳤다. 상일리에는 1천여명의 주민들이 시위운동에

---

34) 『廣州郡誌』(광주군지편찬위원회, 경인일보사, 1990), p.357.

참가하였는데, 이 날 일본 헌병의 발포로 1~2명이 희생되고 10여명이 부상
을 입었다.[35]

3. 新幹會운동

일제하 민족협동전선체로 1927년 2월에 창립된 신간회는 이후 해체시까
지 4년 동안 반일역량을 결집시켜 민족운동을 주도한 단체이다. 3·1운동 이
후 국내에는 이념과 노선에 따라 독립운동세력의 분화가 일어났다. 사회주
의세력의 급속한 확산과 민족주의세력의 분화 등이 그것이다. 사회주의 이
념이 유입되면서, 이에 기초한 서울청년회·신사상연구회 등을 비롯해 많은
청년·사상단체들이 결성되었다. 이로써 국내 독립운동전선에도 민족해방을
목표로 한 민족주의세력과 계급해방을 목표로 한 사회주의세력이 형성되었
고, 그 활동노선도 달랐다. 민족주의세력은 물산장려운동과 민립대학기성
운동 등을 중심으로 한 문화운동을, 그리고 사회주의세력은 노동·농민운동
등 사회운동을 전개해 갔던 것이다. '자치운동 반대'를 계기로 조선일보 인
사들을 중심으로 한 민족주의(좌파), 제3차 조선공산당 계열의 사회주의 세
력은 민족유일당운동의 차원에서 신간회를 결성, 좌우합작을 시도한 것이
다. 1927년 2월 15일 서울 기독교청년회관에서 250여명의 회원이 참가한 가
운데 창립된 신간회는 강령을 통하여 '우리는 기회주의를 일체 부인한다'고
하여, 자치운동에 반대한다는 입장을 분명히 표명하였다. 이후 1931년 해소
될 때까지 신간회는 140여 개를 헤아리는 지회와 2만에서 4만 명에 이르는
회원을 확보하여 일제하 최대 규모의 민족운동단체로 성장하며 활동하였
다.[36]

창립 이후 신간회운동이 전국 각지로 파급되자, 경기도 광주에서도 여기
에 호응해 지회가 설립되었다. 광주지회는 1927년 8월에 설립되었으며, 그

---

35) 위와 같음.
36) 한국근현대사연구회 편, 『한국독립운동사강의』, 한울, 1998, pp.351~353.

뒤 1931년 1월 3일 광주지역에서 광흥지회가 다시 설립되었다. 당시 지회는 府 혹은 郡마다 1개 지회가 설립되는 것이 일반적이었다. 광주지역에 약간의 시차를 두고 이처럼 설립된 두 지회의 상호관계에 대해서는 현재 자료상 명확히 확인할 수 없다. 즉 두 지회가 공존한 것인지, 광흥지회가 광주지회를 계승한 것인지, 아니면 광주지회 해체 이후 전혀 별도의 조직체로 광흥지회가 설립된 것인지 밝힐 수 없는 실정인 것이다.

광주지회는 1927년 8월 24일 남한산 소년회관에서 임시의장 韓順會 주도하에 창립총회를 열고 설립되었다. 이때 지회장에는 한순회가, 그리고 부회장에는 石蕙煥이 각각 선임되었다.[37] 지회 설립과 운영을 주도한 한순회는 한학에 정통한 인물로 3·1운동 참가 이후 천도교에 투신하여 천도교 광주교구장과 천도교 중앙총부 중앙위원과 奉道까지 역임하였다. 사회주의자였던 부회장 석회환은 신간회 참여에 이어 南漢(山)勞動共助會에서 활동한 인물로, 그 뒤 광주공산당협의회에 참여하고 비서부 책임자가 되었으나, 1936년 4월 경성지법에서 징역 3년을 선고받고 대전형무소에서 복역하기도 하였다.[38] 신간회 광주지회의 주도인물은 한순회 등 돌마지역의 인사들이 주축이 되었다. 1929년에는 지회설립 2주년 기념행사를 거행하기도 할 정도로 활동이 왕성하였던 것으로 보이며, 이 무렵의 집행위원장에는 兪仁穆이 선임되었다.[39]

광주지회의 활동 가운데 주목되는 것은 지역 주민의 권익 보장을 위한 투쟁이다. 당시 식민통치기관 관리들이 농민들을 폭행하는 일이 있었는데, 광주지회 인사들이 주축이 되어 그 시정을 요구하는 항의를 조직적으로 전개한 것이다. 이때 준비위원은 李容琥, 朴泰遠, 韓哲基 등이었으며, 의안작성위원으로는 李洪泳, 유인목, 韓百鎬, 卜重熙, 석혜환, 한순희 등이 선임되었다.[40] 이러한 운동 외에도 다른 지역의 경우와 마찬가지로 광주지회에서도

---

37) 『東亞日報』, 1927년 8월 27일자.
38) 강만길·성대경 편, 『한국사회주의운동인명사전』, 창작과비평사, 1996, p.239.
39) 『東亞日報』 1929년 8월 14일자.
40) 『中外日報』 1927년 12월 11일.

대중 강연회를 널리 개최하여 민족의식 고취와 주민생활의 개선에 주력하였다. 1927년 12월 15일 신간회 본부특파원 鄭憲台가 천도교 종리원 내에서 행한 「조선경제와 조선인의 생활」, 그리고 한순회의 「재만동포옹호동맹에 대하여」라는 주제의 연설 등이 두드러진 사례이다.[41]

4. 농민·대중운동

3·1운동 이후 민족주의자들이 주축이 된 1920년대의 물산장려운동이 전국적으로 파급될 당시, 하남시 일대에서도 어떤 형태로든지 이 운동이 전개되었을 것으로 추측되지만, 그 실상을 밝힐 수 있는 자료는 현재 확인하지 못하였다. 그리고 역시 3·1운동 이후 1920년대에 들어와 사회주의세력의 활동과 대개 연계되어 활발하게 전개되는 청년학생운동, 농민노동운동이 전국적으로 보급 확산되던 시기에 하남시 일원에서도 이와 같은 유형의 운동이 벌어졌던 것으로 보이나, 그 구체적 내용을 확인하기는 자료제약으로 인해 어려운 실정이다. 다만, 그 편린이나마 확인할 수 있는 사례를 들면 다음과 같다.

하남(광주)의 경우, 소작인들이 권익 보호를 위해 1922년 3월 9일 小作人相助會를 조직한 것이 특기할 만하다.[42] 또 1930년 5월에는 광주군 동부면 하산곡리에서 50여명의 농민이 회합해 禁斷農友會를 창립한 사실을 들 수 있다.[43] 그러나 그 조직과 활동내용 등 실체에 대해서는 알려진 바 없다. 또한 청년운동단체로 그 이름과 활동이 드러난 것으로는 광주중앙청년회(경안), 광주청년회(송파), 新廣청년회(광주면), 남한산구락부, 광주소년회(천도교 宗理院) 등이 있있으나, 그 활동의 중심지는 대개 오늘날의 하남市界 밖이었던 것으로 보인다.

---

41) 『中外日報』 1927년 12월 21일.
42) 『東亞日報』 1922년 3월 17일자.
43) 『朝鮮日報』 1930년 5월 22일자.

5. 일제하 하남지역의 사회주의운동

일제시대의 사회주의운동은 1920년대에 수차에 걸친 이른바 '조선공산당 탄압사건'으로 상징되는 일제의 강력한 탄압으로 말미암아 전력이 분산 위축되어 갔다. 그러나 일제하 사회주의운동은 문화 선전활동과 대중적 실천운동을 통하여 식민치하 민족 구성원의 절대 다수를 차지하던 노동자, 농민, 학생, 청년 세력과 유기적인 연계를 가짐으로써 이들 세력을 일제하 국내 항일운동의 주체세력으로 성장시키는 데 커다란 역할을 담당하였다. 일부 공산주의자들이 내부적인 파벌투쟁을 벌이고 변절 전향함으로써 민족운동에 일정한 제약을 가하기도 하였으나, 대부분의 운동가들은 일제의 집요한 탄압과 회유에 맞서 싸운 민족적, 애국적 항일투쟁을 전개하였다. 뿐만 아니라 1930년대의 파시스트적인 군국주의의 강화에 따른 탄압의 심화 속에서도 국내의 사회주의운동은 1920년대의 분파주의를 해소하고 대중적 기초를 확대하여 갔던 것이다. 해방 공간에서 사회주의운동 세력이 애국적인 혁명세력의 하나로 인식될 수 있었던 것은 바로 이러한 항일투쟁 성과에서 비롯된 것이라 할 것이다.[44] 분단 이후 그동안 금기시되어 온 영역이었던 한국사회주의운동사 분야에 대해 최근 10여년 이래 집중적인 연구가 진행되고 있는 것도 이러한 맥락에서 이해할 수 있는 것이다.

하남(광주)에서도 일제하—해방공간에서 공산주의운동이 비교적 활발히 전개되었던 것으로 보인다. 하지만 하남시 일대에서 1920년대 조선공산당을 정점으로 한 투쟁시기에 전개된 사회주의운동의 실체에 대해서는 현재 자료상 확인되지 않고 있다. 그렇지만, 일제하 사회주의운동이 대개의 경우 청년, 학생, 농민, 노동운동과 긴밀히 연계되어 있었던 일반적 현상에 비추어, 앞서 언급한 이 일대 청년, 농민운동 단체들의 활동 사실로 미루어 1920년대에도 어떤 형태로든지 이 지역에서 사회주의운동이 전개되었을 것으로 추정되는 것이다.

---

44) 한국근현대사연구회 편, 앞의 책, p.341.

광주군에서 최초의 사회주의운동 단체가 등장한 것은 1930년으로, 이때 석혜환, 정영신 등이 1930년대 중반 광주군 중부면 산경리에 근거를 둔 南漢(山)勞動共助會를 결성한 것이 그것이다. 이 조직은 노동자, 농민, 상인 등을 망라하여 공산주의사상을 선전하기 위해 야학을 설립하고, 강연회 등을 지속적으로 개최하였는데, 일시 경찰의 탄압을 받기도 하였다. 이 단체는 조직 확대와 역량 강화를 도모해 1933년 廣州共同組合으로 명칭을 변경하였으나, 1934년 12월 다시 廣州共產黨協議會로 조직을 개편함으로써 지역 공산주의운동 단체로서의 성격을 분명히 하였다.[45]

광주공산당협의회는 대중교양을 위해 서적을 구입하고 교양사업을 전개하였다. 동시에 매월 1회씩 삐라를 작성하여 배포했으며, 조직원은 서울, 인천 등지의 공장에 잠입해 활동하기도 하였다. 이 조직의 주요 구성원은 석혜환, 구본홍, 구자홍, 구창서, 이경재 등이었다.[46]

6. 해방공간의 하남

1945년 8월 15일 한민족은 마침내 일제 치하에서 해방되었다. 민족해방은 일제 침략과 지배 시기 70여 년간에 걸쳐 집요하게 펼쳐온 항일, 독립투쟁의 소산이었다. 이에 해방된 한민족에게는 자주적이고도 민주적인 독립국가 건설이라는 시대적 과제가 부여되었다. 그러나, 해방이 연합국의 승리를 계기로 한 까닭에 미, 소 양대국의 남북한 분할점령으로 말미암아 한민족의 일관된 역사의지와는 현격히 유리된 남북분단이라는 민족적 모순을 야기함으로써 '또다른 독립운동'을 요구하게 된 것이다. 이와 같은 상황하에 해방공간에서 전국 각지의 민중은 식민지 체제의 모순된 지배구조와 전통시대의 불합리한 유산들을 타파하고 자주, 민주적 국가 건설에 힘을 모아갔다.

전국의 치안과 대중정치조직이 건국준비위원회에 의해 주도되는 가운데

---

45) 김인덕, 「일제하 하남의 민족운동」(하남시사 원고) 참조.
46) 김인덕, 위의 글 참조 ; 『東亞日報』 1936년 3월 6~17일자 ; 『朝鮮中央日報』 1936년 4월 22일자.

중앙의 좌익세력은 미군의 진주를 눈앞에 둔 1945년 9월 6일, 건국준비위원회를 급속히 개조하여 인민공화국을 선포하였다. 당시 정세를 관망하던 일부 친일파 정치세력들은 한국민주당(한민당)으로 결집한 뒤 중경 임시정부 봉대론을 주장하면서 좌익 주도의 인민공화국에 맞섰다. 그러나 미군정은 남한 점령 직후 일제하의 조선총독부 지배기구를 그대로 유지시킨 가운데 인민공화국과 중경 임시정부 모두를 정부로 인정하지 않는 정책을 취하면서 한편으로는 좌익정치세력을 배제하고 우익정치세력을 강화시켜 갔던 것이다.[47]

해방 직후인 1945년 9~11월 무렵, 대부분의 지방에서는 人民委員會가 결성되었다. 지역사회의 치안과 지역 주민들의 생존권 확보를 활동목적으로 삼았던 인민위원회는 좌익인물들을 주축으로 구성되어 있었다. 경기도의 경우에는 영남, 호남지역에 비해 수도 서울과 근접해 있었기 때문에 인민위원회 활동이 비교적 미약하였다. 경기도에서 인민위원회가 존재했던 지역은 여주, 양평, 이천, 안성, 가평, 양주, 파주, 연천, 장단, 개풍, 강화, 김포, 부천 등지였고, 통치기능까지 수행한 인민위원회가 존재했던 지역은 평택, 수원, 시흥, 용인, 고양 등지였다. 이에 비해 광주를 비롯해 옹진, 벽성, 연백 등지에는 인민위원회가 설치되지 않았던 것으로 확인된다. 곧 하남시 지역인 광주군에서는 기존 연구성과에 의거하는 한 인민위원회가 없었다는 것이다.[48]

대신에 하남지역에서는 해방 직후, 우익 청년단이 지역치안과 민생안정을 맡고 있었다고 한다. 즉 "임시정부에서 일하다 귀국, 신장리에 자리를 잡은 李毖珪는 광복 즉시 우국 청년층을 모아 청년단을 조직, 미군정하 혼란기의 지역 치안에 임하였다"는 것이다. 이 청년단에서 활동한 중요 인물들로는 林熊善, 林熙善 형제와 趙熙濬, 趙禹濬 형제, 그리고 朴基喆, 兪浩根, 李起杓, 李起錫, 林五權 등이 있었다고 한다.[49]

---

47) 김인걸 외 편저, 『한국현대사강의』, 돌베개, 1998, p.32.
48) 김인덕, 앞의 글 참조.

그러나, 해방공간에서 광주군 일대의 좌익세력은 활동을 지속하고 있었던 것으로 보인다. 미군정이 1946년 봄 제1차 미소공동위원회가 결렬된 후부터 좌익 대탄압에 돌입하고, 여기에다 그동안 미군정이 시행한 각지 인민위원회 파괴, 친일경찰 및 관료 우대, 강제 식량공출 등의 정책이 민중의 불만을 증폭시켜 가고 있었다. 이러한 형편에서 조선공산당이 주도한 1946년 가을의 이른바 9월총파업과 10월항쟁이 터져나왔다. 50만명이 참여한 9월총파업으로 남한경제 전체가 마비되었으며, 연이어 대구에서 시작된 10월항쟁이 전국을 휩쓸었던 것이다.

광주에서도 1946년 8월 28일 광주경찰서와 동부지서 습격사건이 일어났다. 그 가운데 광주경찰서 습격사건은 鄭克謨의 주도로 鄭相敎, 尹在達, 朴東奎, 鄭泰元, 丁吉龍, 崔龍玉, 徐在哲 등이 일으킨 것이었다. 이 사태는 결국 경찰에 의해 진압되었으며, 주모자의 한 사람인 박동규는 사형을 구형받았다.[50] 이어 10월 20일에는 광주읍에서 경찰서를 습격, 소각하고 구속자들을 석방시키는 사건이 일어나기도 하였다.[51]

Ⅲ. 하남시의 근현대 인물

1. 鄭基世(1814~1884)

1837년 庭試에 丙科로 급제한 뒤 전라도관찰사, 의정부참찬, 예조판서를 지냈다. 1871년 신미양요 때에는 광주유수가 되었다가 다시 내직으로 들어가 각조 판서, 제학, 시강원빈객을 지냈다. 임오군란 전에 수원유수로 있다가 난이 수습된 뒤에는 한성부판윤으로 전임되었다. 성격이 겸손하여 다른 사람의 뜻을 거스러지 않았고 기쁜 일을 잘 알려주어 까치판서로 불렸다.[52]

---

49) 이재철, 『하남의 역사』(피플뱅크, 1995), p.65.
50) 『東亞日報』 1947년 6월 12일자.
51) 김인덕, 앞의 글 참조

묘는 하남시 교산동에 있다.

정기세(본관 동래)는 헌종, 철종조 영의정 鄭元容의 아들이며, 우의정 鄭範朝의 아버지이다. 저명한 국학자인 鄭寅普는 정원용의 증손자이기도 하다.

2. 兪吉濬(1856~1914)

유길준은 한국 최초의 일본, 미국 유학생이었으며, 군국기무처 의원, 내부대신 등 요직을 맡으면서 갑오경장을 주도하였고, 아관파천 이후 10여년간 일본에 망명하였으며, 귀국후 홍사단, 융희학교 등을 설립하여 계몽, 교육운동에 전념하였다. 또한『서유견문』,『대한문전』 등을 비롯해 방대한 저술을 남겼다. 그는 곧 한말 대표적 개화사상가이자 정치가였던 것이다.[53] 이런 점에서 그동안 학계에서는 윤길준에 대해 집중적인 연구가 이루어져왔던 것이다.[54]

유길준의 본관은 杞溪이며, 자는 聖武, 호는 矩堂이다. 그는 서울 계동에서 진사 兪鎭壽의 아들로 태어나 부친과 외조부에게 한학을 수학하였다. 1866년 병인양요가 일어나자, 13살의 유길준은 가족을 따라 선대 세거지인 하남시 덕풍동으로 피난을 가 3년을 머물렀다. 그후 상경한 유길준은 1871년 한말 개화사상, 개화파의 濫觴인 朴珪壽를 만나 일생의 전기를 마련하게

---

52) 한국정신문화연구원 편,『민족문화대백과사전』 참조.

53) 한철호,「유길준의 생애와 사상」(『유길준과 한일관계』, 제6회 한일관계사학회 국제학술회의, 2000), p.5.

54) 그 가운데 대표적 논저를 보면 다음과 같다. 김영호,「兪吉濬의 開化思想」(『창작과비평』 1968년 가을호) ; 金炳夏,「유길준의 경제사상」(『東洋學』 4, 1974) ; 李光麟,「兪吉濬의 開化思想」(『한국개화사상사연구』, 일조각, 1979) ; 이광린,『유길준』(동아일보사, 1992) ; 유동준,『兪吉濬傳』(일조각, 1987) ; 柳永益,「갑오경장 이전의 유길준」(『甲午更張研究』, 일조각, 1990) ; 김봉렬,『兪吉濬 開化思想의 硏究』(경남대출판부, 1998) ; 윤병희,『兪吉濬研究』(국학자료원, 1998) ; 정용화,「유길준의 정치사상」(서울대 박사논문, 1998) ;『유길준과 한일관계』(제6회 한일관계사학회 국제학술회의, 2000)

되었다. 특히 박규수의 권유로 중국 魏源의 『海國圖志』를 읽고 큰 충격을 받았다. 그 속에는 그때까지 파천황의 경지였던 세계 각국의 역사와 지리를 소개하고 있었기 때문이다. 이때부터 그는 박규수의 사랑방에서 김윤식, 어윤중, 김옥균, 박영효, 서광범 등 재사들과 함께 개화서적을 탐독하고 토론하면서 해외정세에 대한 견문을 넓히고 본격적으로 근대학문을 능동적으로 수용하게 되었다.

새로운 개화사상에 심취해 있던 유길준이 이를 더욱 심화, 발전시키게 되는 계기는 일본과 미국 유학이었다. 정부에서 1881년 신사유람단을 일본에 파견할 때, 그도 어윤중의 수행원으로 동행하게 되었고, 일본 慶應義塾에 입학함으로써 최초의 일본 유학생으로 기록된 것이다. 1년 반의 유학기간 동안 그는 부국강병 근대화의 길을 걷는 일본의 모습을 긍정적으로 평가하고 서양의 제도와 문물의 우수성을 새롭게 인식하게 되었다.

1882년 국내에서 임오군란이 발발하자, 유길준은 유학을 중단하고 수신사 박영효 일행과 함께 귀국하게 되었다. 귀국후 통리기무아문 주사로 발탁된 그는 한때 신문발간에 착수하기도 하였다. 그러나 그의 후견인이던 박영효가 좌천되자 그도 관직을 사퇴하고, 신문발간작업을 중단하고 말았다.

유길준은 1883년 7월 보빙사 민영익의 수행원으로 발탁되어 미국을 방문할 수 있었다. 그는 일행이 귀국한 뒤에도 미국에 체류해 유학생활을 시작하였다. 최초의 미국 유학생이 된 것이다. 즉 세일럼(Salem) 시에 거주하는 모오스(E. S. Morse) 박사에게 개인지도를 받은 다음 바이필드(Byfield)에 소재한 담머학교(Governor Dummer Academy)에 입학하였던 것이다. 그는 모오스로부터 사회진화론을 비롯한 근대적 학문을 익혔으며, 유학생활에서 미국의 정치, 교육, 문물제도 등 다양한 사회현실을 경험할 수 있었다.

유길준이 귀국길에 오르게 되는 계기는 1884년 국내에서 일어난 갑신정변이었다. 정변발발 소식을 접한 그는 큰 충격에 휩싸여 원래 계획했던 대학진학을 포기한 채 1885년 봄학기를 마치고 귀국하고 말았다. 귀로에 그는 영국 런던, 이집트의 새이드항, 싱가폴, 홍콩, 일본을 경유함으로써 거의 세계를 일주하다시피 하였다.

귀국후 유길준은 그동안의 유학과 해외 여행견문을 토대로 자신의 개화에 대한 신념을 정리한 力著『서유견문』을 저술하였다. 그는 요컨대 이 책에서 우리의 장점과 전통을 바탕으로 삼아 서구 문물과 제도의 장점을 자주적으로, 그리고 현실의 사정에 맞게 수용할 것을 역설하였다.

유길준이 개화에 대한 자신의 포부와 경륜을 구현할 수 있었던 것은 1895년 갑오경장 때였다. 청일전쟁과 동학농민전쟁을 계기로 일제의 영향하에 실시된 갑오경장은 주무부처인 군국기무처의 주관하에 단행된 것이다. 이때 그는 김홍집, 김윤식, 어윤중 등과 함께 군국기무처 의원에 임명되어 여러가지 문물제도의 개혁을 입안, 시행하는 중책을 맡았던 것이다. 이어 그는 내무대신으로 승진해 실권을 장악했지만, 1897년 2월 11일 아관파천으로 일본 망명길에 올랐다. 정치무대에서의 실질적 활동은 이로써 종언을 고한 셈이었다.

10여년간의 일본 망명생활을 청산하고 유길준은 1907년 고종강제퇴위 후 귀국하였다. 귀국후 그는 興士團 부단장, 漢城府民會 회장을 역임하는 등 교육에 기초한 국민계몽운동을 벌였다. 또한 일진회의 '합병'책동을 정면에서 반대하였으며, 경술국치 후 일제가 준 男爵 작위를 거절하였다. 1914년 서거후 선영이 있는 하남시 덕풍동에 안장되었다가 도시개발로 인해 현재는 검단산으로 이장되어 있다.

3. 李能和(1869~1943)

이능화는 충북 괴산에서 태어나 향리에서 한학을 수학한 뒤, 서울로 올라가 정동영어학교, 한성한어학교를 다니며 영어와 중국어를 익힌 다음, 1895년 官立法語學校에 입학, 프랑스어를 공부하였다. 그 뒤 1909년 관립한성외국어학교가 출범할 때 학감을 맡아 1910년 폐교 때까지 프랑스어를 가르쳤다. 그동안 1907년에는 정부특명으로 일본을 시찰하였으며, 국문연구소의 위원직을 맡기도 하였다.

일제치하에서 이능화는 국학 관련 자료의 수집과 체계화에 크게 이바지하였다. 1922년 이래 15년 동안 조선사편찬위원회와 이를 개칭한 조선사편수회에서 활동하였으며, 조선사편수회에서 간행한『조선사』편찬작업에 참여하였다.

이능화의 한국학 자료정리와 체계화는 주로 전래 종교와 민속 분야에 집중되어 있었다. 1918년에 간행한『朝鮮佛敎通史』는 한국불교사 연구의 초석을 다진 명저로 평가되며, 1928년에 간행한『朝鮮基督敎及外交史』역시 한국천주교회사 연구의 단초를 제공한 역저로 손꼽힌다. 그밖에도『朝鮮女俗考』,『朝鮮巫俗考』등의 저작을 남겼다. 그의 묘는 하남시 덕풍동 선영 내에 있다.[55]

4. 兪承兼(1876~1917)

'한국의 아담스미스'로 평가되는 유승겸은 서구의 근대 이론경제학을 수학하고 이를 도입한 인물이다.[56] 그가 학자, 관료로 출세하는 데는 재당숙(7촌) 유길준의 영향과 인도가 특히 컸다. 1876년 덕풍동에서 출생한 뒤 서울 계동으로 이사하였다. 桂山學校 졸업후 1895년 관비유학생으로 선발되어 일본 慶應義塾 보통과에 입학하였다. 그가 일본 유학길에 오를 수 있었던 것은 유길준의 적극적인 추천이 있었기 때문이었다. 이때부터 그는 경응의숙 보통과와 고등과를 졸업한 뒤, 專修學校(현 專修大學) 理財科(경제과에 해당)로 진학, 1900년 졸업 때까지 장장 5년간 학업에 충실하였다. 졸업후 일본 대장성에서 사무견습과정을 마쳐 현장 실무 경험을 쌓은 뒤 1902년 드디어 완전 귀국하기에 이르렀다.

유승겸은 귀국후 관료생활을 하는 한편, 후학양성과 저술에도 힘썼다. 관

---

55) 장득진, 「근현대의 인물」(하남시사 원고) 참조.

56) 유승겸에 대한 서술은 李基俊의『한말서구경제학도입사연구』(일조각, 1985), 「제15장 유승겸론」(pp.229~247)의 주지를 따랐다.

직생활은 탁지부(오늘날 재경부)에서 주사를 시작으로 사무관, 서기관을 역임하면서 중추적 역할을 담당하였다. 1905년부터는 보성학교와 양정의숙 등에서 후학을 양성하였고, 농상공학교 교관으로 경제학을 강의하기도 하였다. 경술국치 후인 1911녀에는 9개월 동안 전라북도 흥덕, 정읍 군수를 지냈으나, 이후 관료생활을 청산하였다. 그후 그는 한성은행 평양, 대구 부지배인으로 전직하였다.

유승겸은 1917년 41세의 젊은 나이에 병사하였다. 공직에 있을 때는 淸白吏로 봉사한 까닭에 가세가 극히 빈한하였다. 그의 사후, 장례비조차 마련할 수 없어 주변 친지들의 성금으로 장례를 치루었을 정도였다고 한다.

유승겸은 근대 서구 경제학을 국내에 도입하는 데 주력한 인물이다. 그의 경제학 사상과 논리는 일본내의 당시 분위기와 전수학교의 자유주의적 경제학, 강단 사회주의적 분위기 속에서 자유주의사상과 사회개량주의적 사상을 체득한 가운데 정립되었다. 또한 개인의 경제력 향상 노력이 사회경제 발전의 근본이라는 전제하에 무노동자는 사회의 公敵, 나아가 大賊으로 규정하였다. 이는 곧 조선 양반사회의 守舊性과 비현실성을 정면에서 비판한 것이기도 하다. 그의 대표적인 저술로는 『중등만국사』(唯一書館, 1909)와 『最新經濟敎科書』(唯一書館, 1910) 등이 있다.

5. 崔讚植(1881~1951)

최찬식은 개화기의 대표적인 신소설 작가로 평가되는 인물이다. 국문학 사상 이인직, 이해조와 함께 3대 신소설 작가로 불려질 만큼 한국 신문학의 발전에 크게 공헌한 것이다.

하남시 풍산동에서 태어난 최찬식은 본관이 경주이며, 호를 東樵라 하였다. 그의 부친 崔永年은 『帝國新聞』을 발행하던 개화기 언론인이었다. 갑오경장 직후인 1897년 그의 부친이 광주에 설립한 신교육기관 時興學校에서 신학문을 공부한 뒤 서울에 올라와 관립한성중학교를 다녔다. 그는 문학에

뜻을 두어 중국 상해에서 발행된 소설전집『說部叢書』를 번역한 뒤 시소설 창작에 들어갔다.

최찬식의 작품으로는 대표작『秋月色』(1912)을 비롯해『雁의 聲』(1914), 『金剛門』(1914), 『桃花園』(1916), 『綾羅島』(1919), 『春夢』(1924) 등이 있다. 그의 작품은 민족의식이나 역사문제보다는 애정, 풍속, 도덕문제를 주로 다루었다.57)

6. 兪鈺兼(1883~1922)

유옥겸은 국내에 최초로 서양 역사를 소개한 것으로 최근 학계에 보고된 인물이다. 족보에 의하면, 그는 전문학교를 졸업하고 법률 역사교수를 지낸 것으로 되어 있다. 그는 유길준의 조카였으며, 삼촌인 유길준으로부터 개화에 눈을 떠서 慶應義塾에 유학한 것으로 짐작된다. 그는 1908년경부터 일본어로 된 교과서를 번역하여 우리나라 서양사, 동양사 교과서 편찬에 주력하였다. 그 가운데 1910년 漢城廣韓書林에서 발간한『西洋史敎科書』는 사립 고등학교 교원용 교과서로서 검인정을 받은 책이다. 이 책에서 다룬 서양사의 소개는 이제까지 동양사 중심의 역사관으로부터 근대적인 역사학의 수용에 커다란 기여를 하였다고 생각된다. 즉 서양사에 대한 책으로는 우리나라에서 최초로 알려진 책인 것이다. 묘소가 파주군 炭縣面 杻峴里 기독교공원묘지에 안상된 점으로 보아 일찍이 기독교인이었던 듯하다.58)

7. 兪萬兼(1889~1944)과 兪億兼(1895~1947)

유만겸은 유길준의 큰 아들이다. 배제학당과 홍화학교, 청년학원에서 수학한 뒤 일본으로 건너가 1917년 동경제대 경제학과를 졸업하고 귀국하였

---

57) 장득진, 앞의 글 참조.
58) 정구복, 「兪鈺兼著, 『西洋史敎科書』」(『韓國史學史學報』2, 2000. 9), pp.213~214. 여기에는 부록으로 책의 전문이 영인 수록되어 있다.

다. 이후 일제치하에서 줄곧 관직생활을 해 군수, 도 사회과장, 학무국 사회과장, 평안남도 참여관, 경상북도 참여관을 거쳐 충청북도 지사를 역임한 인물이다.[59]

유억겸은 유만겸의 아우로, 일찍이 계산학교를 졸업한 뒤 일본으로 건너가 1920년 동경제대 법학부를 졸업하고 귀국하였다. 귀국후 연희전문학교에서 교편을 잡아 1923년 學監겸 부교장을 지냈다. 그 뒤 홍업구락부사건으로 일제에 의해 3개월간 옥고를 치르고 교수직도 사임하였다. 광복후 연희전문학교 교장에 취임하여 학교발전의 초석을 다졌으며, 1946년 미군정하에서 문교부장을 지냈다.[60]

8. 兪鎭午(1906~1987)

유진오는 대한민국 헌법기초위원과 신민당 총재를 지낸 헌법학자이며 정치가였다. 1927년 경세제대 법문학부를 졸업하고, 경성제대와 보성전문학교 강사를 거쳐 해방후 고려대학교 대학원장, 총장을 역임하며 일생을 후학양성에 힘썼다. 또한 한국공법학회, 한국법철학회, 한국국제법률가협회 회장을 역임하였다.

유진오는 현실 정치에도 투신해 1967년 신민당이 창당될 때 대표위원으로 피선되었고, 이후 총재에 선출되기도 하였다. 또 제7대 국회의원으로 종로구에서 당선되었다. 5·16군사쿠데타 직후에 발족한 국가재건국민운동본부의 본부장을 맡았다.[61]

9. 崔仁圭(1919~1961)

최인규는 하남시 미사동에서 최광섭의 큰아들로 태어났다. 1949년 뉴욕

---

59) 장득진, 앞의 글 참조.
60) 위와 같음.
61) 위와 같음.

대학교를 졸업한 뒤, 1950년 동남아시아 무역사절단의 정부대표로 파견되고 대한교역사 이사장, 국제연합한국부흥위원회(UNKRA) 뉴욕주재 한국대표 등을 역임하였다. 1956년 외자청장을 지낸 뒤 1958년 광주군에서 제4대 민의원에 당선되었다. 1959년 자유당 정권하에 내무부장관에 발탁된 그는 1960년 3·15부정선거를 지휘한 원흉으로 지목받아 5월 3일 구속되었다. 그 뒤 5·16군사쿠데타 후 혁명재판소에서 1961년 12월 부정선거를 지령한 혐의로 사형이 확정됨으로써 12월 서울교도소에서 사형이 집행되었다.62)

Ⅳ. 맺음말

역사는 인간을 대상으로 하는 학문이다. 하남시의 역사는 하남에서 살아온 인간의 역사이다. 근현대, 우리 민족의 격변과 수난, 나아가 이를 극복하기 위한 다양한 노력들이 경주되던 시기에 '하남인'도 역시 이러한 역사 전개에 상응하는 노력과 시도를 부단히 펼쳐왔던 '史實'을 이 글을 정리하면서 體認할 수 있었다.

하남시의 경우에도 근현대사의 보편적 전개과정과 맞물려 동일한 역사궤적을 밟아왔다. 일제침략세력 구축을 위해 일어난 민족 聖戰인 의병전쟁기에는 남한산성의병을 필두로 십여년 동안 여러 의병이 일어나 도처에서 항전했으며, 일제하 민족수난기의 최대 민족운동인 3·1운동기에노 역시 수차에 걸쳐 만세시위운동을 벌였다. 또한 일제하에 가장 규모가 큰 결사였던 신간회운동에도 적극적으로 동참하였을 뿐만 아니라, 청년, 농민 등 대중운동도 전개했던 사실을 확인할 수 있었다. 한편, 일제하의 모순된 민족현실을 타파하기 위해 전개된 사회주의운동에도 여러 형태로 참여하고 있었던 점도 특기할 만하다고 하겠다. 나아가 해방직후 미군정에 대한 민족적 저항형태로 전개된 1946년의 10월항쟁과 맥락을 같이 하는 투쟁이 있었던 사실

---

62) 이철재, 앞의 책, p.448 ; 장득진, 앞의 글 참조.

도 간과할 수 없는 점이다.

하남시의 근현대 역사적 인물을 살펴보는 과정에서 특기할 점은 개화, 계몽운동 관련 인물들이 집중되어 있다는 사실이다. 이러한 현상은 유길준을 정점으로 한 기계유씨 일문이 그러한 경향성을 노정한 점에 기인하는 것으로 이해된다. 저명한 개화파 인물인 유길준을 제외하더라도, 우리나라 근대 경제학의 토대를 마련한 兪承兼이나 서양사를 처음으로 소개한 兪鈺兼 등은 앞으로 연구를 더욱 심화시켜야 할 인물로 생각된다. 덧붙여, 본고에서 언급한 인물 외에도 역사적으로 새롭게 발굴할 가치가 있는 인물들이 많을 것으로 생각되지만, 이는 후일의 과제로 미루었다. 한편, 인물 연구에서는 민족적 입장을 견지한 예와 그에 상반되는 성향을 보인 예를 분간해야 할 필요성도 제기되었다.

그러나 이상에서 언급한 내용들은 단편적인 기록을 토대로 한 것으로, 그 구체적인 사실의 전개과정과 인과관계 등의 전말이나 여기에 따른 역사적인 평가는 현재로서는 유보할 수밖에 없는 형편이다. 여기에 대해서는 앞으로 자료발굴과 천착을 토대로 한 심도있는 연구가 진행되기를 요망할 따름이다.

끝으로 시당국에 당부하는 말을 남기면서 글을 맺는다. 하남시의 근현대사는 현재 절대적인 자료부족으로 체계적인 정리를 할 수 없다고 해도 과언이 아니다. 하남시의 근현대 역사상을 제대로 복원하기 위해서는 자료의 체계적인 발굴작업이 무엇보다 선행되어야 한다고 단언하고 싶다. 다양한 관변측 자료와, 신문, 잡지, 개인기록, 古老들의 기억 속에는 하남시 관련자료가 풍부히 들어있을 것이다. 이를 체계적으로 수집 정리하는 작업은 상당한 시간과 노력을 요하고, 그에 따른 재정적 소요도 예상된다. 그러나 이 작업은 '하남인'의 정체성 확보문제와 직결된다는 점을 상기하고 싶다.

유적지의 보전과 관광자원화
– 하남시의 유적을 중심으로 –

한범수*

I. 시작하는 말

II. 유적지 관광자원화에 대한 논의

III. 유적지 관광자원화 방법과 하남시
　　관광개발의 시사점

IV. 맺음말

* 경기대학교 관광학부 관광개발전공

Ⅰ. 시작하는 말

'유적지'는 건축물이나 전쟁이 있었던 옛터, 패총·고분·옛 건축물 등 고고학적 유물이 남아 있는 곳이다. 옛 사람들이 살아가던 삶의 형식을 더듬어볼 수 있는 귀중한 문화유산으로 훼손하지 않고 보호하는 것이 중요하다. 그러나 이러한 역사적 문화유산을 어떻게 보존 또는 보전할 것인가에 대에서는 견해가 상충되고 있다. 유적지는 한번 훼손되면 원형으로 복원될 수 없는 불가역적 특성을 갖고 있기 때문에 가능한 한 일반인의 접근을 최소화하거나 원형 그대로 보존하는 것이 가장 바람직하는 주장과, 이에 대응하여 유적지는 옛 사람들의 삶의 흔적을 살펴볼 수 있는 곳이기 때문에 유적지의 원형이 훼손되지 않는 범위에서 가능한 한 많은 사람들이 방문할 수 있도록 개발하는 것이 바람직하다는 주장이 맞서고 있다.

유적지를 원형 그대로 보존하자는 주장이나 사람들이 체험하고 전통을 계승할 수 있는 배움터로 활용하자는 주장 모두 나름대로 논리적 타당성을 갖고 있다. 전자의 경우, 유적지는 공장에서 제품을 생산하듯 일시에 대량 생산할 수 없는 역사적 자원이며, 이 땅의 역사와 문화를 이끌어온 역사현장이기 때문에 유적지의 원형을 그대로 보존하여 후손에게 전달하는 것이 중요하다는 것이다. 유적지를 방문하는 사람들의 욕구나 그 필요성을 충분히 인식하지만 유적지를 관광자원으로 개발하면 오래지 않아 유적지가 갖고 있는 고유성이 훼손되거나 파손될 수 있음을 우려하고 있다. 반면 후자의 경우, 역사적 현장이 훼손되지 않도록 그대로 보존하는 소극적인 대처에서 벗어나, 유적지를 관광자원으로 개발하는 것이 지역 민의 소득증대를 도모할 뿐만 아니라 더 많은 사람들의 방문을 촉진시킬 수 있어 해당 유적지를 적극적으로 보전하는 데 더 바람직하다는 것이다.

'보존'은 원 상태로 유지하는 것이고, '보전'은 보호하여 안전하게 한다는 사전적 의미를 갖고 있다. 환경 및 자원의 가치를 연구하는 학자들은 환경보전, 자원보전은 자원의 원형을 유지할 수 있는 범위 내에서 사람들의 이용욕구를 충족시킬 수 있도록 개발과 같은 필요한 조치를 강구하는 것으로 이해하고 있다. 유적지 중에는 그 특성상 마치 화석처럼 원형 그대로 보존하는 것이 불가피한 경우도 있지만, 사람들이 유적을 방문해 유적에 담긴 역사적 의미를 이해하고 후손들에게 전달해줄 수 있도록 접근성 개선, 편의시설 확충, 연계 관광상품 개발 등 유적지의 관광자원화를 적극적으로 도모하는 것이 바람직한 경우도 있다.

사람들은 일상생활권에서 벗어나 어디론가 떠나고 싶어한다. 떠나고자 하는 목적지는 자연경관이 수려한 곳일 수도 있지만, 옛 사람들이 살았던 역사적 유적지일 수도 있고 현재를 살아가는 사람들의 모습을 담은 문화대상일 수도 있다. 일상생활에서 벗어나 다른 곳의 문화를 체험하고 원래의 삶의 터전으로 돌아오는 관광행동은 일종의 제례이며 의식이다. 국가와 지방자치단체는 역사문화 유적지를 관광자원 화하여 지역주민의 소득을 창출하고 지역경제를 활성화하는 데 관심을 갖고 있다. 그러나 모든 유적지가 관광객의 관심을 끌 수 있는 것은 아니다. 유적지마다 내재된 역사성과 문화성이 다르기 때문에, 역사성과 문화성을 소재로 관광자원으로 개발하는 새로운 창의적인 노력이 가미되어야 관광상품으로 활용될 수 있는 것이다. 본고에서는 유적지를 관광자원으로 개발하는데 대해 논의를 다양한 관점에서 살펴보고, 역사문화 유적지를 활용하여 관광자원화를 도모한 사례들을 통해 하남시에 산재한 유적지들이 갖는 관광잠재력을 음미하고자 한다.

Ⅱ. 유적지 관광자원화에 대한 논의

1. 역사문화 유적지를 보는 시각 : 개발과 보전

소득이 높아질수록 '여가와 관광'에 대한 사람들의 욕구도 높아지고 있다. 이를 뒷받침하듯 미래학자들은 관광산업이 다가오는 21세기에 가장 유망한 산업이 될 것이라고 전망하고 있다. 실제로 많은 지방자치단체들은 관광개발을 통한 지역발전을 모색하고 있다. 아무리 좋은 약이라도 환자의 병세가 어떤지를 충분히 파악한 의사의 처방대로 사용해야 효과가 있듯이, '관광개발'이 전가의 보도처럼 모든 지방자치단체에 그대로 적용될 수는 없다. 국가나 지방자치단체가 발전하기 위해서는 국가단위 또는 지방단위의 개발행위가 이루어질 수밖에 없지만, 개발 지상주의에 밀려 보전해야 할 곳도 무분별하게 개발하면 자연훼손으로 재앙이 발생할 수 있다.

지방자치단체들이 주민 소득증대와 재정수입 확대를 위해 관광개발을 도모하고는 있지만, 국토 전체의 관점 또는 국가 단위의 관광산업 측면에서 볼 때 관광개발 효과를 기대하기 어려운 경우도 적지 않다. 관광산업보다 다른 산업을 육성하는 것이 더 좋은 조건임에도 불구하고 지역관광개발을 최우선 대안으로 여기는 것은 바람직하지 않다. 대규모 관광개발을 해야만 시장경쟁력이 있는 것으로 오해해할 수도 있으나, 그만큼 사업실패에 대한 부담감도 커지는 것이다. 적지만 정성이 깃든 관광개발이 오히려 관광객의 마음을 사로잡을 수 있다.[1] 환자의 증세에 맞게 처방을 달리하듯 지역특성에 따라 개발의 내용과 정도는 달라져야 한다.

한번 훼손된 자원은 원래의 모습대로 회복될 수 없는 不可逆的 特性이 있다. 자연자원은 일단 훼손되면 다시 회복하는데 수십 년의 세월이 경과해야 한다. 자연자원에 인간의 손길이 닿지 않았을 때에는 어떤 용도로도 토지이용계획을 수립하고 집행할 수 있지만, 일단 훼손되면 복구하는 데 많은 시간과 재원이 소요된다. 자연자원 훼손으로 예상치 못한 자연재해를 맞이할

---

1) 서울시 한강관리사업소에서 여의도 지하철 공사시 각종 공사자재를 쌓아두기 위해 철거했던 테니스 코트의 복구비를 받아, 더 많은 시민이 이용할 수 있도록 우리나라 산천에서만 자라는 재래종 꽃을 이용해 봄, 여름, 가을 동산을 꾸미고 있는 것, 여의도 샛강에 지하철 공사 후 분출되는 지하수를 이용해 자연생태공원을 조성하고 있는 것은 반드시 대규모 관광개발만 능사가 아니라는 교훈을 준다.

수도 있다. 마찬가지로 오랜 세월이 누적되어 이루어진 역사 유적지의 중요
성을 충분히 인식하지 못하고 무분별하게 훼손할 경우 과거의 역사와 미래
를 잇는 중요한 사료를 상실할 뿐만 아니라, 관광자원으로 활용할 수 있는
기회를 잃어버릴 수 있다(한범수a, 2000 : 1~3).

유적지는 역사를 담고 있다. 역사의 의미 중 하나는 유적지가 소재 한 땅
에 사는 사람들이 경험한 과거 전체이며, 다른 하나는 그러한 인간의 제반
행위를 탐구하고 구성하는 역사의 연구·서술 또는 역사학을 의미한다(동
아대백과사전 : 576). 과거로부터 시간의 흐름과 관련된 것이 '역사'라고 한
다면, '문화'는 역사를 포함한 더 포괄적인 것으로 이해될 수 있다. '역사형
관광'은 관광객의 관광욕구 대상을 과거에 이루어진 역사적인 소재에서 찾
으며, 그 안에서 자기실현의 가치를 파악하고자 하는 것으로 이해할 수 있
다. 그리고 '문화형 관광'은 관광객의 관광욕구 대상을 특정 지역에서 생성
되어 전승되어온 독특한 생활방식에서 찾는 것이라고 할 수 있다. 역사문화
관광은 특정 지역에서 살아가는 사람들의 생활방식 중 오랜 과거로부터 이
루어져 온 역사성이 강한 자원을 주된 관광대상으로 하는 것이라고 할 수
있다(한범수·김덕기, 1994 : 8).

동전이 양면을 갖고 있는 것처럼 관광도 개발과 보전이라는 양면을 갖
고 있다. 로마가 유명한 것은 콜로세움이 있고 그 옛날의 도로가 그대로
유지되고 있기 때문이다. 반면, 디즈니랜드가 유명한 것은 아무 것도 없는
황폐한 공간에 인간의 상상력으로 새로운 문화를 창출했기 때문에 유명한
것이다.

현대의 문명이기를 담을 수 있도록 로마를 파헤치고 하늘로 치솟는 콘크
리트 건물로 대체한다고 가정해보자. 그 순간 로마는 로마가 아니고 로마를
찾는 수많은 관광객들은 다른 곳으로 발길을 돌릴 것이다. 파리 역시 전 세
계 관광객이 한번쯤 방문하기를 희망하는 곳이다. 세느 강변을 따라 늘어서
있는 건축물은 비록 최신식 건물은 아니지만 파리를 가장 파리답게 만들고
있고, 이를 보러 수많은 관광객이 찾고 있다. 개선문 넘어 신도시로 개발한

'라데팡스'를 보러 관광객들이 몰려가는 것이 아니다(한범수b, 2000 : 2~3). 유적지는 현대적으로 조성된 새로운 관광시설 못지 않게 관광객을 끌 수 있는 매력을 갖고 있다. 유적지는 과거의 역사와 현재 그리고 미래를 잇는 중심점이 될 수 있다. 무분별한 개발로 유적지가 훼손되지 않도록 하는 것도 중요하지만, 유적지를 관광자원화 한다는 명분아래 유적지의 고유성을 훼손하거나 파괴하는 관광개발이 이루어지지 않도록 세심한 주의를 기울일 필요가 있다.

2. 역사문화 유산의 관광자원화에 대한 제 견해

역사를 만들고 계승하는 주체, 유적지를 방문하는 인간의 행동 기저는 무엇인가. 이러한 물음에 대한 답을 규명하기 위해 수많은 학자들이 관심을 갖고 연구를 진행하고 있지만, 이렇다할 수 있는 통일되고 확정적인 연구성과는 제시되지 않고 있다. 일상거주지, 즉 일상생활권을 떠나 어디론가 여행하고 싶어하는 인간의 욕구를 관광욕구라고 표현하고 그 현상의 기저에 자리잡은 것을 '놀이'와 연계시켜 "놀이하는 인간(Homo Ludens, Men the Player)"으로 보고 이러한 놀이가 역사와 문화를 이끌어온 문명의 놀이로 호이징하는 "호모루덴스 : 놀이와 문화에 관한 한 연구" 서문에서 다음과 같이 밝히고 있다.

> "우리 인간 행동의 내용을 인식의 저 밑바닥까지 캐어 들어간다면, 모든 인간 행동이 단순한 놀이에 불과하다는 생각이 떠오를지도 모른다. 그것은 인간이 예부터 되풀이하여 온 탄식인 것이다. 이런 종류의 형이상학적인 결론에 스스로 만족하는 사람들이라면 차라리 이 책을 읽지 말아야 한다. 그럼에도 불구하고 이 세상을 살아가면서 "놀이"라는 개념을 분명하고 중요한 요소로 다루지 않을 이유는 없다는 것 역시 확실하다. 나는 수년 동안이나 문명이 놀이로서, 또 놀이 속에서 발생하고 전개되었다는 확신을 품어 왔다. …… (중략) …… 즉, 놀이를 생리 현상이 아닌 문화현상으로서 이해하려고 한다. 이것은 과학적인 방식이 아

닌 역사적인 접근 방식이다(김윤수 역, 1984 : 9~10)."

호이징하는 놀이(play)는 문화보다 오래된 것이며, 적절하게 정의되기는 어렵지만, 어쨌든 문화는 인간 사회를 언제나 전제하고 있으며, 우리의 인간 문명은 놀이라는 일반 개념에 어떤 본질적인 특징을 전혀 더하지 못했다며 문화 현상으로서의 놀이의 본질과 의미를 역설하고 있다. 아울러, 놀이는 문화 그 자체가 존재하기 이전부터 일정한 크기로 존재해 왔으며, 태초부터 현재 우리가 살고 있는 문명기에 이르기까지 항상 문화 현상 속에 함께 있었고 그 속에 충만해 왔음을 우리는 문화 속에서 발견할 수 있고, 일상적인 생활과 구별되는 일정한 성질을 가진 행동으로서 놀이는 거의 모든 곳에 존재하고 있다고 이야기하고 있다. 원시 사회의 신성한 의례, 봉헌, 희생 의식, 신비의식과 같은 제례의 본질은 진실하게 이해된 순수 의미의 놀이 정신이 발현된 것이라는 것이다(김윤수 역, 1984 : 11~16).

인간의 놀이가 관광에서의 여행이라는 요소를 결여하긴 하지만 놀이는 관광의 여러 측면을 공유하고 있다. 놀이에서도 정상적인 규칙에서의 이탈, 한정된 지속시간과 독특한 사회관계 그리고 터너(Turner)가 유동이라 특징지은 몰입 및 열중의 감정상태 등의 측면이 나타난다. 관광과 마찬가지로, 놀이는 일상생활의 구조 및 가치관과 차이점을 갖는 의례인 동시에 그 구조 및 가치관의 질정 측면들을 강화시켜주는 의례인 것이다.[2] 그레이번(Graburn, 1983 : 9~33)은 관광이 일상생활 바깥에서 일어나면서 여행을 포함하는 여가의례의 성격을 갖는다면 순례와 동일한 것이라고 주장하고 있다. 그는 부어스틴(Boorstin, 1964)과 바르트(Barthes, 1973)의 말을 빌어 "관광

---

2) 인류학자들은 통과의례(rites of passage)에 대해 많은 관심을 가지고 있다. 즉, 일상적인 사회로부터 관광객이 벗어나고자 하는데는 다음과 같은 3가지 단계가 있다고 한다. ① 이탈(separation) : 자신의 이상적인 사회집단으로부터 거리가 멀어진다. ② 경계역(liminality) : 일상의 구조화된 생활이 신성한 분위기를 풍기는 무차별 상태로 용해되고, 같은 과정을 행하는 동행자와 공동체적 동질감(a feeling of communities)을 느끼는 단계이다. ③ 재통합(reintergration) : 구조화된 자신의 일상 생활권으로 돌아오는 단계이다(Nash and Smith, 1991 : 17).

은 현대 자본주의 사회의 가짜사건(pseudo-event)에서 특징적으로 나타나는 천박하고 순수하지 못한 활동이다."고 혹평하는 시각과, 멕켄넬(MacCannell, 1976)이 언급한 "모든 현대 복합사회에서 관광은 중심적인 의례다."라는 말을 소개하며 자신도 후자의 견해에 동조한다고 밝히고 있다.

관광은 말 그대로 천박한 자본주의 산물이라는 비판적 시각에 대해, 현대라는 사회를 살아가는 불가피한 삶의 형식으로 관광을 바라보는 두 시각이 상존하고 있는 것이다. 이런 시각은 유적지 또는 축제처럼 원형이 훼손되지 않고 그대로 보존되기를 희망하는 사람과 적극적으로 관광상품으로 개발하는 것이 불가피하다는 사람들간에 논쟁의 대상이 되기도 한다. 그린우드(Greenwood, 1977 : 129~138)는 스페인 '푸엔떼라비아'의 주요 의례인 '알라르데'가 관광상품 화되면서 고유의 의미가 상실되는 과정을 통해, 문화의 상품화에 대한 우려를 표명한 바 있다.3)

역사문화 유적지를 방문하는 이른바 문화관광이 보편화도기 시작한 것은 18세기부터로 알려져 있다. 그러나 문화관광에 참여하는 관광객들이 역사유적에 내재된 의미를 이해하기보다는, 많은 곳을 방문했다는 것을 과시하는 데 관심을 갖기도 했다. 상업화된 대량관광이 더 많은 관광객을 유치하기 위해 역사문화유적에 대한 보전방안을 강구하기도 해, 관광상품화에 대한 긍정적인 평가가 전혀 없는 것도 아니지만, 관광상품화가 되면 자원에 내재된 고유의 특성이 대부분 상실될 수밖에 없음을 터너와 애쉬는 비판하고 있다(Turner & Ash, 1977 : 137~8). 또한 이들은 관광객(tourist)을 야만인

---

3) 푸엔떼라비아는 스페인과 프랑스 국경에 인접한 곳이다. 1638년 69일간 계속된 프랑스 군의 공격을 이 지역 주민이 일치 단결하여 막아낸 것을 기념하기 위한 알라르데 의례에 빈부·남녀·직업에 구애됨이 없이 모든 사람들이 참여 350 여 년 간이나 지속되었다. 그러나 불행히도 의례가 갖는 고유한 의미가 관광객의 방문으로 변질되기 시작했고, 급기야는 알라르데 의례가 관광성수기에 개최되기에 이르렀다. 알라르데 의례를 참관하는 것이 관광패키지 상품에 포함되면서 더욱 많은 관광객이 방문하게 되었지만, 지역주민들이 의례에 자발적으로 참가하고자 하는 수는 급격히 감소되었다. 즉, 고유한 전통문화가 관광상품 화되면서 고유한 문화가 순식간에 파괴되어 가는 과정을 보여주고 있는 것이다.

(barbarian)에 비유하며 관광객의 방문을 일종의 침략행위로 묘사하고 있다. 고대에 변방의 야만인들이 그들이 봉착한 난관(인구과잉, 목초부족, 적대적인 이웃부족의 위협)으로부터 벗어나, 풍요로움을 추구하고자 도시문화권을 침략하는 대량이동을 했던 것과 어떤 점에서 일맥상통한 것으로 간주하고 있다. 야만인들이 일단 도시문화권에 들어서면 약탈과 전리품 획득에 주력하게 되면서 야만인들이 동경해오던 문화가 파괴되는 과정을 맞이하게 된다는 것이다. 즉, 관광상품 화, 관광자원 화라는 명분아래 대량관광이 시작되면서 과거의 문화와 전통에 내재되어 있던 고유의미가 훼손되거나 파괴되는 과정을 겪게 되는 것을 빗대어 관광객을 야만인으로 설명하고 있는 것이다.

튜니지아의 전통 혼례나 북미 인디언의 제례의식이 관광객의 흥미를 북돋아주기 위해 재연되고 있는 것처럼, 관광객에게 보여주기 위해 재연되는 전통의례에서는 그 의례가 가지고 있는 고유의 의미가 일부분 상실될 수밖에 없기 때문에, 문화인류학자들은 관광상품 화된 전통의례를 '민속의 냉동화', '문화의 상품화'로 간주하고 있다(Turner & Ash, 1977 : 139~140). 제주도에서 관광객에게 기념품으로 판매되고 있는 돌하루방 열쇠고리처럼 지역의 문화가 상품화되는 것에 대해 문화인류학자들은 관광기념품을 관광객의 탐욕적 본능을 충족시켜주는 예술적 약탈 물로 파악하고 있다.

그러나 세세가 지구촌 회되고 있는 오늘날, 사람과 사람이 접촉하는 관광활동은 더욱 증가될 수밖에 없다. 그러므로 관광객의 욕구대상이 되고 있는 관광자원이 인류의 오랜 역사문화 활동의 소산일 경우, 해당 자원에 얽힌 오랜 세월의 의미가 단시일 내에 훼손되는 것에 대한 적절한 대비가 필요하다. 관광개발로 인해 당장 야기되는 자연훼손을 방지하고 역사문화유산의 고유성을 유지하기 위해서는 민속촌, 야외박물관 형식의 모형문화(model culture), 무대화된 가공의 민속문화(staged phony-folk culture), 관광무대(인위적으로 연출된 관광자원 : tourist stage), 전시지역(front region)의 도입처럼 문화의 화석화라고 비판받는 대안들이 오히려 유적지를 적극적으로 보전하는 한 대안이 될 수도 있다는 주장도 제기되고 있다(전경수, 1994 : 26). 그러나 이처럼 무대화된 허위 민속문화는 고유성을 경험하고자 방문한 관광객에게 적지 않은 실망감을 안겨줄 수 있을 뿐만 아니라, 수많은 문화인류학자들이 지적했던 것처럼 전통문화 그 자체의 훼손 및 파괴를 촉진할 수 있기 때문에 신중한 접근이 필요하다.

Ⅲ. 유적지 관광자원화 방법과 하남시 관광개발의 시사점

1. 유적지 관광자원화 방법4)

역사문화역사문화유산은 오랜 세월동안 형성된 조상들의 삶의 흔적으로 현 세대뿐만 아니라 후손들에게 잘 보존하여 물려주어야 할 값진 유산이다. 행정적인 체계 하에서의 역사문화유산은 대체로 문화재의 범주에 포함되어 문화관광부에서 제반 행정을 담당하고 있다. 역사문화유산을 그대로 잘 보존하는 것도 중요하지만 많은 사람들이 접하면서 그 안에 내재된 의미를 파악할 수 있도록 하는 것도 중요하다. 문화관광부에서도 이와 관련된 여러 가지 프로그램을 운용하고 있기는 하지만, 행정개편으로 관광국이 이관되기 전까지는 기본적으로 역사문화유산을 원형 그대로 보존하는데 전념하였다. 이러한 이유로 그동안 관광목적으로 역사문화유산을 활용하는데 적극적이지 못하였다.

지금까지 역사문화유산이 관련 부처 및 관계자들의 노력으로 대체로 잘 보존되어 온 것으로 평가될 수 있지만, 일반국민 및 정책담당자의 관심부족으로 훼손되거나 방치되고 있는 경우도 적지 않다. 또한 이용자의 편의에 대한 세심한 배려도 이루어지지 못하고 있다. 예컨대, 직접적인 이용편

---

4) 이 내용은 필자가 작성했던, 한범수 · 김덕기, 『역사문화 관광코스 개발방안』, 교통개발연구원, 1994의 pp.85~102의 내용을 발췌한 것임.

의시설 외에 경복궁이나 무령왕릉 내부가 콘크리트 보도로 되어 있고, 부소산성 산책로를 따라 '20,000V 고압선 매설!'이라고 경고 판을 설치한 것 등을 들 수 있다. 역사문화유산을 단순히 보존하는 것에 머무르지 않고, 관광객의 이용편의까지 충분히 고려하여 체계적으로 보전하는 방안이 강구되어야 한다.

역사문화 관광자원의 개발은 역사문화유산에 얽힌 역사적인 의미가 관광객에게 보다 흥미롭고 쉽게 전달될 수 있도록 하는 것이 중요하다. 동일한 주제라 할지라도 구상을 어떻게 하느냐에 따라 역사문화유산의 의미가 새롭게 부각될 수도 있기 때문이다. 백제문화권 개발계획의 일환으로 추진되고 있는 충청남도 공주시 웅진동 소재 '곰나루'에 대한 『백제문화권 특정지역 종합개발 기본설계 보고서』(충청남도, 1993)의 기본구상을 중심으로 역사성을 제고시킬 수 있는 구상 안을 예시적으로 제시하고, 부여의 백제대교 옆에 위치하고 있는 '불교전래사은비'를 관광자원으로 활용하는 방법에 대하여 살펴보고자 한다.

1) 사례 1 : 곰나루

(1) 추진배경

정부의 백제문화권 개발계획에서는 공주에 '문화관광단지', 부여에 '백제역사촌'을 설립하는 내용을 계획안으로 제시하고 있다. 공주 문회관광단지는 종합유희시설과 곰을 상징할 수 있는 동물원의 설립을 주된 개발 구상 안으로 제시하고 있다(<표 1>).

공주는 백제의 옛 도읍지이며 무령왕릉을 비롯한 많은 역사문화유적이 산재하고 있는 지역이기 때문에 기계시설이 주를 이루는 유희시설이 도입될 경우 문화유산의 성격과 배치될 우려가 있다. 곰을 소재로 하는 동물원 조성이 곰나루에 얽힌 이야기를 소재 화 하고자 했다는 점에서 어느 정도 설득력은 있다. 그러나 이와 같은 기본 구상 안은 백제가 우리 역사상에서

<표 1> 공주문화관광단지 기본구상

구 분	주 요 내 용
기본방향	① 다양한 계층의 관광·레저 활동의 수용 - 종합 유희시설 및 각종 스포츠 시설의 도입 - 기존 곰나루 유원지 기능의 확충, 다양화 ② 지역 거점관광의 기능 수행 ③ 도시기능과의 연결
도입기능	① 경관자원을 감상하는 단순한 형태의 관광행태를 탈피 직접 경험하고 　즐길 수 있는 위락기능 도입 ② 중년층을 위한 휴양기능 도입 ③ 체류형 관광 및 반복적 방문을 유도할 수 있도록 숙박기능 강화 ④ 관광거점을 위한 교통기능 도입 ⑤ 공주를 상징화 할 수 있는 시설의 유치 ⑥ 주변시설 현황의 문제점을 해결하기 위해 - 지역을 상징하는 '곰'을 주제로 하는 소동물원 - 중복되지 않는 범위에서 기계유희시설 설치

갖고 있는 위치를 충분히 수용하지 못한 감이 있다. 지역의 역사성이 부각
될 수 있도록 하는 '발상의 대전환'이 필요하다.

(2) 곰나루와 관련된 자료의 수집검토

역사문화유산을 소재로 관광자원 화하는 경우는 먼저 관련된 역사적인
자료를 밀도 있게 수집하여야 한다. 단편적인 자료에 의존하여 관광개발을
구상할 경우 오히려 역사문화유산의 자원성을 훼손시킬 우려가 있다. 지역
과 관련된 역사 문화적인 자료를 심층적으로 분석하여 내재된 의미를 도출
하고자 하는 진지한 노력이 이루어져야 의도한 관광자원화에 성공할 수 있
다.

① 자료 1 : 웅진성에 관하여

백제 웅진성이 있는 지금의 공주는 개로 왕이 고구려 장수왕의 남침으로
살해(475)되어 그 아들 문주 왕이 웅진(지금 공주)으로 천도한 후 성왕 때
사비(지금 부여)로 다시 천도(538)할 때까지 5대 63년 동안 백제 중기 국도였
으며 웅진성은 이곳 국도를 수호하기 위하여 축조된 산성이다.

삼국사기에 의하면 문주 왕이 천도할 당시의 지명은 웅진이었으며 성왕

(526)때 웅진성을 수리하였으며, 웅진지방에 산성이 축조되고 나서 웅진성으로 불리었다고 한다. 중국 측 사료에서도 백제의 오방 제도를 설명하면서 북방에는 웅진성이 있다고 하였으며, 또한 고마 성을 다스렸다고 하였다. 웅진성이라고 하는 한자음이 우리말로 '고마'이므로 '固麻'로 기록된 듯하다. 또한 일본서기에서는 '久麻怒利'라고 하였으니 이것은 웅진이라고 하는 명칭이 순수한 우리말로 '곰나루' 혹은 '고마나루'라고 불렸기 때문에 이처럼 기록된 것 같으며, '고마'·'가무'·'가미(神)'는 신선하고 크다고 하는 의미로도 해석되어 '큰 나라'라고 풀이하고 있다.

이와 같이 백제시대 '웅진성'이라고 불리던 명칭은 고려 태조 23년(940)에 공주로 바꾸어지게 됨으로써 산성도 '공주산성', '공산성'으로 불리게 되었으며 '熊川'이라고 불렸던 금강도 '공주강'으로 불리게 되었고 조선 인조대왕 2년(1624)에 이괄의 난을 피하여 이곳으로 파천한 후 환도할 때 인조대왕이 '雙樹'라는 명칭을 내림으로써 '쌍수산성'이라는 명칭으로 불려지기도 하였으나 '공산성'이라는 명칭이 주로 사용되어 왔다(성주석,1984 : 62~63).

② 자료 2: 곰나루의 유래

중국 周書의 백제조에는 '고마성'이라는 명칭으로, 일본서기 제명천황 6년조에는 '久麻怒利城'이라고 표기하고 있으니 이는 '고마나루', '곰나루'를 일어 발음대로 표기한 것이다. '웅진성'에 대한 이와 같은 호칭은 곰 토템사상에서 유래된 것으로 그 뜻은 우리 민족이 예맥족인데서 유래된 것으로 알려져 있다(김동수, 1991 : 10).

③ 자료 3 : '금'사상과 곰나루(Ⅰ)

금강은 달리 웅진, 적등진, 백마강, 심천 등으로 불렸다. 그러나 이러한 지명들은 금강 줄기 전체를 일컫기보다 어느 일부 지역의 명칭으로 주로 불려온 것이었다. 즉, 웅진은 충남의 공주 근방에서, 적등진은 충북의 옥천과 영동사이에서, 백마강은 부여 근방에서, 심천은 영동군의 심천리에서 주로 불린 땅이름이었다. '금강'이라는 이름은 '큰 내'라는 뜻의 '검나리'에서 나온 이름으로 보인다. 충청도 지방에선 '검'을 대개 '금'으로 발음한다. 따라서,

검나리는 '금나리'로 되어, 여기에 '금'이라는 한자가 취해졌을 것이다. '나리'는 '내'나 '강'을 뜻했던 옛말이었다.

금강이 '검나리'였음은 '곰나루'란 땅이름을 보아서도 알 수가 있다. '검나리'와 '곰나루'는 같은 어원상의 이름으로 보기 때문이다. '곰나루'는 '고마나루'라고도 하는데, 한자로는 웅진으로 적어오고 있다. 공주의 북쪽에서 흐르는 금강의 원래 지명이 이것인데, 지금도 이곳을 웅진동이라 한다. 학자들은 '곰나루'가 우리 겨레의 '곰'사상과 관련이 있는 것으로 보기도 한다. 단군의 어머니가 곰(웅녀)인 것처럼 곰을 신성시해서 거룩한 땅의 의미로 이 '곰'을 땅이름에 많이 썼다는 주장이다. <세계의 지명>을 쓴 박갑천도 '곰'이 신성하고 높으며 으뜸 됨을 뜻하는 옛말이라면서 남신을 '숫', 여신을 '곰'이라 해서 'ㄱ'이 탈락한 '옴'이 바로 여성을 이른다고 말하고 있다. 이 '곰'은 일본으로 건너가 '가무'를 거쳐 '가미'가 되면서 神이라는 뜻이 되었다고 한다(배우리, 1994 : 311~312).

④ 자료 4 : '곰'사상과 곰나루(Ⅱ)

특히 흥미 있는 것은 일본의 지명 가운데 고대 한국과 관계가 깊었던 규슈지방과 중부지방에는 '神代'라는 도시 명이 있었고, 그것을 '구마 시로'라 읽고 있다는 것이다. 神을 구마(熊)라고 읽고 있는 것이다. 구마(곰)라는 이름을 갖는 지명이 가장 많은 곳은 역시 규슈지방이며 일본의 구마모토현(熊本縣)에 14개, 중부의 기이(紀伊)지역에도 14개가 있다. 일본의 천황가는 처음 규슈에 자리를 잡았다가, 그 후 뱃길로 紀伊에 상륙했다는 문헌이 있으며, 그 사실을 뒷받침이라도 하듯이 그 지방에는 곰에 관한 전설도 많은 곳이다.

전후 일본 역사학계에 가장 큰 충격을 준 것으로는 앞에서 소개한 에가미 나미오 교수의 '기마 민족 국가' 즉, 기마 민족 정복 왕조 설이 있다. 그는 사람의 머리 길이(頭長)를 가지고 일본인과 한국인의 체격의 특성을 수치화 하여 비교했다. 그 결과 일본 고대국가 건설 당시의 주요 무대가 된 지역의 사람은 한국 남부인의 것과 같은 수치가 됨을 도시했

다. 더욱 재미있는 것은 한국의 '곰'과 일본의 '구마'라는 지명의 분포밀
도가 높은 곳이 그것과 거의 일치된다는 사실이다. 환웅은 천손 족임을
자부하는, 해로 상징되는 천신의 아들이며 곰녀는 곰(신앙)을 갖는 토착
부족의 딸이었다(김용운, 1994 : 130).

⑤ 자료 5 : 곰의 전설이 깃든 백제고도

전옛날 이곳에 살던 한 사내가 하루는 인근에 있는 연미산에 놀러 갔
다가 길을 잃고 배가 고파서 바위 굴 속에 쉬고 있던 중 한 처녀를 만났
다. 사내는 처녀와 굴속에서 하룻밤을 지내는 동안 부부의 연을 맺고 며
칠을 보내게 되었다. 그러나 매일 굴을 나갔다가 음식을 가져오는 처녀
의 정체가 의심스러워 뒤를 쫓아가 보니 처녀가 곰으로 변하여 사슴을
잡는 것이 아닌가. 그 후 곰의 변신인 처녀는 사내가 자신의 정체를 눈
치챈 것을 알고 사내를 바위 굴 속에 가두어 놓았으며 사내는 암곰과
사는 동안 자식까지 둘을 낳았다. 어느 날 암곰이 바위로 굴을 막지 않
고 나간 틈에 사내는 도망을 나와 금강을 헤엄쳐 건넜다. 뒤늦게 이를
알고 쫓아 나온 암곰이 멀리서 자식을 들어 보이며 마음을 돌리도록 호
소하였지만 이 사내는 매정하게 뒤도 돌아보지 않고 자기 집으로 돌아
왔다. 이에 암곰은 어린 자식들을 안고 금강에 뛰어들어 자살하고 말았
는데, 그 후부터 금강을 건너는 나룻배가 풍랑에 뒤집히는 일이 많았으
므로 나루 옆에 사당을 짓고 곰의 넋을 위로했다고 한다. 곰내·웅진 또
는 곰나루리는 이름은 여기서 비롯된 것이라고도 하며, 1972년 이 나루
에서 돌로 새긴 곰상을 발견하고 그 자리에 곰사당인 웅신당을 지어 모
시고 있다(김기빈, 1994 : 92).

(3) 곰나루에 대한 새로운 개발구상 안 도출

곰나루와 관련된 역사적인 자료에서 도출된 내용을 중심으로 주제를 설
정해 보면 <표 2>와 같다. 백제의 두 번 째 수도였던 웅진성의 행정통치제
도가 오부제인 것과 5의 의미가 중앙인 것에 착안하여 곰 테마파크를 크게
5개의 구역(zone)으로 구분하고 곰과 관련하여 연상할 수 있는 5개의 전시공
간을 조성한다(<그림 5~1>).

<표 2> 곰과 관련된 주제의 설정

자 료 명	주 요 내 용	주 제 도 출
① 웅진성에 관하여	오방제도, 곰, 신, 구마노리	오방제도 상징
② 곰나루의 유래	곰, 예맥족, 곰, 구마노리성	1. 곰과 神
③ '곰'사상과 곰나루1	단군신화, 곰, 여자, 일본의 가미(神)	2. 곰과 女
④ '곰'사상과 곰나루2	일본 규슈지방 구마모토현, 곰, 해	3. 곰과 地 4. 곰과 色
⑤ 곰의 전설이 깃든 백제고도	연미산 곰전설, 곰, 강	5. 곰과 江

① 제1구역 곰(熊)과 神

곰은 우리 민족이 고대로부터 신성시하여 토템사상의 대상물 중의 하나로 숭배하여 왔다. '곰'은 신성하고 높으며 으뜸 됨을 뜻하는 옛말로 남신을 뜻하는 숫과 여신을 뜻하는 감에서 'ㄱ'이 탈락한 암으로 변하여 오늘날 여성을 뜻하는 말로 발전하였으며, 古代에는 여신의 의미로 사용되었다. 개국신화세계, 곰 토템, 전설 등 신화적 소재를 바탕으로 도입부 공간을 설정한다. 동물극장, 영상관, 연극무대를 통한 신화관, 첨단 로보트 곰과 가상세계를 체험하는 체험관을 연출하도록 한다.

② 제2구역 곰(熊)과 女

곰의 의미가 '암' 즉 여성을 상징하고 있어, 한일양국 특히 백제시대의 여성에 관계된 소재를 구성한다. 연출 예로는 장식사, 복식사, 주거생활사 등 장르별 상설전시관, 이벤트물 구성, 영상, 체험관, 게임오락관, 음식사 박물관, 가상현실 생활관 등을 들 수 있다.

③ 제3구역 곰(熊)과 地

곰과 관련되는 지역이 신성한 지역 또는 자원이 풍부한 지역인 것에서 착안하여, 곰과 관련된 지명·성곽·촌락구성, 철광석산지, 전쟁 등의 소재를 영상·모형·디오라마·이벤트행사 등의 전시매체를 통하여 연출하도록 한다. 구체적인 연출 예로는 성 탐험(입체영상, 가상현실체험), 궁중생활체험, 마을 사람들과의 만남, 신천지 개척게임-새로운 땅을 찾아서, 당시의 제철산업-각국 합금비율, 철산지와 이동경로, 가상전쟁(흥미요소 연출)-

무사의 의복, 의복착용 체험 코너 등을 들 수 있다.

④ 제4구역 곰(熊)과 色

곰의 색은 어둠을 의미하는 흑색으로 낮과 대비되는 밤의 이미지를 주제로 도출할 수 있다. 밤, 어둠, 죽음, 공포, 별자리 등의 소재를 연출한다.

⑤ 제5구역 하일라이트 곰(熊)과 江

곰과 강('얼'과 '길'로서의 강)-Z코스 영상코스터를 대형공간에 설치하여 가상 체험관을 연출, 백제나루터, 백제시장재현, 문물교역 재현, 배의 모습, 항해술, 문화 전파자를 통한 정신의 이동 등을 연출한다.

⑥ 오국관

곰테마파크의 관람 효과와 주제 전달의 보조적 성격으로 곰테마파크의 주된 내용인 백제 관련 내용의 개괄적인 백제, 고구려, 가야, 일본 등 5국과의 관계를 주요 소재로 하는 오국관을 구성한다. 특히 일본에 분포되어 있는 '熊'자 지명의 미니어처월드를 조성하여 일본인 관광객이 방문할 수 있는 歷史의 연결고리 역할을 하도록 한다. 연출 예로는 오국의 문물교류, 외교, 전쟁 등에 관한 전시관을 설치한다.

2) 사례 2 : 불교전래 사은비

(1) 추진배경

신라문화권과 같이 역사문화유산이 외부로 표출되어 있는 경우는 부연설명이 없어도 관광객의 관광활동이 이루어질 수 있다. 그러나 백제문화권과 같이 대부분의 역사문화유산이 유실된 경우는 관광객의 관심을 이끌만한 對象이 없기 때문에 관광객의 흥미가 반감될 수 있다.

일본인 관광객이 백제문화권을 방문했을 때 백제대교 옆에 위치한 불교전래 사은비로 안내하면 매우 좋아한다고 일본어 통역안내원의 면담조사에서 밝혀진 바 있다. 불교 전래 사은비는 백제가 왜에 불교를 전해준 것에 대한 감사의 뜻으로 1972년에 일본의 불교도가 한국 불교도의 도움을 받아

설립한 것이다. 현재 주변에 '신동엽 시인'의 시비와 '나성'이라는 안내문만
이 설치되어 있을 뿐 쾌적한 분위기가 조성되어 있지 못하다.

우리에게는 의미 있고 가치 있는 유산이지만 외국인 관광객은 관심이 없
을 수도 있다. 반대로 우리는 무심코 지나칠 수 있지만 외국인 관광객은 자
국의 일상적인 문화와 다르기 때문에 오히려 많은 흥미를 가질 수도 있다.
불교 전래 사은비처럼 역사적 연결고리를 현시 화한 자원이 일본인 관광객
의 관심을 끌 수 있는 것이다.

(2) 불교 전래 사은비와 관련된 자료

고대의 삼국 중 백제가 일본 문화의 발달에 가장 많은 영향을 주었다. 백
제에서 일본으로 전파된 문물 중 불교문화를 빼놓을 수 없다. 하지만 백제
문화권지역에서 고대의 백제불교를 살펴볼 수 있는 흔적은 많이 남아 있지
않다. 고대에 일본과 가장 밀접한 관계에 있던 백제의 불교문화를 소개하는
것 자체가 훌륭한 관광대상이 될 수 있다. 불교문화와 관련된 한일 간의 역
사적인 연결고리를 발굴하기 위한 노력이 강구될 필요가 있다.

(3) 불교 전래 사은비와 관련된 새로운 개발 구상 안의 도출

백제에서 왜로 불교를 전하는 과정을 중심으로 주제를 설정해보면 다음
과 같다(<표 3>). 백제의 패망과 함께 백제불교의 흔적이 한반도에서는 많
이 사라졌지만 일본불교의 시원이 되어 지금에 이르고 있다. 우리 국민이
고대의 문물을 전파하는 과정을 살펴볼 수 있는 교육의 장으로, 일본인 관
광객의 순례관광지로 불교 전래 사은비를 새롭게 조성할 필요가 있다.

① 불교가 왜에 전해지게 된 상징적인 장소로 일본인 관광객을 대상으로
한 순례코스로 개발한다.

② 왜에 불교를 전한 백제스님과 관련된 설화를 관광안내자료로 재구성
하여 배포한다.

③ 천축에서 백제로, 백제에서 왜로 불교가 전해지게 된 경로를 선광사연
기를 중심으로 재구성한다. 선광사연기에 나오는 아미타삼존불을 상징하는

<표 3> 불교전래비와 관련된 주제의 설정

자 료 명	주 요 내 용	주 제 도 출
①백제의 불교	- 백제불교약사, 왜에 불교전파과정	
②선광사연기	- 아미타삼존 : 천축국 월개→백제 승찬왕,성왕→왜	
③의각스님과 관련된 설화	- 왜에 간 의각스님의 반야심경 독송 : 방안의 네벽이 없어지고→정원이 보임(반야의 힘)	1.선광사연기를 중심으로 한 고대 불교의 전래과정 표현 : 아미타삼존을 상징하는 3개의 공간설정→천축국의 월개, 백제의 승찬왕과 성왕, 왜로 간 백제스님
④비구스님인 법명니와 관련된 설화	- 왜에 간 법명니의 유마힐경 독송 : 왜의 내신인 鎌子의 병치료	
⑤현광스님과 관련된 설화	- 왜에 전달된 법화경 : 천제가 설법을 청함, 법화경을 독송하자 반나절에 중국에서 웅진으로 도착	
⑥혜현스님과 관련된 설화	- 법화경 독송→사후 시체를 호랑이가 먹음→3년 후에도 혀가 붉은 빛→석탑안치	2.일본인 관광객의 불교순례코스화
⑦발정스님과 관련된 설화	- 법화경 독송→하늘에서 꽃비	
⑧일라스님과 관련된 설화	- 왜에 간 일라스님과 성덕태자의 만남	
⑨일본 史家의 기록	- 일본 불교의 두 기둥 : 고구려의 혜자 스님과 백제의 혜총 스님, 법륭사, 성덕태자	

소규모 불교전시관을 3개의 空間으로 구성하고, 각각의 공간에 천축국, 백제, 왜의 불교와 관련된 자료를 전시한다.

④ 관광객이 소원성취 등을 기원하는 연등제를 불교행사 일에 맞추어 개최한다.

(4) 불교 전래 사은비의 역사문화관광 활성화 추진방법

'백제문화권 특정지역 종합개발 계획'의 일환으로 부여에 '백제 역사촌'이 건립될 예정에 있다. 역사촌에 백제불교의 왜 전파에 대한 주제가 설정되어 있기는 하지만, 양국의 불교관계자가 공동으로 설립한 불교 전래 사은비를 일본불교의 성지로 부각하여 일본관광객의 방문을 촉진할 필요가 있다. 백제불교와 관련된 관광안내자료집의 제작은 한국관광공사에서 전담하도록 한다. 장기적으로는 소규모 전시관을 불교 전래 사은비 주변에 조성할 필요가 있으며, 이 사업은 불교 전래 사은비를 조성했던 불교계에서 추진하도록 유도하는 것이 바람직하다. 지방자치단체에서는 진입로 정비, 백제불교 순례코스 등을 개발하도록 한다.

2. 하남시 유적지의 관광자원화 방향

1) 백제의 도읍지로서의 하남

21세기의 수도권 부도심으로 성장하고 있는 하남은 서울시의 강동·송파구와 인접하고 한강을 경계로 구리시와 남양주시, 남한산성을 경계로 성남시와 광주군과 접한 수도권 중동부 교통의 요충지이다. 하남은 지금부터 2천여 년 전 백제의 시조인 온조가 이곳에 도읍을 정한 것을 시작으로 고려, 조선시대 내내 중부권의 요지로 2천년의 유구한 역사와 전통을 간직하고 있다. 도시의 98.4%가 개발제한구역으로 지정되어 자연환경을 그대로 보존하고 있다(http : //www.hanam.kyonggi.kr).

하남시는 사람이 살기 좋은 자연 지리적 조건으로 인하여 선사시대부터 오늘날에 이르기까지 오랫동안 삶의 터전이 되어왔다. 최근 들어 지표조사와 함께 선사시대 유물이 속속 발견되어 더욱 많은 유적의 존재 가능성을 제시하고 있으며, 구석기시대, 신석기시대, 청동기시대의 문화 유적이 발견되고 있다. 하남이 역사적으로 중요한 공간으로 부각된 것은 삼국시대이다. 기원을 전후한 시기에 하남은 진국이나 마한의 영역이었을 것으로 추정되고, 기원전 18년에 온조 집단이 남하하면서 백제의 영역으로 편입된다. 온조 왕이 즉위하면서 하남위례성에 도읍을 정한 후 천도한 곳이 위례성이며, 근초고왕이 이도한 곳이 한산이다. 그 후 아신 왕이 태어난 곳이 한성의 별궁이고, 개로 왕 때 고구려 군이 도읍인 한성을 포위했다. 따라서 도읍 이동 순서는 하남위례성, 위례성, 한산이지만, 백제는 한 곳에 머문 것이 아니라 몇 차례 천도를 함으로써 초기 백제의 도읍지는 현재까지도 그 위치를 찾기란 매우 어려운 문제로 남아 있다. 근래 이루어진 발굴조사를 통해 몽촌토성이나 풍납동토성, 하남시 일대 등이 도읍지로 거론되고 있다. 백제는 한강유역을 중심으로 특히 하남일대를 거점으로 500년 간 영유하다가 475년 고구려 장수왕에 의해 한성이 함락되고, 문주 왕은 웅진으로 도읍을 옮긴다(세종대학교 박물관·하남시, 1999 : 49~53).

<표 4> 하남 유적지의 관광자원화에 대한 잠재력 분석

구 분	내 용
기회요소 (opportunities)	• 선사시대, 삼국시대, 고려시대, 조선시대별 유적이 고르게 분포 • 수도권 시민이 방문하기 좋은 거리에 입지 • 백제와 관련된 새로운 유적발굴로 일반국민의 관심이 고조
위협요소 (threats)	• 중부고속도로가 이성산성을 관통하고 있어 역사성 일부 훼손 • 인구유입과 건축물 증가로 전통적인 이미지 변형 • 도로 개설로 유적지 연계망 훼손
강점요소 (strengths)	• 하남의 98.4%가 그린벨트로 지정되어 자연환경 우수 • 이성산성이 국가사적지로 지정됨에 따라 하남시는 역사문화관광단지로 조성할 계획임 • 역사와 연계된 전설을 간직하고 있어 테마설정 용이
약점요소 (weakness)	• 백제의 초기 도읍지가 어디인지 미확정 • 방문자의 호기심을 자극할만한 가시적인 유적부재 • 훌륭한 유적지가 산재해 있지만, 유적자원을 활용한 관광기반 부재

2) 하남 유적지의 관광자원 잠재력검토

하남은 거대한 야외 박물관이라고 할 만큼 각종 문화재가 도처에 산재해 있다. 선사시대의 문화 흔적이 곳곳에 분포되어 있을 뿐만 아니라, 삼국시대 백제의 도읍지가 이곳에 입지하고 있어 지금도 유적조사가 진행되고 있다. 그러나, 오랜 세월이 흐르는 동안 유적이 훼손되어 방문자의 관심을 이끌만한 가시적인 매력 요소가 없다. "신라의 유적은 눈으로 볼 수 있지만, 백제의 유적은 가슴으로 느껴야한다."는 말이 있지만, 하남의 유적지는 공주, 부여보다 외형적으로 분포되어 있는 유적지가 뚜렷하지 않아 관광자원으로 활용하는 데 많은 어려움이 있다. 그렇지만, 옛 백제의 초기 도읍지로서 그리고 수도의 피난지로서 다양한 역사적 이야기를 담고 있다. 역사적 소재를 적극적으로 이용할 경우 하남에 산재해 있는 유적을 훼손하지 않으면서 수도권 시민의 역사관광자원으로 활용할 수 있는 잠재력을 충분히 갖고 있다(<표 4> 및 <표 5> 참조).

자료 : 세종대학교박물관 · 하남시, 『하남시의 역사와 문화유적』, 1999.
http : //www.hanam.kyonggi.kr

<표 5> 하남 유적지를 이용한 관광개발시의 착안점

구 분		주 요 자 원	착 안 점
문화유적	이성산성	• 해발 209.8m)에 위치한 삼국시대의 석축산성, 성벽의 높이는 6~7m, 둘레는 1,665m, 성 내부 면적은 약 160,361㎡ • 토제, 칠제마 등 총3,352점의 유물이 출토, 4개소의 신앙유적	• 백제의 시조 온조와 그의 어머니를 모신 백제의 성지 • 주변에 산재한 각종 유적과 연계할 수 있는 하남관광의 거점지 • 고대 유적 탐사행사(일정 공간에 숨긴 모사된 각종 유물 찾기 등)
	미사리선사유적지	• 신석기 시대의 유물 및 청동기시대의 유구로는 37기에 달하는 움집터와 34기의 소형조장공, 노지등이 조사되었고 유물을 토기류와 석기류가 출토 • 원삼국시대의 유구는 수혈주거지와 고상식건물 저장공등이 있으며, 주거지 내부의 시설로는 노비와 화덕이 발견 • 백제시대의 밭, 토기류와 철기류 등이 발견된 국가적으로도 매우 중요한 유적	• 조정 경기장과 카페촌이 주변에 입지, 이곳을 찾는 방문객들에게 역사를 소개하는 장소로 활용 • 모형선사유적지 생활 체험(토기, 마제석기 만들기, 화덕을 이용한 음식 조리 등) • 백제시대의 밭에서 옛날 형식으로 지은 농사를 짓고, 생산물로 백제 음식 단지 재현(수도권 주민을 대상으로 자연형 전통 음식 제공)
문화유적	춘궁동 3, 5층탑	• 예선과 갑선의 우애	• 여성들이 우정의 중요성을 인식하고 평생 우정을 약속하는 테마공간으로 조성
	법화사지 및 부도	• 병자호란 • 청나라 태종(누루하치)의 사위로 명나라와 58번 싸워 모두 이기고, 원의 8 왕자를 사로잡았던 청의 강수 양고리를 사살 • 원두표 장군과 비장 서기남의 계략	• 풍전등화의 위기를 맞은 조선과 열세의 병력으로 맞서지만 전술로 대처하는 조선병사의 활약을 뮤지컬, 연극으로 재현
	상사창동연자방아	• 창우동, 하산곡동의 연자방아	• 전국의 다양한 연자방아를 수집하거나, 모형을 본 딴 연자방아를 제작 • 보는 연자방아가 아닌, 실제 작동하고 체험할 수 있는 연자방아 촌을 조성
전설	창우동 한강변 도미나루	• 도미부인과 개로 왕 • 백성의 아내를 탐하는 왕, 절개를 지키려다 눈을 잃은 아내 • 정절의 표상(오류행실도)	• 젊은 남녀(부부)의 사랑의 약속장소 • 뮤지컬이나 연극으로 재현
	향교 고개철불	• 개로 왕의 아내 약탈, 저항하는 남편의 두 눈을 뽑아 죽게 함 • 고구려 장수(걸루)가 되어 돌아온 동생이 형의 묘를 이장하다 발견한 철불 • 개로 왕의 목을 치는 동생 걸루, 철불의 땀	• 어진 정치를 하지 못한 군주의 최후, 살생을 금하라는 불교의 메시지, 형의 복수를 위해 적장이 된 동생 • 역사적인 소재를 활용한 뮤지컬이나 연극으로 재현

Ⅳ. 맺음말

디즈니랜드처럼 역사적인 연결 고리 없이 사람들의 상상력으로 만든 주제공원에도 많은 사람들이 방문하고 있지만, 세계적으로 유명한 관광지는 대체로 자연경관이 수려한 곳이거나 역사적인 이야기를 간직한 유적지이다. 그리스의 신전, 로마의 콜로세움, 프랑스의 세느 강변, 런던의 버킹검 궁전 등이 그러한 예라고 할 수 있다.

역사유적지는 옛 사람들의 숨결을 간직하고 있는 곳이기에 전통계승의 장으로 문화 전달의 학습장으로 그 의미가 크다. 그러나 경관이 아름답다고 사람들이 무분별하게 이용하면 아름답던 경관이 훼손되는 것처럼, 역사 유적지도 수익 목적에 급급해 함부로 개발하면 유적이 갖고 있는 내재된 고유의 가치가 상실될 뿐만 아니라 유적지 자체가 훼손될 수 있다.

관광의 순기능을 인지하면서도 관광을 약탈자로 묘사한 문화인류학자들의 경고를 겸허하게 새길 필요가 있다. 관광 그 자체는 일상생활 거주지를 떠나 다른 곳의 문화를 접하거나, 내가 살고 있는 삶의 터전을 찾아온 사람들에게 문화를 경험할 수 있도록 마음으로 맞이하는 것을 의미한다. 그러나, 장기적인 관점에서 보지 않고 당장의 수익원을 개발하기 위해 유적지와 어울리지 않는 시설을 무리하게 조성할 경우 유적지를 훼손하는 결과를 초래할 수 있다. 필요한 시설을 개발하는 것도 중요하지만, 시설 못지 않게 유적지와 연계된 역사적 소재를 활용한 소프트웨어적인 관광상품을 개발하는 데도 많은 관심을 기울일 필요가 있다. 특히, 지금 모든 것을 개발하겠다는 무리한 발상보다, 더 많은 시간을 두고 어떻게 유적지를 활용하는 것이 바람직할 것인가를 고심할 수 있도록 개발을 유보하는 것이 중요하다.

하남시는 사람들의 기억 속에서 잠시 잊혀진 땅이었다. 한강 유역은 기름진 옥토가 많고 다른 곳과 문물 교류가 용이한 지역으로 선사시대 이후 수많은 사람들의 삶의 터전이었다. 이 지역을 쟁탈하기 위해 삼국시대에는 삼국이 각축을 벌였던 역사의 현장이었다. 지금은 하남시 면적의 98.4%가 그린벨트로 지정되어 자유로운 토지 이용에 제한을 받고 있지만, 그래도 중부고속도로를 비롯한 도로망 개설, 새로운 주거시설의 등장으로 유적지가 훼손되고 있다. 백제의 초기 도읍지가 입지 해 있던 곳으로 추정되고 있지만 이를 명확하게 증빙할만한 유적이 발굴되지 못해 안타까워하는 곳이 바로 하남의 땅이다.

잊혀진 왕국, 흙 속에 묻혀 있는 옛 이야기를 현대를 살아가는 사람은 물론이고 후손들에게 들려 줄 수 있도록 유적지를 관광자원으로 활용하는 방안을 검토할 수 있다. 하지만, 유적지의 보존 그 자체를 훼손하면서까지 관광객을 수용하기 위한 무리한 시설을 설치하는 우를 범해서는 안 된다. 야만인 관광객이 아니라, 역사와 문화를 사랑하는 관광객을 유치할 수 있도록 유적을 이용한 관광보전은 역사학자와 공조를 하면서 제한된 범위에서 추진하는 것이 바람직하다.

참고문헌

김기빈, 『한국의 지명유래 1』, 지식산업사, 1994.

김동수, 「백제지역 성곽과 고분분포를 통한 지방제도연구」, 경희대학교 대학원 석사학위 논문, 1991.

김용운, 『한국인과 일본인』, 한길사, 1994.

김윤수 역, 『호모루덴스 : 놀이와 문화에 관한 한 연구』, 1984.

동아대백과사전 : 576

배우리, 『우리 땅 이름의 뿌리를 찾아서 : 마을 · 골짜기 · 들 편』, 토담, 1994.

성주석, 「백제성지 연구 : 도성지를 중심으로」, 동국대학교 대학원 박사학위 논문, 1984.

세종대학교 박물관 · 하남시, 『하남시의 역사와 문화유적』, 1999.

손대현, 『한국문화의 매력과 관광이해』, 일신사, 1992.

전경수, 「국제관광의 인류학적 고찰」, 『관광과 문화 : 관광인류학의 이론과 실제』, 까치, 1987.

한범수 a, 「지속 가능한 관광문화 확산과 관광산업 활성화를 위한 관광의제 21 만들기 : 전략과 과제」, KSDN 시민대토론회 발표자료, 2000. 9.

한범수 b,『지역개발과 관광 및 문화발전 전략』, 국가전문행정연수원 지역개발정책과정 강의자료, 2000. 7.

한범수·김덕기,『역사문화관광코스 개발방안』, 교통개발연구원, 1994.

Graburn, Nelson, "The Anthropology of Tourism", *Annals of Tourism Research*, 1983, 10(1).

Greenwood, D.J., "Culture by the Pound : An Anthropological Perspective on Tourism as Cultural Commoditizaion", *Host and Guest*, 1977.

Nash, Dannison and Valene L. Smith, "Tourism and Anthology", *Annals of Tourism*, 1991. Vol. 18(1)

Turner, Louis and John Ash, *Golden Hordes*, New York ; St. Martins's Press, 1976.

http : //www.hanam.kyonggi.kr12

제4부

부 록 : 종합토론

사회자 : 손승철(강원대)

발표자 : 하문식(세종대), 박해옥(상명대), 오순제(명지대),
　　　　이장우(세종대), 최완기(이화여대),
　　　　박민영(단국대), 한범수(경기대)

토론자 : 최정필(세종대), 정재윤(충남대),
　　　　심광주(토지박물관), 김창겸(한국정신문화연구원),
　　　　이근수(경기대), 김인덕(국립중앙박물관),
　　　　이상배(서울특별시사편찬위원회),
　　　　김시화(하남시의회의원), 강찬석(문화개혁시민연대),
　　　　최달경(하남을 생각하는 시민모임)

사회자 : 저는 오늘 사회를 맡은 강원대학교 사학과에 재직하고 있는 손승철입
니다. 먼저 사회자 변입니다만, 강원대학교는 춘천에 있습니다. 춘천에
있는 사람이 어떻게 하남시까지 와서 사회를 보는가에 대해 궁금하실
것 같아서 한 말씀드리겠습니다. 저의 태생은 광주 오포입니다. 그리
고 거기 14대째 선산이 있고 지금은 분당에 살고 있습니다. 2년 전까지
만해도 남한산성의 한 자락인 감북동에 살았습니다. 그래서 지금도 한
달에 한 번 정도는 남한산성의 수어장대나 검단산에 올라서 약수를 마
시고, 순두부에 막걸리를 먹고 그렇게 생활하고 있습니다. 그리고 춘
천의 강원대학교로 가는 길목에 하남시를 일주일에 2번씩 통과하고
있습니다. 이렇게 남한산성 자락에서 태어나 주변에 살고 있고, 퇴직
을 하면 여생을 여기 하남시에서 살고 싶습니다. 이런 인연이 사회를
맡게 된 계기라고 생각합니다. 물론 저만 그런 것이 아니라 여기에 계
신 많은 여러 선생님들이 누대에 걸쳐서 하남에 살고 계실 것이고, 또
하남시가 최근에 확장되면서 일을 위해서 아니면 개발이 되면서 주거
지를 이곳으로 옮겼다던지 여하튼 여기 계신 분들의 삶의 공간이 바로
하남이 아닌가 이렇게 생각이 됩니다. 따라서 오늘 이야기는 다른 사
람들의 이야기가 아닌 바로 우리들 자신의 이야기라는 생각을 해봤습
니다.

　　오늘 아침 10시부터 시작해서 지금까지 하고 있는 학술대회의 대주
제가 '21세기 하남의 재발견'입니다. 그리고 부제는 '역사·문화와 미
래'입니다. 학술대회의 주제와 부제가 말해 주듯이, 우리는 오늘 이 자
리에서 하남의 역사와 문화를 통해서 새 천년이 시삭되는 2001년 벅두
에 하남의 미래를 설계해야 합니다. 그래서 바로 이 토론은 그런 내용
이 되어야 합니다. 저는 수많은 학술대회를 보아왔습니다만, 토론이
진부해지기 일쑤입니다. 그래서 오늘은 상당히, 좀 엄격한 원칙을 가
지고, 시간이 6시에 종료하기 때문에 2시간 동안 20명이 질의하고 응
답을 해야합니다. 이것이 보통 일이 아닐 것 같으므로 (제가 아까 시간
을 알리는 종을 가져다 달라고 해서 시간이 경과되면 종을 치려고 했
는데 안 주시는군요……) 음 …… 걱정이네요. 그래서 어떻게 진행이
될지……

제 나름대로 생각을 해보았습니다만, 아까 첫번째 발표가 하남의 선사시대인데 구석기 시대를 차치해 놓고 신석기부터 시작해도 B.C 3000년이라고 했습니다. 그리고 우리가 살고 있는 지금의 21세기까지 합치면 5000년이 됩니다. 하남의 5000년을 지금 우리가 다루게 되죠. 그래서 물론 명칭이 학술대회이지만 가급적이면 너무 고답적이고 전문적인 토론보다는 좀더 개괄적이고 보편적인 그리고 마지막 발표대로 경제성이 제시되는 그러한 토론의 방향을 잡았으면 하는 생각이 듭니다. 그리고 이 자리에 참석한 분들도 교수님들 뿐만 아니라 전문연구기관에 계신 분들과 또 하남시청에 관계하는 공무원도 계시고, 시민단체의 여러분도 계십니다. 또한 순수한 시민들도 계실 것이고 제가 보기에는 젊은 학생들도 있는 것 같습니다. 그래서 모두가 함께 할 수 있는 토론, 그리고 모두가 함께 공감대를 형성할 수 있는 토론, 그러한 토론이 될 수 있도록 간절하게 부탁을 드리면서 토론을 시작하겠습니다.

많은 분이 토론을 하다보니 어떤 원칙을 정해야 할 것 같습니다. 우선 시간이 2시간, 즉 120분인데, 발표자가 일곱 분이고, 토론자가 열한 분입니다. 열한 분 중에서 약정토론이 일곱 분이고, 자유토론이 네 분입니다. 그래서 합치면 열여덟 분이 됩니다. 그리고 아침 10시부터 지금까지 아마 나에게도 한번쯤 마이크가 오겠지 하고 기다리는 분이 적지 않은 것 같습니다. 그렇게 보면 20명이 훨씬 넘습니다. 그래서 제나름대로 생각하기에는 질의와 응답을 한 팀에 6분으로 해야겠다. 그러니까 3분 이내에 질문하고, 3분 이내에 답변해 주었으면 좋겠습니다. 그리고 아까도 말씀드렸지만 너무 개인적이고 전문적이고 까다로운 질문은 하지 말고, 아주 쉬운 질문으로 직격탄을 정확하게 쏘시고, 아주 분명하고 깔끔하게 하나만 질문을 부탁드립니다. 그리고 또 하나는 이제 정책의 방향을 결정하고 미래를 생각해야 하므로 미래를 위한 나름대로의 어떤 제안을 해 주시기를 바랍니다. 그러므로 토론자는 발표 내용에 대해서 하나, 그 다음에 하남의 미래를 위한 제안 하나, 그리고 발표자는 그것에 대해서 아주 간결하고 명쾌하게 답변을 해주시길 바랍니다. 만약에 그 룰을 지키지 않으면 저쪽에 신호를 해서 마이크는 끄도록 하겠습니다. 너무 살벌하게 말씀드린 것 같지만 20명이 질문을 해야하고 또 답변을 해야하기 때문에, 적어도 그 원칙을 지키지 않으면 안되지 않되겠다 하는 생각이 듭니다. 그리고 요즘 대학에서도 구조조정을 하기 위해서 교수들이 얼마 만큼 강의를 잘하나 평가를 하고 있습니다. 그래서 강의평가의 점수가 낮으면 구조조정에서 앞으로 문제가 됩니다. 여기 계신 분들 대부분이 대학에서 강의를 하고 계신 분들이기 때문에 제가 어떤 뜻에서 말하는 것인지 충분히 아실 것 같고, 또 하나는 오늘 약정토론자는 많은 준비를 해 오셨을 거예요. 그 중에서 하나만 고르세요. 빨리 고르시고 나머지 질문 못하는 부분은 저한테 제출을 해주십시오. 왜냐하면, 오늘 발표한 일곱 분의 원고 내용과 종합토론된 내용을 가지고 빠른 시일 안에 단행본으로 출간을 할 것입니다. 그래서 그 책에 다 실릴 수 있도록 충분히 의사 반영의 기회를 드리려고 하니까 그렇게 해주셨으면 감사하겠습니다. 그리고 또 하나, 아마 다음달이면 하남시에서 편찬한『河南市史』상·하 2권이 출간될 것입니다. 거기에 상당부분의 내용이 수록이 되어 있기 때문에 큰 문제가 없지 않나 그렇게 생각을 합니다. 질문자·답변자는 3분씩 밖에 안 준다고 하고 사회자는 시간을 너무 많이 쓰는 것 같아서 제 말씀은 여기서 그치기로 하고, 마지막에 가서 종합적으로 다시 정리를 하겠습니다.

그럼 토론에 앞서서 토론에 참여하신 분들의 간단한 소개를 드리겠습니다. 발표하시는 분들은 발표시간에 충분히 소개가 되었기 때문에, 지금은 토론에 참여하신 분들의 간단한 경력사항만을 말씀드리겠습니다. 앉아 계신 순서대로 끝에서부터 최종필 교수님입니다. 미국의 피츠버그대학에서 인류고고학으로 박사학위를 하셨고 현재는 세종대학교 교수로 재직하고 계십니다. 대표적인 저서들이 많습니다만『한국민족문화의 기원』이라고 하는 아주 큰 저서를 가지고 계시고, 또 하남시의 여러가지 발굴 또는 지표조사보고서 등을 많이 발간하셨습니다. 그 다음에 두 번째 분은 정재윤 선생님입니다. 서강대학교를 졸업하시고 문학박사이시고, 현재 충남대학교 백제학 교육연구단에 재직하고 계십니다. 웅진시대 백제정치사의 전개와 특징』이라고 하는 저술을 가지고 있습니다. 그 다음에 심광주 선생님입니다. 한양대학교를 졸업하시고 상명대학교에서 박사과정을 수료하셨습니다. 현직은 토지박물관 학예연구실장을 맡고 계십니다. 특히 이성산성을 3차까지 발굴하셨고, 이성산성에 대한 논문을 쓰셨습니다. 다음에는 김창겸 선생님입니다. 성균관대학교 대학원에서 문학박사를 취득하시고, 현재는 한국정신문화연구원에 선임편수연구원으로 계십니다. 『고려태조의 왕위 부자계승 의식』이라든지 그외 고려시대의 여러가지 논문을 가지고 계십니다. 다음에는 경기대학의 이근수 선생님입니다. 서울대학교 대학원에서 한국사를 전공하시고 현재 경기대학교 인문학부 역사학 전공교수로 계시고 『조선초기 산관의 연구』 등 조선시대의 많은 저술을 가지고 계십니다. 다음에 김인덕 선생님이십니다. 성균관대학교 사학과를 졸업하시고 현재에는 국립중앙박물관 건립추진기획단 학예연구사로 계십니다. 특히 『식민지시대 재일조선인운동사 연구』라고 하는 저술을 가지고 계시고, 현재 하남시사 편찬위원회에도 참여하시고 계십니다. 다음에는 이상배 선생님입니다. 강원대학교에서 문학박사학위를 취득하시고 현재 서울특별시시사편찬위원회 연구위원으로 계십니다. 조선후기사를 전공하고 있고 『조선후기 정치와 괘서』라고 하는 저술을 가지고 계십니다. 그 다음 강찬석 선생님입니다. 중앙대학교를 졸업하시고 중앙대학교에서 건축도시공학을 전공하셨습니다. 현재는 문화개혁시민연대 문화유산위원회 위원장으로 계시고 유명한 인터콘티넨탈 호텔을 설계하셨습니다. 다음은 하남시의회 시의원이신 김시화 의원입니다. 한양대학교 대학원에서 도시개발을 전공하셨습니다. 그 다음에는 장득진 선생님입니다. 상명대학교 박사과정을 수료하시고 현재는 국사편찬위원회 편사연구관으로 재직하고 계십니다. 『河南市史料集』 1·2권을 내시고 현재 또 하남시에 살고 계십니다. 그 다음에 마지막으로 최달경 선생님입니다. 성균관대학을 졸업하시고 현재 '하남을 생각하는 시민모임(하시민)'의 사무국장을 맡고 계십니다. 『지역시민의 운동의 이론과 실제』 등 시민운동에 관한 여러 저술을 가지고 계십니다. 죄송합니다. 너무 빠르게 소개를 해서 잘 기억이 안 되시겠지만, 안내장과 발표요지문을 참고하시면 식별이 가능하다고 생각합니다. 그럼 첫번째 발표 「하남지역의 선사문화연구」 하문식 선생님이 발표하신 것에 대한 최정필 선생님의 약정토론이 있겠습니다.

최정필：방금 소개받은 세종대학교의 최정필입니다. 시간이 너무 제약되어 있기 때문에 사회자 선생님 말씀처럼 딱 두가지만 말씀드리겠습니다. 하남의 선사유적은 여러분이 아시다시피 미사동을 중심으로 우리 민족문화의 기원을 연구하는데 아주 중요한 유적지입니다. 여기 선생님들도 계시고 시민들도 계십니다만 우리 민족을 이야기 할 때 일반적으로 교과서에는 5000년 전에 시베리아로부터 '빗살무늬토기'를 가진 고아시아족이 남하해서 한반도에 정착을 했다는 것, 그리고 3000년 전에 만주지역으로부터 무문토기를 가진 청동기인들이 우리나라에 들어왔다는 것입니다. 그래서 민족의 이원적 교차론, 즉 우리 민족의 조상이 두번 바뀌었다는 것입니다. 그런데 하남의 미사동 선사유적지 발굴을 통해서 그러한 학설이 부정되었다는 것입니다. 제가 말씀드리고 싶은 것은 하남의 선사유적지는 우리 민족의 기원을 연구하는 데도 중요하고 또 오늘 제일 쟁점이 되고 있는 백제의 초기도읍지를 규명하는 데도 중요합니다.

　발표자께서는 좋은 말씀을 아주 많이 해 주셨는데 선사시대의 미사동유적지와 하남 전체에 대한 유적지가 역사시대로 넘어오는 과정에서, 혹시 초기의 한성백제 그 이전에 어떤 세력집단의 흔적이 있는지 이것을 질문하면서 간략하게 대답해주시고, 21세기를 대비해서 선사시대의 유적공원이 반드시 미사동에 건립되어야 합니다. 하문식 교수님께서는 경기도 문화재전문위원이기 때문에 앞으로 이 문제에 신성을 써 주시기 바랍니다. 감사합니다.

하문식：예. 최종필 선생님께서 말씀하신 것은 두가지로 요약해 볼 수 있는데, 한가지는 미사동유적을 중심으로 해서 우리 선조들의 '주민 이동교체설'에 대한 것을 연구할 때 하남 미사동유적이 차지하는 위치하고, 또 하나는 선사시대에서 역사시대로 넘어갈 때 하남의 유적이 어떤 위치에 있느냐? 이것을 말씀하셨는데, 답변 드리겠습니다. 먼저 민족교체설에 대해서는 여러가지 이론이 있지만 하남 미사동, 아까 발표에서도

말씀드렸지만 신석기유적 위에 청동기유적, 그위에 초기철기유적, 또 그위에 삼국시대 백제의 밭이 발견돼서 한강유역 뿐만 아니라 우리나라에서 대표적인 유적지로 평가받고 있습니다. 그래서 신석기시대부터 백제시대까지, 다시 말씀드려서 삼국시대까지 연구할 때 하나의 표준유적으로서 대접을 받고 있다고 말씀드릴 수 있습니다. 이러한 관점에서 볼 때, 또 여기서 나온 토기들 다시 말씀드려서 신석기시대의 토기나 청동기시대 초기층에서 나온 유물들을 볼 때, 아까 말씀하신 '주민교체설'보다는 '주민연속성설'이 설득력이 있지 않을까? 만약에 이것이 좀더 자세히 규명된다면, 하남 미사동유적의 역사적 위치는 고고학 뿐만 아니라 역사학적으로도 상당할 것으로 평가되고 있습니다. 그러면 지금까지 우리가 주장해 왔던 '주민교체설'도 이 미사동유적을 통해서 좀 더 다른 각도에서 연구되지 않을까 하는 생각을 갖고 있습니다. 또 참고로 말씀드리면, 올해부터 미사동유적에 대해서 유적의 범위나 성격을 보다 구체적으로 규명하려고 하는 시 당국의 노력이 있기 때문에 아마 점차적으로 조사연구가 진행되면 이러한 것이 규명될 것이고 다시 한번 더 미사동유적의 중요성이 밝혀질 것으로 믿습니다.

다음 두번째 질문이 선사시대에서 역사시대로 넘어갈 때 미사동유적의 위치에 대한 문제인데, 아까 말씀드렸지만 청동기시대 후기와 초기 백제시대, 초기 삼국시대 사이에 원삼국시대라는 것이 있습니다. 그것이 기원 전후인데, 거기에서 원삼국시대 집터가 20개나 찾아졌습니다. 그 다음에 밭터도 찾아졌고, 그래서 지금 하남의 정체성을 이야기할 때 강 쪽보다는 안 쪽에서 초기 백제의 유적을 이야기하는데, 사실 지금의 노력도 절대적으로 필요하지만 저 개인적인 생각으로는 그 미사동유적에서 지금까지 조사된 것으로 나타난 초기백제의 흔적, 다시 말씀드리면 원삼국에서 백제로 이어지는 그러한 것들, 덧붙여 말씀드리면 그 백제의 밭이라고 하는 그러한 것에 관심을 가지면 하남의 정체성을 이야기 할 때 더 중요하지 않을까요?

아까 마지막 관광자원을 가지고 경기대학교의 한범수 교수님께서도 말씀하셨지만 지금 많은 연구가 되어 있는 것 같아도, 천오백년 전 삼국시대 유물이나 그러한 것은 대체적으로는 밝혀졌지만, 구체적으로는 밝혀지지 않습니다. 그러한 것은 앞으로 하남의 관광자원하고도 밀접한 관련이 있고, 그중 미사동유적하고 밀접한 관련이 있지 않을까 생각합니다. 그래서 그러한 것들이 철기로 나타나고 또 초기백제 이전의 집터가 미사동에서 찾아지기 때문에 역사의 연결고리를 규명하는 데 있어서 절대적이라고 생각합니다. 답변이 되셨는지 모르겠습니다.

사회자 : 아마 답변이 충분하지 않았을 거라고 생각하지만, 우선 전체적으로 한 바퀴 쭉 돈 다음에 다시 또 거론할 것이 있으면 거론하고 또 방청석에도 질문을 받아야 하니 일단은 한 바퀴를 먼저 돌겠습니다. 순서에 의해서 두번째 주제에 관해서 정재윤 선생님 부탁드립니다.

정재윤 : 네. 충남대학교의 정재윤입니다. 저도 사실 토론요지문을 많이 준비해 왔는데 간단하게 하라 하셔서 간단하게 하겠습니다. 먼저 '고구려척'을 토지구획에 주된 근거로 사용하고 있는데 '고구려척'에 대해서 질문을 드리고자 합니다. 아직까지 '고구려척'에 대해서는 눈금이 부정확하고 두번째와 세번째 부분의 절개부분 때문에 아직까지 단정적으로 말할 수 없습니다. 설사 '고구려척'이 존재한다고 하더라도 고구려에서 35.6cm의 '고구려척'만 사용된 것이 아니라 여러 다양한 자가 사용되었고, 또한 '古韓尺'의 존재, 그리고 7C 전반에 백제에서 '당척'이 사용되었기 때문에 여기에 대한 고려가 있어야 할 것입니다. 그래서 '고구려척'이 하남시의 도시구역에 사용되었다는 논거를 보강할 필요가 있겠습니다.

　　두번째는 남한성에 대한 문제입니다. 이것은 3차 발굴에서 나온 것인데, 선생님께서는 남한성에서 '남'을 주로 보고 있습니다. 이러한 근거는 거창군의 영현인 여선현을 주읍으로 해석하는 과정에서 나오는데, 이것과 남한성의 주한성과는 용례가 틀립니다. 그리고 일반적으로 방위명으로 쓰이고 있습니다. 그랬을 때 북한성과 대비되는 개념으로 볼 수 있습니다. 그리고 또한 금석문에서는 '남한성도사'라 해서 바로 현급 지방관인 도사가 나오고 있습니다. 또한 '수성도사'라 해서 수성의 도사가 있는 것이 확인되고 있습니다. 그러한 것을 보았을 때, 만약에 남한성이 수도와 같이 비중 있는 곳이었다면 현급 지방관이 파견될 리가 없습니다. 그래서 이러한 점을 보강해야 할 것 같습니다.

끝으로 제 개인적으로는 이러한 논리는 미리 백제초기 도성지역으로 상정하고서 맞춘 결과가 아닌가하는 생각이 듭니다. 차라리 그것보다는 지금 발굴이 진행되고 있는 풍납토성, 몽촌토성 등 다른 왕궁지와의 형평성도 고려하면서 하남시를 어떻게 볼 것인가 하는 진지한 고민이 있었을 때, 보다 더 하남의 역사적 실체에 접근하지 않을까 생각이 됩니다. 이상입니다.

사회자 : 예. 질문은 세가지인데 시간은 3분 이내이기 때문에 반칙으로 생각하지 않고 인정하겠습니다. 답변하십시요.

박해옥 : 네. '고구려척'에 대해서 잠깐 설명하겠습니다. 지금 현재 '고구려척'이 과연 고대에 토지구역측정으로 쓰였는가에 대한 질문이었습니다만, 대체로 지금까지 평양에서 처음에는 '동위척'으로 했다가 '고구려척'으로 설명이 됩니다. 약 250척, 현재 미터 단위로 하면 89m가 됩니다. 그 다음에 부여 사비도성의 백제 제3사비도성에서 '고구려척', 250척으로 계산이 됩니다. 지금 현재 한국에서나 일본에서나 약 6세기까지의 도시들은 전부 다 '고구려척'으로 계산하고 있습니다. 그래서 현재 '과연 그렇습니까' 라고 말할 때 아니라고 반증할 수 있는 반론을 묻고 싶습니다. 현재 고대를 연구하는 데 그럼 어떤 식으로 하시겠느냐 하는 반론을 하고 싶은 마음도 있고, 그 다음에 또 이성산성에서 '고구려척'이 나왔다고 하는 것은 제 논지가 아니고, 한양대학교의 보고서에 있었습니다. 그것은 한양대학교에서 좀 더 정확한 대답을 해 주시면 고맙겠습니다.

그 다음 두번째에서 제가 물론 남한성과 지명에 보이는 南外라고 하는 '南'자하고 관련시켜서 생각을 했습니다. 자, 그렇다면 고대에 있어서 과연 남쪽 '남'자가 방위로써 남, 북으로 사용되었을까 하면 그것도 아닙니다. 왜냐하면 부여가 사비도성에 갔을 때 '남부여'라는 것을 많이 씁니다. 그것이 동서남북의 '남'인가? 아니면 '주'라는 의미에서 쓰였는가? 확실한 고증이 없다고 생각합니다. 이렇게 말씀하시는데도 확실한 고증이 없기 때문에 저도 가정입니다. 생각할 수 있다는 가정. 그렇다면 지명에서 생각한다면 '남'이라는 지명이 이성산성의 서쪽 사면에 있는데, 왜 그쪽이 어디에 대해서 남쪽입니까? 만약에 남쪽 방위를 나타낸다면 어디에 대해 남쪽인가 하는 위치에 대한 문제가 아주 곤란합니다. 그래서 저는 '남'자를 州로 생각합니다.

그 다음 세번째는 상관이 없다고 하니 두 번째까지 하고 그냥 넘어가겠습니다.

사회자 : 죄송합니다. 너무 시간 제약을 하니까 토론자와 질문자, 모두 충분하게 의사 전달이 안 되는 것 같은데 3분을 조금 넘기셔도 되므로 서로 조금 여유를 가지세요. 그리고 또 하나는 종합토론이라면 조금 싸워야지 재미있잖아요. 옆에 같이 붙여 놓으니까 정다워지는지 자리를 잘못 배치한 것 같습니다. 이쪽에는 발표, 저쪽에는 토론으로 했으면 한바탕 붙을 것 같은데, 비록 같이 앉았지만 다정스럽지 않게 질문하시고 답변하시길 바랍니다. 세번째는 아마 만만치 않을 것 같습니다. 심광주 선생님 부탁드립니다.

심광주 : 네. 감사합니다. 토지박물관 심광주입니다. 지금 만만치 않은 주제라고 말씀하셨는데요. 발표는 다 같이 잘 들으셨을 것입니다. 제가 단적으로 결론부터 말씀드리자면 오순제 선생님의 발표내용이 1950년대나 1960년대에 발표가 되었다면 학계를 엄청나게 충격으로 몰아넣은 명쾌한 논문이 되었을 텐데, 그렇지만 지금 2000년대 오늘날 이것이 발표된 것은 불운이라고 생각합니다. 왜냐하면 그동안 굉장히 많은 발굴조사가 있어서 그 발굴조사는 유감스럽게도 지금 발표하신 내용과는 전혀 아무런 상관성이 없는 것으로 밝혀지고 있기 때문입니다. 지금까지 하남시에서는 발굴조사가 미흡하다고 생각하지만 다른 시·군에 비해서 상당히 많은 조사가 이루어졌습니다. 1985년 이후로 이성산성에 대한 조사가 거의 15년 이상 되었고요. 그 다음에 구리~판교, 신갈~안산간 고속도로가 만들어지면서 이화여자대학교·한양대학교·

동국대학교에 의해서 '대원사유적'이 발굴이 되었습니다. 그리고 최근에는 '하남 교산동유적', 백제왕궁지로 추정되는 교산동유적이 발굴되었고요. 그 다음에 '천왕사지'가 문화재보호재단에 의해서 발굴이 되고 있습니다. 그리고 저희가 1998년부터 한산이라고 추정되고 있는 남한산성에 대해서 발굴을 하고 있습니다. 그런데 놀랍게도 그 모든 발굴조사에서 백제유물은 단 한 점도 출토된 적이 없습니다. 거기에 대한 반증으로 발표자가 발표하신 이성산성에 대한 보고를 들었습니다. 그래서 보고서를 가지고 나왔는데 가능하면 여러분도 가지고 계시면 같이 보셨으면 좋겠는데요. 여기에 보면 분명히 삼국시대 전기토기라고 구분이 되어있고, 고구려계 토기라고 하고 그 다음에 뒷부분도 마찬가지입니다. 삼국시대 전기토기라고 해서 마치 백제토기인 것처럼 상정해 놓은 유물들이 있는데, 불행하게도 이것들은 대학원 정도 수준이라면 그 토기의 성격이라던가 이러한 것을 반드시 다들 알 수 있는 것들을 가지고 백제의 것으로 해 놓았습니다. 여기 보고서에 보면 백제의 토기라고 분류해 놓은 것들, 이것들은 다 8세기~9세기의 토기들입니다.

이런 기본적인 소스를 가지고 논리의 기본으로 삼는다는 것이 저로서는 굉장히 안타까운 사실입니다. 왜냐하면 우리 한국 고고학계가 아직 수준이 일천하다 할지라도 백제토기·고구려토기·신라토기 하나 구분하지 못할 만큼 그렇게 낮은 단계가 아님에도 불구하고 이 보고서가 이렇게 나왔다는 것은 사실 상당히 문제가 있다고 생각이 됩니다. 그러한 잘못된 자료를 근거로 해서 결론을 도출한 것 외에는 실제적으로 발표자가 한성이라고 얘기한 '하남 고골일대'를 가지고 백제한성시대 도읍지라고 비정하는 실증적인 자료가 단 하나도 없습니다. 다만 아까도 말씀하셨지만 어떤 결론부터 추출해 놓고 시대와 장소를 불문하고 가능한 모든 자료를 끌어들여서 거기를 뒷받침한 하나의 전거 자료로서 사용했을 따름입니다.

저희가 남한산성을 발굴했는데, 가장 아래층 성벽기단 하부에서 나온 유물들이 주장성으로 추정되는 7세기 이후의 토기들입니다. 그리고 이성산성에도 역시 저수지 아랫부분에서 나오는 것들. 여기서 물론 고구려토기·백제토기 얘기하지만 제가 고구려유적 마흔 군데를 직접 찾아서, 우리 박물관에 가면 고구려토기 자료들이 상당히 많이 있습니다. 기와도 마찬가지이고요. 그러면 실질적으로 여기에서 나온 유물들을 가지고 만약에 필요하다면 대비를 시켜놓고 봅시다. 그리고 또 한 가지 지금 풍납토성·몽촌토성이란 건 무엇입니까? 그렇다면 과연 풍납토성·몽촌토성을 수도를 지키는 하나의 변방의 성으로 가정한다면, 고골일대에서 이렇게 유물이 없다고 한다면, 왕성은 거지처럼 살면서 주변의 진지들만 화려하게 썼는가 하는 부분입니다. 왜냐하면 풍납토성 같은 경우에는 그중에 극히 일부만 세군데가 발굴이 되었는데 백제기와들이 즐비하게 나타납니다. 그야말로 백제기와입니다. 그런데 실제적으로 고골일대에서 백제기와가 출토된 곳이 어디에 있습니까? 백제유물이 뭐가 나왔습니까? 3.5km에 달하는 백제토성이 자리잡고 있고, 기단 하부가 40m이고 높이가 10m가 되는 엄청난 판축토로를 구성하는 백제토성임이 이미 밝혀졌는데, 그렇다면 하남 고골일대에는 왜 그만한 정도의 유물이 없습니까? 남한산성에서부터 연결하는 도로 그 다음에 성내에 있는 건물지가 있지 않습니까? 교산동 건물지가 발굴·조사되고 있는데 거기에서 백제유물이 단 한 점이라도 나온 것이 있습니까?

최근에 백제토기가 나왔다고 해서 야단법석을 떨었지만 실질적으로 가서 보시면 백제토기가 아니라 통일신라말기 토기입니다. 타날이 되었다고 백제토기가 아닙니다. 연질이라고 해서 백제토기가 아닙니다. 그리고 여기가 백제 왕성이 되려면 거기에 걸맞는 유물이 뒷받침되어야 합니다. 백제가 그렇게 화려하다고 주장을 합니다만 그렇다면 화려함에 걸맞는 유물이 나와야죠. 없지 않습니까? 죄송합니다. 사실 저는 이러한 문제 때문에 이렇게 한마디만 하고 끝낼 정도의 토론이라면 참여하고 싶지 않았는데, 오늘도 마찬가지의 상황이 되었습니다. 결론적으로 한가지만 말씀드리겠습니다. 의문이 나는 상황을 모두 질문을 하면 시간이 많이 걸릴텐데, 결과적으로 지금까지 말씀드린 그런 내용이 질문의 요지가 되겠는데요. 과연 고골일대를 가지고 백제의 하남위례성·한성으로 주장하는 고고학적인 실증적인 자료가 과연 무엇인지에 대해서 여쭙고 싶습니다. 이상입니다.

사회자 : 정답게 하지 말고 좀 재미있게 하라고 했더니 완전히 험악해지는데, 이것 또 고민이네요. 여기서 한가지 생각을 하고 넘어가죠. 우리가 지금 수학문제를 푸는 것이 아닙니다. 수학문제라면 등식이 있고 정답이 딱 나올 것입니다. 그러므로 우선 그렇게 생각을 해야 하겠고요. 예를 들어서 대학에서 박사학위 논문을 제출한다고 할 때 무엇을 기준으로 할 것인가 하면 저 같은 경우는 세가지 기준으로 합니다. 하나는 얼마만큼 문제의식을 갖고 있는가. 문제의식이 어디서 출발하고 있는가 하는 점입니다. 두번째는 얼마만큼 창의적이고 독창적인가 하는 것이죠. 얼마만큼 자기 것인가 하는 점입니다. 다음 세번째는 아무리 자기 것이면 무엇합니까 그것이 논리적이고 합리적이어야 합니다. 그래서 우리가 수학문제를 풀면 정답이 금방 나오니까 고민할 것 하나도 없습니다. 그러므로 지금 제가 말씀 드린대로 그런 조건들을 여러분들과 함께 고민하고 생각해야합니다.

그리고 또 하나 지금 질문을 하신 심광주 선생님이 저더러 그렇게 간단히 할 것을 왜 불렀느냐고 하시면서 자리를 박차고 일어서는 것이 아닌가 불안했습니다. 아까 점심을 먹으러 가서 부시장님과 마주앉아 오늘 이 학술대회에 대해서 이야기했는데 아주 기대를 크게 가지고 계시더라구요. '2001년 들어와 아직 전국 어떤 지방자치단체에서 이런 문화적인 행사를 한 곳이 없다. 그 시작을 하남시에서 하고 있다. 그래서 예산이 허용되는 범위 내에서 올 가을에도 하고 겨울에도 하고, 최소한도 일년에 한번 이상은 꼭 하겠다.' 이런 말씀을 하셨습니다. 그래서 심 선생님 여기에서 한번으로 끝나는 것이 아니니까 다음에 또 와주세요. 죄송합니다. 조금 식히려고 제가 이런 저런 말씀을 드렸습니다. 답변 부탁합니다.

오순제 : 네. 오순제입니다. 어차피 예상한 이야기이니까요. 이성산성 문제는 지금까지 1987년 이후 13년 동안 작년에 7차 보고서 · 8차 보고서가 한꺼번에 나왔습니다. 들고 나오신 것이 8차 보고서인데 7차 보고서의 결

론 부분을 심 선생님이 썼습니다. 거기에서 '1차성벽이 6세기 중엽에 신라가 쌓은 것이고, 2차 성벽도 7세기 말에서 8세기 초에 신라가 쌓은 것인데 고구려의 멸망을 계기로 고구려 유이민의 영향이다.' 이렇게 썼어요. 그런데 고구려 유민들은 이곳으로 온 기록이 없습니다. 금마조로 갔어요. 지금의 익산에 있어요. 거기 산성이 있고, 그리고 안승이라는 사람의 역사기록에도 나와 있습니다. 과연 무엇을 갖고 얘기했는지 그리고 8차 보고서의 초축은 틀림없이 설봉산성·설성산성 순천의 검단산성 이것은 모두 백제계 성입니다. 그리고 2차 성벽은 기단석돌, 굽돌이, 퇴물이 모두 다 전공 용어입니다만, 저는 고구려지역의 만주지역에 부여·발해·고구려, 제가 다 답사했습니다. 그리고 국내성 같은 경우, 한달 동안 체류하면서 답사했습니다. 그런데 이것은 전형적인 고구려 축성방식입니다. 요번에 제가 이 토론을 위해서 일부러 대마도도 갔다왔는데 분명히 그곳은 백제 것입니다. 금전성인데, 가네다 성이라고 똑같습니다. 초축 성벽과 똑같습니다. 자, 그렇다면 1차, 2차를 과연 신라가 두번씩 쌓을 필요가 있겠는가? 그리고 우리가 제일 중요한 것은 지금 교산동 대형건물지도 마찬가지입니다. 가운데 연못이 나왔어요. 우리가 과연 그것이 관청지나 객사지라면 연못이 나오느냐? 발해라던가 공산성도 마찬가지입니다. 안학궁성도 그렇고 고구려 도성도 마찬가지입니다. 연못지가 반드시 있습니다. 여러분이 읽어보시면 아시겠지만, 연못이라던가 우물은 대단히 중요합니다. 그곳은 어떤 징조를 나타내고『삼국사기』에 이미 기록이 다 되어있습니다. 지금 발견된 연못지는 우리가 생각하는 그러한 정도의 급을 가진 대형 건물지가 아닙니다. 그것을 뛰어넘는 아주 중요한 건물지입니다.

　이렇게 볼 때 지금 13년에 걸쳐서 발굴해 봐야 겨우 지금에 와서 백제니 고구려니 하는 이성산성인데 지금 한번 발굴해놓고 이제 와서 백제를 내놓으라고 하면 …… 13년 기다립시다. 우리 대형건물지, 그렇죠. 이성산성도 13년 기다렸죠. 마찬가지입니다. 고고학이라고 하는 것은 이 일대, 우리가 들고 파야겠죠. 그것이 고고학입니다. 고고학은 땅 파는 것이니까요. 어차피 물증이 나와야 되지요. 자, 과연 이것에 대한 대답은 하남시 전체를 발굴해 봅시다. 나오겠죠. 몇년이 걸릴지 모릅니다. 제가 볼 때는 거의 100년은 걸릴 것입니다. 그리고 전국에 있는 모든 대학이 달려들어야 할 것입니다. 자 이렇게 함부로 단정적으로 한점도 안 나왔다. 그러셨는데 과연 정말로 한점도 안나왔을까. 이것은 문제가 심각합니다. 그렇다면 지금 이 보고서와 7차 보고서는 정면으로 대치하고 있습니다. 그렇다면 한양대학교 자체에 문제가 있는 것이죠. 그렇지 않습니까? 7차 보고서 나온 지 몇달 안되었는데 8차 보고서에서는 고구려·백제·원삼국, 원삼국이라는 것을 저는 부정합니다. 왜냐하면 최몽룡 선생님께서도 그것을 말씀하셨지만 원삼국이라는 용어는 우리가 대개 헷갈리는데, 기원 전후로부터 300년전까지입니다. 그러면 기원전에서 300년까지 원삼국인데, 그것은 삼국초기입니다. 그것을 자꾸 원삼국이라는 용어를 쓰니까,대중들은 혼란을 일으킬 수 밖에 없습니다. 그러면 '몽촌토성이 3~4세기'라고 하면 그때 와서 백제가 생겼습니까? 아닙니다. 백제는 기원 전후로부터 계속 기록상 나타나고 있습니다. 그러면 그것은 무엇입니까? 그래서 우리가 마한과 백제를 자꾸 헷갈리게 만드는 원삼국이라는 용어를 쓰지 말고 삼국초기·삼국전기·후기 이렇게 얘기를 해야 합니다. 지금 이러한 문제가 왜 생기냐 하면 고고학과 문헌사학이 일치되지 않는 원삼국이라는 용어부터가 문제가 되기 때문에 이러한 문제가 자꾸 나타나는 것입니다. (그래서 이것이 답변이 될지는 모르겠지만 실제로 많은 세월을 기다려서 이제와 ……)

그리고 또 하나 역으로 질문을 하겠습니다. 이성산성의 팔각지·구각지를 직접 발굴책임자이신 김병모 선생님은 천단·지단으로 봤습니다. 그렇죠. 그런데 팔각·구각·십이각은 신라에도 없고 가야에도 없습니다. 그런데 이 팔각건물지는 일본의 '기쿠치'에 있습니다. 일본의 백제계 성입니다. 키쿠치성·설봉산성에 있습니다. 여기도 백제계 유물이 나왔죠. 이미 '십이각지'는 순천의 검단산성에서 나왔습니다. 이것도 백제계입니다. 그런데 왜 신라는 없죠. 그리고 신라의 도읍에 이것이 있어야겠죠. 이러한 대형건물지가 그런데 도읍에서 정말로 한 건물도 안나왔습니다. 이것에 대해서 과연 어떻게 생각해야 할 것인지, 그래서 이것은 틀림없이 신앙유적입니다. 왜냐하면 말을 부러뜨린 철제마라든지 토제마가 나왔기 때문에 이것은 신앙유적에는 틀림없는데 과연 신라인들이 이러한 별 볼일 없는 변방에다가 그러한 대형건물지를 짓고 그러한 신앙행위를 했겠는가? 이것은 분명히 문제가 심각해집니다. 이것은 도읍이 아니고서는 이러한 신앙행위를 할 수가 없습니다. 더군다나 요고가 나왔습니다. 이성산성 8차 보고서를 펼쳐보시면 이 요고라는 것은 고이왕이 뭐라고 했냐면 바로 '천제를 드릴 때 요고를 피리와 함께 사용했'고 했습니다. 그 물증이 나온 것입니다. 그래서 이러한 문제는 함부로 단정하는 것이 아니라 좀 더 많은 세월에 걸쳐서, 그리고 몇군데 피트를 넣어서 시굴한 정도 밖에 안되는데 그것을 가지고 아니라고 무우 자르듯이 고고학을 하는 분으로서는 좀 더 기다려 보자. 왜냐하면 고고학이라는 것은 하루아침에 뒤집어집니다. 그렇지 않습니까? 오늘 땅팠는데 어저께까지는 층위가 있습니다. 그 층위까지 못갔는데 그 밑 층위에 뭐가 나왔는지 어떻게 압니까? 그것은 하루아침에 뒤집어지는 것입니다. 그래서 우리가 지금 나온 것을 가지고 함부로 '뭐다' 라고 말하는 것은 어불성설입니다. 학문을 하는 태도로서는 저는 문제가 있다고 생각합니다.

사회자 : 네. 이거 큰일났네요. 시의원님, 의회에서는 이럴 때 어떻게 하나요? 그냥 가는 거지요. 끝까지 해야하나요? 그러나 끝까지는 못 가겠고 한번씩만 더 기회를 드리겠습니다.

심광주 : 제가 질문한 것에 대해서 교묘하게 피하시고 결국에 주변적인 것을 가지고 얘기를 하고 학문적인 자세 운운까지 나왔는데, 이것은 사실 고고학을 어떻게 보느냐 이러한 관점보다도 실질적으로 고고학을 해 본 사람은 알 것입니다. 지표조사를 왜 합니까? 지표조사라는 것은 지상에 노출되어 있는 것을 통해서 땅 속에 무엇이 있는가를 확인하는 작업입니다. 그래서 대부분의 지표조사 경우에는 깊은 땅 속 가장 밑에 있는 것들이 윗 부분에 일부 올라와 있기 때문에 지표조사를 통해서도 그곳에 있는 유물들의 분포를 알 수가 있기 때문입니다. 그래서 하남시 같은 경우는 세종대학교에서 이미 여러 차례에 걸쳐서 지표조사를 했고

여기 계신 분들도 많이 조사를 했습니다. 그리고 지금 '천왕사지' 발굴
에서 아까 말씀을 안 드렸는데, 실질적으로 제가 안타깝게 생각하는 것
은 무엇이냐 하면 어떤 부분에 있어서는 결론을 유보할 수 있습니다.
나올 수도 있고, 이럴 수도 있지만 어떤 부분에서 명확한 것은 명확하
고 어떤 부분은 그렇지 않습니다. 지금 하남에서 백제의 엄청난 사찰이
라고 얘기되고 있는 '천왕사지'의 시굴조사가 계속되고 있는데, 거기서
나오는 것들이 대부분 주류를 이루는 것이 통일신라 말기에서 고려시
대 초기 유물들입니다. 그렇다면 천왕사지가 발굴이 되면 엄청나게 많
은 백제 유물들이 쏟아져 나와야 할텐데. 왜 유물이 안 나오는겁니까?
그러면서 아직 더 파봐야 한다구요? 핵심부에 안나오는데 그럼 주변부
에서 나옵니까? 백제사람들을 멸망시킨 고구려인들이 쓸어서 한 군데
다가 버렸습니까? 토기편까지? 그리고 신라인들이 장악을 했을 때는 고
구려유물과 백제유물을 포함해서 한 군데다 쓸어버렸습니까? 이건 기
본적으로 말이 안 되는 것입니다. 그게 어떻게 가능합니까. 그리고 아까
이성산성에 대해서 얘기하셨는데, 저는 접근태도에 문제가 있다고 생
각합니다. 왜냐하면 어떤 것이 이렇기 때문에 그럴 수밖에 없다. 이런
측면으로 모든 것을 몰아가는데 그것이 아니라 실질적으로 있는 상황
에서 그대로 보자는 것입니다. 여기가 중심부라고 하면 중심부에 걸맞
는 시설과 유물과 그러한 것들이 동반이 되어야 합니다.

　백제의 왕도가 만들어지기 위해서는 왕궁이 있어야 하고, 왕궁 속에
서 살던 사람들의 유물들이 있어야 하고, 그들이 건물을 지었다면 그
때 사용했던 기와가 나와야 합니다. 그런데 어떻게 지금까지 여러 군
데서 발굴을 했고, 발굴을 할 때는 가장 중심부, 유물이 가장 많이 나
올 수 있는 가능성이 있는 부분을 먼저 발굴합니다. 그럼에도 불구하
고 지금까지 하남 교산동, 아직 바닥이 안 나왔다구요? 더 파보면 된다
구요? 천만에요. 지금까지 제일 밑바닥에 있는 생토면까지, 일부는 이
미 노출이 되었고 가장 바닥 층에서 나온 거대한 초석들, 그렇게 거대
하기 때문에 왕궁일 수 밖에 없다구요? 왕궁이 되기 위해서는 거기에
걸맞는 유물이 나와야죠. 그렇지만 백제기와 한점 나온 것이 있습니
까? 한점이라고 하는 것에 대해서 자꾸 너무 거부감을 가지지 마십시

오. 고고학이라고 하는 것은 있는 그대로를 밝히는 것입니다. 지금까지 그렇게 대규모 발굴을 했는데 백제유물이라고 추정되는 것들이 백제기와도 그렇고 백제토기도 안나왔다고 하는 사실이 무엇을 의미하는 것입니까?

그럼에도 불구하고, 백제에 미련을 못 버리고 백제를 잡고 있을 것입니까? 제가 생각하기에 우리가 너무나 많은 에너지를 쓸데없는 논쟁에 소모시킨다는 것입니다. 이것을 있는 그대로 받아들이고 다음 단계, 즉 생산성 있는 어떤 부분에다 에너지를 집약시키면 하남시가 새로운 문화를 창출할 수 있음에도 불구하고 계속 백제에 대해서 끈을 놓지 않고 모든 보여지는 것들, 그러니까 신라시대 것도 백제로, 고려시대 것도 백제로 자꾸 견강부회를 시키게 되는 것입니다.

이성산성에 대해서 구각건물지 하고 팔각건물지 말씀을 하셨는데, 제가 직접 거기에서 발굴을 안했으면 저 역시 가능성을 열어두겠습니다. 그렇지만 저는 3년 동안 이성산성에서 살면서 저수지 바닥까지 여러번 팠구요. 그 다음에 건물지의 층위관계를 발굴했음에도 불구하고, 층위적으로 이성산성은 복잡할 것이 하나도 없습니다 거기는 대학교 1·2학년 학생이 들어가서 발굴을 해도 달라지지 않을 정도로 층위가 간단한 유적입니다. 그런 상황에서도 지금까지 유물이 안나왔는데, 극히 일부밖에 발굴을 안 했기 때문에 유적이 없다고 하는 것은 다른 사람의 관심을 전혀 엉뚱한 데로 쏠려서 낭비하고 있는 그러한 상황입니다. 이상입니다.

사회자 : 어떻습니까? 오 선생님 한 말씀 더하시겠습니까? 그냥 넘길까요?

오순제 : 좋은 얘기 많이 들었는데요. 우리가 제일 중요한 것은 다시 한번 이성산성을 짚고 넘어가겠습니다. 7차 보고서입니다. 1차 성벽을 6세기에 쌓고, 6세기 중엽입니다. 2차 성벽을 7세기 말에서 8세기 초에 쌓았다고 하는데 도대체 왜 두번씩 쌓았습니까? 그것이 의문이 가는데 어떻게 생각하십니까?

사회자 : 또 시간을 달라고 하는데 어떻하죠? 30초 드리겠습니다.

심광주 : 30초면 200자 원고지 한 장입니다. 제가 현장에 없었으면 이 부분에 대
해서 할말이 없었을 것입니다. 그렇지만 2차 성벽 하단부 기단부분, 2
차 성벽을 쌓기 위해서 쌓은 기단부에서 나온 유물이 바로 인화문 토
기입니다. 왜 두번 쌓았느냐고요? 당연하죠. 거기는 한산주의 치소였
으니까요. 초창기에 한산주의 읍치는 여러번 바뀝니다. 다 아시겠지만
신주에서 남천주로, 북한산주로, 여러번 바뀌는데 초창기에 만들어지
고 나서 여기는 그야말로 경기도보다 더 큰 한산주의 주치소가 있던
곳입니다. 그렇기 때문에 거기에서 엄청나게 많은 행정용 벼루들이 나
오고, 대규모 건물들이 나오는 것입니다. 읍치를 경기도 도청소재지가
있는 곳이라고 생각하시면 될 것입니다. 그 도청소재지의 기능이 강화
된 시점에 결국은 그것을 좀 더 화려하게 보이기 위해서 성벽을 새로
구축했다고 저는 생각합니다. 그 부분을 자꾸 고구려라고 말씀하시는
데 그러면 여기는 미국입니까? 우리가 지금 미국에 살고 있습니까? 미
국의 건축기술을 받아들여서 우리가 현대 건축물을 만드는 것입니다.
토목기술이라고 하는 것은 발달된 곳에서 발달되지 않은 곳으로 시간
차를 두고 계속 전달되는 것입니다. 그렇기 때문에 고구려 국내성을
몇번 갔다오셔서 고구려 축성법과 똑같다고 생각을 하시는데 실질적
으로 우리나라의 모든 석성들은 고구려에서 기원을 한다고 해도 과언
이 아닙니다. 왜냐하면 그쪽이 훨씬 더 앞서 있었으니까요. 다만 그 시
점이 어디냐 하는 것이 중요한 것입니다. 이상입니다.

오순제 : 지금 아까 고구려 국내성 몇번 갔다와서 함부로 얘기한다고 하는데,
그것은 어불성설입니다. 왜냐하면 그곳에 쌓고 있는 방법은 큰돌을 씁
니다. 이러한 방법은 백제나 신라는 안나옵니다. 지금 오도시키고 있
는데 천만의 말씀입니다. 국내성도 퇴물림이라고 해서 들어가면서 한
발씩 뒤로 물리고 있습니다. 이것도 안나옵니다. 우리가 지금 겨우 나
오는 게 신라의 삼년산성입니다. 이것은 고고학을 하면서 축성법 자체
를 잘못 알고 있는 것입니다. 그리고 견치석이라고 해서 개이빨식의

이런 돌도 고구려에서 나오고 있습니다. 그리고 간파로라고 해서 개이 빨을 맞춰놓은 이빨이 또 있습니다. 이것이 간파로식인데, 그리고 육학이라고 해서 벽돌을 쌓듯이 정확하게 여섯 면이 딱 맞아 있는 법도 고구려에서 나타나고 있습니다. 이러한 모든 양식이 정확하게 고구려와 맞고 있는데, 어떻게 신라가 쌓았다고요? 지금 신라가 쌓은 이러한 성은 한 개도 못 보았습니다. 그것을 어떻게 함부로 축성법을 갖고 한 칼에 잘라버린다는 것은 이것은 도저히 이해가 안갑니다.

사회자 : 네, 알겠습니다. 지금 보니까 오늘 밤새도록 해도 안되겠군요. 그런데 놀란 것은 두 분의 젊은 학자들이 정말 혼을 바쳐서 학문을 하고 있는 것 같군요. 이 두 분을 위해서 힘차게 박수를 쳐드리죠. 평소에는 두 분 소주도 마시고 그러죠. 얼굴도 안 봅니까? 평소에는 굉장히 친하게 지내고 있답니다. 참 양심적으로 학문을 하고 있는 것이죠. 얼마 전에 신문지상에 많이 보도되었지만 일본 사람 같으면 간단하죠. 유물 몇 점만 가져다 놓으면 되거든요. 일본의 구석기 시대가 60만년이 갑자기 올라 갔잖아요. 정말 훌륭한 두 분입니다. 그래서 이 주제를 가지고 다음 번에는 다른 전문가들과 그동안 발굴에 참여하신 분들, 또 여러분들을 한번 모셔서 이 문제만 가지고 집중적으로 학술대회를 한번 하세요. 그리고 그 대회에서 모든 것이 끝나기를 기대하지 마십시오. 이렇게 하남시가 계속하면 언젠가는 결론이 나겠죠. 그런 기대를 가지면서 일단 두 분의 토론을 여기서 마치고 다음 차례로 기회를 넘기도록 하겠습니다. 그 다음에 네번째 주제 고려시대로 넘어가겠습니다. 서강대학교 이장우 선생님 발표에 대해서 한국정신문화연구원의 김창겸 선생님께서 토론을 해 주시겠습니다.

김창겸 : 네, 안녕하십니까. 김창겸입니다. 앞의 분들이 워낙 열띤 토론을 해 주셔서 다들 긴장하셨을텐데요. 조금 긴장을 푸시고 우리는 싸우지 않도록 하겠습니다. 싸우면서 크는 것이지만은 너무 많이 싸우면 상처도 나니까요. 그 상처를 또 다독거려 줄 수 있는 기회를 가질 필요도 있습니다. 오늘 이장우 선생님 발표를 잘 들었습니다. 먼저 발표주제와 관

련해서 자료가 굉장히 적습니다. 그럼에도 불구하고 이렇게 훌륭한 발표문을 작성해서 말씀해 주신 데 대해서 경의를 드립니다. 그렇지만 제가 오늘 토론자로 이 자리에 나온 까닭에 간단한 것 두가지만 여쭈어 보겠습니다.

먼저 고려시대 하남시의 불교문화를 이해하는 방법으로 여러 불교유적을 들어서 설명을 하셨습니다. 그런데 들은 용례가 불탑 2기, 절터 2곳, 불상 2기를 연구 검토용례로 들었는데, 이것은 좀 부족한 듯 합니다. 그 이유는 주최측에서 아주 짧은 시간내에 공장의 물건 생산하듯이 논문을 내놓으라고 하니까 바빠서 그러신 것으로 압니다. 이해가 됩니다. 그렇지만 최소한 절터에 있어서는 고려시대의 명문기와가 나왔다고 하는 '자화사', 그 다음에 고려시대 이곡의 중수기에 나오고, 고려 충선왕 때 완성했다고 하는 '신복선사지'나 그 다음에 태평이년명마애불(太平二年銘磨崖佛) 바로 옆에 있는 절도 함께 거론했으면 하는 그런 아쉬움이 있습니다. 다음번에 논문으로 완성된 글을 낼 때에는 같이 언급을 해주셨으면 하는 그런 부탁을 드리겠습니다.

그 다음에는 태평이년명마애약사불좌상(太平二年銘磨崖藥師佛坐像)에 나오는 것인데요. 국보 981호지요. 거기에 보면 명문이 새겨져 있어요. 거기에 금상황제라는 명문이 나오는데 지금까지 대체적으로 연구자들은 금상황제를 고려 경종으로 보고 있습니다. 그런데 오늘 발표자께서는 '연호는 송나라 태평이라는 연호를 사용하면서 고려국왕을 황제로 표현하는 것은 모순이다' 라고 하면서 '이 금상황제는 송나라 태종으로 해석하는 것이 좋지 않겠나' 라고 했습니다. 그런데 저는 여기에 대해서 생각을 달리 합니다. 물론 지금까지 우리나라의 기록에서 황제를 직접 칭한 그런 기록은 찾기가 어렵습니다. 그렇지만 황제를 상징하는 용어들을 사용한 경우는 많습니다. 요즘 참 여담으로 한마디만 합시다. KBS 텔레비젼 역사드라마 '태조왕건'을 보면 궁예나 견훤에게 '황제폐하'라고 부르는데, 그것은 거짓말입니다. 그 두분은 '황제폐하'라고 하지 않았습니다. 제 생각으로는 아무리 높아도 '대왕폐하'는 사용합니다만 '황제폐하'…… 글쎄요. 아무데나 붙이면 좋은 것인 줄 아는지 좀더 연구하고 난 뒤에 사용했으면 하는 그러한 생각이 들더군요. 그런데 직접 황제를 쓰지는 않았지만 황제를 칭하는 용어들을 사용한 경우는 많습니다. 뭐…… 대왕·황왕·성상·황표·황손·황자·황후·왕후·태자 그 다음에 조·붕·인산 등 황제나 황족만이 사용하는 호칭과 용어를 사용한 것이 많이 있습니다. 그리고 신라나 중앙정부 왕조가 있음에도 불구하고 제주도는 탐라국왕이라고 따로 불렀고, 그 다음에 보덕국왕도 있었고, 명주군왕도 있었고, 제후적인 국가들이 지방에 있었어요. 이런 것으로 볼 때, 신라하대나 고려초에는 황제라고 칭한 것이 꼭 중국으로 본 것은 무리이지 않느냐, 또 중국 연호를 사용하고 황제라고 했기 때문에 그렇다고 했는데 중국연호를 사용하면서 황제와 비견되는 용어를 사용한 경우는 많이 있습니다. 과량사 석탑기에 보면 '천보'라는 당나라 연호를 쓰면서 임금님 어머니를 소문 '황태후'라고 하고 원성왕의 어머니죠. 그 다음에 계승사 석탑기를 보면 환통이라는 당나라 연호를 쓰면서 황후님이라고 쓰고 있구요. 이런 것으로 볼 때 당나라 연호를 썼다고 해서 그뒤에 나오는 황제가 우리나라 사람이 아니다 그것은 좀 어렵지 않느냐. 그 당시 중국의 당나라 연호를 쓰는 것은, 오늘날 우리가 서기를 쓰듯이 세계적인 일반적인 용례 속에서 당시 동아시아의 중국적인 세계질서 속에서 보편적으로 사용하는 것이고, 그러면서도 우리는 우리 나름대로의 임금 위치의 황제적인 위치를 가지고 있지요. 그런데 중국의 사신으로 갈 때나 조공을 바칠 때는 감히 황제라고 하지 못하고 고려왕·조선왕 이렇게 하지요. 그것은 그렇게 하지 않으면 중국 당나라에서 혹은 송나라에서 건방지다고 혼을 내고. 그 다음에 고려왕을 인정하지 않겠다고 해서 부득이 외교상 사용한 것입니다. 그렇게 본다면 우리는 아무래도 고려시대에는 우리 나름대로의 자존적인 천하질서를 가지고 있었고, 그 다음에 중국이나 당시 일본왕들과 대등한 황제의 위치를 가지고 있었고, 그랬을 것이기 때문에 여기서 금상황제는 고려 경종으로 보아도 무난하다는 그런 생각이 듭니다. 여기에 대해서 말씀 해 주십시오.

이장우 : 두가지로 말씀하셨는데 첫번째 말씀하신 것은 전적으로 동감입니다.

다만 제 능력이 부족하고 시간이 짧아서 할 수 없이 궁여지책으로 '동
사지'와 '천왕사지'를 케이스 스터디(Case study)한다는 생각으로 선정
을 했을 뿐 나머지를 소홀히 하거나 무시해서 그런 것은 아닙니다. 다
음에 기회가 생기면 선생님 말씀대로 포함을 시켜서 다시 한번 꼼꼼히
살펴보겠습니다. 이 발표문을 준비할 때도 제일 고민했던 부분이 선생
님께서 지적하신 금상황제입니다. 이것이 누구를 가리키는지, 어떻게
해석을 해야하는지, 고민 고민하다가 궁여지책으로 아까 발표에서도
말씀드렸듯이 현재로서 제가 생각할 수 있는 것이 세가지 가능성을 생
각 할 수 밖에 없었고, 그 범위내에서 그래도 절름발이이지만 그중에
서도 어느쪽이 조금 더 합리적일까? 그렇게 고민을 했습니다. 저로서
는 명확한 결론을 내릴 수는 없었습니다. 발표에서도 말씀드렸듯이,
그런데 여기에서 하나 짚고 넘어가야 할 것이 중국의 연호를 쓰면서
우리쪽 임금을 황제라고 했을 수도 있다. 그런데 그것은 개연성이 전
혀 없다는 것이 아닙니다. 만일 그러했다면, 그와 같은 분명한 용례가
기록상으로 한군데가 아니라 여러군데에서 확인이 되어야 역사적 사
실, 일반적 사실로서 인정을 받을 수가 있습니다. 그런데 조금 전에 김
선생님께서 말씀을 하신 '황'자가 들어간 용례, 황태후라든지, 황후라
든지, 황왕이라든지, 이와 같은 '황'자가 들어간 용례를 임금이나 임금
의 부인 또는 임금의 어머니에게 썼던 경우가 있다고 말씀을 하시면서
이 황제가 중국의 황제라기보다 우리 국왕을 가리킬 가능성이 높다고
이렇게 말씀하셨는데, 여기서 하나 짚고 넘어가야 할 것이 제가 일일
이 조사를 못해봤는데요. 문헌기록을 살피고 이런 용어나 우리가 정의
를 내리기 위해서는 기록상에 나타나는 여러가지 용례들을 검토해 보
아야 합니다. 여기서 말할 때 황태후나 황왕이라고 할 때 그 용례가 황
제라고 할 때 '황'의 용례와 글자는 물론 같습니다만 같은 의미를 가진
용례냐 아니냐, 그것부터 우선 짚고 넘어가야 할텐데 그것이 지금 오
늘로서는 해결될 것 같지가 않고, 그 다음에 몇가지 근거로서 말씀을
하셨는데 '대왕'이라는 것을 썼다고 하는 것을 한가지 근거로 제시하
셨는데 여기서 대왕이라고 하는 것은 반드시 황제를, 천자를 의미하는
것은 아닙니다. '대왕'은 국왕의 경우에도 삼국시대 이래로 조선시대

까지 사용하고 있습니다.『조선왕조실록』을 보면, 세종도 '대왕', 선조도 '대왕', 『고려사』에서 역대 임금들도 '대왕'이라고 했습니다. 일종의 의례적인 표현이지, 그것이 황제를 의미하지 않습니다. 태자의 경우도 마찬가지입니다. 삼국시대 국왕의 아들이 태자, 그것도 태자가 반드시 왕위계승권을 가진 왕자라는 의미로 사용된 것만도 아닙니다. 태자의 경우, 왕위계승권을 가진 왕자라는 용례로 사용되고 있지만, 단순히 왕자를 태자라고 쓸 때도 있습니다. 조선시대에 오면 좀 달라지지만은 조선초기의 경우에도, 예를 들면 아까 제주도도 말씀하셨는데 제주도를 요즘 식으로 얘기하면 지방세력가이지요. 제주도의 토호세력 같은 경우에는 조선초기의 『왕조실록』에 보면 그 사람들의 직함·호칭을 태자라고 쓰고 있습니다. 또는 별 星자를 쓴 星主라고도 사용하고 있습니다. 중앙에 조공 바치러 올라와서 임금 앞에 가는데, 제주태자 아무개, 제주성주 아무개가 왔다. 이러한 기록이 나옵니다. 그러므로 그런 예를 가지고 이것이 우리의 국왕을 황제라고 칭했을 것이라는 근거로는 조금 더 보강을 해야하지 않나 하는 생각이 들기도 합니다. 또 만일 양보를 해서 그렇다고 할 경우, 그것이 근거가 되어서 우리의 국왕을 황제라고 칭하고 중국과는 다른 독창성을 내부로 강조했다고 한다면 고려이든 신라통일기이든 우리의 역대 국왕들은 천자의식을 가지고 있어야 합니다. 천자의식이 무엇인가 하면 이 땅이 세계의 중심이고, 우리 국왕이 하늘로부터 모든 위임권을 받아서 제후를 사해(전세계)에 파견할 수 있는 세계에 대한 지배권을 가지고 있어야 합니다. 관념적이기는 하지만 중국의 황제처럼 태산에 올라가서 '봉선'을 하고, 그런데 우리 기록에서는 그것을 찾아보기가 쉽지 않습니다.

결론적으로 마지막으로 하나 말씀을 드리면 한가지 예만 제시를 하겠습니다. 제가 사료에서 찾은 것 중에 82쪽이 되겠는데요. 82쪽 중간쯤 보면 광종 임금 때입니다. 광종 임금 때 『반야바라밀다경』사경을 할 때 아마 머리말 부분에 나오는 내용입니다만, 광종 3년 「광덕」이라는 독자적인 연호를 쓰면서 스스로 '불제자, 부처님의 제자 고려국왕 왕소가 우리나라 광덕 4년 임자 가을에 이 불경 1부를 사경한다.' 이렇게 되어있습니다. 자기 스스로 독자적인 연호를 쓰면서 스스로 자기

지위를 국왕이라고 표현하고 있습니다. 그때 바로 거의 가까운 시기에 있는 태평 2년의 금상황제의 황제는 현재로서는 우리나라 국왕이라기보다는 중국의 황제 쪽이 아무래도 조금 가깝지 않나 그런 생각입니다. 그렇다고 해서 확신을 가지고 있는 것은 아닙니다. 이상입니다.

사회자 : 예. 이 논쟁이 좀 재미있으려면 좀 대결구도로 나가야 하는데 전의가 있습니까? 김창겸 선생님 한 말씀하시겠어요? 그리고 아까 KBS 궁예가 문제가 되었는데, 궁예박사 이재범 교수님 계십니까? 이재범 교수님 좀 들어오시라고 하세요. 경기대학교의 이재범 교수님이 궁예를 가지고 박사학위를 받았습니다. 최근에 책도 출간을 하셨는데 책 제목이 『슬픈궁예』입니다. 아마 궁예가 슬프게 끝나서인지 모르겠는데, 김창겸 선생님 한 말씀하시고 우리 그 문제에 대해서 이재범 선생님 어떻게 생각하고 계시는지 여기서 결론을 내도록 해 볼께요. 그런데 안 들어오셨어요. 찾으러 갔다고요? 나중에 들어오면 해야겠네요. 그럼 조금 있다가 하실까요? (간단히 하지요.) 그럼 간단히 하세요.

김창겸 : 아까 대왕 용례를 가지고 대왕이라는 칭호는 삼국시대에도 있었고, 통일신라시대에도 있었고, 조선시대도 있었기 때문에 그것을 가지고 천자의식이라고 하기는 어렵다고 하셨는데요. 삼국시대나 통일신라시대의 '대왕'하고 조선시대의 '대왕'과는 다른 것입니다. 삼국시대나 통일신라시대의 '대왕'은 생전에 불러주는 대왕입니다. 그래서 '시호'라는 것이 없이 그 사람의 이름을 바로 불러 가지고 '경신대왕' 이렇게 불러요. '경신대왕'이라면 '원성왕'이예요. 죽은 뒤에는 '원성왕'이라 붙여지죠. 살았기 때문에 시호가 없이 그냥 이름을 불러서 그냥 '경신대왕' 그 다음에 '경문왕'도 '경문대왕', 조선시대 이후에 나오는 것은 죽고 난 뒤에 시호를 올리고 추정을 하면서 '○○대왕'이라고 붙여주는 대왕이거든요. 그래서 글자는 같아도 의미는 다른 것입니다. 이 '대왕'에 대해서는 연구가 많이 되었어요. 서울대학교의 노태돈 교수님을 비롯해서 양기석 교수 등등 많이 연구가 되어 있는 상황이고요.

　그 다음에 우리가 천자의식이 있었느냐 하는 것이죠. 천자의식, 분

명히 있었습니다. 고구려에는 고구려 중심의 천자의식이 있어서『광개
토대왕릉비』같은 것을 보면은 고구려왕이 그렇죠. 고주몽이 '나는 하
늘의 아들이다. 천자의 아들이며, 하백의 아들이다.'라고 말하고 있습
니다. 천자의식 같은 것이 나와 있어요. 좀 전에 언급했던 그 분들의
연구 논문이 있구요. 그 다음에 고려시대에 천하의식이 있었느냐? 천
하의식이 있었습니다. 고려시대에도 우리나라를 동아시아의 하나의
중심이라고 생각을 했어요. 중국의 지방 변방국가가 아닌, 우리는 우
리 나름대로 중앙을 가지고 있다는 의식을 가지고 있었어요. 그 다음
에 신라시대에도 보면, '신라가 중심국가다' 그리고 북방에 있는 발해,
남쪽에 있는 일본 이것을 다 제후국가로 취급을 해요. 그러면서 신라
중심의 천하관, 고려시대는 고려중심의 천하관, 고구려 때는 고구려중
심의 천하관, 아마 아까 백제사 중심을 하신 분들 말씀을 하셨는데 양
기석 선생님 이미 밝힌 것 있죠. '백제중심의 천하관' 이런 것이 있거
든요. 이것을 학계에서는 '다원적 천하관'이라고 해요. 중국중심의 하
나의 '이론적 천하관'이 아니라 각 지역 지역이 어느 중심이 되어 가지
는 '다원적 천하관', 이 세계가 오늘날은 하나가 되지만 옛날에는 하나
인 줄 몰랐기 때문에, 부분 부분 지역이 서로가 하나의 중심이라는 중
심사상이 있었습니다. 그렇기 때문에 '대왕'이라던가, '천왕'이라는 문
제는 나중에 다시 한 번 논의하도록 합시다.

사회자 : 네. 정형화 된 토론방식은 아닙니다만 분위기를 위해서 아까 KBS의 궁
예를 황제라고 부르는데 그것이 잘 되었나, 잘못되었나 했는데 지금
궁예 박사님 오셨습니다. 이재범 선생님, 궁예에 대해 한 말씀 하실래
요. 저기 무선 마이크 있죠. 3분 이내에 하세요.

이재범 : 제가 꼭 궁예에 대해서 말씀드리기보다는 사실 며칠 전에『대한매일신
문』인가 거기에서 질문을 받았습니다. 지금 KBS 궁예 그쪽의 인터넷
에 '궁예가 황제라고 자칭을 했다'는 이야기가 있는데 과연 황제라는
용어를 궁예가 썼느냐 자꾸 물어요. 그런데 실제 우리나라에서 황제라
고 자칭을 해서 제도적으로 그것을 한 경우는 불행인지 다행인지 모르

겠지만, 저희가 일제 식민지되기 이전에 나온 고종이 '광무' 순종이 '융희'라고 사용했던 것이 사실 제도적으로 나온 황제이고, 그밖에 황제라고 나오는 용어를 저희들이 쓴 적은 없었던 것 같아요. 실제 궁예 같은 경우도 광장히 자주적으로 진시황제와 같은 그러한 흉내를 낸 흔적은 있습니다만, 후대 기록이 그러한 것을 인멸했는지는 모르겠지만, 그런 기록은 나와 있지 않고, 단지 광종 때 아까 이장우 선생님께서 말씀하셨는데 개경에 도읍한 후 황도라고 부르고 서경을 서도라고 한 것을 보면 광장히 황제국가로서의 위용이나 그러한 것을 나타내기는 하지만, 스스로 황제라고 했던 적은 없었던 것 같습니다. 그래서 '그 스스로 황제라고 했느냐, 안 했느냐' 이러한 것은 문헌적으로는 고증하기 어려운 듯해요. 그런데 한가지 여기서 달리 생각해 보아야 할 것은 최근에 고구려 사신이나, 어떤 선생님께서 제안을 하신 것인데 구태여, 황제라고 하는 것, 왕이라고 하는 호칭에 대해서 저희들이 사대냐 아니냐 이러한 것을 따져야 할 필요가 있느냐, 이러한 문제를 얼마 전에 제기한 분이 있는데 상당히 저희들에게 바람직한 것 같아요. 중국에서는 자기들의 왕을 황제라고 불렀고 고구려에서는 고구려의 왕을 왕이라고 불렀어요. 그럼 유목민족들은 자기들의 왕을 선우라고 불렀거든요. 그러면 전부 황제라고 했느냐? 그렇다면 황제와 왕과 선우의 관계는 어떤 수직적인 종속관계가 있는 것인가? 그렇지 않은 것이냐? 이러한 데서 좀 더 다원적으로 생각을 해보아도 좋지 않을까 이런 생각을 해보고 있습니다. 말씀 마치겠습니다.

손승철 : 네 감사합니다. 아무래도 드라마니까 재미있게 하려면 과장된 면도 있겠죠. 여러분들이 감안해서 '태조왕건'을 계속 봐 주십시오. 다음에는 다섯번째 주제입니다. 조선시대 최완기 교수님 발표에 대해서 경기대학교의 이근수 선생님께서 토론을 해 주십시오. 아마 최완기 선생님께서는 여기 출신이시고 해서 잘 봐 주실지 어떨지 궁금한데 한 말씀 부탁드립니다.

이근수 : 네. 가능하면 3분을 넘기지 않는 범위에서 발제문에 대해서 한두 가지

느낀 것을 얘기해보기로 하겠습니다. 질문에 앞서서 우선 제가 일하고 있는 경기대학교가 위치한 수원 근처에는 약 16개의 대학이 있습니다. 그리고 가끔 수원에서도 대학에 일하는 사람들이 함께 얘기도 나누고 주제를 가지고 토론을 하고 그럴 경우가 있습니다만, 대학도 전혀 없고 인구도 10여 만을 막 넘은 하남에서 이렇게 하남과 연결된 역사나 전통을 같이 고민하고 진지하게 학술토론을 갖는 것은 저에게 상당히 인상깊었습니다. 더군다나 하남출신인 최선생님의 발제를 약정토론하게 되어서 상당히 뜻깊게 생각을 합니다. 최선생님의 발제문은 주로 아까 오순제 선생님, 심광주 선생님의 관계처럼 그렇게 뜨거운 쟁점이 될만한 그런 내용은 없습니다. 선생님은 본래 논문스타일이 굉장히 확실한 고증과 실증을 바탕으로 해서 차분하게 얘기를 하시는 스타일이기 때문에, 주로 인문지리학 또는 경제지리학 지정학적 관점에서 하남의 정체성을 드러내는 그러한 내용이 중심이 되었기 때문에 크게 짚어내거나 그럴만한 것은 많지 않습니다. 오히려 상당히 낮은 공부를 했다는 것이 제 솔직한 심정입니다.

그러면서도 단지 이 토론을 위해서 한두 마디 아쉬운 말씀을 드리면, 하남의 정체성에 대해서 아주 굉장히 세밀하게 여러가지 짚어 주셨는데, 그런 것을 하나의 날줄로 해서 조선시대 하남에도, 발제문 제목도 조선시대 하남의 역사적 변천이라고 하셨는데, 요컨대 15세기하면 고려에서 조선전기 체계가 마련되는 그런 시기에, 16세기~17세기 전반에 걸치면 이른바 양반문화가 성숙되어 가는 그런 시기, 17세기 후반~18세기는 조선후기 사회가 소위 그 이후 사회들 향해서 아주 역동적인 변화를 하는 시기, 그 다음에 19세기 이후는 왕조사회가 해체되는 그러한 식으로 변화되어 가는데, 선생님의 발제문에서는 그런 역동적으로 변화해 가는 하남의 모습, 예컨대 15세기 하남의 모습은 어떻고, 또는 양반문화가 성숙될 때 하남지역의 주민들이라든지, 하남출신의 정치세력이라든지, 그 이후 호란과 왜란을 거치면서 변화해 가는 17세기 후반은 조선사회가 아주 거대한 양상으로 변화해 가는데, 그때의 하남은 어떻고 이러한 것을 씨줄로 해서 함께 엮었으면 하남의 조선시대 역사변천이 더 리얼하게 드러나지 않을까 하는 아쉬움이 있습니다.

또 말씀드리는 것은 이 발제문에서는 나중에 여덟번째 주제로 '서학의 요람이었다' 하는 부분을 빼 놓으면 하남지역 주민의 역사적 위상 같은 것이 있지 않습니다. 아까 말씀드렸던 것처럼 하남출신의 정치세력을 성격이라든지 또는 붕당이 상당히 격화되었을 때의 하남지역의 정치세력은 어떠하였다든지, 하남에 살고 있는 사람들의 역사적 위상, 성향 이러한 것이 물론 아주 어렵고 힘든 방향이겠지만,『성씨록』을 좀 더 세밀하게 분석을 하신다든지 문집에서 하남과 연결되는 분들을 찾아서 이렇게 드러내면 무엇이든 얘기거리는 될 수 있지 않을까?

이렇게 두가지 아쉬운 말씀 드리면서, 한가지 질문은 이 하남지역 주민들이 굉장히 진보적인 개혁 지향적인 풍향을 갖는 것은 제 짧은 소견인 조선후기의 남인정치 세력과 하남지역과 연결이 되어 있다든지, 또는 구산성지에 서학이 들어왔을 때 가장 먼저 받아들이고 신자도 넓혀간 그러한 면이든지, 한 면을 기준으로 볼 때 여기가 그러한 상당히 진보적인 성향에 이데올로기가 들어와도 먼저 받아들이고 개혁을 지향해 나가고 또 아까 뒤의 선생님 발표에서도 개화파 지식인들이 하남과 관계되어 있고 그런 면을 보충하셔서 말씀해 주셨으면 감사하겠습니다.

사회자 : 네. 뭐 특별히 질문이라기보다는 설명이 필요할 것 같은데…… 부탁드립니다.

최완기 : 네. 아까 고향사람이라 봐 주는 것 같고, 또 서울대학교 동기이다 보니까 큰 질문 같지도 않게 보완설명을 요구하고 있습니다. 글쎄요. 첫번째 얘기는 상당히 중요한 문제이죠. 역사를 본다고 할 때 어떤 변화가 전제되어야 합니다. 어떠한 삶에 있어서든지 분명히 그 시대가 흐르면 변화의 모습이 나타나지요. 우리 하남시도 선사시대부터 지금까지 상당한 많은 변화가 거기에 있었겠죠. 그러한 가운데서도 조선시대에 있어서 하남시민의 생태가 어떻게 변화했을까? 국가적 민족사적으로 볼

때 조선시대의 500년만 따져도 15세기의 그것과 18세기의 그것은 상당히 다르다고 해서 새로운 질서의 모색이나 태동이라고 설명하고 있어요. 15세기가 왕권중심으로 양반중심의 사회였다면 이것을 벗어나고자 몸부림치는 것이 18세기의 사회이죠. 여기에 대응해서 하남시는 과연 어떠했는가? 글쎄요. 제가 구체적으로 그것에 대해서는 설명을 안 했습니다만 치소였다고 하는 것은 바로 중앙집권의 하부조직으로서, 특히 상당히 중요한 조직으로서, 그러한 양반사회의 고향이 아니었을까? 향교를 얘기했습니다만, 향교를 중심으로 유교교육을 강조해 가면서 이 지역의 통치질서를 성리학적 질서로 장악하고자 했었던 것이 아닌가? 그러나 이러한 움직임은 조선후기에 가서는 점차 깨어지기 시작하죠. 그것은 우리 하남지역만이 아니라 모든 지역에서 그런 변화가 나타나고 각 지역에 있는 사림, 사족들도 여기에 대응해서 고민을 하게 됩니다만 바로 그러한 속에서 양반들도 이제는 전통적인 유학·성리학만이 절대적인 이데올로기가 아니다. 그렇다고 할 때 이것을 어떻게 해야 할 것이냐 해서 '실학'이라는 문제를 우리 중고등학교에서는 많이 듣습니다만 유교자체에 대해서도 반성을 해야되고 그러한 데서 문제가 있다면 개혁을 해야겠다 해서 개혁의 구상을 합니다만 그러한 실학의 문제도 하남을 포함한 광주 관내에서 일어나고 있었습니다. 학자들은 이것을 '근기학파'라고 하는데, 제가 교과서를 만들면서 하나의 지도에까지 표시했습니다. 즉, 실학자들이 이것이 정통실학이냐 아니냐는 논란이 있습니다만, 반계 유형원, 성호 이익, 다산 정약용 이렇게 크게 계통을 나누는데, 그러한 데 있어서 성호가 바로 광주에 살고 있었죠. 예전에 광주는 여기에서 멀어서, 이근수 박사, 사회를 보시는 손 선생님까지 다 저 멀리 안산시까지고, 광주지역, 안산에 바로 성호가 살고 있었죠. 그 안산을 찾아가서 공부한 사람 중에 유명한 학자가 순암 안정복입니다. 안정복이 광주향약을 만든 사람입니다. 그래서 안정복 같은 정통 성리학자들도 종래의 질서에 대해서는 회의하고 대응해서 변화에 대처해 보려고 노력을 했죠. 이러한 사람들은 보수적 측면에서 즉, 기존 입장의 측면에서 문제를 해결해 보려고 변화를 모색했는데, 저보고 지적한 것이 그러한 방향에서 얘기를 해보라고 한 것 같습니다만 보다 적극적이고 진보적인 움직임이 또 이 관내에서 이루어지고 있었습니다.

성호학파 속에서도 우파라고 할 수 있는 안정복 계파와 달리 좌파라고 할 수 있는 권철신·권일신·정약종·정약용 형제들 이 사람들이 바로 성호 좌파에 해당이 되죠. 그래서 이 사람들은 서학에 상당히 관심을 갖고 있는데 그것을 종교화 단계까지 연구를 하고 서양의 사상 이데올로기 속에서 연구를 하게 되죠. 그러한 그네들이 바로 광주 관내입니다. 천진암 주어사가 그 고향이었죠. 물론 이것을 가지고 천진암의 변기영 신부님과 서울의 최석우 신부님과 싸움도 있습니다. 어디가 더 원천이냐고 싸움도 있습니다만 자체적으로 연구한 것은 사실입니다. 이러한 속에서 그 움직임은 더 나아가서 신앙운동으로까지 발돋움하게 되죠. 신앙운동의 원천이 아까 구산성지 지역이라 하셨는데, 구산성지는 모방신부란 서양 최초의 신부가 와서 은거했었던 곳이죠. 이런 것에서 볼 때 이 지역의 지성, 지식인들이 새로운 사상을 받아들인다고 하면 기존의 체제, 기존의 질서에 대해서 어떻게 대응할 것이냐 이것에 상당히 회의적이고 비판적이면서도 현실의 문제를 스스로 해결해 보려고 하는 움직임이 있었지 않았을까? 그것은 아까 근현대 인물의 연구에 있어서도 마찬가지이고, 그러한 사회주의적 움직임도 나타났습니다만 이러한 움직임 속에서 이쪽에서 그것을 어떻게 볼 것인가? 이것은 이 주제와 달리 평소에도 생각을 했습니다. 개혁의 바람은 오히려 중심부 가장 가까운데서 일어나고 있습니다. 원거리에서는 오히려 바람이 쉽지 않고, 또, 중심부에서도 일어나기가 쉽지 않죠. 그러나 그 중심부 가까운 데서는 중심부의 모순을 더 적나라하게 살펴볼 수가 있기 때문에, 어떻게 보면 여기가 새로운 사상이라고 할까, 진보적이라고 표현할까, 아니면 반체제적이라고 할까요. 그러한 움직임이 싹터 오던 것인데, 그 가능성이 '입지조건 때문이 아닌가' 합니다. '교통이 편리하다' 또는 '서울과 연락이 충분히 가능하다' 이러한 것 때문에 그러한 것이 나타나지 않았는가 해서 보충설명을 드렸습니다. 가능하신지 모르겠습니다만 한 말씀만 더하겠습니다.

말미에 제가 고향에 와서 한 말씀 더 드리고 싶은 것은 우리 시민,

우리 지역사람들로서는 이 학술대회를 여는 것 자체가 무엇이냐? 왜 이러한 것을 여느냐를 우리가 학구적으로 연구하고자 하는 것 아니지요. 연구하는 것은 여기 있는 학자가 자기 점수 높이기 위해서 하는 것이고, 우리 시민들은 이러한 학술대회를 계기로 해서 뭔가 자긍심을 갖자는 것이죠. 우리 고장에 대해서 역사적인 자긍심을 갖자는 데 첫째 의도가 있다는 것이죠. 그래서 삶의 확인일 수도 있고 그러한 속에서 구체적으로 문화재를 애호한다던가 보존해 나가면서 유산을 계승하고 더 나아가 우리 하남시의 위상을 정립하는 데 의도가 있지 않은가 이렇게 생각이 됩니다. 아까 오성 선생님도 얘기했지만 그 전통의 보존연구도 중요하지만 이것을 계승하기 위해서 우리가 좀 자랑하기 위해서는 나름대로 노력이 필요하지 않을까 이런 생각이 듭니다. 예컨대, 그 한 방안으로써 여기가 광주목의 치소가 있었고, 고골지역에 객사의 흔적도 나오고 있기 때문에 광주관아 같은 것을 복원해 놓을 필요가 있지 않을까 라고 생각합니다. 이 지역의 문화유산을 답사한다고 할 때 와서 땅만 보고 간다면 의미가 없습니다. 복원이 무슨 의미가 있느냐 하면 다른 지역에 가도 다 복원하고 있습니다. 청풍에 가도 있고 연풍에 가도 있고 다 복원되어 있으므로, 이런 것도 충분히 생각해 볼수 있지 않느냐. 또 하나는 아까 문화재 보존관계에 있어서 선생님 말씀하셨지만 이 지역의 순례코스 같은 것도 한번 만들어서 그러한 것을 자료로 제공해 본다면 상당히 많은 사람들이 이 지역을 탐방하지 않을까, 우리가 우리 자체로서만 이 지역을 발전시킬 수 있는 것이 아니라 다른 지역사람들과의 교류, 왕래가 필요하다고 생가할 때, 여기에 그러한 것이 필요하지 않을까 해서, 지금 서학 천주교 이야기가 나왔습니다만 구산·천진암·남한산성을 도는 그러한 코스도 한 번 생각해 볼 수도 있고, 또 역로나 이러한 것을 통해서 장터끼리, 우리 여기에 상당히 큰 장터들이 많았습니다. 송파장에서 나오는 그러한 장터 길로 해서 그것이 덕풍 역말이 있죠. 창우 장터가 있었고 봉안으로 나가는 그러한 장터가 있었는데 그러한 장돌뱅이 길, 옛길을 찾아서, 문경 같은데 가면 상당히 그러한 것을 강조하고 있습니다. 그래서 그것을 청소년들이 답사하는, 여기서 4km내지 6km밖에 안됩니다. 제가 초등학교 다닐 때 4km, 10리 항상 걸어다니지 않았습니까? 그렇다고 볼 때 어린 학생들에게 답사코스, 옛길을 찾는 코스 같은 것도 개발해 볼 필요가 있지 않겠는가 이런 것을 제안하면서 마치겠습니다.

사회자 : 네. 감사합니다. 역시 하남출신 선생님이셔서 너무 애정이 많은 까닭에 말씀이 많으신데, 학계에서도 대선배님이신데 주제넘게 사회를 보아 죄송합니다. 자, 그러면 다음으로 아직도 갈 길이 멉니다. 그러나 시간은 30분밖에 남지 않았습니다. 다음에는 여섯번째 주제입니다. 하남의 근현대사 부분입니다. 국립중앙박물관에 김인덕 선생님 부탁을 드립니다.

김인덕 : 네. 김인덕입니다. 저는 특별히 말씀드릴 내용은 많이 없구요. 뒷분들도 계시니까 간단하게 말씀드리겠습니다. 선생님께서는 전체사적 관점에서 지역사를 보시겠다고 하셨고, 구체적으로 하남이라고 하는 지역에서 근현대사를 정리하셨습니다. 그리고 인물과 결합해서 원고를 내셨는데, 전체사와 지역사의 관계에 있어서 그 원고를 쓸 때 제 생각이 꼭 맞는다고는 생각하지는 않습니다만 두가지 정도는 유념해봐야 되지 않을까 하는 것이 있습니다.

　첫번째는 자료의 선택에 있어서 사실은 중앙 중심의 역사자료는 굉장히 많이 남아있고 쉽게 구할 수 있습니다. 지금 선생님께서 언급하신 1876년에서부터 해방까지의 역사에 관해서는 아마 그 어떤 시기보다 가장 많은 자료가 남아있을 겁니다. 특히 중앙 중심의 역사자료는 무진장 많습니다. 집에 있는 자료까지 합치면 아마 헤아릴 수 없이 많은 자료가 있을 텐데, 문제는 지역에서 이 시기의 역사자료에 관한 거죠. 말씀하신 것과 같이, 하남지역은 이 부분에 대한 자료는 지금까지 공개된 것은 많지 않은 것 같아요. 그리고 자료집이 나왔거나 그 이전에 『광주군지』 같은 데서 언급할 때도 많지는 않았습니다. 그런데 제가 찾아본 바에 따르면, 신문자료 같은 부분에도 상당 부분이 있고, 광주군 전체에 해당되는 것입니다만 토지관계문서는 정부기록보존소에 있습니다. 그리고 수리조합관계문서도 남아 있거든요. 그것은 굉장히 많은 분량입니다. 그 수리조합 관련에서만 『동아일보』・『조선일보』에 아주 구체적인 기록들도 나와 있어요. 그래서 지금 이 글은 운동사 중심으로 역사를 얘기했거나 쓰여져 있는데, 좀더 다양한 자료들을 선택적으로 찾아보면 훨씬 더 풍부하게 1876년부터 현대까지, 특히 일제시대 부분은 보다 더 다양하게 얘기할 수 있지 않을까 하는 생각이 들었고요.

두번째 부분은 용어에 관한 것입니다. 아마 중앙 중심의 용어에는 일정하게 본인들이 갖고 있는 입장에 따라 용어들이 통일되어져서 쓰여지고 있을 거예요. 예를 들면, 민족주의 운동을 중심으로 하는 사람들과 민족주의운동이 중심이 아니라고 하는 사람들이 일제시대 우리 독립운동사를 보는 관점이 굉장히 첨예하게 대립되어 있는 것이 현재 학계의 수준인데, 지역에 있어서의 역사에서 그러한 용어를 어떻게 선택적으로 쓸 것인가 하는 점입니다. 이것은 참 고민스러운 부분인 것 같아요. 선생님께서는 민족해방을 얘기한 쪽은 민족주의적이고 계급해방을 얘기한 쪽은 사회주의 쪽이다고 쓰셨거든요. "1920년대 조선공산당의 탄압사건에 의해서 민족 스스로의 운동의 힘이 떨어졌다 그래서 힘이 없어졌다. 실제 운동할 수 없는 상황이 되었다." 그러한 얘기를 글에서 쓰고 계십니다. 대부분이 기억을 잘 못하시고 있는 것 같은데, 이 용어들은 선생님 아마 느끼실 거예요. 제가 왜 이러한 문제들을 말씀드리는지…… 지역사를 쓸 때 선택할 필요가 있지 않나 하는 그런 생각을 합니다.

그리고 부언으로 하나 더 얘기하자면 고대사부터 현대사까지 하남의 역사는 사실은 풍부하거든요. 선사시내부터 얘기를 했는데, 문제는 근현대 부분에 있어서도 하남지역에는 대단히 중요한 인물이 있습니다. 발표하신 선생님께서는 유길준 선생에 대해서 너무나 잘 알기 때문에 시간관계상 발표를 하지 않겠다고 말씀하셨습니다. 그래서 제가 한 말씀드리면, 아마 근대사에 있어서 1914년 선생이 돌아가시기 이전까지의 가장 세계적인 안목을 갖고 계신 분이 누구냐, 그리고 그러한 안목을 현실정치에 직접 투영을 했고 실제 국가정책을 다룰 때 그것을 집행을 했던 경험이 있었던 사람이 누구냐, 그러면 저는 유길준 선생이라고 생각합니다. 백제의 얘기도 좋구요. 고려시대의 얘기도 좋고,

조선시대의 얘기도 좋은데, 우리와 가장 밀접한 시대인 1890년대 · 1900년대 · 1910년대에 이 지역에 큰 어르신이 계셨다는 얘기죠. 그래서 그러한 것들을 잊지 않았으면 좋겠고, 작년에 다행히 학술회의도 있었고, 제가 전화카드로 하나 받은 적이 있었는데, 일본에 후쿠자와 유기치가 있다면 한국에는 사실 유길준이 있는 것이거든요. 만엔 짜리 돈에 후쿠자와 유기치가 있는 것과 같이, 그렇게 까지는 아니더라도, 유길준 선생은 이 지역에서 어르신들이나 어린아이들까지 관심을 가지고 본받아 볼 만한 그러한 인물이 아닐까 그런 생각을 해봅니다. 마치겠습니다.

사회자 : 네. 감사합니다.

박민영 : 김선생님 토론 대단히 감사합니다. 아까 사실은 서두에 조금 자료 문제라던지 참고 문제라든지 잠깐 언급을 하고 지나갔어야 했는데 소략했습니다. 이 글은 사실 특별하게 제가 주어진 시간이 너무나도 짧았습니다. 그래서 1차 자료를 두루 섭렵한다든지 기본적으로 참작을 했다든지 그럴 시간적 여유가 전혀 없었습니다. 다만 지금까지 하남시 근현대사 관계로 나와있는 글, 또 소개된 내용들, 이것을 총망라했는데 이것이 사실 논문으로서의 성격을 구비하고 있다고 생각하지는 않습니다. 다만 뒤에 계속 앞으로 이어질 수 있는, 연구될 수 있는 자료로서 기할 수 있으면 하는 소망으로 사실은 글을 정리했습니다. 그렇게 제 나름대로 어떤 시각에 따라서 이 글을 일목요연하게 정리할 수 있던 그런 글이 아니라고 제 자신이 인정을 합니다. 우선 이 글을 작성하는 데는 김인덕 선생님의 『하남시사』 원고부분을 상당한 부분을 참조했다는 것을 미리 말씀을 드렸어야 하는데, 그것을 간과했습니다.

　덧붙여 인물 소개도 역시 여기에 계시는 장덕진 선생님의 『하남시사』 원고도 충분히 참조를 했습니다. 지금 나와있는 글 가운데 더 이상 어떤 자료라던지 그 연구성과를 넘을 수 있는 그러한 글은 사실 없습니다. 그래서 김선생님 토론 역시도 어떠한 주제나 내용에 대해서 토론할 수 있는 그러한 성질의 것이 아니기 때문에 이렇게 말씀을 하신

걸로 제 자신이 그렇게 이해를 합니다. 그리고 처음에 자료문제를 언급을 하셨는데 제 자신이 솔직하게 자료를 충분하게 섭렵하지 못했다는 것 다시 한 번 말씀을 드리고, 그래서 그런 어떤 주어진 여건에서 정리를 하다보니 역시 하남시 근현대의 역사상이라고 하는 것은 자료문제가 일차적으로 선결되어야겠다 하는 점을 상기를 했던 것입니다.

  두번째 용어문제를 말씀을 하셨는데 사실은 용어를 고민할 만한 시간적인 어떤 여유가 전혀 없었기 때문에 일단은 내용을 정리하는데 급급했습니다. 그러한 부분들은, 이 글을 완성하는데 좀더 참조하도록 하겠습니다. 그리고 사회주의운동이 조선공산당 탄압사건으로 20년대 와해가 되면서 민족의 역량이 분쇄가 되었다. 이렇게 사회주의운동의 어떤 것을 언급하는 과정에서 제가 그 글을 정리를 했는데, 그것은 민족 전체의 역량이 분쇄가 되었다는 표현이 아니라, 사실 표현의 뉘앙스 차이인데 공산주의, 사회주의 세력이 '조공탄압사건으로 인해서 상당히 위축되었다는 의도로 글을 썼습니다. 그것은 앞으로 좀더 수정을 하겠습니다. 그리고 인물부분은 제가 특별하게 말씀을 드릴 수 있는 계제가 아닙니다. 하여튼 앞으로 기계 유씨을 비롯해 몇 사람 언급한 그런 인물들, 각자 하나의 연구주제로서 그렇게 설정할 수 있으리라고 봅니다. 제 글은 전체적으로 다음에 나올 글을 위해서, 연구를 위해서 자료로 삼을 수 있는 정도의 것으로 만족합니다. 감사합니다.

사회자 : 네. 감사합니다. 지금 여섯개 주제의 약정토론이 끝났고, 마지막 유적지보존과 관광자원입니다. 아까 사회자 오성 교수님도 말씀하셨지만 여섯번째 주제까지는 돈이 많이 들어가는 주제들이었습니다. 그러나 일곱번째 주제는 돈을 벌어야되지 않겠습니까? 그래서 아마 제일 현실적으로 관심이 많은 분야가 되리라고 생각을 하는데, 마침 약정토론자이신 엄서호 교수님께서 학교사정으로 인해서 못 오셨습니다. 죄송합니다만 여기 그 문제에 대해서 특별히 김시화 의원님도 관심을 가지고 계시고, 강찬석 선생님도 관심이 있으신 것 같아서 두 분께 간단하게 부탁을 드리겠습니다.

김시화 : 네. 안녕하세요. 방금 소개를 받은 하남시의회 의원 김시화입니다. 의
원이기 때문에 사실 문화라든지 역사라든지에 대해서 관심은 있지만,
전문가가 아니기 때문에 상당히 어려움이 있습니다. 그렇지만 보존과
관광개발과 자원의 그런 분야에는 관심이 있어 몇가지로 정리를 해서
말씀을 올리겠습니다. 여러 교수님들도 좋은 말씀을 해 주셨습니다만
'하남시가 지금 역사적으로 백제의 도읍지'라는 이런 고증이나 확증이
없는데, 우리는 도읍지라고 해서 홍보물이라든가 캐릭터 등 이런 것을
사용을 하고 있습니다. 이것이 상당히 시급한 문제가 아닌가 생각이
됩니다.

두번째로는 선사유적지가 있습니다만 문화유적을 직접적으로 현장
체험을 할 수 있는 그런 관광개발이라든지 이런 기술이 되었으면 더
좋지 않을까 하는 이러한 생각이 있습니다. 거기에 대해서 말씀을 해
주길 바라구요. 그 다음에 여기 공무원도 많이 계시고 시민들도 많이
참석해 주셨는데 첫번째로 문화행정이 있어야 한다고 생각이 됩니다.
문화적으로 행정을 하려면 '1%시스템'이라고 해서 각종 건설공사에
1%를 문화비에 충당할 수 있는 그런 시스템이 도입되어야 하지 않느
냐 생각되고, 그 다음에 문화유적에 제도적인 접근이 되어야겠다. 이
것은 현실적으로 어떠한 법적으로 상당히 많은 제한이 있습니다. 시민
에게 피해를 주는 사례도 많이 있기 때문에 문화재 발굴하는 데 동의
를 하지 않는 그러한 면도 있고, 조례라고 하는 것을 통해서 접근을 하
게 되고, 그 다음에 지표조사에 대해서 문화지도가 나온 다음에 거기
에 대해서 도시계획을 통해서 제도적 접근을 해야하지 않겠느냐는 생
각이 있습니다.

그 다음에 세번째로는 문화도시를 구축하는 조건에는 시장이나 시
의원들이라던가 의회의원들의 문화 마인드가 있어야 하는데 그렇지
않을 때 상당히 어려움이 있지 않는가 생각이 됩니다. 지금도 사회자
께서 좋은 말씀을 해 주셨는데, 여태까지 발굴하고 보존하는 데 상당
히 많은 예산이 수반이 되었습니다. 우리는 문외한이라 잘 모르지만
고인돌 하나 옮기는데도 사실 수천만원이 들고 이렇게 되기 때문에 많
은 투자가 예상이 됩니다. 그러나 시장이라든가 의원이라든가 예산을

다루는 의회에서 그런 문화마인드가 없다면, 문화유적을 보존·발굴·계승하고 관광자원화하는 데 문제가 되지 않겠느냐 생각이 됩니다. 그 다음에 네번째로는 문화관광개발에 있어서 곧 보존이냐의 차원에서는 보전할 것은 보전하고, 또 시민들에게 보존차원에서 개방을 해야 되지 않느냐 생각이 듭니다. 그런 차원에서 광역이면 광역, 백제권이면 백제권에 연계성이 있어야 하지 않느냐 하는 생각이 듭니다. 예를 들어, 미사동에 선사유적지가 있는데, 이 선사유적지와 암사동에 선사주거지 이러한 것들을 통해서 연계성을 찾아서 관광상품을 같이 개발해야 되지 않겠느냐 이런 생각을 합니다. 그래서 비교해서 전시할 수 있는 문화관광도 확보해야 되지 않느냐 생각이 됩니다. 21세기는 정보·문화·환경의 시기로 문화 등의 산업이 고가치 산업으로 알고 있습니다. 이런 것은 우리가 전적으로 잘 보존해서, 대외적으로 관광개발을 잘 한다면 하남시의 좋은 이미지 구축이 될 수 있고, 문화도시가 될 수 있지 않은가 생각을 합니다. 그래서 이러한 관점에서 제가 말씀을 올렸습니다

사회자 : 질문도 있고 제안 말씀도 있습니다. 한 선생님, 간단하게는 어렵겠지만 간략하게 개괄적으로 말씀해 주십시오.

한범수 : 아주 간단하게 말씀드린다면, 우리 김시화 의원께서 말씀하신 데 저도 100% 동의한다는 말씀으로 대처를 하고, 조금전에 선사유적지를 체험할 수 있는 관광개발이 필요하다는 말씀을 하셨길래 그냥 조금 보태겠습니다. 갑자기 제가 지명은 생각이 안 나는데, 순천에서 송광사 들어가는 데 보면 고인돌무덤이 있는데, 고인돌을 끌어와 보게 한다든지, 체험할 수 있는 공간들이 참 재미있게 되어있습니다. 그리고 저는 가보지 못했습니다만 연천에서도 그런 축제를 하고 있고, 강화도에서도 하고 있습니다. 그리고 제가 단양군 개발계획을 하다보니 단양에도 선사시대 문화가 있더라구요. 그리고 기차가 안 다니는 굴이 있길래. 저는 그때 이것을 그런 공간으로 활용하면 어떨까 하는 구상안이 머리속에서 떠올랐던 적이 있습니다. 아까 다른 선생님들도 많은 말씀을

하시지만 사실 이 글을 쓰면서 하남시에 있는 모든 자원을 돌아본다든지 또 많은 공부를 하면서 해야 하는 그런 필요성이 있었습니다만, 아마 대부분의 선생님들도 원고를 부탁받고 나서 쓸 수 있는 시간이 굉장히 한정되어 있었을 것이라고 생각합니다. 그래서 여기 있는 모든 것은 완성된 것이 아니라 앞으로를 위한 하나의 개념적인 접근입니다. 선사시대든 이런 모든 것이 마찬가지이고 뿐만 아니라 미사리부터 시작해서 백제의 모든 루트가 이어지는 그런 말씀도 하셨는데, 저도 옛날에 역사문화 관광개발사업을 할 때는 현재 웅진이나 사비나, 공주나 부여 등의 역사 자료를 보니까 도로망 같은 것들이 많이 있더라구요. 그런 모든 것이 테마가 되겠다는 생각을 했고, 아까 또 제 옆에 계신 장득진 선생님과 말씀을 나누었는데 다른 선생님이 발표하신 '객점이나 주점이나 이런 것도 좋은 테마가 되겠다'고 생각했습니다. 그리고 또 일본 분이 글을 쓴 것 중에, 제가 서울시정개발연구원 자문회의에서 들었는데, 영남가도라는 책을 쓰고 지금 호남가도를 준비하고 있는 일본 분을 만났습니다. 그것도 유홍준 선생님의 『우리문화유산답사기』처럼 남도를 가는데, 저 역시도 대여섯 번 갔다 왔습니다. 여기에 계신 많은 사학자 선생님들이 그러한 흔적들이나 그러한 실질적 이야기를 많이 부각을 시켜준다고 하면, 그런 근거 자료에 의해서 많은 상상력을 발휘해서 하는 것은 저희들 같은 사람들의 몫이 아니겠는가 생각합니다. 앞에 나와있는 자료가 부정확하고 사료에서 시사하는 바가 없다고 하면, 저희들이 관광자원으로 만드는 데 많은 장애가 되지 않겠는가. 여하튼 오늘 많이 배우고 또 더 많이 고민을 하면 풍부한 소재를 개발할 수 있겠다. 그러한 생각을 하고 있습니다.

사회자 : 네. 대단히 감사합니다. 강 선생님 아까 보니까 A4 용지로 다섯장쯤 토론하실 것을 준비해 오셨더라구요. 죄송합니다만 아까도 말씀드렸는데 나중에 단행본을 내면서 다 수록을 하겠습니다. 오늘은 한 말씀만 해 주십시오.

강찬석 : 오늘 저는 NGO 단체 사람으로서 부르신 것인지, 그렇지 않으면 도시

공학자로서 할 애기가 있으면 하라고 부른 것인지 모르겠습니다. 그래서 일단은 간단하게 두가지를 섞어서 말씀드리겠습니다. 우선 동사에서 몇해 전에 치미가 발견되었습니다. 알고 계신 지는 모르겠는데, 그 치미 조각을 제가 다시 복원해보니 높이가 1.8m 정도 되었습니다. 그리고 동사에 있는 오층석탑을 제가 조사를 해보니 오층석탑의 아래 부분과 위의 상륜부가 전혀 다른 돌입니다. 제가 보기에는 그 오층석탑이 두개의 석탑이 하나로 조립된 것이 아닌가, 밑에 있는 것은 현무암이고 위의 것은 화강암입니다. 가서 자세히 보십시오. 또 제가 오늘 속 시원하게 해결된 것이 하나 있는데, 김정호의 「대동여지도」를 제가 돋보기를 들고 아무리 들여다봐도 하남시의 무슨 호수라고 되어있는데 그 호수 이름을 처음 알았습니다. 그것이 둔지호인지 오늘 처음 알았습니다. 제가 아무리 들여다봐도 사실 저는 글씨를 해독을 못했습니다. 좋은 공부가 되었습니다.

그리고 하남위례성에 대해서 심광주 선생님과 오순제 선생님께서 재미있는 토론을 하시는 것을 들었는데, 제가 보기에는 하남위례성은 완전히 유령 같은 것입니다. 다산 선생님이 처음에 강력히 자기 책에 광주 고읍을 비정하기 이전에는 『삼국유사』를 따라서 직산읍으로 비정이 되었습니다. 그러다가 그 이후에 다시 광주 고읍이라고 비정을 한 사람이 여러 사람 있었죠. 이병도 선생님도 그런 말씀을 하셨고 일제시대 때 …… 씨도 여기라고 얘기를 했는데 그것이 슬그머니 다시 몽촌토성으로 넘어갔습니다. 그리고 이번에 슬그머니 다시 풍납토성으로 넘어갔습니다. 그 다음에는 이 유령이 어디로 날아갈지 모르겠습니다. 그런 우스운 얘기들이 있고, 오늘 얘기하는 중에 상당히 재미있는 부분이 심광주 선생님 말씀하신 것 중에 광주 고골일대를 신라의 한주라고 말씀하신 것은 상당히 큰 진전이 아닌가, 그런 생각이 듭니다. 그리고 시민단체의 입장에서 제가 한 말씀 드리면 하남시의 유적지를 조사하느라 그동안 10여 년 동안 발로 뛰어 다니신 여러 향토사학자 분들에 대한 감사의 말씀은 한 분도 계시지 않았습니다. 제가 대신 그분들에게 고개 숙여 감사를 드립니다. 그런 연장선상에서 보면 하남시는, 솔직하게 말씀드리면, 어느 시대이든 그것은 큰 문제가 아

닙니다. 여기는 우리나라의 매장문화의 보고입니다. 제가 보기에는 경
주를 제외한 한국최대의 매장문화지라고 저는 단정내리고 싶습니다.

그래서 하남시가 역사의 도시, 환경의 도시, 그러한 캐치 프레이즈
를 들고 있는데 전혀 다른 쪽으로 가고 있는 것 같아요. 창고를 6천동
을 여기에 만들어놨는데. 어떻게 환경의 도시, 역사의 도시가 됩니까?
그것도 지어진 6천동의 창고가 불법입니다. 거의 100%가 불법건물이
예요. 그래서 그러한 것은 지양했으면 좋겠고, 아까 관광 쪽에 말씀하
신 선생님이 저는 상당히 동감을 하는데, 이태리의 어떤 시장님은 시
민들하고 상의해서 "우리도시는 발전 더디게 하는 도시를 만들자." 라
고 하는 일부러 역으로 가는 도시가 있습니다. 하남시가 꼭 그렇게 갔
으면 좋겠다는 것은 아니지만, 관광을 위해서 유적을 무차별로 개발을
하는 것은 저는 절대로 반대합니다. 저희 단체에서도 지금 문화유산위
원회에서 하는 일이, 주로 우리나라에 있는 유적지가, 특히 매장 유적
지가 파괴되고 있는 현실을 고발하고, 문화재청에서 일하고 있는 여러
가지 행정문제를 견제하고, 국회에서 벌어지고 있는 문화재청에 관련
된 국정모니터, 문화재청에서 집행하고 있는 문화재와 관련된 예산 집
행하는 과정, 예산을 세우는 과정 그러한 것을 모니터하고 있습니다.
이상입니다.

사회자 : 네. 특별한 질문보다는 여러가지 말씀을 뭉뚱그려 하셨기 때문에 나중
에 제가 종합토론을 정리하면서 그 말씀을 드리는 것으로 대신하겠습
니다. 지금까지 약정토론이 끝났고 자유토론이 아직 세 분 남아 있습
니다. 그런데 벌써 시간은 당초 예정이었던 여섯시가 다 되었습니다.
사실 제가 사회를 맡으면서 주어진 시간이 3시 40분부터 6시까지였습
니다. 두시간 20분인데, 두시간 밖에 못썼습니다. 그래서 제가 10분내
지 15분을 더 쓰도록 해도 괜찮습니까? 네. 그래서 세 분 자유토론자
분들에게 하나씩만 질문기회를 드리고요. 그리고 방청석에 계신 분들
아침 10시부터 지금까지 기다리셨습니다. 그리고 그 분들 몇 분 더 질
문을 받고, 그리고 제가 총정리를 하면서 늦어도 6시 20분까지는 끝내
도록 그렇게 하겠습니다. 그러면 우선 국사편찬위원회 장득진 선생님

죄송합니다만 한가지만 말씀해 주세요.

장득진 : 장득진입니다. 제가 관내에 살기 때문에 문화유적을 많이 보고 그래서
질문사항이 굉장히 많습니다. 특히, 백제와 관련해서 질문이 많은데
이것도 하면 안될 것 같고, 그래서 질문 하나, 제안 하나 하겠습니다.
일단 이장우 선생님께서 발표하신 고려시대입니다. 아까도 말씀드렸
지만, 태평이년명마애약사불좌상(太平二年銘磨崖藥師佛坐像)내용 중
'금상황제 만세원(今上皇帝萬歲願)' 해서 금상황제라는 여러가지 해석
을 하고 계십니다. 그리고 또 아까 토론자와 논란도 있었구요. 그런데
제 생각에는 그 유물이 크기나 글씨로 보아 국가에서 제작한 것 같지
는 않습니다. 그것을 만든 주체가 국가가 아닌 불교를 신봉하는 민간
인에 의해서 제작되었을 가능성이 큽니다. 아마 여러분들도 다 아시지
만 크기상으로는 그것이 국가에서 만들 정도의 크기가 아닙니다. 고려
철불에 비하면 굉장히 작죠. 화선지 한장으로 탁본이 가능하니까, 따
라서 당시 백성들의 의식이 많이 담겨있을 거라고 생각합니다. 그러면
글씨 자체도 황제니, 상이니 하는 것이 왕이 아닐지도 모른다는 생각
이 듭니다. 어떻게 생각하시는지 여쭤보고 싶고요. 혹시 그런 글들이
당시 일반 백성들의 의식이나 사상과 관련이 없는지 그것을 여쭤보고
싶습니다. 기본적으로 아까 토론하신 내용, 황제라던가, 이러한 것을
국가적 차원에서 생각을 하면 이것이 굉장히 중요한 얘기가 되지만,
민간 백성은 황제가 무엇인지 모릅니다. 특히, 경종 때 그것이 어떤지
여쭤보고 싶습니다.

　　두번째는 3·5층 석탑이 아까 선생님도 말씀하셨지만 5층 석탑은
아래와 위가 다르다는 말씀하셨습니다. 저도 거기에 가보면 항상 궁금
한 것이 3층석탑이 어디서 옮긴 것 같고, 5층 석탑도 이상하다고 선생
님도 아까 이 탑이 어디서부터 왔을지도 모른다는 표현을 애매하게 하
셨는데 선생님 진짜 생각은 어떠한지 여쭤보고 싶습니다.

　　그리고 마지막으로 제안인데요. 아까부터 계속 말이 나오지만 하남
시는 역사·지리적으로 선사시대부터 조선시대에 이르기까지 수도권
에서는 드물게 많은 유적을 보유하고 있습니다. 바로 역사적 보고입니

다. 즉 하남시를 답사하면 선사시대부터 조선시대까지 역사를 조명할
수 있습니다. 그러나 이러한 역사적 보고에 반해 그 사람들은 하남시
의 역사에 대해 잘 모릅니다. 왜? 홍보가 안되었기 때문입니다. 아까도
이근수 선생님과 말씀을 나누었지만 자신도 놀랐다는 거예요. 하남시
에 선사시대부터 이렇게 많은 유적이 있었는지, 당장 사학과 학생들을
데리고 답사 오겠다고 하셨습니다. 지금 백제의 도읍지냐 아니냐 보다
저는 그렇습니다. 그것도 중요하지만 우리 하남시에 4개의 보물이 있
습니다. 석탑 2개, 마애불, 철불, 철불은 국립박물관에 있지만, 그것은
전부 고려초기 겁니다. 남한에는 고려시대의 유물이 많지 않습니다.
그런데 하남시에서 고려초기의 4개의 보물을 갖고 있다는 것은 시사
하는 바가 굉장히 크다고 생각합니다. 따라서 제가 제안하는 것은 지
금 '하남=백제' 이것에서 탈피할 필요가 있습니다. 백제에만 집착할
때 그위에 수많은 하남시의 역사는 묻힙니다. 따라서 이제는 이러한
의견대립을 떠나서 백제 뿐만이 아니라, 하남시의 모든 문화를 파악해
야 할 것입니다. 남양주에서는 팔당초등학교에 향토역사자료실을 운
영하고 있습니다. 여기서 하나 제안하는 것은 우리가 말하는 고골, 역
사적 센터에 있는 고골초등학교 교실 하나나 두개를 빌려서 향토자료
실을 설치해서 유홍 신도비 탁본한 것을 걸어놓아도 좋고, 거기에 나
온 기와장 등 모든 것을 전시하고, 시민의 역사적 교육장으로 했으면
좋겠습니다. 이상입니다.

사회자 : 네. 감사합니다. 선생님 간단하게 답변을 부탁드립니다.

이장우 : 우선 장덕진 선생님 답변하기 이전에 말씀하실 때 사용하신 민간인이
라든지 일반 백성을 구체적으로 어떤 사람을 지칭하시는지요.

장덕진 : 관료층이 아닌, 국가에서 만든 것이 아닌 '민'이라고 할까요. 그러한 류
죠.

이장우 : '민'이라고 하더라도 이 지역 유지에 해당하는 호족 향리세력들도 있

을 것이고, 단순한 하층농민이 있을 것이고, 그럴 경우에 어느 쪽에 포함되는지…….

장덕진 : 그건 모르는 것이죠. 향리층을 포함할 수 있을 것 같기도 하구요.

이장우 : 제가 아까 불상 주조의 주체를 확정 못시킨 이유가 바로 거기에 있는데, 우선 자료가 뒷받침이 안되니까 저는 심정적으로는 그 규모로 봤을 때 일반 민이 될 수는 없습니다. 일반 민이 그런 불사를 조성한다는 자체가 그 당시로는 쉽지가 않았을 겁니다. 아마 만일 했다면 이 지역 호족 내지는 향리집단이 그것을 했을 가능성이 크고, 그 호족 내지 향리집단이 중앙과 연결이 되지 않았다 하더라도 그들은 어느 정도 지식을 소유하고 나라 전체의 정치나 경제·사회 흐름을 파악하고 있던 집단들입니다. 그들이 그냥 별 생각 없이 단순히 자기 국왕을 무조건 황제라고 칭하지는 않았을 것입니다. 만약 칭했다면 무슨 의도가 있었을 것입니다. 그게 뭔지는 제가 말씀드리기는 곤란합니다.

사회자 : 자, 그러면 자유토론자로 하시민에 계신 최달경 선생님. 아마 하실 말씀이 엄청 많으실 것 같은데 한마디만 하세요.

최달경 : 저는 역사전문가가 아닙니다. 질문은 생략하기로 하고, 몇가지 오늘 학술대회에서 느낀 바만 간략하게 요약해서 말씀드리겠습니다. 시민운동을 하면서 늘 제 스스로에게 던지는 것이 하나 있습니다. 그것은 바로 제가 살고있는 하남시는 어떤 도시인가 하는 질문이었습니다. 그런 질문을 앞에 던져 놓고, 제가 하남에 대해서 아는 것이 너무 없구나 라는 사실 앞에서 늘 부끄러워했습니다. 그런 차원에서 오늘 이 학술회의를 개최하자고 주장했던 사람 중에 한 사람으로서 오늘 학술회의에 대해서 남다른 감회를 갖고 있습니다. 다만 학술회의가 '1회성'이 아니고 작년에 저희가 여기 한일관계사학회 회장님으로 계시는 오성 교수님과 하시민 단체에서 개최한 『유길준과 한일관계』라는 학술회의를 시점으로 하남시에서 이제 학술회의의 붐이 조성될 수 있겠구나 하는

희망 섞인 말씀을 올리고자 합니다. 이제 앞으로 남은 과제는 학술회의를 기점으로 그러면 과연 우리 하남시민들은 어떻게 해야 될 것인가에 대해서 고민해야 할 시점이 아닌가 이렇게 저는 말씀을 올리고자 합니다.

그런 측면에서 각계에 계신 여러분들에게 감사의 말씀을 드리면서 몇가지 당부의 말씀을 드리고자 합니다. 먼저 멀리서 하남시를 찾아주신 학계 여러분께 부탁의 말씀을 올릴 것은 지금까지 향토사가 국가사의 부속품 쯤으로 취급받아왔던 것이 사실이라고 생각합니다. 그러나 앞으로 지방자치시대를 맞이해서 우리 향토사가 하나의 독립된 개체로서 좀 더 우대해 줄 수 있는 그런 학술적인 분위기와 노력들, 연구와 애정들을 우리 하남시를 중심으로 특별히 더 쏟아주셨으면 하는 것이 학계에 대한 바람이고, 두번째로는 우리 하남시에 부탁말씀을 드리고자 합니다. 지방자치제의 목표는 풀뿌리를 하자는 데 있습니다. 풀뿌리 민주주의를 하자고 해놓고, 주민여론이 생략되고 과정과 절차가 왜곡되고 편향되어진다면 그것은 지방자치제의 근간을 훼손하는 일이라고 저는 생각합니다. 지금 하남시의 역사적 문제를 고찰하는데 있어서 세가지 움직임이 있습니다.

첫번째는 하남지역이 한국의 역사적 큰 관점에서 어떠한 위치를 차지하고 있는가를 성찰하는 정체성 찾기 운동이고, 두번째는 관광자원화 움직임이고, 세번째는 어느날 갑자기 하남시가 온통 백제도읍지 찾기 목소리로 도배가 되어 있는 것입니다. 이 목소리 하나로 인해서 앞의 다른 두가지 목소리가 완전히 잠식이 되어, 자고 나면 백제, 이리로 가도 백제, 저리로 가도 백제, 그래서 나머지 목소리가 전혀 들리지 않는 안타까움이 참으로 많습니다. 또 웃지 못할 촌극도 참으로 많이 있습니다. 그러한 움직임도 주민과 함께 하는 목소리가 되었으면 좋겠다고 생각합니다. 그 다음에 세번째로 하남시 의회에 대해서 말씀드리고자 하는 것은 아마 이 학술회의 예산 마련하는 데 상당히 고충을 많이 겪었을 것입니다. 시의원들이 문화마인드라고 하셨는데, 앞으로 문화마인드를 갖기 이전에 먼저 우리 자신을 아는데, 배우는데, 동참하셨으면 좋겠습니다. 그리고 이 자리에 시의원들이 한 분도 안보이십니다.

지금 무엇을 하고 계신지는 모르겠지만, 이 자리에서 따끔한 질책을 드리지 않을 수 없습니다. 마지막으로 우리 하남시민들에게 간곡히 당부드리고 싶은 것이 있습니다. 이제 우리 문제를 우리 스스로 발굴하고 우리 스스로가 하남에 대해서 정확히 알고자 하는 애정과 노력이 결실을 맺을 때, 우리 하남시가 미래의 하남이 더욱더 발전될 수 있다고 저는 확신하고 싶습니다. 감사합니다.

사회자 : 네. 감사합니다. 특별히 질문상황은 아닌 것 같아서 그냥 넘어가도록 하구요. 마지막으로 이상배 선생님 한 말씀 해주세요.

이상배 : 네. 저는 서울시사편찬회에 있는 이상배입니다. 아마도 저를 여기에 부른 이유는 제가 하남과 가까이 있는 서울시의 역사를 연구하고 있기 때문이 아닌가 하는 생각이 듭니다. 아까 최완기 선생님께서 두루 여러 분야에 걸쳐서 말씀을 다하셨는데, 저는 질문보다는 조선시대를 전공하고 있기 때문에, 그것과는 별개로 조선시대에 누락된 하남의 위상을 몇가지 말씀드리겠습니다.

　우선 하남은 처음에 고려시대부터 목사가 파견이 되어 있었고, 그 이외 조선후기 숙종 때부터는 광주유수가 파견이 됩니다. 그런데 이 유수는 경기도에 세군데 밖에 없어요. 강화도하고 수원하고 광주인데, 오늘날 과거의 유수였던 세곳을 평면적으로 비교를 해 본다면 강화도나 수원, 상당히 역사도시로 알려져 있습니다. 그러나 조선시대, 그에 걸맞는 대우를 했던 하남이나 광주는 전혀 그러한 역사상을 부여받고 있지 못하다는 점입니다. 그 뿐만 아니라 조선시대 순조는 이러한 말을 했습니다. "서울, 즉 한성을 중심으로 해서 세가지 보호해야할 지역이 있는데, 그 중에 가장 으뜸이 광주다." 라는 말을 했어요. 그만큼 광주가 중요한 역사적 위치를 차지하고 있었다는 것이죠. 조선시대의 그런 위상도 전혀 현재 밝혀져 있지 않고 있습니다. 뿐만 아니라 조선초기에는 광주지역에 왕이 너무 많이 와서, 제가 실록기록을 검토해보니 일년에 대여섯 번은 왕이 이리로 출타를 합니다. 그리고 검단산 아래에 사냥터를 만들어서 강무장이라고 그러죠. 사냥터를 만들어 매일 사냥을 하는 것입니다. 그러니까 왕이 와서 사냥하는 것은 좋은데, 그 고생을 하는 사람은 여기에 사는 백성들입니다. 일일이 뒤치닥거리를 해야합니다. 그러나 그러한 어려운 점이 있었지만, 좋은 점은 서울에 가깝기 때문에, 예를 들어서 하남지역에 살고 있는 백성들의 억울한 점이 있다 하면 직접 도성으로까지 찾아가서 고쳐달라고 항의를 합니다.

그 뿐만 아니라, 지리적 이점 때문에 어떤 상권을 많이 형성하고 있다든지, 길목을 차지하고 있기 때문에 그러한 이점이나, 또 아까 근현대 인물 몇사람 나왔는데, 조선시대 하남의 여러 인물들, 광주지역의 인물들이 굉장히 많습니다. 한가지 예를 들자면, 광주 이씨를 비롯해서 4대에 걸쳐서 여기서 최하 정2품 이상의 관료들이 배출이 됩니다. 그런데 그러한 인물에 대한 연구도 전혀 없어요. 뿐만 아니라 광주의 향교가 조선초기에 세워진 600여 년 된 향교인데, 이것에 대한 연구도 없어요. 그만큼 투자를 안하고 있기 때문입니다. 그래서 그런 조선시대의 여러가지 유적지들이나 역사 사실들에 대해서 좀더 연구 진행이 되었으면 하는 바램을 가지면서 토론을 대신합니다.

사회자 : 네. 감사합니다. 질문이라기보다는 한 말씀하시라고 했더니, 뭉뚱그려서 하신 것 같습니다. 자 이렇게 해서 20명의 발표와 토론이 이제 겨우 끝났습니다. 2시간 10분이 되었습니다. 아까 처음에 약속 드린대로 하남시청 공무원 여러분, 또 하남시민 여러분, 학생들 이렇게 여러 계층의 분들이 계신데 세 분만 1분 정도씩 시간을 드리겠습니다. 1분 이내에 간단하게 정말 이 말씀을 안 하시면 오늘 잠을 못 주무시겠다 하는 분만 한 분씩 말씀을 해주시구요. 왠만한 것은 이것이 끝나면 만찬자리가 있기 때문에 거기서 충분히 다시 대화의 시간이 있으니, 그 시간을 이용해 주셨으면 감사하겠습니다. 자, 말씀하실 분 뒤에 있는 무선 마이크를 이용해 주세요.

차옥석 : 네. 저는 아줌마들을 모시고 여행 부탁을 받은 여행가이드입니다. 경기도 근처를 몇군데 물색을 하는데, 여기 하남시에는 과연 아줌마들이 어떤 곳에 관심을 가지고 갈 수 있을까 찾아봤는 데 거의 없었어요. 그

래서 용인하고 광주에 있는 허난설헌 무덤을 추천했습니다. 일전에 하남시의 한종섭 선생님을 뵌 적이 있어서 그 분에게 연락을 했더니 오늘 이러한 모임이 있으니 가 보라해서 왔는데 하나 찾았어요.

하남시는 몰라도 우리 한국의 학교 다니는 학생들은 '도미부인'은 다 알아요. 그런데 '도미부인' 캐릭터는 없어서 제가 '도미나루'에 아줌마들 모시고 가는데, 거기에 가봐야 흐르는 강밖에 볼 것이 없지 않습니까? '도미부인' 캐릭터를 만드는 데는 얼마 안 들 거예요. 강원도 강릉의 초당리에서는 홍길동 캐릭터로 돈을 많이 벌고 있는데, 여기서 백제 가지고 얼마나 많이 돈을 버는지 모르겠어요. 그 다음에 가장 중요한 것 하나가 동사지 석탑에 두 여성에 관련된 그러한 전설이 있다는 얘기를 들었는데 그것은 상당히 아줌마들한테, 여성들한테 많은 도움이 되는 장소로 부각되기 때문에, 미사리에 지금 돈을 가장 많이 쓰고 있는 분들이 누구죠. 아줌마들이잖아요. 그러므로 하남시에서 돈을 벌려면 개인적으로는 미사리가 하남시를 야만적으로 만들고 있다고 생각을 하지만, 하남시가 돈이 있어야지 앞으로 백제문화사업을 할 수 있을 것이라고 생각하고 여기에 오늘 연구 발표하신 분들이 가만히 보니까 다들 남성분들만 모여서 하기 때문에 지금 가장 하남시에 많이 돈을 뿌리고 다닐 수 있는 여성들의 시각은 전혀 없어요. 사실 저는 여성학자 차옥석입니다. '서울문화사학회' 이사도 하고 있고 지금 여성학 강의를 하고 있는데 서울시에서 아주머니들을, 문화에 관심있는 아주머니들을 모시고 여행을 해 달라고 했을 때 하남시의 마땅한 곳이 없어서 걱정을 많이 했었어요. 그런데 마침 오늘 두군네를 찾았는데 하남시에서 가까운 시일 내에 '도미부인'을 캐릭터로 해서 도미나루를 관광산업화 한다면 동사지와 함께 상당히 많은 돈을 벌 수 있을 것 같습니다. 물론 차로 보기만 하고 그냥 지나가기만 한다면 안되겠죠. 그래서 그것을 제안하고 싶습니다.

사회자 : 네. 알겠습니다. 저도 나이가 50입니다만 아줌마부대에 잘못했다가는 어떻게 되시는지 아시죠. 여기 부시장님 아침 10시부터 여태까지 계신데, 그리고 시민봉사국장님도 하루종일 계신 데 메모하셨죠. 감사합니

다. 다음 또 먼저 본인을 소개해 주세요.

한종섭 : 저는 하남시 문화재전문위원 한종섭입니다. 아마 여러분들이 잘 아실
겁니다. 오늘 토론 잘 들었습니다. 그런데 한가지 문제가 되는 것은 지
금까지 우리가 너무 개념이 잘못 되었다는 것입니다. 몽촌토성이나 풍
납토성 기껏해야 20만평, 10만평 밖에 되지 않습니다. 그래서 도시공학
적으로 고대도시 고구려나 신라, 부여 이런 것 전부 대비해 보아도 몇
백만평입니다. 그러한 점에서 그렇고, 또 백제토기가 여기서 한 점도
안 나왔다는 그러한 사람들도 있습니다. 여기는 바로 중심으로서 수석
리 토성 · 몽촌 · 풍납 · 설봉산성 전부가 백제 지역으로 둘러져 있습니
다. 이 지역에 백제가 들어오면 안되는지 아주 우스꽝스러운 이야기를
다하고 있고 지금 고고학계에서 상당히 문제가 되고 있는 것이 무조건
유물이 없다고 우기면 된다고 하지만 사실 여기에 백제 유물이 상당히
많이 있습니다. 그것을 앞으로 밝히는 작업을 일일이 하고 있고, 이성
산성은 약 60%가 백제의 유물로 뒤 덮혀 있다는 것이 밝혀지고 있습니
다. 그 도시공학에 대해서 오랫동안 연구하고 있는 강찬석 중앙대 선
생님께서 잠깐 개념만 한 1, 2분 정리해 주시길 바랍니다. 이상입니다.

강찬석 : 제가 오늘 도시공학에 대해서는 얘기를 안 하려고 했어요. 이 얘기 나
오면 몇 시간을 더 끌어야 하는 문제인 것 같아서 간단하게 제가 말씀
을 드리겠습니다 지금 풍납토성 같은 경우, 오순제 선생님과 심광주
선생님도 이 이야기를 알고 계셔야 할거예요. 우리가 과연 고대도시의
토성이라고 하는 것이 도대체 규모가 얼마나 되어야 하는 것이며, 어
떤 도시구조를 가지고 있는 것인지 우리가 알고 있는 것보다는 고대도
시 규모라는 것은 우습게 볼 것이 아닙니다. 도시규모가 어마아마합니
다. 그 예를 잠깐 들어보겠습니다.

　　　제가 가진 자료를 가지고 오늘 이 얘기하려고 했지만 안 하려고
했는데 또 이 말을 시키니까 조금만 하겠습니다. 은나라 시대의 B.C
1300년 전에 도성이 100만 평입니다. 동주의 주왕성이 B.C 481년 경에
만든 도시인데 그것이 330만평입니다. 쭉 내려가서 북위의 도시가

1,750만평입니다. 수·당의 장안성이 2,540만평, 수·당의 낙양성이 1,700만평, 일본의 나라시대의 후지와라성이 241만평, 헤이안성이 965만평입니다. 왕궁 면적만 47만평입니다. 일본나라 헤이죠성이 700만평이고, 인구가 20만명입니다. 신라의 서라벌이 500만평에서 750만평입니다. 고구려 안학궁이 왕궁 면적만 14만 5천 2백평 거기에 건물이 52채가 들어가 있고, 초석이 3,240개가 있습니다. 그리고 왕궁면적만 10,285평입니다. 이런 정도이고 백제로 넘어오면 웅진성이 300만평, 사비성이 500만평, 발해의 상경 용천부가 489만평, 고려의 개경이 943만평, 그런데 풍납토성은 불행하게도 21만 6천 평입니다. 그래서 저는 도시공학적으로는 송파구 강동구 전체를 가지고 하남위례성의 도성이라고 한다면 믿겠지만, 풍납토성·몽촌토성은 일본의 나라에 있는 후지와라성이나 헤이죠성의 왕궁면적 만큼도 안됩니다. 그래서 저는 거기에 상당히 의문을 갖고 하남위례성이 하남시 쪽인지 아니면 송파구 강동구 쪽인지 그것을 찾는 작업을 하고 있습니다. 이상입니다.

사회자 : 네. 감사합니다. 한 분 더 하시겠습니까? 두 분이 신청을 하셨는데 가위, 바위, 보를 할까요? 두 분 다 말씀하시는 대신에 30초씩 해주세요.

김종규 : 저는 하남시에 살고 있는 김종규입니다. 우선적으로 우리 하남시 주민들의 어떠한 토지문제라든지 여러가지가 문화유적이 되었을 경우에는 사실 자기도 모르게 피해를 받는 그런 경우가 많았고, 또 우리가 매스컴 상에서 경주에서 여러가지로 불편사항이 대두되었기 때문에, 우리 하남시 지역주민들은 그것에 대한 우려를 많이 가지고 있습니다. 또 하남이 과거의 역사가 있는 곳으로는 누구나 알고 있을 것입니다. 그리고 제 자신도 그 동안 여러 해 동안 우리 하남시 전지역을 다니면서 '터파기 작업' 이라든지 50개 이상을 보고 지내왔습니다. 나름대로 하남시가 굉장히 중요한 위치에 있는 것만은 틀림이 없습니다. 그래서 누구 한 분 한 분을 지적해 가면서 어떤 견해의 차이를 얘기를 하고 싶은데, 지금 시간이 너무 없기 때문에 그런 것은 얘기를 할 수 없고, 다만 지금 심광주씨나 오순제씨가 열렬히 토론을 해서 하남의 지역주

민으로써 고맙게 생각을 하고 거기에 어떤 견해의 차이는 조금씩은 있습니다. 다만 우리가 우리 지역에 한강이 있고 또 그 동안 다산 정약용 선생님이 사실 여기서 그다지 멀지 않은 곳에 태어나서 살고 있었고, 많은 책의 글을 써서 우리 두미강이라든지 이러한 것을 많이 했습니다. 또 그분이 열가지 이상의 글을 쓴 것도 보았고, 또 이벽으로부터 천주교에 대한 설교를 듣고 자기가 굉장히 천주교에 대해서 심취가 되었다 라는 글도 남긴 것이 있습니다. 또한 그 분의 시 속에 보면 바로 남한산성의 북쪽에 위례성이 있는데, 거기에 가보니 조그마한 초가집이 하나 있고 뽕나무가 있고 쓰러진 비석이 있었다. 그리고 자기가 유배생활을 하고 어려운 시절에 박일인이라는 사람이 뽕 잎사귀를 따서 하인을 시켜서 자기네 집에 갔다 주었다. 그것이 고마워서 사행시조를 쓰노라. 그래서 시조를 써 준 것이 있습니다. 이러한 것이 굉장히 우리 지역과 연관이 많고 우리 지역에는 한 다섯 군데 정도의 '백제?'가 있습니다.

바로 '고마'라는 말이 있는데 '고마'는 천관우씨가 뭐라고 얘기를 했는가 하면 '고마'는 도성을 얘기하는 것이고 '담로'는 읍치를 얘기하는 것이다. 그런 글을 쓴 글을 봤습니다. 그래서 굉장히 중요한 위치를 갖고 있고 또 '우리는 너무 단시일 내에 어떤 결과를 얻는 것보다는 길고 깊게 생각을 해서, 좀더 많은 시간을 가지고 서로의 의견을 토론을 하고 그러한 역사의 중요성을 찾기 위해서 최선을 다해서 노력을 할 때가 아닌가 그런 생각을 하면서 마치겠습니다.

사회자 : 감사합니다. 자, 그럼 마지막 한 분 부탁드리겠습니다.

김남철 : 저는 하남 촌로 김남철입니다. 한가지만 말씀드리겠습니다. 아까 제가 여기 '교산리에 가면 칠성바위가 있는데 이 칠성바위는 지석묘다' 이렇게 말씀을 하는 것은 들었습니다. 하지만 지석묘로써는 너무나 정연합니다. 하늘의 북두칠성과 흡사하게 정연하게 배열되어 있는 돌이 있는데, 이것이 백제시대의 궁궐지 근처라고 한다면 이것이 어떠한 천문학적인 역할을 한 것이 아닌가, 농사짓는 데 이용한 것이 아닌가 합니

다. 예를 든다면, 하늘에 있는 북두칠성하고 지상의 모형을 만들어 놓은 것과 합치되었을 때는 어떠한 현상이 일어난다 하는 이러한 관계가 거기에 있었던 것이 아닌가 이렇게 생각이 되는데, 발표자께서는 어떻게 생각을 하는지, 또 하나는 이성산성은 신라·고구려, 신라·백제의 격전지였습니다. 그런데 거기를 보면 축성한 것이 마치 옥수수 알을 다듬어 놓은 것과 같이 정연하게 성을 쌓아 놓았습니다 그러면 이것은 백제의 성인가, 고구려의 성인가, 신라의 성인가를 분명하게 말씀해 주셨으면 감사하겠습니다.

그 다음에 이성산성에 가보면 팔각정·구각정 또는 장방형 건물지, 이러한 것들이 있는데 이것이 어느 시대에, 어떤 용도에 쓰기 위해서 만들어졌는지, 그 다음에는 그곳에 가면 저수지가 여러 군데 있어요. 저수지는 물론 어느 시대에 축조한 것인지 설명해 주셨으면 감사하겠습니다.

사회자 : 네. 감사합니다. 지금 선생님 말씀을 듣고 보니 처음으로 다시 돌아갈 것 같아요. 그래서 오늘은 여기까지 해야 할 것 같습니다. 따로 그 기회를 한번 만들도록 하지요. 이제 제가 마무리 해야 할 시간이 온 것 같습니다. 사실 제가 역사를 공부한 지가 30년 되었지만, 여기서 사회를 볼 만큼 하남에 대해서 또는 선사시대부터 근현대사까지 그렇게 잘 알지는 못합니다. 그러나 결국 사회자가 제일 고민하는 것이 끝날 때 문제입니다. 대부분의 심포지움을 보면, 이 시간이면 거의 자리를 비우게 되거든요. 그런데 제가 어제 저녁 때 장소를 확인하러 여기에 왔었습니다. 작년에 『유길준과 한일관계』 학술회의할 때는 소회의실에서 했는데 그 정도면 괜찮겠는데 대강당에서 한다고 해서 깜짝 놀랐습니다. 어떻게 인원을 확보할 지 걱정을 했습니다. 그런데 지금은 아침 시작할 때보다 인원이 더 늘은 것 같아요. 약 130명 정도 될 것 같아요. 끝난 후 주최측에서 저녁을 대접한다고 했는데 예산은 넉넉한지요. 어쨌든 감사드립니다.

이제 제나름대로 요약을 하고 자리를 끝내도록 해 보겠습니다. 우선 하남이 서울지역에 남아있는 유일한 역사문화의 보고다. 이것이 오늘의 첫번째 결론인 것 같습니다. 서울지역에 여기만큼 선사시대부터 근현대에 이르기까지 오천년의 역사가 남아있는 곳이 있으면 한번 손들고 말씀해 보십시오. 제가 한 시간이라도 드리겠습니다. 바로 그것이 오늘 주제의 가장 큰 핵심 포인트가 아니었나 하는 생각이 듭니다. 아까 어떤 분은 선사시대·구석기·신석기·청동기까지 얘기하면서 한반도의 표준유적지라는 말씀도 했습니다. 어쩌면 하남을 잘 개발하면 세계문화유산 중에 하나가 될 수 있지 않을까 이런 생각도 해 봅니다. 수원의 화성도 세계문화유산이거든요. 가보면 별거 아닙니다. 그러한 점에서 엄청난 내용을 갖고 있고, 또 선사시대 이후에 백제시대로 넘어가면 사실 뜨거운 감자입니다. 다시 말해서 초기 백제도읍지 문제, 이거 그렇게 간단한 문제가 아닙니다. 그러나 힘들지만 얼마가 걸리더라도 이 문제는 꼭 우리 하남시민들이 해결해야 할 문제가 아닌가 생각을 해봅니다. 그 다음에 아까 또 다른 말씀들도 있었습니다만 하남은 백제가 전부이냐 그렇지 않습니다.

고려시대로 넘어가면 '광주철불'도 있습니다. 국립박물관 가보시면 알겠지만 지금 새로 짓고 있는데, 과거의 국립박물관에서는 '광주철불'을 넣을 수가 없어서 철불을 먼저 안치해 놓고 박물관 건물을 지었습니다. 이번에 어떻게 짓고 있는지, 여기 김인덕 선생님은 잘 알고 계시겠지만, 우리나라에서 제일 큰 철불입니다. 그것을 찾아와야 합니다. 저는 그렇게 생각합니다. 그리고 사찰지도 말씀했는데 서울 근교에 이만한 사찰이 없다. '동사지', '천왕사지' 또 조선시대 여기 하남출신 선생님 말씀하셨지만 지금 현대인의 생활과 가장 밀접한 것이 조선시대의 생활입니다. 최완기 선생님께서 발표한 내용들이 그대로 우리의 삶 속에 면면히 이어져 내려오고 있지요. 아까도 여러가지 말씀을 하셨습니다. 장터 이야기가 나왔는데 잠실 밑에 송파장이 선다고 했잖아요. 그런데 최선생님 말씀 들어보니까 여기 하남시부터 시작했다는 것입니다. 그러나 한강 물길이 바꿔지면서 그쪽으로 갔다는 것이죠. 참으로 이것 심각한 것이 아닙니까? 또 예를 들어서 역촌이라든지, 주막이라든지, 향교라든지, 서당이라든지, 또 서학이 들어오면서 '구산성지'도 있고 우리의 종교가 불교냐 천주교냐 기독교냐를 떠나서 바로 우리의 생활사를 복원할 수 있는 곳이 하남시다. 이런 생각을 해보게 됩니다.

또 근현대로 넘어오면 사실 하남시에 대해서 선사시대부터 지금까지 많은 얘기를 했습니다. 그러나 역사는 드라마 각본이 아닙니다. 아까 발굴을 해서 유물이 왜 안나오느냐? 사료가 남아 있으면, 기록이 남아 있으면 문제될 것이 하나도 없습니다. 그런데 그 사료를 남기고 기록을 해야 할 시기에 안 했던 것이죠. 바로 오늘 주제가 하남의 역사·문화와 미래입니다. 앞으로 500년, 1,000년 후 하남에 살고 있는 우리 후손들이 이 시대를 연구할 때 바로 우리가 그런 기록을 남기지 않으면 그들도 똑같이 이 얘기를 할 것입니다. 그래서 근현대사 사료를 모아야 한다. 지금 집에 가 보면 많이 있지 않습니까? 그런 것을 모아서 체계적으로 정리하고 분석할 그럴 준비를 우리가 해야되지 않겠느냐.

그리고 마지막으로 관광을 얘기했습니다만, 저는 일본을 갈 기회가 많아서 일본 여행을 많이 해보면 일본 사람들 정말 잘해 놓았어요. 원자탄이 떨어진 나가사키 같은 데 가보면 '원자탄 기념박물관'부터 시작해서, 나가사키가 포르투갈·네덜란드에서 서양 종교가 들어온 발상지입니다. '데지마'라고 해서 그런 특별한 구역이 있습니다. 그런 구역들을 전부 관광코스로 개발을 해서 반나절 코스에 얼마, 한나절 코스에 얼마, 그래서 사람이 모이니까 그 근처에 디즈니랜드처럼 하우스 덴보스 라고 하는 위락시설을 만들었어요. 제가 와 보면 하남에는 까페 밖에 없는 것 같아요. 하남을 까페의 도시로 바꿀 겁니까? 우리가 지금 아침 10시에서부터 거의 10시간 11시간이 넘어가는데, 구슬이 서 말이면 무얼 합니까? 꿰어야죠.

그런데 또 문제가 있습니다. 문화재를 보호하고 보존하는 데 문제는 그것을 개발하는 것이 서로 역행한다는 것이죠. 아까 경기대학교 총장님을 대신해서 원장님이 말씀하실 때, 전통문화와 첨단문화의 공존을 말씀하셨습니다. 이것은 정말 엄청난 것이죠. 작년에 하남시에서 환경박람회를 했습니다. 전통문화와 첨단문화와의 공존 뿐만 아니라 하남을 자연·생태·환경·역사·문화·관광이 모두 공존하는 도시로 만들어야 합니다. 제가 이런 말씀을 특별히 드리는 이유는 여기 아침부터 여태까지 부시장님도 앉아 계시고, 국장님도 앉아 계시고, 아마 각 실과소의 과장님들, 계장님들이 많이 계실 것으로 생각됩니다. 또 하남시민단체도 있습니다. 아줌마부대도 계시구요.

그래서 이런 말씀을 드리는데, 하남의 역사·문화와 미래—21세기 하남의 재발견—이 우리의 주제라고 했을 때, 저는 오늘 학술대회의 결론으로 세가지를 제안하고 싶습니다. 우선 하남에 대한 역사인식을 대중화시키고 보편화시키는 작업을 해야겠다. 마침 오늘 이 대회가 '하남역사문화연구회'라는 단체가 만들어져 주관을 맡게 되고, 또 경기대학교가 주최를 해서 이루어졌습니다. 예를 들어서, 하남역사문화연구회 같은 단체가 시민단체와 연결을 해서 하남의 역사인식을 새롭게 해 가는 그러한 작업들을 해 나가야겠다.

두번째로, 역사교육의 현장, 역사교육의 시설물을 만들어야 합니다. 우리가 선사시대 이야기를 하지만, 사실 암사동 선사유적지가 있죠. 암사동 선사유적지보다도 미사리 선사유적지가 훨씬 더 선사유적지로서 의미를 갖는다고 생각이 듭니다. 거기에 기념관을 지어야 합니다. 선사유적지 뿐만 아니라 지금 근현대 이르기까지 많은 역사의 보고가 있습니다. 박물관을 빨리 지어야 합니다. 문예회관보다도 박물관을 먼저 지어야 한다고 생각합니다. 그런 노력들을 해야되지 않겠나 하는 생각을 합니다.

세번째로, 역사와 문화사업은 지속적으로 해야한다고 생각합니다. 그래서 각 지역에서는 지금 지방자치단체가 되면서 여러 문화재단을 설립하고 있습니다. 시민들, 참가하세요. 시민단체, 거기서부터 시작하세요. 그렇게 문화재단을 만들어서 그야말로 시청과 지방자치단체와 시민들, 학생들이 합심해서 우리 IMF 극복할 때 금 내놓 듯이 한 번 시작해보자 이것이죠. 그런 것을 제안하면서 제 말씀을 끝냅니다.

아까 부시장님 말씀이 2001년 지방자치단체로서는 전국적으로 처음 있는 대회라고 말씀하셨습니다. 그리고 이 사업을 올해도 예산이 허용하면 가을에도 하고, 내년부터는 정기적으로 하신다고 약속을 하셨습니다. 그 약속을 기대하면서 다음에 또 불러주세요. 그리고 오늘 시간이 부족해서 아쉬움이 많습니다. 사실 발표자·토론자가 많다 보니까 그럴 수 밖에 없었습니다. 주최측에서는 빠른 시일 안에 오늘 대회의 내용을 단행본으로 출간해서 오늘 참석하신 분들 모두에게 배부될 수 있도록 할 것입니다. 오늘 답답한 마음은 그 책을 보시고, 그리고 곧 『하남시사』가 상·하권으로 출간되니까 참고하시면 감사하겠습니다.

그러면 제 말씀은 여기서 끝내고, 오늘 이 대회를 처음부터 끝까지 주관한 '하남시사편찬위원회' 상임위원 겸 '하남역사문화연구회' 회장 김세민 박사가 마지막 폐회사와 안내말씀을 하시겠습니다.

김세민 : 작년 6월인가요. 『유길준과 한일관계』 학술대회를 우리 최달경 국장님 하고 같이 했습니다. 끝나는 날 '다시는 학술대회 진행을 맡지 말자' 라고 얘기했는데, 오늘 또 맡게 되었습니다. 어쨋거나 무엇보다 오늘 학술대회가 무사히 잘 끝나서 참으로 다행이라고 생각합니다. 여러분 들에게 감사의 말씀을 드립니다. 진지한 발표와 열띤 토론을 해주신 발표자, 토론자, 여러 선생님들, 하루종일 자리를 같이 해주신 시민 여러분에게도 진심으로 감사하게 생각합니다. 그리고 이러한 자리를 만 들어 주신 하남시 시장님, 하루 종일 자리를 지켜주신 부시장님, 국장 님, 하남시의회 의장님 이하 여러 의원님께도 감사를 드립니다. 또 멋 진 화환을 보내주신 경기대학교 총장님, 사단법인 한국향토사전국협 의회, 소성학술연구원 김석화 원장님과 이재범 교수님, 그리고 사회를 맡아주신 세종대학교 오성 교수님과 강원대학교 손승철 교수님께도 감사의 말씀을 올립니다. 모쪼록 이 학술회의를 시작으로 21세기의 하 남이 역사적인 도시로 지리잡고 오늘 종합토론에서 언급된 여러가지 사안들이 하나하나 정리되고 구체화되는 계기가 되기를 기원합니다. 감사합니다.

하남의 역사와 문화

인쇄일 초판 1쇄   2001년 03월 15일
         2쇄   2015년 04월 03일
발행일 초판 1쇄   2001년 03월 20일
         2쇄   2015년 04월 05일

지은이 하남시 · 하남역사문화연구회 편
발행인 정 찬 용
발행처   국학자료원
등록일 1987.12.21, 제17-270호

서울시 강동구 성내동 447-11 현영빌딩 2층
Tel : 442-4623~4 Fax : 442-4625
www. kookhak.co.kr
E- mail : kookhak2001@hanmail.net
ISBN 978-89-8206-585-9 (93910)
가 격 15,000원